法治思维与新行政法

姜明安 著

图书在版编目(CIP)数据

法治思维与新行政法/姜明安著. —北京:北京大学出版社,2013.1
ISBN 978-7-301-21757-3

Ⅰ.①法… Ⅱ.①姜… Ⅲ.①社会主义法制－研究－中国 ②行政法－研究－中国 Ⅳ.①D920.0 ②D922.104

中国版本图书馆 CIP 数据核字(2012)第 301570 号

书　　　名:	法治思维与新行政法
著作责任者:	姜明安　著
责 任 编 辑:	王琳琳　白丽丽
标 准 书 号:	ISBN 978-7-301-21757-3/D·3235
出 版 发 行:	北京大学出版社
地　　　址:	北京市海淀区成府路 205 号　100871
网　　　址:	http://www.pup.cn
新 浪 微 博:	@北京大学出版社
电 子 信 箱:	law@ pup.pku.edu.cn
电　　　话:	邮购部 62752015　发行部 62750672　编辑部 62752027 出版部 62754962
印 刷 者:	三河市北燕印装有限公司
经 销 者:	新华书店
	965 毫米×1300 毫米　16 开本　30.5 印张　468 千字 2013 年 1 月第 1 版　2015 年 9 月第 3 次印刷
定　　　价:	50.00 元

未经许可,不得以任何方式复制或抄袭本书之部分或全部内容。
版权所有,侵权必究
举报电话:010-62752024　电子信箱:fd@ pup.pku.edu.cn

序

> 提高领导干部运用法治思维和法律方式深化改革、推动发展、化解矛盾、维护稳定的能力。[①]
>
> ——胡锦涛

本书研究法治思维与"新行政法"。法治思维与"新行政法"是两个不同的概念与范畴。虽然二者有一定的联系,特别是在现代社会,在政府管理向公共治理转型的时代,二者具有密切的联系——法治思维决定"新行政法","新行政法"体现法治思维并促进法治思维,但是,二者的内涵、外延、要素、功能、作用毕竟有诸多不同,故本书对二者的研究大多是分开进行的,只有在少数场合下,本书的部分编章才对二者进行综合研究。

在当下中国,研究法治思维与"新行政法"具有重要的现实意义。笔者对这两个主题的研究始于 21 世纪之初,现正对前期初步研究成果进行整理、归纳,时间正好是中共十八大召开的前夕,整理、归纳的初步成果将在十八大之后很快出版。本书可以视为是笔者献给中共十八大的一份薄礼。中共十八大对于中国未来的发展和走向

---

① 胡锦涛:《在中国共产党第十八次全国代表大会上的报告》。

具有决定性的意义,而中共十八大产生的新的中央领导集体将持什么样的理念执政,新的中央和地方的各级领导在十八大以后是大刀阔斧地推行民主、法治,依法治国,还是步履蹒跚地守成、求稳,法先人,行人治,这无疑将深远地影响中国未来的前途、命运。

而何去何从,这在很大程度上取决于执政者们的理念、思维:是法治理念、法治思维,还是人治理念、人治思维?

早在2300多年前,古希腊学者亚里士多德就曾指出,法治优于人治。"要使事物合于正义(公平),须有毫无偏私的权衡,法律恰恰正是这样一个中道的权衡。"②

然而,尽管法治优于人治,尽管法治可以抑偏私,给人们带来公平正义,但是无论是西方,还是东方,以往历朝历代的统治者,施行的多是人治,几乎没有统治者自愿选择施行法治。

这是为什么?马克思、恩格斯指出:"人们的观念、观点和概念,一句话,人们的意识,随着人们的生活条件、人们的社会关系、人们的社会存在的改变而改变"。③ 为什么以往历朝历代的统治者治国理政乐于选择人治而不愿选择法治?因为历朝历代的统治者都是剥削阶级的代表,他们的生活条件、社会关系和社会存在决定了他们的意识和他们自身本质的"偏私",决定了他们自觉或不自觉地排斥公平正义。他们乐于选择施行人治而不愿选择施行法治是自然的,既是他们感性使然,也是他们理性使然。

但是,当无产阶级革命推翻了剥削阶级的统治,无产者自己掌握了国家政权以后,作为无产阶级代表的共产党人和革命领袖治国理政,许多人仍然乐于选择施行人治而不愿选择施行法治,如原苏联东欧各国、改革开放前的中国以及现在仍实行计划经济的某些社会主义国家,其治理方式大多仍是人治而非法治,这就有点不大合乎逻辑了。

例如,毛泽东在20世纪50年代就曾这样表述过他的治理方式:"不能靠法律治多数人……我们基本上不靠那些,主要靠决议、开会……不能靠民法、刑法来维持秩序。我们每次的决议都是法,开一个会也是一个法。"我们

---

② 〔古希腊〕亚里士多德著:《政治学》,吴寿彭译,商务印书馆1965年版,第169页。
③ 《马克思恩格斯选集》(第一卷),人民出版社1995年版,第291页。

"要人治,不要法治"。④ 毛泽东为什么这么说?这么选择?是他认为人治比法治能够为人们提供更多的公平正义,还是公平正义根本就不是无产阶级和共产党人所追求的价值呢?

这可能仍得用马克思关于经济基础决定上层建筑以及人们的生活条件、社会关系和社会存在决定了人们意识的理论来解释。

首先,在无产阶级通过革命推翻了剥削阶级的统治以后,早期的社会主义国家基本都实行计划经济。而计划经济的计划往往受党的政策和领导人的主观意志影响,甚至受之左右。这种计划难免脱离经济、社会发展的客观规律。因此,在某种意义上和某种程度上说,计划经济就是人治经济。同时,计划经济反过来又为人治施政提供了基础和条件,二者具有相互依存的关系。

其次,早期社会主义国家否定法治实行人治也是与当时的阶级关系和政治状况相联系的:旧的统治阶级刚刚被推翻,或被推翻后不久,其残余势力必然拼死反抗,外国敌对势力也试图颠覆新生政权。在这种形势下,执政者为了灵活和随机应对各种困难局面,不愿过多受法律和制度的约束,其施政自然选择因时因地依其意志和便利制定政策和发布命令、指示作为行事的根据、准则。这种情况即使在之后"急风暴雨式的阶级斗争"已经结束亦无改变,其长时期形成的阶级斗争思维还会顽固地留存在他们脑中,而阶级斗争思维,特别是"以阶级斗争为纲"的思维与人治具有天然的相互依存关系。具有这种思维的执政者必然偏爱人治而排斥法治,或者说重人治而轻法治。

再次,早期社会主义国家的领导人大多有过长期从事革命活动和在党内长期担任领导职务的经历。这种经历使他们获得了杰出的领导能力和极大的权威,但这同时也可能使他们在心理上形成对权力的特别依恋,产生无限制和无拘束行使权力的欲望。而执掌公权力的人对权力的这种依恋和无限制、无拘束行使的欲望必然促生其人治思维,消弭其法治思维。随着他们执掌的权力越来越大,他们就越不愿意有任何法律、制度对其权力加以限制、制约。很显然,公权力执掌者如果没有足够的自制力控制自己的权力欲,外部环境又没有创制适当的机制制约其权力欲,公权力执掌者的人治思维会日益增长,而其法治思维会日益萎缩。

---

④ 转引自张懋:《第四届全国司法工作会议的来龙去脉及其严重影响》,载《董必武法学思想研究文集》(第四辑),人民法院出版社 2005 年版,第 426—427 页。

由此可见，早期坚持以阶级斗争为纲和计划经济模式的社会主义国家领导人在治国方略上之所以均实行人治而拒绝实行法治，坚持人治思维而排斥法治思维，是有其相应的经济、政治和社会人文的基础和根据的。探究传统社会主义国家治理模式和公权力执掌者治理思维的经济、政治、社会人文基础和根据无疑是我们今天社会科学需要研究的重要课题。不过，本书研究的重点并不在此处，而是放在了我国改革开放以后的国家、社会治理模式上，主要探究我国在逐步放弃计划经济，建设市场经济的新历史时期，为什么仍有为数不少的公权力执掌者相信人治而不相信法治，坚持人治思维而不坚持法治思维，以人治方式、人治手段而不是用法治方式、法律手段去治国理政，去推进发展、改革、去解决社会矛盾和维护社会稳定，并在此基础上分析这些公权力执掌者产生和形成这种治理思维的原因；他们在实践中坚持这种治理思维的弊害；我们怎么去改变这些公权力执掌者的人治思维，提高他们对法治思维、法治方式、法律手段的认识，以及我们应创造什么样的环境，建立什么样的体制、机制去制约公权力执掌者，引导和"迫使"他们运用法治思维、法治方式、法律手段治国理政，运用法治思维、法治方式、法律手段推进改革和发展，依法创新，依法解纷，依法维稳，从而保障中共十八大报告提出的"依法治国基本方略全面落实，法治政府基本建成"的目标（全面建成小康社会的宏伟目标之一）的实现。

本书是笔者对自己近十年来研究法治思维和新行政法成果的一个梳理和汇集。这个汇集所选收的论文大多是笔者这些年来花费较多心血考察我国法治特别是行政法治实践后思考或再思考的产物。这些论文发表后大多在互联网的许多网站上有全文转载或摘登，有些文章（如《关于建设法治政府的几点思考》、《论行政裁量权及其法律规制》、《全球化时代的"新行政法"》、《建设服务型政府应正确处理的若干关系》等）还在《新华文摘》或人大《复印报刊资料》全文转载。因此，不少读者对这些文章应该比较熟悉。既然如此，那现在笔者为什么还要将之结集出版呢？这主要是因为笔者考虑到这些文章是在不同时段、不同刊物上零散发表的，很难完整地反映笔者对相关问题的整体观点和整个思想体系。这个集子将笔者在不同时段、不同刊物上零散发表的论文按所研究的不同主题分成若干部分，将研究和论述某个主题的相关文章归为一处（编），这样，就能将笔者对相应问题的思考、看法和最后形成的观点以及某些观点前后的变化、发展过程较完整地予以呈现,以避免因某些论文可能的片面性而使读者对笔者的整体观点产生疑惑或误解。

本文集共分五编:第一编"转型时期的法治",共收文八篇,主要阐述笔者对法治、法治思维、法律手段和社会转型与社会监管转型,以及法治国家、法治政府的观点、主张;第二编"新行政法与软法之治",共收文七篇,主要阐述笔者对行政法发展趋势、新行政法、软法、中国共产党党内法规和服务型政府的观点、主张;第三编"公法、公法学与政治文明",共收文五篇,主要阐述笔者对公法、公法学、权力制约、程序正义、公共治理和政治文明的观点、主张;第四编"转型时期的行政法制度建设",共收文七篇,主要阐述笔者对行政诉讼、行政执法、公务员制度、行政规划、信访制度、行政补偿和突发事件应对的观点、主张;第五编"行政法的发展目标与路径",共收文八篇,主要阐述笔者对行政管理体制改革、行政程序立法、完善行政救济机制、行政裁量的法律规制和构建和谐社会的观点、主张。

本文集总的主题是法治思维与新行政法。法治思维与新行政法的互动发展是中国行政法治发展的最重要特色:中国法律学人和中国立法者在改革开放以后逐渐形成的法治思维推动着中国新行政法的兴起和不断兴盛,而中国新行政法的兴起和不断兴盛又大大促使中国国人,特别是执掌国家公权力的执政者法治思维的形成、增长;中国国人,特别是执掌国家公权力的执政者法治思维的逐步形成、增长,使人类先进的法治理念、法治基本原则得以贯穿于我国行政法的具体制度及其运作之中,从而形成中国新行政法,并不断推动中国新行政法的发展、完善。可以说,我国新行政法的形成和发展过程即是我国国人在法治理念、法治基本原则和法治思维的指导下建设法治国家、法治政府的实践和制度创新的过程。本文集也可以认为是这一过程的记录和反映,尽管是不很全面和不很准确的记录和反映。

当然,这个文集反映的笔者的观点不一定都能为所有读者认同,有些观点只是笔者一家之说,还有些观点可能会被部分读者视为谬误或者实际就是谬误。对此,如能获得读者的批评或批判,笔者将虚心听取,并致以深深的谢意。

姜明安

于北京八里庄寓所

2012 年 11 月 8 日

目录

第一编　转型时期的法治

引言 / 3
发展、改革、创新与法治 / 7
再论法治、法治思维与法律手段 / 18
转型社会的社会监管机制转型 / 35
我国当前法治对策研究的重点课题与进路 / 55
关于建设法治政府的几点思考 / 67
依法规范行政许可行为,建设法治政府 / 75
法治政府必须认真对待公民权利 / 87
公众参与与行政法治 / 91

第二编　新行政法与软法之治

引言 / 115
全球化时代的"新行政法" / 119
新世纪行政法发展的走向 / 129
行政的"疆域"与行政法的功能 / 155

软法与软法研究的若干问题 / 168
论中国共产党党内法规的性质与作用 / 190
完善软法机制，推进社会公共治理创新 / 209
建设服务型政府应正确处理的若干关系 / 225

第三编　公法、公法学与政治文明

引言 / 243
论公法与政治文明 / 246
构建权利、权力的法治化博弈机制是构建和谐社会的前提 / 261
公法学研究的基本问题探析 / 266
正当法律程序：扼制腐败的屏障 / 279
程序正义与社会治理创新 / 299

第四编　转型时期的行政法制度建设

引言 / 307
扩大受案范围是行诉法修改的重头戏 / 311
行政执法的功能与作用 / 324
重视制度设计，保障《公务员法》立法目的的实现 / 349
行政规划的法制化路径 / 355
改革信访制度　创新我国解纷和救济机制 / 359
行政补偿制度研究 / 364
突发事态下行政权力的规范 / 373

第五编　行政法的发展目标与路径

引言 / 379
行政管理体制改革的目标、任务和路径选择 / 384
行政程序：对传统控权机制的超越 / 397

制定行政程序法应正确处理的几对关系 / 406
行政诉讼功能和作用的再审视 / 419
《行政强制法》的基本原则和行政强制设定权研究 / 434
完善行政救济机制与构建和谐社会 / 448
依法行政的重大进展与进一步推进的任务、措施 / 455
论行政裁量权及其法律规制 / 463

Table of Contents

Part I　The Rule of Law during Transforming Period

Introduction / 3
Development, Reform, Innovation, and the Rule of Law / 7
Restatement on Rule of Law, the Thinking of Rule of Law and
　　Legal Means / 18
The Transformation of Social Regulation Mechanism in
　　Transitional Society / 35
Key Projects and Approaches for Research on Countermeasures
　　to the Rule of Law in Contemporary China / 55
Reflections on Building up a Government under the Rule of Law / 67
To Legalize Administrative License Act for Building up
　　a Government under the Rule of Law / 75
Civil Rights Should Be Taken into Serious Consideration by
　　Government under the Rule of Law / 87
Public Participation and the Rule of Law in Administration / 91

Part II New Administrative Law and Rule of Soft Law

Introduction / 115

"New Administrative Law" in the Era of Globalization / 119

Trend to Development of Administrative Law in New Century / 129

The "Territory" of Administration and Functions of
　　Administrative Law / 155

Soft Law and Several Issues with Regard to Soft Law Research / 168

The Nature and Role of the Inner-party Regulations of the
　　Communist Party of China / 190

To Improve the Soft Law Mechanism for Promoting Innovation
　　in Public Governance / 209

Relationships Should Be Correctly Handled for Service-oriented
　　Government Building / 225

Part III Public Law, Public Law Jurisprudence, and Political Civilization

Introduction / 243

On Public Law and Political Civilization / 246

To Construct the Game Mechanism between Rights and Power
　　under Rule of Law Is the Premise of Building a Harmonious Society / 261

Analysis of the Basic Problems of Study on Public Law / 266

Due Process of Law: A Barrier against Corruption / 279

Procedural Justice and Social Governance Innovation / 299

Part IV Construction of Administrative Law System during Transforming Period

Introduction / 307

Expanding the Scope of Accepting Cases Is the Main Event of Amendment
of Administrative Litigation Law / **311**
The Function and Role of Administrative Law Enforcement / **324**
Attaching Great Importance to the System Design to Ensure the
Realization of the Legislative Purpose of the Civil Servant Law / **349**
The Approach to Legalization of Administrative Planning / **355**
Reforming the System of Petitions by Letters and Calls to Innovate ADR
and Relief Mechanism in China / **359**
Study on the Administrative Compensation System / **364**
Regulation of Administrative Power in Emergency Situation / **373**

Part V   Targets and Paths to Development of Administrative Law

Introduction / **379**
Objectives, Tasks and Paths Selection Concerning Reform of
Administrative Management System / **384**
Administrative Procedure: Transcendence of the Traditional Power
Control Mechanism / **397**
Several Relationships Should Be Handled Correctly in Formulating
Administrative Procedural Law / **406**
Review on the Function and Role of Administrative Litigation / **419**
Study on the Basic Principle and the Right to Setting Administrative
Coercion of Administrative Coercion Law / **434**
On Improving Administrative Relief Mechanism and Building
a Harmonious Society / **448**
Significant Progress of Administration according to Law and Tasks
and Measures for That of Further Promotion / **455**
On Administrative Discretion and Its Legal Regulation / **463**

第一编

转型时期的法治

引 言

法治——不同历史阶段的法治,不同国度、不同地区的法治——均既有共性、普遍性、一般性,又有个性、特殊性、具体性。因为虽然不同历史阶段、不同国度、不同地区的法治的时间、空间不同,但既然都谓之"法治",它们就必然有共同的质、共同的基因;然而不同历史阶段、不同国度、不同地区的法治毕竟时间、空间不同,从而也就必然存在差别,其内容和形式必然具有不同的特色。

我们国人在对法治的理解上,历来存在两种倾向:一种倾向是过分强调共性、普遍性和一般性而否定或忽视个性、特殊性、具体性,主张对域外法治照抄照搬,全面接轨,全盘移植;一种是过分强调个性、特殊性、时代性和阶段性而否定或忽视共性、普遍性、一般性,主张完全本土化,试图创造一种纯中国特色、纯地方特色和纯阶段特色的所谓"特色法治"。

中国转型时期的法治究竟应该是个什么样子的法治?是否应该有法治的普适性特性?如果应该有,究竟应该有哪些法治的普适性特性?是否应该有中国转型时期法治的独特特性?如果应该有,究竟应该有哪些中国转型时期法治的独特特性?如果两者都应该有,如何在这两者之间——在法治的普适性与中国转型时期法治的独特特性之间找到一个适当的平衡点?本编所收文章将重点研究和探讨这一问题。

本编共收文八篇,主要通过阐述笔者对法治、法治思维、法律手段和法治国家、法治政府的观点、主张,来给出笔者对前述问题的探索性答案。

在《发展、改革、创新与法治》一文中,笔者提出,在转型时期,必须正确把握法治与发展、改革、创新的适当关系。首先,推进法治与发展、改革、创新都是转型时期的重要任务,都是实现国家富强、人民幸福总目标的"硬道理";其次,法治是科学发展、政治体制改革和社会管理创新的重要内涵;再次,法治是科学发展、政治体制改革和社会管理创新的重要保障。文章进一步提出,为在发展、改革、创新中坚持法治、推进法治,应通过多种途径、形式,培养各级领导干部和全体公职人员的社会主义法治理念;加快体制、机制和制度改革,不断营造在发展、改革、创新中坚持法治、推进法治的社会环境;而且,在坚持法治、推进法治的实践中,应坚持形式法治和实质法治的结合,既追求"有法可依,有法必依,执法必严,违法必究",又追求"良法之治"。

在《再论法治、法治思维与法律手段》一文中,笔者提出,法治决定法治思维和法律手段;法治思维支配法律手段;法律手段的运用反映和体现法治思维。法治思维和法律手段与一个国家、地区的法治实践形成互动。执政者主动、自觉和善于运用法治思维和法律手段治国理政,会促进相应国家、地区的法治实践;反过来,一个国家、地区的法治实践又会给予相应国家、地区执政者更主动、自觉运用法治思维和法律手段的动力、促力。一个国家、地区一旦形成了这种良性互动,即可认为其已步入了法治运作和科学发展的正轨,进入了法治社会的常态。

在《转型社会的社会监管机制转型》一文中,笔者提出,社会转型是社会监管机制转变、转换、转型的背景、环境,社会转型决定社会监管机制的转变、转换、转型。要了解、把握社会监管机制的转变、转换和转型,必须研究和探讨社会转型和由社会转型导致的国家管理和社会治理模式的转型。在处于社会经济、政治、文化全方位转型的中国,社会监管转型主要表现在三个大类共八个方面:其一,监管主体的单一性向多元性转变、转换;其二,监管客体的偏经济性向偏社会性转变、转换;其三,监管方式的单向性向互动性转变、转换;其四,监管程序的封闭性、保密性向公开性、透明性转变、转换;其五,监管手段的偏强制性向偏柔性、偏激励性转变、转换;其六,监管标准的自由裁量性向裁量基准限制性转变、转换;其七,监管者责任的只对上负责性向主要对公众、对社会负责性转变、转换;其八,监管目的的重秩序性向重权利性转变、转换。

在《我国当前法治对策研究的重点课题与进路》一文中,笔者提出,一个国家要实行法治,建设法治,发展法治,除了要研究和解决法治的基本理论问题外,还必须研究和解决实现法治的对策问题。我国当前亟须研究和解决的法治对策重点课题有五:执政党如何依法执政;人民如何有效监督政府;公权力如何既相互合作又相互制约;如何正确处理发展、改革、创新与法治的关系;如何正确处理服务型政府与有限政府、法治政府的关系。要对这些课题进行真正科学的研究,找出切合实际的答案,必须遵循正确的进路与方法,特别是要在法治对策研究要不要进行价值判断,法治对策研究应不应该从制定法出发,法治对策研究应如何平衡法的安定性、稳定性与改革、发展的变动性的关系,法治对策研究应如何处理激情与理性的关系等问题上作出正确的抉择。

在《关于建设法治政府的几点思考》一文中,笔者提出,要实现在我国建设法治政府的目标,必须转变政府职能和改革行政管理体制。只有科学界定和依法规范政府职能,才能建设"有限"和"有为"的政府;只有改变行政管理体制,才能为依法行政提供制度保障。

在《依法规范行政许可行为,建设法治政府》一文中笔者提出,行政许可是市场经济条件下政府管理经济、社会和文化的重要手段,对于建立社会主义市场经济有着极为重要的和不可替代的作用。行政许可是现代政府经常和广泛运用的一种强制性行政权力,但此种权力如不加以控制和规范,则极易被滥用,而行政许可权的滥用对于公民、社会和国家均具有极大的危害性,可能导致规制过度,窒息市场的生机与活力;造成垄断盛行,妨碍公平竞争;引发权力滥用,滋生腐败,侵犯和损害公民权益。因此,法治政府必须通过立法对行政许可制度加以规范。

在《法治政府必须认真对待公民权利》一文中,笔者提出,一个政府是否是法治政府,其最重要的区分标志是看它是否认真对待和尊重公民的权利。《认真对待权利》一书的作者德沃金曾说:"如果政府不给予法律获得尊重的权利,它就不能够重建人们对于法律的尊重。如果政府忽视法律同野蛮命令的区别,它也不能够重建人们对于法律的尊重。如果政府不认真地对待权利,那么它也不能够认真地对待法律。"文章指出,2009年12月7日,北大五位教授之所以向全国人大常委会提出审查和撤销国务院1991年发布、2001年修订的《城市房屋拆迁管理条例》(以下简称《拆迁条例》)的建议,就是因为该《条例》没有认真对待公民的权利,轻忽、轻视、轻慢了作为被拆迁人的公民的权利,从而偏离了法治政府的轨道。

在《公众参与与行政法治》一文中,笔者提出,公众参与人民代表大会制度是中国现代民主的基本模式。在行政法治领域,公众参与对于保障行政机关依法、公正行使职权,防止滥权和腐败,对于维护行政相对人的合法权益,防止侵权和歧视,对于推进公民自治,培育公民社会有着特殊重要的意义。文章分析了中华人民共和国成立以来公众参与制民主发展的经验教训,特别是有关推进公众参与与建立、健全行政法治和宪政关系的经验教训;继之探讨了公众参与对于整个人类社会发展的战略价值和可能的风险,法律对之加以规范和保障的必要性与途径,以及公众参与制民主在全球化、信息化条件下发展的趋势和对行政法治与宪政重构的影响。

发展、改革、创新与法治

推进科学发展,深化体制、机制、制度改革,加强社会管理创新,建设法治政府、法治国家、法治社会,是当下中国社会转型时期摆在我们党和政府面前的重大任务。要完成这些重大任务,我们必须首先回答下述问题:发展、改革、创新与法治是什么关系?发展、改革、创新与法治是否有孰轻孰重之别?前三者与后者在某些时候是否可能会发生矛盾,是否可能会出现后者与前三者难于兼顾的情形?如果出现这种情形,是否应该暂时放弃、甚至牺牲法治而保发展、改革、创新?对于这些问题,我们在发展、改革、创新的过程中不能不加以思考、研究,并给出正确的答案。否则,我们就不能完成上述任一重大任务:既不能实现建设法治政府、法治国家、法治社会的目标,也不能真正促进发展,深化改革和推进创新。

本文试图对上述问题进行初步的探讨,并在初步探讨的基础上提出笔者对解决这些问题的若干设想和浅见。

一、目前人们对发展、改革、创新与法治关系认识的若干误区

关于发展与改革、创新的关系,历史已经给予了我们

比较明确、比较清晰的回答。那就是：发展必须改革、创新，没有改革、创新，就没有发展。相对于改革、创新，发展是目的。改革、创新是为了发展而改革、创新，不是为了改革、创新而改革、创新。否则改革、创新就会失去方向，就会异化。相对于发展，改革、创新是手段，也是必须采用的手段。没有改革、创新，人们就难以克服和排除体制、机制和制度的障碍，从而不可能发展，更谈不上全面协调和可持续发展，发展就只能永远停留在想象和口号层面。

然而，与发展和改革、创新的关系比较，发展与法治的关系①远没有那么明确、清晰，人们在认识和实践上往往陷入某些误区。

目前，人们对发展与法治关系的认识主要存在以下误区：

其一，在中国当下的转型时期，发展是主要矛盾或矛盾的主要方面，法治是次要矛盾或矛盾的次要方面。

由于这一认识误区，我们一些地区和部门的领导干部在实践中往往就重发展（而且主要是重经济发展），轻法治。他们在大会、小会上总是大讲特讲"跨越式发展"、"翻番式发展"，而很少讲法治，即使讲，也只是讲几句口号式的套话；他们布置工作、检查工作总是提出各种发展指标、任务，这些指标、任务都是硬性的、具体的，而很少提出法治的要求，即使提，其要求也是软的、柔性的和抽象的；他们考查、使用干部，主要或基本上是看考查对象的发展能力，重视其所管辖地区、部门的发展速度，而很少审视考查对象的法治思维和法治能力，很少审视考查对象所管辖地区、部门的法治推进情况和该地区、部门的法治生态和法治环境。

其二，发展是目的，法治只是发展的手段之一。为了发展，法治手段好用、有效，就用法治手段，法治手段"不好用"、"不奏效"，就弃法治而用其他手段。

由于这一认识误区，我们一些地方的领导干部在推动所在地区经济、社会发展的过程中，特别是在推动经济发展的过程中，往往以法治手段"不好用"、"不奏效"为由，轻视法治，无视法治，漠视法治，乃至践踏法治。2011年年初国务院颁布《国有土地上房屋征收与补偿条例》，明令禁止采取暴力、

---

① 亦即发展、改革、创新与法治的关系。因为发展是目的，改革、创新只是发展的手段，所以，发展、改革、创新与法治的关系可以归结为发展与法治的关系。

威胁或违法断水、断热、断气、断电、断路等非法方式强制拆迁,但一些地方为了保项目进展、保发展速度,仍违法强拆、暴力强拆,以至造成被拆迁人自焚、伤残等悲剧事件。2009年,全国人大常委会通过《中华人民共和国食品安全法》,明令县级以上地方人民政府对本行政区域的食品安全负总责,县级以上地方人民政府有关部门在各自职责范围内加强食品安全的监督管理,但一些地方为了保税收、保发展,对所在区域内的食品生产企业违规操作、违法使用食品添加剂的行为睁一只眼,闭一只眼,在审批和监管过程中为之大开绿灯,甚至还帮助违规企业打击、围堵消费者的揭发举报行为,以致最后导致伤害人民生命健康和财产的重大安全事故发生。在环境保护方面,国家制定了一系列法律法规,严禁环评不达标、可能导致生态破坏、环境污染的项目、企业筹建、上马,对已建成的排放超标的项目、企业,政府应责令限期整改,整改仍不达标的,要坚决关停并转。但是,一些地方为保财政收入、保经济发展,对新建项目、企业,只要"市场看好",有"发展前景",能拉动当地GDP,不管该项目、企业是否会产生污染、产生多严重的污染,都给其走"绿色通道"审批放行,甚至省略环评程序。对于已成为"污染大户"的老项目、老企业,无论周围的老百姓因之受损害多严重、多么苦不堪言,政府也不予任何处置,甚至还为污染企业开脱,要求受损害的老百姓为"发展大局"作出牺牲。

其三,法治的运行必须有与法治相适应的体制、机制和制度为前提和基础。既然我国当下政治、经济、财政、税收、司法等各项体制、机制和制度的改革尚不到位,法治即应慢行、缓行。

由于这一认识误区,我们一些地区和部门的领导干部在实践中往往就在法治上迈不开步子,总觉得在现行体制、机制和制度下推行法治,自己所在地区、部门会吃亏。有人说,你让我坚守法治,不搞大拆大建,严格关闭当地制造假冒伪劣食品和环境污染的工厂、企业,我的税收就会大大减少,而地方税收原本就很有限,那么,我用什么钱搞水、路、电、气等基础设施建设,我用什么钱提供教育、医疗、住房、养老等基本公共服务?我解决不了所在地区、部门的经济、社会发展问题,上级领导怎么看我的政绩?"政绩"这个东西目前毕竟主要还是上级领导、上级组织人事部门说了算,而不是主要由老百姓说了算。至于司法,它应该是保障法治运行的最后一道屏障,但法院目前的人、财、物,均受制于地方。对于地方领导为了发展而违反法治的行为,法院很多情况下也无能为力。当然,这些想法、说法也不是完全没有道理,体制、机制和制度的改革不到位确实是推进法治的一大障碍,但是,这绝不能成为法治慢行、缓行的借口。因为法治恰恰是推动体制、机制、制度改革的基本途径。如果因体制、机制、制度改革不到位而缓行法治,那体制、机制、制度改革就永无希望,从而法治也会永无希望。

其四,发展需要不断改革、创新,而法治具有相对稳定性。二者发生矛盾冲突时,应允许"良性违宪"和"良性违法"。

具有这种认识的官员和学者往往以我国20世纪80年代深圳市进行土地使用权有偿出让制度改革为例,说明"良性违宪"和"良性违法"对于改革、创新、发展的必要性和合理性。当时的《宪法》第10条第4款明确规定,"任何组织或者个人不得侵占、买卖、出租或者以其他形式非法转让土地"。在当时的情况下,深圳市委和市政府如果不突破《宪法》的这一规定,实行"良性违宪",整个改革显然就无法进行下去。还有人以近年来某些城市突破《立法法》的规定进行房产税改革,突破《高等教育法》的规定进行高校管理、招生和学位制度改革为例,说明"良性违法"的合理性。这些论据似是而非,似乎有一定的说服力。然而,实际上这些论据是难以成立的,以这些论据证明"良性违宪"和"良性违法"的合理、正当更是非常有害的。如果说在中国法制极不完善和立法体制尚不健全的特殊的历史阶段和特定历史条件下,"良性违宪"、"良性违法"尚具有一定的合理性(如20世纪80年代深圳市进行的土地使用权有偿出让制度改革)的话,那么,在今天中国社会主义法律体系已经建立,宪法和法律的规定均可以正常立、改、废的常态法治的条件下,如果再允许以"改革"、"发展"或其他美好名目任意违宪、违法(如一些地方以"改革"之名"撤村改居",强制农民"上楼",推进"城市化";一些地方以"发展"之名,大拆大建,拉动GDP;一些地方以"维稳"为名,组织信访与公检法联席会议,联合办案),就没有任何合理性和正当性可言了。

二、法治与发展、改革、创新的适当关系

法治与发展、改革、创新的适当关系可以主要归结为以下三个方面:

其一,推进法治与发展、改革、创新都是我们目前的重要任务,都是实现我们国家富强、人民幸福总目标的"硬道理"。

我国《宪法》序言规定:"国家的根本任务是,……坚持人民民主专政,坚持社会主义道路,坚持改革开放,不断完善社会主义的各项制度,发展社会主义市场经济,发展社会主义民主,健全社会主义法制,自力更生,艰苦奋斗,逐步实现工业、农业、国防和科学技术的现代化,推动物质文明、政治文明和精神文明协调发展,把我国建设成为富强、民主、文明的社会主义国家。"可见,我国《宪法》是将"发展"、"改革"和"法治"(包括民主和法制)同时列为"国家的根本任务"。而且我国《宪法》第5条特别着重规定:"中华人民共和国实行依法治国,建设社会主义法治国家。国家维护社会主义法制的统一和尊严。一切法律、行政法规和地方性法规都不得同宪法相抵触。一切国家机关和武装力量、各政党和社会团体、各企业事业组织都必须遵守宪法和法律。一切违反宪法和法律的行为,必须予以追究。任何组织或者个人都不得有超越宪法和法律的特权。"从我国《宪法》的上述规定看,毫无疑问,法治与发展、改革都是"硬道理"。

现在的问题是,有人片面理解小平同志关于"发展才是硬道理"的思想,认为小平同志的观点是重发展而轻法治,讲发展"硬",讲法治"软"。这种理解是完全错误的。首先,小平同志讲"发展才是硬道理"这句话是有其特定历史条件的,是针对当时部分人纠缠"姓资姓社"的争论讲的:"改革开放迈不开步子,不敢闯,说来说去就是怕资本主义的东西多了,走了资本主义道路。要害是姓'资'还是姓'社'的问题。判断的标准,应该主要看是否有利于发展社会主义社会的生产力,是否有利于增强社会主义国家的综合国力,是否有利于提高人民的生活水平。"②其次,小平同志讲"发展才是硬道理"这句话在上下文限定其"发展"的含义是"稳定、协调的发展"而非仅指经济发展和GDP增长:"我国的经济发展,总要力争隔几年上一个台阶。当然,不是鼓励不切实际的高速度,还是要扎扎实实,讲求效益,稳步协调地发展。"③再次,小平同志强调发展经济的重要目的是"改善人民的生活",强调"逐步实现共同富裕":"社会主义的本质,是解放生产力,发展生产力,消灭

---

② 《邓小平文选》(第三卷),人民出版社1993年版,第372页。
③ 同上书,第375页。

剥削,消除两极分化,最终达到共同富裕。"④最后,小平同志在讲"发展才是硬道理"这句话之前,一直反复强调"必须加强法制",强调法制"更带有根本性、全局性、稳定性和长期性":"为了保障人民民主,必须加强法制。必须使民主制度化、法律化,使这种制度和法律不因领导人的改变而改变,不因领导人的看法和注意力的改变而改变。"⑤"制度好可以使坏人无法任意横行,制度不好可以使好人无法充分做好事,甚至会走向反面。……制度问题更带有根本性、全局性、稳定性和长期性。"⑥可见,小平同志虽然在形式上只讲了"发展才是硬道理",但实质上他是同时认定法治也是"硬道理"的。

其二,法治是科学发展、政治体制改革和社会管理创新的重要内涵。

就科学发展而言,其核心是以人为本:"尊重人民主体地位,发挥人民首创精神,保障人民各项权益";"要通过发展增加社会物质财富、不断改善人民生活,又要通过发展保障社会公平正义、不断促进社会和谐。实现社会公平正义是中国共产党人的一贯主张,是发展中国特色社会主义的重大任务。要按照民主法治、公平正义、诚信友爱、充满活力、安定有序、人与自然和谐相处的总的要求和共同建设、共同享有的原则,着力解决人民最关心、最直接、最现实的利益问题……"。⑦可见,推进法治是科学发展的重要内容,因为以人为本,尊重人民主体地位,保障人民权益,保障社会公平正义以及诚实信用均是法治的基本要求。很显然,发展如果背离了法治的这些基本要求,就不具有科学发展的核心内涵,从而就不是科学发展了。

就政治体制改革而言,其最重要的目标就是发展社会主义民主政治,建设社会主义法治国家。党的十七大报告指出,深化政治体制改革的重要任务之一即是推进法治:"依法治国是社会主义民主政治的基本要求。要坚持科学立法、民主立法,完善社会主义法律体系。加强宪法和法律实施,坚持公民在法律面前一律平等,维护社会公平正义,维护社会主义法制的统一、尊严、权威。推行依法行政。深化司法体制改革,优化司法职权配置,规范

---

④ 《邓小平文选》(第三卷),人民出版社1993年版,第373页。
⑤ 《邓小平文选》(第二卷),人民出版社1994年版,第146页。
⑥ 同上书,第333页。
⑦ 参见胡锦涛《高举中国特色社会主义伟大旗帜 为夺取全面建设小康社会新胜利而奋斗——在中国共产党第十七次全国代表大会上的报告》中关于"深入贯彻落实科学发展观"的论述。

司法行为,建设公正高效权威的社会主义司法制度,保证审判机关、检察机关依法独立公正地行使审判权、检察权。加强政法队伍建设,做到严格、公正、文明执法。深入开展法制宣传教育,弘扬法治精神,形成自觉学法守法用法的社会氛围。尊重和保障人权,依法保证全体社会成员平等参与、平等发展的权利。各级党组织和全体党员要自觉在宪法和法律范围内活动,带头维护宪法和法律的权威。"[8]可见,推进法治是政治体制改革的方向。背离法治就背离了政治体制改革的方向,就不是政治体制改革而是政治倒退。

就社会管理创新而言,其最重要的目标是创建公共治理的新机制,推进公共治理的民主化、科学化、规范化,建设和谐社会。中共中央政治局2011年5月30日召开专门会议,研究加强和创新社会管理问题。会议强调:"加强和创新社会管理,要坚持以人为本、服务为先,多方参与、共同治理,关口前移、源头治理,统筹兼顾、协商协调,依法管理、综合施策,科学管理、提高效能的原则,立足基本国情,坚持正确方向,推进改革创新。"[9]周永康同志在《求是》杂志发文《加强和创新社会管理,建立健全中国特色社会主义社会管理体系》,特别探讨社会管理创新与法治的关系:"加强和创新社会管理,必须牢固树立依法管理的理念,加强社会管理领域立法、执法工作,使各项社会管理工作有法可依、有法必依。要加强社会主义法治理念教育,坚持依法行政、公正司法,真正依法调整社会关系、规范社会行为、查处违法犯罪活动,维护群众合法权益,维护社会和谐稳定。"[10]可见,加强法治,推进依法行政、依法管理同样是社会管理创新的重要内容。离开法治的创新不是真正的创新,而是恣意妄为的乱闯蛮干。

其三,法治是科学发展、政治体制改革和社会管理创新的重要保障。

法治既是科学发展、政治体制改革和社会管理创新的重要内涵,同时也是科学发展、政治体制改革和社会管理创新的重要保障。首先,科学发展的基本要求是全面、协调和可持续发展,而不是单纯的经济发展,更不是单纯的GDP增长。要实现全面、协调和可持续发展,毫无疑问就必须排除决策

---

[8] 参见上文中关于"坚定不移发展社会主义民主政治"、"全面落实依法治国基本方略,加快建设社会主义法治国家"的论述。
[9] 参见《人民日报》2011年5月31日。
[10] 参见周永康:《加强和创新社会管理,建立健全中国特色社会主义社会管理体系》,载《求是》2011年第9期。

者的个人偏好、恣意、专断和反复无常。为此,除摒弃人治、实施法治,乃无他途。即使是单纯的经济发展,如果不是只追求一时一地的短期发展、短期效益,而是要保证长时期的可持续发展,也必须依靠法治。没有法治,市场无序、竞争无序,经济的发展也只能是领导者、管理者的美好愿望,绝无实现的可能。

其次,政治体制改革和社会管理创新的基本要求是公众参与、公开透明和坚持正当法律程序。要实现这些基本要求,就必须改革旧的单方性、强制性、暗箱操作的行政管理模式。为此,不放弃人治、义无反顾地推行法治,别无良法。例如,就公众参与而言,必须通过法律确定参与的方式、参与的途径、参与的规则、参与的程序。否则,无序参与必然导致"文革"式的"大民主",成事不足,败事有余。就公开透明而言,必须通过法律确定公开的范围,公开与保密的界限,公开的方式、途径,公开的程序,对拒绝依法公开的救济等。否则,公开或者仅成为镜中花、水中月,或者导致国家秘密、商业秘密、个人隐私无以保护,国家利益和个人权利任人侵犯。可见,要改革、要创新,必须坚持法治,即必须在宪法和法律确立的目标、规则所架构的法治秩序下进行改革、创新。

三、在发展、改革、创新中坚持法治、推进法治的途径

通过上一节对法治与发展、改革、创新的关系的分析,我们确信:发展、改革、创新离不开法治,要发展、改革、创新,必须坚持法治、推进法治。在下一节,我们的任务则是要探讨在发展、改革、创新中怎样坚持法治、推进法治,即在发展、改革、创新中坚持法治、推进法治的途径、方法。笔者认为,对此,我们可以也应该从以下三方面着手:

其一,通过多种途径,培养各级领导干部和全体公职人员的社会主义法治理念。

所谓"多种途径",主要有四:灌输、培植、引导和促使。"灌输"就是通过组织学习和培训,使其认识什么是法治,为什么要坚持法治和推进法治,法治相对于人治有什么优越性,离开法治讲发展、改革、创新有什么弊害,使

之自觉坚持法治、推进法治。"培植"就是通过各种法治制度的运作,使其思想上逐步形成法治理念,是一种"习惯成自然"、"润物细无声"的陶冶过程。制度与理念可以是良性的互动:好的理念可以促成好的制度的建立,好的制度的运作可以促成好的理念的形成。反之,则可能是恶性循环。"引导"是指通过鼓励、奖励、晋职、晋级等激励机制,引导其坚持法治和推进法治。"促使"则是指通过批评、处分等惩戒机制促使其改变以往的人治、恣意、滥权、践踏法治的习惯性做法,促使其选择坚持法治的发展模式,并在向此发展模式转变的过程中逐步形成社会主义法治理念。

其二,加快体制、机制和制度改革,不断营造在发展、改革、创新中坚持法治、推进法治的社会环境。

体制、机制和制度的改革应该是全方位的,主要涉及下述五个方面:第一,保障各级党委依法执政的体制、机制和制度。在我国,共产党是执政党,没有各级党委的依法执政,法治在很大程度上就只能是一句空话。而要保障党依法执政,一方面要求各级党委自觉在宪法和法律范围内活动,另一方面要求通过法律和制度理顺党和人大、党和一府两院的关系,这些关系包括领导与被领导的关系和适度的制约关系。只有领导而没有适度的制约,法治是难以完全保障的。第二,保障各级人大依法行使立法权、监督权和决策权的体制、机制和制度。就立法而言,目前社会主义法律体系虽然已经建成,但还很不完善,很多发展、改革、创新所特别需要的法律尚未制定。而且,社会在不断向前发展,尤其是我国在相当长时期内将处于转型发展时期,社会对法律的新需求(包括立、改、废)会越来越大。目前我国全国人大一年只开一次会,360 天基本上只有一天时间立法,全国人大常委会一年开六次会,立法时间大约也不会超过 20 天,加上我们的人大代表和人大常委委员大多是非专职的,这不可避免地会导致立法供应不足的局面。就人大监督而言,其制度也很不完善,如对行政法规、地方性法规和规章的监督,既缺少专门的机构,也缺少健全的程序,一些违宪、违法的行政法规、地方性法规实施多年得不到纠正,最后导致社会矛盾激化(如孙志刚事件、唐富珍事件),甚至引发群体性事件。第三,保障公职选拔、考核、政绩评价和晋升依法有序运作的体制、机制和制度。现在我们一些地方的领导人和公职人员之所以在发展、改革、创新中轻视法治,无视法治,漠视法治,乃至践踏法治,一个很重要的原因是公职选拔、考核、政绩评价和晋升的体制、机制和制度存在弊端，迫切需要改革。我们必须通过改革，从人事组织制度上保证法治在国家政治运行中的地位及对发展、改革的保障、促进和规范、制约作用。第四，保障各级政府依法行政、依法管理的体制、机制和制度。保障依法行政、依法管理的体制、机制和制度并不等于行政管理的体制、机制和制度（前者较之要广泛得多），但行政管理体制、机制和制度无疑在其中具有重要的地位和作用。而在行政管理体制、机制和制度中，又有两件事最重要：一是政府职能转变，一是行政程序法制化。这两件事即是湖南省委书记周强讲的"做正确的事"和"正确地做事"。为此，湖南省政府还制定了两个专门规章：《行政程序规定》和《政府服务规定》。在依法行政、依法管理方面，如果全国各地都能像湖南省一样，认真从体制、机制和制度上解决问题，局面肯定会大为改观。第五，保障各级司法机关（特别是法院）依法办案、依法审判的体制、机制和制度。司法是法治的最后一道屏障。不解决司法机关依法办案、依法审判的问题，坚持法治、推进法治就没有最后的保障。目前，一些地方无视法治、践踏法治的行为得不到纠正，原因之一是司法体制不顺，地方对司法干预太多，从而不能形成有效的纠正违法、追究违法责任、维护和保障法治的机制。在这方面，我们必须加快加大改革步伐，使之适应建设法治国家的需要。

其三，坚持形式法治和实质法治的结合，既追求"有法可依，有法必依，执法必严，违法必究"，又追求"良法之治"。

形式法治的要求主要体现于中共十一届三中全会公报提出的十六字诀：有法可依，有法必依，执法必严，违法必究。"有法可依"主要解决立法的问题，"有法必依"和"执法必严"主要解决司法和执法的问题，"违法必究"主要解决法律监督和法律责任追究的问题。根据形式法治的要求，"良性违宪"、"良性违法"没有存在的余地。有人认为，根据现在的体制和立法机关的能力，立法很难适应发展、改革、创新的需要，有些法律一时半会出不来，有些法律过时，不好用，怎么办？发展、改革、创新总不能停下来吧？只能突破法律"先行先试"了。笔者不同意这种观点。对于现行法律不适应发展、改革、创新需要的矛盾，笔者认为可以用以下方法化解：第一，法律解释。法律往往会给执法者留下很大的解释空间。很多时候，执法者在感觉无法可依时,只要认真多阅读几遍法律,即可从法律的目的、原则,乃至法律具体条文的解释中找到你的行为可依据和应依据的法律根据。第二,法律的选择适用。法律是一个体系,有宪法、法律、法规、规章,有上位法、下位法,有基本法、非基本法。有些时候,适用下位法不合适,你可选择适用上位法;适用非基本法不合适,你可选择适用基本法;甚至最后可以选择适用宪法。第三,建议修法、立法。如果通过法律解释和法律的选择适用还不能解决问题,执法者可以建议立法机关修法、立法,并可通过人大代表提出在一定期限内尽快修法、立法的议案,以保证适应发展、改革、创新的需要。第四,请求授权。有些事项只是一种改革实验,尚不具备启动修法、立法的条件,执法者可以请求相应立法机关授权"先行先试",如果有立法机关的授权,"先行先试"就是立法者的意志,而不是执法者的恣意、滥权,是践行法治而不是践踏法治了。

  实质法治的要求主要体现在法治的目的,即追求社会公平正义和人的自由、幸福,保障和发展人权一类美好价值上。实质法治否定"恶法亦法"的消极法治主义。对于明显违宪、违法的"恶法",如导致"孙志刚事件"等一系列悲剧的《收容遣送条例》、导致"唐富珍事件"等一系列悲剧的《拆迁条例》,必须通过违宪审查或违法审查程序撤销。在没有撤销之前,国家机关应适用合宪、合法的上位法而不适用明显违宪、违法的"恶法";如当时尚无相应的上位法可适用,可直接适用宪法。对于明显违宪、违法的"恶法",根据实质法治的要求,公民在穷尽其他救济途径后可以抵制,即拒绝履行"恶法"为之确定的义务。

原载《中共中央党校学报》2011年第8期

再论法治、法治思维与法律手段

促使笔者思考和研究"法治思维与法律手段"这个问题并撰写这篇《再论》的①，主要有两个因素：

其一，国务院2010年发布《关于加强法治政府建设的意见》（以下简称《意见》），要求行政机关工作人员特别是领导干部要"切实提高运用法治思维和法律手段解决经济社会发展中突出矛盾和问题的能力"。②《意见》发布之后，全国各地方人民政府相继通过会议和文件向所辖行政机关工作人员、领导干部重申这一要求。有的地方还以党委和人大的决议形式将这一要求从行政机关工作人员进一步扩大适用到整个国家工作人员（包括党的干部）。例如，湖南省委发布的《法治湖南建设纲要》要求各级国家工作人员特别是领导干部要"切实提高运用法治思维和法律手段推动工作，促进发展、解决经济社

---

① 研究"法治思维与法律手段"必须先对"法治"有一个明确的界定，因为正确把握"法治"的含义是正确理解"法治思维与法律手段"概念的前提，故笔者将本文研究范围确定为"法治、法治思维与法律手段"。在写本文之前，笔者曾应《人民论坛》之约，就这个主题写过一篇小文，因受篇幅限制，那篇小文对相关问题的探讨未能深入。2012年4月，笔者受湖南省司法厅邀请，专门就此主题为该省省直机关干部做了一次讲座，对这一问题做了较前文深入一些的研究。现将讲座的内容整理成本文，因有前文之故，特谓之"再论"。

② 该《意见》第二节第3项规定，高度重视行政机关工作人员依法行政意识与能力的培养。行政机关工作人员特别是领导干部要带头学法、尊法、守法、用法，牢固树立以依法治国、执法为民、公平正义、服务大局、党的领导为基本内容的社会主义法治理念，自觉养成依法办事的习惯，切实提高运用法治思维和法律手段解决经济社会发展中突出矛盾和问题的能力，http://www.gov.cn/zwgk/2010-11/08/content_1740765.htm，2012年1月5日访问。

会发展中突出矛盾和问题的能力"。湖南省人大常委会《关于推进法治湖南建设的决议》亦对所有国家工作人员提出了这样的要求。③

国务院和全国各地的文件都提出了"提高运用法治思维和法律手段能力"的问题,然而,什么是"法治思维和法律手段"?这些文件却没有明确的界定。至于为什么要提高运用法治思维和法律手段的能力和怎样提高运用法治思维和法律手段能力,这些文件亦没有详加说明和阐释。因此,我们作为专门的法学研究工作者,有义务和责任进行探讨、研究和解说。

其二,2012 年 4 月 13 日,《人民日报》就"薄熙来事件"发表评论员文章指出:"依法治国,是我们党领导人民治理国家的基本方略,是国家长治久安的重要保证。作为我们这样一个发展中大国,大力弘扬法治精神,增强全体公民的法律意识,对于稳定社会秩序、维护国家利益,保障公民权利,具有至关重要的意义。"

"薄熙来事件"的教训很多,其中之一即是公权力执掌者脱离法治思维治事理政,运用非法律手段解决发展、改革的问题。尤其危险的是,对于这种脱离法治思维治事理政,运用非法律手段解决发展、改革问题的公权力运作模式,在一定时期一定场合不仅没有受到大多数人的抵制、唾弃、反对,有些时候有些场合还受到部分国人的认可、拥护。这种现象不能不引起我们高度重视。对此,我们作为专门的法学研究工作者,特别有必要对人治思维、"文革"思维的危害性,对培养、确立法治思维的重要性、迫切性向国人认真阐释、解说。这是我们的义务和责任,也正是促使笔者撰写本文的第二个重要因素。

一、法治、法治思维与法律手段的含义与相互关系

要明确"法治思维"和"法律手段"的含义,首先要明确"法治"的含

---

③ 2011 年 8 月,湖南省委九届十三次全会通过《法治湖南建设纲要》(载《湖南日报》2011 年 8 月 2 日);2011 年 9 月,湖南省第十一届人大常委会第二十四次会议通过《关于推进法治湖南建设的决议》(载《湖南日报》2011 年 9 月 30 日)。

义④,对"法治"有一个正确的认识和理解。

"法治"是相对于"人治"而言的。作为一种治国理政的方式,法治相较于人治,重视法和制度的作用甚于重视用人(选贤任能)的作用,重视规则的作用甚于重视道德教化的作用,重视普遍性、原则性甚于重视个别性和特殊性,重视稳定性、可预期性甚于重视变动性和灵活性,重视程序正义甚于重视实体正义。

但是,法治重视法和制度的作用并不否定用人(选贤任能)的作用。法和制度虽然通常是一定共同体全体成员或其代表制定的,但贤人能人,特别是作为执掌公权力的贤人能人,在创制法和制度中无疑发挥着重要的作用。在执行和实施法和制度时,作为执掌公权力的贤人能人更具有关键的作用。"正确的路线确定之后,干部就是决定的因素。"⑤没有贤能的干部,法治不可能有效运作,公共治理的目标不可能有效实现。

法治之所以重视法和制度的作用甚于重视用人(选贤任能)的作用,是源于公权力的"公"性质与行使公权力的人的"私"性质的矛盾:公权力的"公"性质要求行使权力的人是"天使"、"公人",如果现实中有"天使"、"公人"存在的话,人治可能优于法治。柏拉图关于"哲学王之治(即人治)是一等好的统治,即最优之治,而法治只是二等好的统治,即次优之治"⑥的说法是对的。但现实中的人,即使是贤人能人,均不是天使,而是都有三亲六故、七情六欲,有私益,有感情的"私人"。故必须以法律去协调"公权力"由"私

---

④ 古今中外学者关于"法治"的定义和阐释解说可能有千百种。最著名的应为亚里士多德和戴雪的"法治"说。亚氏认为,法治应包含两重意义:已成立的法律获得普遍的服从,而大家所服从的法律本身又应该是制定得好的法律([古希腊]亚里士多德著:《政治学》,吴寿彭译,商务印书馆1965年版,第199页)。戴氏认为,法治有三层含义:其一,法律至上;其二,法律面前人人平等;其三,宪法不是个人权利的来源而是其结果,权利通过法院判决来界定和实现(Albert. V. Dicey, *Introduction to the Study of the Law of the Constitution*, Nabu Press, 1960, pp. 202—203)。1959年国际法学家大会通过的《德里宣言》对"法治"的界定是:(1)根据法治原则,立法机关的职能在于创设和维护得以使每个人保持"人类尊严"的各种条件。(2)法治原则不仅要对制止行政权的滥用提供法律保障,而且要使政府能有效地维护法律秩序,借以保证人们具有充分的社会和经济生活条件。也就是说,要为个人谋福利,诸如通过保健法、社会安全法等社会立法。(3)司法独立和律师业自由是实施法治原则的必不可少的条件。必须使每个法律工作者做到能毫无顾忌地"为顾客办案",不怕国家的干涉,不怕金钱、名誉和地位的损失。

⑤ 《毛泽东选集》(第二卷),人民出版社1991年版,第526页。

⑥ 参见[古希腊]柏拉图著:《理想国》,郭斌、张竹明译,商务印书馆1995年版,第214—215页;另参见[古希腊]柏拉图著:《法律篇》,张智仁、何勤华译,上海人民出版社2001年版,第116页。

人"行使的矛盾,实行法治。"凡是不凭感情因素治事的统治者总比感情用事的人们较为优良。法律恰正是全没有感情的","常人既不能完全消除兽欲,虽最好的人们(贤良)也未免有热忱,这就往往在执政的时候引起偏向。法律恰恰正是免除一切情欲影响的神祇和理智的体现"。⑦ 麦迪逊指出:"如果人都是天使,就不需要任何政府了。如果是天使统治人,就不需要对政府有任何外来的或内在的控制了。"⑧ 正因为人不是天使,所以需要政府。正因为政府也不是天使,所以需要对政府有外在和内在的控制,需要法治。

　　法治所追求的正是以法律和制度保障贤人能人执掌公权力,并保障贤人能人在行使公权力时为人民做好事,不做坏事(包括故意地和过失地做坏事),更防止和避免坏人恶人执掌公权力和做坏事。法治不仅不排斥选贤任能,而且追求和保障选贤任能,通过选贤任能实现法治的目标。有人认为法治在重视法和制度作用的同时也重视人的作用,是法治和人治的结合,并认为"人治和法治这两种模式各有优缺点,二者可以互相弥补,共同促进。法治具有僵化滞后、尺度不易掌握的缺陷,这些可以通过人治的及时灵活、尺度易定的优势来协调;人治具有因人而异、权威性不强的弱点,这些可以通过法治的相对稳定性、权威至高无上的长处来完善"。⑨ 这种观点是对"法治"和"人治"概念的误解。如前所述,"法治"是依法治国,包括依法选贤任能,而"人治"则是指执政者依其个人意志和偏好治国,"人治"并非指选贤任能,重视人的作用,很多时候,"人治"恰恰排斥贤能,重用的是奸人庸人,扼杀贤人能人的作用。当然,人治也并非一概排斥法律制度,但其制定和运用法律制度只是将之作为治民的工具,执政者,特别是最高统治者并不受法律制度的约束。"法治"和"人治"是两种完全不同性质的治国理政方式,不可能二者相互结合、相互补充和"共存共荣"。

　　法治重视规则的作用甚于重视道德教化的作用并不意味着法治否定或忽视道德教化的作用。法律规则和道德规范是紧密联系的。首先,法律规

---

⑦ 参见〔古希腊〕亚里士多德著:《政治学》,吴寿彭译,商务印书馆1965年版,第163、169页。
⑧ 参见〔美〕汉密尔顿、杰伊、麦迪逊著:《联邦党人文集》,程逢如等译,商务印书馆2011年版,第264页。
⑨ 宋飞:《法治与人治的较量——兼论德治》,http://www.studa.net/faxuelilun/080905/10202875-2.html,2012年1月1日访问。

则通常反映和体现一定的道德规范,有些法律规则更是直接源于道德规范,如惩治欺诈、盗窃、虐待、诽谤的法律规则,规定尊重人格尊严、鼓励见义勇为、尊老爱幼的法律规则等;其次,法律规则的实施在很多情况下也依赖于人们的道德水平,很难设想一个道德水平低下的社会,人们会自觉和严格遵守法律规则;再次,法律对社会关系的调整是有限的,必须依赖道德规范弥补法律规则调整的不足,否则,社会生活可能失序。正是因为道德规范的重要性和由此决定的道德教化的重要性,有人提出了"德治"的概念,甚至认为"德治"比"法治"更重要⑩,或者至少应"法治"与"德治"并行。⑪ 这种认识是不正确和有害的。"德治"在某种意义上说是人治的翻版,是人治的另一种表现形式。胡适先生曾说过:"一个肮脏的国家,如果人人讲规则而不是谈道德,最终会变成一个有人味儿的正常国家;一个干净的国家,如果人人都不讲规则却大谈道德、高尚,最终这个国家会堕落成为一个伪君子遍布的肮脏国家。"⑫最近的"薄熙来事件"和其他一些地方的官员腐败事件均证明了这一点。

道德的倡导和弘扬对于国家和社会的和谐与有序运作虽然非常重要,但不能以道德代替法律或将道德与法律一道作为治国理政之器物。这是因为,"一是法律与道德的差异决定了法律更适合于管理国家和社会,……道德具有不确定性、多层次性、缺乏外在强制力性(主要靠内在的道德和良知发挥作用),这就使其无法成为治国的有效方式。而法治的确定性、外在强制性可以为治理国家和社会提供明确的准则与强有力的手段。二是现代法治具有比中国传统德治更强的时代性与先进性。现代法治不排斥道德的应有作用,同时又注入了民主、自由、人权等新的价值元素,因此比中国传统的道德更符合时代特性与要求"。⑬ 某些传统道德(如忠、义等)若不受法治因素制约,还可能为专制者利用,成为其愚弄和

---

⑩ 孔子即认为,"道之以政,齐之以刑,民免而无耻;道之以德,齐之以礼,有耻且格"(《论语·为政》)。
⑪ 宋飞先生认为,现在中国"要像强调法治那样去强调德治"。……"仅凭法治只能治标,依靠德治才能治本"。参见宋飞:《法治与人治的较量——兼论德治》,http://www.studa.net/faxueilun/080905/10202875-2.html,2012 年 1 月 1 日访问。
⑫ 转引自《读者》2012 年第 7 期。
⑬ 张文显等主编:《法理学》,北京大学出版社、高等教育出版社 2010 年版,第 360—361 页。

统治人民的工具。

　　法治重视普遍性、原则性甚于重视个别性和特殊性,重视稳定性、可预期性甚于重视变动性和灵活性,并不意味着法治否定或忽视个别性、特殊性、变动性和灵活性。法律并非会把执政者治国理政可做和应做的一切都予以全面、具体和僵化的规定,让执政者只是依"法"画"葫芦"。事实上,法律一般都会赋予执政者灵活处理个别性、特殊性、变动性的一定的自由裁量(discretion)空间,只是这种自由裁量不同于"人治"的任意裁量、恣意裁量,而是在坚持普遍性、原则性、稳定性和可预期性的前提下的自由裁量,是在追求实质正义和形式正义统一前提下的自由裁量。

　　法治重视程序正义甚于重视实体正义并不意味着法治否定或忽视实质正义。在某种意义上说,实质正义的价值高于程序正义,前者通常是目的,后者是手段。法治显然不是为法而法,为程序而程序,法治的目的是人的自由、幸福,即实质正义。法治之所以重视程序正义甚于重视实体正义,是因为:第一,实质正义需要通过程序正义实现,没有程序正义,实质正义就很难实现,甚至不可能实现。例如,选拔干部的实质正义是选任德才兼备的人才。但如果缺少民主、公开的程序制约,任由领导人"相马",由于领导人的个人偏好和认识局限性,即使其出于公心,不搞权钱交易,也可能选拔出有德无才或有才无德甚至德才均缺的"劣马"。第二,实质正义的标准难于把握,而程序正义的标准较明确,易于为人们接受[14]。第三,程序正义并非全是手段,在很多情况下也具有目的价值,如说明理由、听取陈述、申辩等所追求和体现的是人的尊严,人的尊严显然是目的而非手段。当然,法治在重视程序正义的同时,一定不能忽视实质正义,要通过运用法律的原则、精神和法律赋予的裁量权,尽量消除或弥补某些程序可能对实质正义的损害,实现程序正义与实质正义的统一。

　　以上我们明确了法治的基本含义。有了这个前提,我们对法治思维和法律手段的含义就比较好理解了。所谓"法治思维",是指执政者在法治理

---

[14] 人们常用"分蛋糕"的例子说明程序正义优于实质正义:切分蛋糕者无论怎么出于公心,都不可能将蛋糕切分得那么均匀,让人人满意,如切分者想照顾特殊人群,选择标准亦难定:老者、幼者、女性者、残疾者还是食量大者,总难于让人人满意。而采用切分蛋糕者最后取蛋糕或众人依抓阄顺序取蛋糕的方式,较能为全体人接受,即使拿到小份,吃了点亏的人也服气。

念的基础上,运用法律规范、法律原则、法律精神和法律逻辑对所遇到或所要处理的问题进行分析、综合、判断、推理和形成结论、决定的思想认识活动与过程。⑮ 首先,法治思维是建立在法治理念的基础上的,一个平时没有法治理念的公职人员、领导干部遇到问题不可能突然形成法治思维。其次,法治思维是指执政者运用法律规范、法律原则、法律精神对所遇到或所要处理的问题进行分析、综合、判断、思考的过程。在这种过程中,执政者为认识和解决所遇到或所要处理的问题首先从脑海中"搜索"认识和解决相应问题的法律规范;如果"搜索"不到具体的法律规范,则继而"搜索"相应的法律原则;如果他既"搜索"不到具体的法律规范,也"搜索"不到相应的法律原则,他则继而寻求认识和解决相应问题的法律精神。如果他"搜索"到了认识和解决相应问题的具体法律规范和相应法律原则,那么他还要运用脑海中既存的法律精神和法治理念检验相应法律规范和法律原则,确定它们是否与法律精神和法治理念一致,从而决定是否应将之作为认识和解决相应问题的依据。如果确定了法律依据(包括法律规范、原则、精神)然后通过判断、推理,就形成了认识和解决相应问题的结论、决定。法治思维就是依这样的逻辑思考和认识乃至解决问题的过程。

所谓"法律手段"是指执政者通过制定、执行法律、法规、规章,运用法律创制的制度、机制、设施、程序处理各种经济、社会问题,解决各种社会矛盾、

---

⑮ 人们对"法治思维"有各种界定,有人认为,"法治思维,即法律思维方法,是在法治理念背景下,按照法律的逻辑(包括法律的规范、原则和精神)来观察、分析和解决社会问题的思维方式。遇到问题或者纠纷,要在法律的框架内,理性地分清法律关系,依据法律的规定来妥善地化解纠纷、解决问题"(参见鹤岗市政府法制办:《浅谈法治思维的运用和环境信访突出矛盾的应对策略》,http://www.hljfz.gov.cn/data/xwxx/news/2011121215140163.html,2011 年 12 月 13 日访问)。法治思维也称"法律思维"。"百度百科"对"法律思维"的解释是:法律职业者的特定从业思维方式,是法律人在决策过程中按照法律的逻辑,来思考、分析、解决问题的思考模式,或叫思维方式。有人认为,法律思维是一种特殊的思维,主要是指职业法律群体根据法律的品性对人的思维走向进行抽象、概括所形成的一种思维定势,是受法律意识和操作方法所影响的一种认识社会现象的方法。还有人认为,法律思维是根据法律的既有规定,通过推理、判断、程序和自由心证,也即通过法律方法给争议双方一个解决问题的结论,注重的是对法律事件的处理。概言之,法律思维是诸多思维中的一种,它以法官或律师的思维为典型代表,是指根据法律进行的思维,目的是探索事物的法律意义("百度百科",http://baike.baidu.com)。

争议,促进经济、社会发展的措施、方式、方法。⑯ 广泛而言,法律手段包括立法(广义的立法包括制定法律、法规、规章,甚至包括制定规范性文件和软法)、执法(包括执行、实施法律、法规、规章)、司法(包括民事、刑事、行政诉讼和司法执行),也包括对法律所创制的制度(如政府信息公开制度、行政许可制度、行政处罚和行政强制制度、行政复议和仲裁制度)、机制(如市场机制、监管机制、监督机制、解纷机制)、设施(如行政裁判所、人民调解中心、法庭)、程序(如行政程序、ADR 程序)的运用、适用。"法律手段"有时是相对"经济手段"和"行政手段"而言,有时是相对"人治手段"⑰而言。

法治、法治思维和法律手段的含义既已明了,它们之间的关系也就跃然纸上。首先,法治决定法治思维和法律手段。法治思维和法律手段是建立在对法治内涵和要素有明确认识和理解的基础之上,一个对法治内涵和要素不甚了了的执政者,不可能有什么法治思维,也不可能主动、自觉和善于运用法律手段。其次,法治思维支配法律手段。执政者具有法治思维,必然会主动、自觉运用法律手段治国理政,反之,当他遇到需要处理的问题时,通常首先会想到人治手段,在必须和只能运用法律手段时,他也可能把法律手段用偏、用歪。再次,法治思维需要通过法律手段表现。法治思维虽然是一种思想认识活动和过程,但它必然要外化为法治行为,即通过法律手段治国理政。如果一个执政者只会用法律规范、原则、精神分析和思考问题,而不能和不会用法律手段解决问题,尚不能认为这个执政者具有法治思维。法治思维与法律手段的关系是:有法治思维的人必然乐用(但不一定善用)法律手段,而运用法律手段的人却不一定有法治思维(其运用法律手段可能出于无奈,或可能仅以法为手段治民)。最后,法治思维和法律手段与一个国家、地区的法治实践具有互动作用。执政者主动、自觉和善于运用法治思维

---

⑯ 人们往往将"法律手段"与"经济手段"、"行政手段"并用,作为管理和调整经济活动的基本方式。三者的主要区别是:第一,含义不同。经济手段是国家运用经济政策和计划,通过对经济利益的调整而影响和调节社会经济活动的措施;法律手段是国家通过制定和运用经济法律法规来调节经济活动的手段;行政手段则是国家通过行政机关,采取行政命令、指示、指标、规定等行政措施来调节和管理经济的手段。第二,内容不同。经济手段包括经济计划和经济政策;法律手段主要包括经济立法、经济执法和法律监督;行政手段包括行政命令、行政指标、行政规章制度和条例。第三,地位不同。宏观调控以经济和法律手段为主,行政手段为辅。

⑰ 所谓"人治手段",是指执政者根据其个人意志和偏好,运用其权、势、术处理经济、社会问题、解决社会矛盾、争议,维持其执政秩序的措施、方式、方法。

和法律手段治国理政自然会促进相应国家、地区的法治实践,反过来,一个国家、地区的法治实践又会给予相应国家、地区执政者更主动、自觉运用法治思维和法律手段的动力、促力。一个国家、地区一旦形成了这种良性互动,即可认为其已步入了法治运作和科学发展的正轨,进入了法治社会的常态。

二、法治思维的要求与法律手段的运用规则

法治思维与法律手段不是完全平行的概念和范畴,法治思维决定和支配法律手段。因此,我们讲法治思维的外化规则时用"要求",而讲法律手段的实施规范时用"运用规则"。

(一)法治思维的要求

关于法治思维的要求,李兵先生曾在《安徽日报》撰文指出,法治思维要求领导干部在工作中坚持"六问":一问,在制定规章和制度和作出行政决策时,是否考虑到自身法定权限,是否遵守法定程序;二问,在要求行政执法部门加大行政执法力度时,是否考虑到如何防止行政执法部门滥用行政执法权力;三问,在处理无利可图或者吃力不讨好的行政管理事项时,是否考虑到如何通过明确行政执法责任和社会监督举报受理处理制度,确保行政执法部门不失职;四问,在对待涉及行政相对人和人民群众切身利益以及行政执法争议较大的行政管理事项时,是否考虑到公开听取有关各方的不同意见和进行合法论证;五问,在确需依法撤销或者改变行政行为时,是否考虑到如何对权益受到损害的行政相对人采取补救措施或者给予相应的补偿;六问,在发现违法或者不当行政行为时,是否考虑到如何为行政相对人提供依法监督行政执法的畅通救济渠道,防止行政执法争议演变为社会不稳定因素。⑱ 这一概括虽然不尽全面,但主要要求都涉及了,并且很具体,可操作性强。

---

⑱ 参见李兵:《领导干部的法治思维》,载《安徽日报》2005年8月21日。

作为一个国家工作人员,特别是领导干部,在行使国家公权力时,无论是决策,还是执行,或者是解纷(解决社会矛盾、争议),基于法治思维,都应遵守下述五项要求,并在整个决策、执行和解纷的过程中随时和不断审视其行为是否遵守和符合这些要求:目的合法、权限合法、内容合法、手段合法、程序合法。如在行为过程中发现有违反,应及时主动纠偏。

所谓"目的合法",是指公权力行使者作出某一决策,实施某一行为(包括执行行为和解纷行为),应符合法律、法规明示或暗含的目的。例如,2008年,我国国土资源部曾发布一个关于"城乡建设用地增减挂钩"的规范性文件,其立规的目的很明确,就是要防止耕地减少,保护耕地"红线"。但是许多地方实施这一文件时,却将之作为其大搞开发建设和加强"土地财政"的手段,借此大量拆迁农民的房屋,逼农民"上楼",以农民的宅基地去换取建设用地的审批,从而引发大量的社会矛盾。又如,我国《行政许可法》规定,行政机关实施行政许可,除可以当场作出行政许可决定的外,应当自受理申请之日起20日内作出许可决定,20日内不能作出决定的,经机关负责人批准,可以延长10日。依法应经下级机关审查后报上级机关决定的,下级机关应自受理之日起20日内审查完毕。[19] 我国《行政许可法》为什么要作这一规定?因为该法明确其立法目的是规范行政许可行为,保护相对人合法权益。[20] 但是,一些地方政府发布的规范性文件有的却完全违反了这一立法目的,如我国某省政府发布的关于"采矿权证申办"的规范性文件中,将《矿产资源法》规定的由省级政府地质矿产主管部门审批和颁发采矿许可证[21]的行政许可行为增添由县、市两级政府审批的前置程序,而且没有规定审批的条件和时限,使县、市两级政府有无限自由裁量权去协调申请人之间的矛盾,以保证"维稳"(因为多个申请人申请一个采矿许可证往往容易发生矛盾和冲突)。这样,相对人申请采矿许可证就可能变得遥遥无期,《行政许可法》的立法目的无从实现。县、市两级政府的主管人员可以利用这种无条件和无限期的审批,让申请人请客送礼,本应获得许可但请客送礼不甚周到的

---

[19] 见我国《行政许可法》第42、43条。
[20] 见我国《行政许可法》第1条。
[21] 我国《矿产资源法》第16条规定,开采应由国务院地质矿产主管部门审批发证的国家规划矿区和对国民经济具有重要经济价值的矿区等矿产资源以外的矿产资源,其可供开采的矿产的储量规模为中型的,由省级人民政府地质矿产主管部门审批和颁发采矿许可证。

先申请人可能得不到许可证,后申请但请客送礼周到的申请人反而获得了许可证。当然,该省政府的规范性文件不仅违反了《行政许可法》的立法目的,而且违反了《行政许可法》的明确规定:许可申请要经下级机关审查的程序只能由"法"而不能由"文件"规定;即使由"法"规定,也不能突破20日审查期限的限制。如果全国各地这样的文件盛行,《行政许可法》就实际被废止了。

所谓"权限合法",是指公权力行使者作出某一决策,实施某一行为,应符合法律、法规为之确定的权限。例如,中央电视台"焦点访谈"栏目曾报道山东莒南法院一法官随便到外地抓人,被抓者问他哪个法律赋予了他抓人的权限,他竟然说,法官的权限是无限的,"上管天,下管地,中间管空气"。又如,我国《土地管理法》规定,建设用地征地审批权只有国务院和省级人民政府享有。② 这就意味着省级以下各级人民政府都不具有征地审批权,如果其不经国务院或省级人民政府审批,即决定或批准建设用地,即为越权。但近年来全国各地这种违法越权批地用地的情况很多。例如,2011年7月12日,国土资源部《通报》公布,2011年上半年全国即发现违法批地用地行为3万件,涉及土地面积27.8万亩(耕地9.4万亩),其中云南德钢将应由国务院投资主管部门核准的整体项目拆分为9个子项目,分别向楚雄州有关部门申请行政审批。2010年3月至9月,楚雄州发改委、州经济委员会、州国土资源局等分别出具了有关项目的审批意见。2010年5月,楚雄州政府下发文件,明确州国土资源局和禄丰县政府负责项目建设用地的征转用工作,在5月底前提供给德钢。当月,禄丰县国土资源局未经农用地转用和征收审批手续,违法征收耕地1461.17亩,其他农用地127.24亩,集体建设用地279.87亩,合计1868.28亩。《通报》指出,2010年12月,楚雄州政府违法批准为德钢9个子项目涉及的591亩土地办理了临时用地手续,构成了违法批地事实。㉓

所谓"内容合法",是指公权力行使者作出某一决策,实施某一行为,应符合法律、法规的具体规范以及法律的原则、精神。公权力行为要做到内容

---

② 根据我国《土地管理法》第45条规定,征收下列土地的,由国务院批准:(1)基本农田;(2)基本农田以外的耕地超过35公顷的;(3)其他土地超过70公顷。征收前款规定以外的土地的,由省、自治区、直辖市人民政府批准,并报国务院备案。

㉓ 《云南德钢违法占地1800余亩 楚雄批地3高官免职》,http://politics.people.com.cn/GB/14562/15146686.html,2012年2月8日访问。

合法,行为者不仅要熟悉法律的具体规范,而且要了解和把握法律的原则、精神。用"内容合法"的要求衡量我们的许多公权力行为,其中大多存在这样那样的问题,以全国各地近年提出和发布的各种标语口号来说,违反法律规范、原则、精神的就为数不少。如 2012 年 3 月 31 日,温州乐清柳市镇为了防止清明节人们上坟发生火灾,竟然在大街上打出这样的横幅标语:"上坟引发火灾,坟墓一律拆除。"近年来在网络和媒体上流传的各地的标语口号有许多完全背离法治思维,如"谁影响嘉禾一阵子,我就影响他一辈子";"不强拆,不上访,争当良民好荣光";"该流不流('流'指为推行计划生育的流产),扒房牵牛";"不娶文盲妻,不嫁文盲汉";"喝药(农药)不夺瓶,上吊不解绳,跳河不拉人"[24],等等。显然,这些标语口号不仅背离法律原则、精神,有的还直接违反法律的明确规定。

所谓"手段合法",是指公权力行使者作出某一决策,实施某一行为,其运用的方式、采取的措施应符合法律、法规的具体规范以及法律的原则、精神。法治思维要求公权力行为不仅要目的合法,而且手段也要合法。一些公权力行使者往往对手段合法的要求不以为然,认为只要目的合法、目的正当,至于采取什么手段达到目的可以不予计较。例如,近年来,一些地方政府推行暴力拆迁、野蛮拆迁,大多是打着为了"公共利益"目的的旗号进行的。他们对其行为导致被拆迁人自焚、伤残、死亡不仅不感到悲伤、内疚,反而觉得有理、有功。江西宜黄强拆事件导致被拆迁人自焚,一死两伤,宜黄的一位官员竟然还撰文提出:"从某种程度上说,没有强拆就没有我国的城市化,没有城市化就没有一个'崭新的中国',是不是因此可以说没有强拆就没有'新中国'?"这种说法和认识显然没有法治思维的影子,而是人治思维的体现。确切地说,是人治思维的一个亚种——"政绩思维"的体现。

所谓"程序合法",是指公权力行使者作出某一决策,实施某一行为,其过程、步骤、方式、时限等应符合法律、法规的规定(即法定程序)和正当程序的要求。法定程序的基本原则是公权力行为应公开、公正、公平;正当程序的基本要求是公权力执掌者对相对人作出不利行为应说明理由、听取申辩,不得自己做自己的法官等。对于法治思维的程序合法要求,许多执政者往

---

[24] 这些标语口号摘引处殷国安:《依法治国应拒绝"标语行政"》,载《法制日报》2012 年 2 月 8 日。

往不予重视。例如,根据国务院《全面推进依法行政实施纲要》关于加强行政决策科学化、民主化和规范化的要求,各级政府推出对环境、资源和公民权益可能产生重大影响的决策,应通过座谈会、论证会、听证会等各种形式广泛听取社会公众和专家的意见,以避免决策失误给国家利益、社会公共利益和公民权益造成重大损失。但是,长期以来,许多地方推出的重大决策往往仅由党委或政府的常务会议拍板,甚至由"一把手"一个人拍板,既不听取人民群众的意见,也不听取专家学者的意见。如果有人质疑,他们会拍胸脯担保没问题,最后决策失误,造成重大损失,他们拍屁股走人了事(所谓"三拍式"决策:拍脑袋、拍胸脯、拍屁股)。日前,《人民日报》报道,黑龙江林甸县"惠民工程"、"天字号项目"——大庆温泉果菜基地被人指为"毁民工程"、"败家工程",因为该工程建设的结果是:38栋实验大棚撂荒损坏、大部分大棚未投入生产、上百万元的别墅成了种子商店。对此,村民不服,走上了上访之路。有专家指出,此地的土壤条件要种植蔬菜本来就有一定难度。㉕像这样的工程决策,决策者可能是好心,但当初如果经过广泛征求民意和科学论证的程序,何至于此?另据《新京报》报道,云南大理以6000万建公园,最后闲置成练车场。该公园叫"龙山公园",为大理经济开发区于1999—2004年建设,占地约60亩,建筑面积1.2万平方米,总投资5700多万元。开发区管委会说,公园建成后,"由于来公园的人不多导致了公园以及目前公园设施的闲置,但建这个公园是为了满足今后城市发展的需要"。2004年建成的公园到现在仍然闲置(变成练车场),"满足今后需要",不知"今后"是哪一年?是20年以后,还是50年以后?这个决策是否经过广泛征求民意和科学论证的程序呢?恐怕没有。是什么原因导致了这些"三拍"决策呢?一个重要原因就是我们的执政者缺乏民主科学的程序理念,缺乏法治思维。

(二)法律手段的运用规则

法律手段是执政者治国理政的最重要的手段,但不是唯一手段。法治要求执政者将法律手段作为治国理政手段的首选,但执政者选择运用法律

㉕ 参见苗苗:《惠民工程也要"守规矩"》,载《人民日报》2012年2月7日。

手段治国理政不一定就是法治。法治思维要求法律手段运用必须遵循一定规则。这些规则主要包括:优先适用规则、协调适用规则、比例原则、程序制约规则。

所谓"优先适用规则",是指相应事项的处理既有法律手段可以适用,又有其他手段可以适用时,应优先适用法律手段。例如,解决各种社会矛盾和争议,既可以运用诉讼、复议、仲裁等法律手段解决,也可以运用调解、协调、信访、领导批示、办公会议研究和发布"会议纪要"等非法律手段或法律性较低的手段解决。[26] 根据"优先适用规则",公权力执掌者解决社会矛盾和争议,应首选诉讼、复议、仲裁等法律手段。只有在不具备适用法律手段条件(如相应争议不属法院受案范围,当事人起诉已过时效等)或者法律手段已经用尽,但争议尚未解决的情况下,公权力执掌者才应该选择法律手段以外的手段。但是目前我们一些地方的执政者在处理、解决社会矛盾、争议时,往往不是首先选择法律手段,而是首先选择非法律手段或法律性较低的手段。运用这些方式处理问题,往往不是完全遵循法律标准,而是遵循"息事宁人"的标准。依此标准,你可能把当事人的争议解决了,他们不再"闹事"了,但是,其他非依此标准对待的人可能不服了,新的更多的矛盾、争议又产生了。此外,非法律手段用得过多、过频繁,人们会慢慢丧失对法律的信仰,以后执政者想回过来再用法律手段,到那时法律手段可能就不"灵"了。

当然,法律手段的优先适用规则只是一项原则性的规则,而非绝对性规则。在某些特定情形下,为了最有效地实现实质正义,也可能需要先适用一定的非法律手段或者同时适用一定的法律手段和非法律手段。

所谓"协调适用规则",是指相应事项的处理有多种手段(包括多种法律手段)可以适用时,在必要时可以综合适用,并协调这些手段之间的相互关系,以求取得最佳的处理效果。例如,城市政府及其城管部门处理摊贩占道经营,影响交通、安全、秩序、市容、卫生的问题时,其可运用的手段就有多种,如制定法规、规章、规范性文件规范摊贩和城管的行为;对违法摊贩采取

---

[26] 虽然调解、协调、信访等也有法律、法规规定,也要遵守法律、法规规定的规则、程序,在这个意义上,它们也可称为"法律手段"。但是,调解、协调、信访等解决矛盾、争议在实践中并不完全遵循法律标准,甚至完全不遵循法律标准。在这个意义上,它们不是"法律手段",而是"非法律手段",最多可称为"法律性较低的手段"。

行政处罚、行政强制措施;建立集贸市场,安排和引导摊贩集中经营、租门面经营;开办早市、晚市,让摊贩限时限地点经营;等等。对于这类事项,执政者即可以而且应该采取综合手段治理,不能只想到处罚、强制,尽管处罚、强制是可选择的重要和必要的法律手段之一。

所谓"比例原则",是指执政者处理相应事项和相关问题,选择适用的法律手段或其他手段的强度要与所处理的问题和事项的性质相适应,成比例,不能"高射炮打蚊子"。在处理相应事项和相关问题有多种手段(包括多种法律手段)可以选择时,一般应选择对行政相对人权益损害最小的手段。例如,对具有某种违法行为的企业,法律规定了多种制裁手段:罚款、停业整顿、吊销证照、关闭。显然,前两种手段对行政相对人权益损害较小,后两种手段对行政相对人权益损害很大,相当于判该企业"死刑"。如果相应企业违法行为不是极为严重、恶劣,对社会公共利益不具有严重威胁,执法机关就不应选择后两种制裁手段(吊照、关闭),而应选择前两种手段(罚款、停业整顿)。

所谓"程序制约规则",是指执政者处理相应事项和相关问题,无论选择何种手段——即使是法律手段,都应严格遵守法定程序或正当程序,受程序制约。执政者不能认为自己选择的是法律手段,遵不遵守程序就无关紧要。例如,政府制定规章和规范性文件无疑是法律手段,制定规章有法定程序规范,制定机关必须遵守《立法法》和《规章制定程序条例》所规定的程序。制定规范性文件目前尚无全国统一的法定程序规范,制定机关则应遵守正当程序,如通过座谈会、论证会、听证会听取社会公众和专家学者的意见,事前进行必要性、合法性、可行性审查、论证等。又如,行政处罚、行政许可、行政强制、行政收费、行政确认、行政裁决等均是法律手段,前三者有法定程序规范,行政执法机关必须遵守《行政处罚法》、《行政许可法》、《行政强制法》规定的程序。而后三者目前尚无全国统一的法定程序规范,行政执法机关应当遵守相关正当程序:公开、公正、公平和说明理由、听取申辩等。

三、法治思维与法律手段运用能力的培养

在建设法治国家、法治政府的总工程中,培养和提高国家公职人员,特

别是领导干部运用法治思维和法律手段治国理政的能力,如果不是最重要的分工程,也是最重要的分工程之一。这项分工程主要包括哪些内容呢?主要有下述三项:

(1)加强法治教育、培训,不断增强国家公职人员,特别是领导干部的社会主义法治理念。法治理念是法治思维的基础,而法治思维又是自觉、主动和善于运用法律手段的前提。因此,要提高国家公职人员,特别是领导干部运用法治思维和法律手段治国理政的能力,首先就要加强对他们的法治教育、培训,不断增强他们的社会主义法治理念。关于社会主义法治理念的内涵,目前一般认为包括五个方面,即依法治国、执法为民、公平正义、服务大局、党的领导,五个方面相辅相成,体现了党的领导、人民当家作主和依法治国的有机统一。[27]当然,对这个内涵还可以继续研究,如人权保障、权力制约、正当法律程序等也应该构成社会主义法治理念的重要内涵。至于法治教育、培训的方法,则应该多样化,增加实际案例教学的比重,使之有感染力、震撼力,以产生较好的实际效果。

(2)推广典型经验,不断引导和激励公权力执掌者主动、自觉和善于运用法治思维和法律手段治国理政。榜样的力量是无穷的。在我国这样一个长期缺少法治传统、习惯于实行人治的国度,要推进法治,建设法治国家、法治政府,必须注重树立典型,即以主动、自觉和善于运用法治思维和法律手段处理和解决社会、经济问题和社会矛盾、争议的干部为典型,推广这些典型治国理政的经验,以带动和促进整个社会的法治发展。2010年国务院《关于加强法治政府建设的意见》要求各地、各部门"要重视提拔使用依法行政意识强,善于用法律手段解决问题、推动发展的优秀干部",这是从组织路线上对法治建设的保障。在这方面,除了正面典型的引导作用外,反面典型的警示、警戒作用也是不可忽视的,对于那些坚持人治思维,在决策、执法和其他行使公权力过程中有法不依,滥用职权,给国家、社会公共利益和公民合法权益造成重大损害、损失的,要依法问责、追责。只有在组织、人事管理领域坚持给人治亮"红灯",给法治开"绿灯",才能促使我们整个国家公职人员和领导干部不断自觉培养和提高运用法治思维和法律手段治国理政

---

[27] http://baike.baidu.com/view/945883.htm,2012年10月1日访问。

的能力。

（3）改善法治环境，通过外部制度环境影响和促进公权力执掌者的法治思维。法治环境与法治思维以及法律手段的运用是辩证的和互动的关系。法治思维增强了，会自然促进法律手段的运用；法律手段运用多了和运用有效了，自然会改善法治环境；而法治环境改善了，又会反过来影响和促进公权力执掌者的法治思维。这正是法治的良性循环。那么，怎么改善法治环境呢？笔者认为，认真贯彻实施胡锦涛同志2011年3月28日在中共中央政治局组织的第二十七次集体学习时提出的四个"更加注重"是最重要的和根本性的措施。㉘ 这四个"更加注重"分别是：第一，更加注重制度建设。所谓"制度建设"，既包括进一步完善推进行政管理民主化、科学化、规范化的各项立法，特别是行政程序立法，也包括健全保障法律执行、运作、实施的各种具体制度，如保障行政公开、公正、公平的各种制度。第二，更加注重行政执法和推进政府管理方式创新。在这方面，加强行政决策程序建设和推进政府职能转变有着特别重要的意义。第三，更加注重行政监督和问责。监督和问责是依法行政的重要保障。为此，必须进一步强化政务公开，保障人民群众批评政府、监督政府权利的落实。第四，更加注重依法化解社会矛盾纠纷，维护社会的和谐稳定。依法化解社会矛盾纠纷，维护社会和谐稳定既是依法行政的目标和要求，也是依法行政的保障。为此，应建立多元化的解决社会矛盾、争议、纠纷的机制，包括健全、完善调解、信访、行政裁决、行政复议、行政诉讼等各项相关制度。

原载《湖南社会科学》2012年第4期

㉘ 胡锦涛：《推进依法行政 弘扬社会主义法治精神》，http://news.xinhuanet.com/politics/2011-03/29/c_121244258_2.htm，2012年10月1日访问。

转型社会的社会监管机制转型

监管既是维护经济、社会秩序,保障经济和社会正常、有序发展的必要社会规制手段,也是保障人的生命健康和财产安全以及维护国家和社会公共利益的必需的社会治理工具。监管,从主体角度而言,包括政府实施的监管和社会实施的监管以及被监管者实施的自我监管;从客体而言,包括对经济活动实施的监管和对社会活动实施的监管以及对生态环境活动实施的监管。本文研究的社会监管,主要指相对于经济性监管的社会性监管,也指相对于政府监管的公民社会监管。

一、社会监管的含义与社会监管机制转型的背景

20世纪后期,随着改革开放的深入,中国社会开始近代以来的第三次重大转型。[①] 这次社会转型的广度和深度均超过前两次,不仅涉及政治、经济、文化,而且涉及

---

① 笔者认为,中国社会近代以来发生了三次重大转型:第一次是1840年到1937年,中国因外国列强的入侵,由封闭的封建社会向半封建半殖民地社会转型;第二次是1949年到1956年,中国因中国共产党领导人民推翻"三座大山",由准封建准殖民地和准资本主义的社会向高度集权的计划经济的社会主义转型;第三次是1978年至现在,中国因改革开放,由高度集权的计划经济的社会主义向民主法治的市场经济的社会主义转型。

人们的社会生活方式、社会治理方式,以及人与自然的关系和人对待自然的态度:以阶级斗争为纲向以经济建设为中心过渡、转型;计划经济向市场经济过渡、转型;集权政治向民主政治过渡、转型;人治向法治过渡、转型;以意识形态为本向以人为本过渡、转型;以注重 GDP 增长向注重尊重和保障人权,追求人的尊严、自由、幸福过渡、转型;由无视资源、无视环境的与天斗、与地斗向资源节约型、环境友好型的"两型社会"过渡、转型。这次中国社会转型是一个全方位的社会变革,而不是仅涉及社会表层和皮毛的变革,更不是对任何过去时代的回归或照抄照搬西方制度的"西化",尽管这种转型有对中国传统文明的继承和对西方现代文明借鉴的一定成分。这次中国社会转型从开始到现在已历时三十多年,目前仍方兴未艾,也许还要经历二三十年。中国只有在全面完成经济体制改革、政治体制改革的任务和人们的观念发生相应转变后,一个新的相对稳定的社会形态才能形成,社会转型的基本任务才能告一个段落。

本文研究的主题是社会监管机制的转型。社会监管机制转型的大背景、大环境是整个社会的转型,直接背景和环境是国家管理和社会治理模式的转变、转换和转型。因此,不研究、不了解整个社会转型和由整个社会转型必然导致的国家管理和社会治理模式的转变、转换和转型,就不可能清晰了解和明确社会监管机制转变、转换和转型的深刻原因。当然,本文由于篇幅限制,不可能深入研究和探讨社会监管机制转型与国家管理和社会治理模式转型乃至整个社会转型的关系。本文研究的重点只是:在当下中国社会转型时期,在中国目前国家管理和社会治理模式正发生根本性变革的时期,我们的社会监管机制究竟发生了和将发生怎样的转变和转换。至于转变和转换的深刻原因,只能留待读者做进一步的思考,笔者在以后另撰写论文做进一步的剖析。

我们在对社会监管机制转型这一主题正式进行探讨之前,需要先对"监管"和"社会监管"这两个概念进行适当界定,以确定本文所研究问题的基本领域和范围。

《现代汉语词典》对"监管"的释义是"监视管理"、"监督管理"。[②] 在人

[②] 《现代汉语词典》,商务印书馆 2005 年版,第 663 页。

们的日常使用中,有人将"监管"等同于"管理",有人将"监管"等同于"监督",也有人将"监管"视为"行政干预"。③ 但更多的人还是在"监督管理"的意义上使用"监管"。近年来,许多学者研究"监管",则是将"监管"等同于国外的"管制"和"规制"(即英语中的"regulation"一词),其含义似比"管理"较狭窄,比"监督"较宽泛。例如,周汉华教授所著《政府监管与行政法》④及马英娟教授所著《政府监管机构研究》,都是将"监管"界定为"管制"或"规制"。当然,作为"regulation"的"监管",与我国传统的"管理"、"监督"和"监督管理"的区别不仅限于含义的宽窄,更在于理念和机制模式的不同。周汉华教授认为,我国传统"行政管理"与西方国家独立监管的最重要区别是,前者的基础是建立在下级服从上级,通过行政命令方式进行管理的上下级关系之上的科层制官僚体制之上,而后者的基础则是建立在依法独立监管,监管者只对法律负责,发生争议最终通过司法途径或其他第三方途径解决的法治化结构之上。⑤

　　本文研究的"监管",其含义相当于人们日常使用的"监督管理",内容侧重于"监督"而非"管理"。例如,一般行政管理中的人事管理、财物管理、机关内部事务管理即不属于"监管"的范畴。从应然的角度讲,我国"监管"的理念和机制模式(如相对独立性、从属法律性、专业性等)将循现代规制(regulation)的方向发展,但在范围上不完全等同于美国等西方国家的所谓"第四种权力"的独立规制(管制)机构所实施的"regulation",我国"监管"的内容侧重于监督和控制(supervision and control)而非"regulation"中的制定规章(rulemaking)和裁决纠纷(adjudication)环节。"监管"是"regulation"的

---

③　参见马英娟著:《政府监管机构研究》,北京大学出版社2007年版,第18—20页。
④　周汉华著:《政府监管与行政法》,北京大学出版社2007年版,第7—8页。
⑤　同上书,第11页。关于现代监管与传统行政管理的区别,周汉华认为,除了制度基础不同之外,现代监管还有下述五项特色:(1)监管机构的组织、职权由法律确定,未经法律修改,不得随意变更。监管机构工作人员非负责人享有任职保障,非有法定事由不得免职、调动、降职、降薪或降低其他待遇。与之相适应,监管机构工作人员则不得从事任何与其任职行为有利害冲突的活动。(2)监管机构依法独立行使制定规则、执行规则与裁决争议的权力,不受任何组织与个人的干预。(3)监管机构应遵循法定程序行使权力,实行行政公开与公众参与的原则。(4)监管机构的活动经费由财政预算或监管收费加以保障,不得被随意扣减。(5)监管机构的具体行政决定可受司法审查,其监管行为受国家权力机关、行政机关的法定监督和公众的社会监督,监管行为违法造成损害应承担赔偿责任。同上书,第12—13页。

内容之一,"regulation"包含"监管"而不等于"监管"。⑥

所谓"社会监管",可以从两个不同的角度界定,具有两种不同的含义:一种含义是从监管主体角度界定,指由公民社会而非由政府实施的监管。这种"社会监管"是相对于"政府监管"而言;另一种含义是从监管内容角度界定,指监管主体对社会事务(涉及安全与健康、环境、生态保护、网络信息交流、消费者保护等事务)的监管而非对经济事务(涉及保护公平竞争、反垄断、市场准入与金融、价格控制等事务)的监管。这种"社会监管"是相对于"经济监管"而言。⑦ 本文所研究的"社会监管",主要是第二种含义的"社会监管",即相对于"经济监管"的"社会监管"。但是,从转型社会监管发展的趋势看,研究第一种含义的"社会监管"亦非常重要,所以,本文在重点研究政府主体实施的"社会监管"的同时,也会对非政府主体实施的"社会监管"予以较多的关注。

二、社会监管主体和客体的转型

(一) 监管主体的单一性向多元性转变、转换

长期以来,人们一直认为,监管是政府的事,是行政机关的事,与社会无关。大量研究监管、规制、管制的专著或行政法教科书所研究的监管主体基本都是如美国、英国、法国一类国家的独立管制机构(independent regulatory

---

⑥ 我国政府监管包括专门监管机构(如银监会、证监会、保监会)实施的监管和政府部门(如工商、质监、环保、食品药品监管部门)实施的监管。我国的政府监管机构不完全同于美国的独立规制(管制)机构(Independent regulatory commission),后者同时行使立法、行政、司法三权,被称为"第四部门"或"第四种权力"。我国政府监管机构虽有一定的行政立法权和行政司法权,但基本职能是通过检查、调查、实施行政强制和行政处罚等手段行使行政执法权,其执法—监管遵循的规则主要由立法机关制定,其执法—监管中产生的纠纷主要由人民法院裁决。

⑦ 研究"规制"(regulation)的学者通常都将"规制"分为"经济性规制"和"社会性规制"两种:"经济性规制"主要关注政府在约束企业定价、进入与退出等方面的作用,重点针对具有自然垄断、信息不对称等特征的行业;"社会性规制"是以确保居民生命健康安全、防止公害和保护环境为目的所进行的规制,主要针对与解决经济活动中发生的"外部性"问题。参见〔英〕安东尼·奥格斯著:《规制:法律形式与经济学理论》,骆梅英译,中国人民大学出版社2008年版,第5—6页。

agencies）⑧，或日本一类国家的从属于政府部门、但对政府有一定独立性的行政委员会⑨，或者如我国的完全从属于政府的行政部门及政府直属机构或政府直属事业单位（如证监会、银监会、保监会等）。⑩ 然而，在现代社会中，监管除了政府监管以外，还存在着广泛的非政府监管，即公民社会的监管。

一般意义上的监管普遍存在于各类社会组织之中，其涵盖面极广。（1）就监管主体而言，一般意义上的监管的主体既可以是个人，也可以是政府，还可以是企业及其他一切非政府组织。……如行业协会依照行业协会规章对对其成员进行的监管……（2）就监管范围来看，非政府监管的范围限于该组织成员属于该组织内的活动以及相关联的个人与非政府组织属于该组织内的活动……（3）就监管依据而言，监管依据既可以是国家的法律，也可以是社会规范……

一般来讲，市场经济需要一个多层次的监管体系。政府监管与行业协会等社会中介组织、企业自我监管等非政府监管是相互配合、相互补充的关系，充分发挥非政府监管的作用将在很大程度上减轻政府负担，促进政府有效监管的实现，而且伴随着市场竞争程度和社会自治程度的逐步提高，行业协会及其他社会中介组织的监管会日益重要，在竞争对手的压力下企业自我监管也会占据越来越重要的地位。⑪

从目前许多发达国家的监管实践看，监管主体的单一性向多元性转变、转换是一种明显的趋势。在多元监管中，行业协会及其他社会中介组织的监管以及企业自我监管是最主要的形式。英国著名学者哈洛指出："自我规制是一种在法律和行政中具有当代重要性的现象。……与政府规制相比，自我规制顾及到了更大程度的自由或者自治。……今天，自我规制是最主要的控制手段，涉及的活动领域很广，包括新闻、广告和其他数量繁多的专

---

⑧ 参见〔美〕肯尼斯·F. 沃伦著：《政治体制中的行政法》，王丛虎等译，中国人民大学出版社2005年版，第30—32页；〔英〕卡罗尔·哈洛等著：《法律与行政》，杨伟东等译，商务印书馆2004年版，第580—590页；〔法〕让·里韦罗等著：《法国行政法》，鲁仁译，商务印书馆2008年版，第89—92页。

⑨ 参见〔日〕室井力主编：《日本现代行政法》，吴微译，中国政法大学出版社1995年版，第296—297页。

⑩ 参见周汉华著：《政府监管与行政法》，北京大学出版社2007年版，第7—33页。

⑪ 马英娟著：《政府监管机构研究》，北京大学出版社2007年版，第20、25页。

业工作。"⑫

就我国目前的情况而言,社会监管或社会性监管存在的问题很多,特别是在食品药品安全、生产安全、生态环境保护、网络虚拟社会秩序等领域,由于监管不到位、监管主体不作为、监管职能虚置等原因,导致大量侵犯消费者生命、财产权益,损害国家、社会公共利益和公民名誉权、荣誉权、隐私权的案件发生。近年来,我国各级政府针对这些多发、频发的问题,在监管方面采取了一些强化的措施,取得了一定成效,但问题的严重性甚而继续恶化的趋势并没有得到根本遏制和改观。这一方面是因为政府监管没有因应社会转型而进行根本性的变革、创新,另一方面则是因为监管主体的单一性没有因应社会转型而向多元性转变、转换,没有重视发展和推进各种行业协会、自治组织的监管和企业的自我监管。非政府监管虽然不能采取法律仅授予行政机关采取的强制和制裁措施,但是它们可以通过运用各种软法手段,给被监管对象施加各种经济的、舆论的和其他有形、无形的制约、压力,迫使监管对象遵守保障消费者健康、安全,保护生态环境,保护国家、社会公共利益的规则、标准。这些非政府组织采取的监管措施,虽然不及政府监管措施强硬,但在很多时候可能更为有效。如社会信用评级组织通过对企业信用和企业产品、服务的质量定期评级、发布,行业协会对所属成员执业情况的检查和遵守协会章程、规则信息的公布,消费者组织号召消费者对制造、销售假冒伪劣产品企业的产品的抵制,环保组织发起对破坏生态环境的企业的抗议,等等,都可能起到政府监管难以起到的作用。⑬ 在转型社会,各种社会矛盾、问题和违规现象不可避免地多发、频发,因应这种情况,社会监管必须转型:由单一主体的政府监管向多元主体的公民社会监管转型。

---

⑫ 〔英〕卡罗尔·哈洛等著:《法律与行政》,杨伟东等译,商务印书馆2004年版,第638—640页。

⑬ 针对我国食品安全方面不断发生的恶性事件,如毒奶粉、瘦肉精、地沟油等,加强行业协会(如奶粉协会、牲猪养殖屠宰协会、食用油协会)的监管非常重要。因为协会每一个成员企业产品的质量、安全关系到协会全体成员企业产品的市场信用,从而关系到协会全体成员企业的生存。故协会对协会成员的监督和会成员的相互监督的主动性、积极性要比政府部门及其工作人员的监督主动性、积极性大得多。现在的问题是大多数食品生产和销售的行业没有建立协会,少数行业建立了协会则没有通过有效的机制使之真正发挥作用。

(二) 监管客体的偏经济性向偏社会性转变、转换

西方国家的管制(规制)制度最早起始于"市场失灵"的经济危机,故其管制(规制)的性质和客体主要是经济性的,美国罗斯福时代的"新政"即是以一系列的经济性管制(规制)措施为基本内容。之后,反垄断和价格管制(规制)成为管制(规制)的主要目标和基本任务。"经济学理论认为,当一个产业处于'完全竞争'状态时,分配效率最大,社会资源被充分有效地使用。'完全竞争'存在于'当供应同类商品的生产者其数量很大,而每一个生产者所占有的市场份额又是很小,以至于没有任何一个生产者有能力通过改变产出来影响商品的价格'。"而"与完全竞争相对的另一个极端是完全垄断。……竞争的缺乏将会打击企业追求成本最小化的积极性,从而导致生产的无效率"。[14] "政府管制由任何旨在解决开放自由市场缺陷的行为构成。政府管制尤其关心保护商业免于无情的、你死我活的竞争,阻止垄断的出现,保护消费者不被敲竹杠(尤其是由生产者和销售者定价的商品),也保护商业免于不安全产品和不公平的非法的商业手段。"[15] "政府对企业的价格和利润进行规制,其最传统、最持久的理论根据就是'自然垄断'的存在。"[16]

随着工业化、城市化的发展,导致"市场失灵"的另两大市场缺陷——"信息不对称"和"外部性"问题——日趋严重,引发出一系列虽与经济有关,但远超出经济范围的社会问题,如产品质量和食品药品安全事故频发、生态破坏和环境污染严重、网络黑客攻击等,因而,社会性监管的重要性愈发显现出来。美国联邦最高法院法官斯蒂芬·布雷耶在分析现代政府规制的必要性的理论时提出了七大根据。在这七大根据中,有五大根据涉及社会性规制。这七大根据分别是:其一,控制垄断,在合理的公共利益限度内保持物价稳定和"天然垄断者"适当利润,以取得"分配效率"。其二,防止"横财式利润"。横财式利润"数量很大且不能反映出生产者的特定才能和

---

[14] 〔英〕安东尼·奥格斯著:《规制:法律形式与经济学理论》,骆梅英译,中国人民大学出版社2008年版,第22—23页。

[15] 〔美〕肯尼斯·F.沃伦著:《政治体制中的行政法》,王丛虎等译,中国人民大学出版社2005年版,第128页。

[16] 〔英〕卡罗尔·哈洛等著:《法律与行政》,杨伟东等译,商务印书馆2004年版,第559页。

技巧,……管制的目标就是把这些非应得的横财式利润从稀缺资源生产者和所有者转移到消费者和纳税人手中"。其三,控制"过高的成本"。"过高的成本是社会真正的、额外的代价(例如,空气和水污染)。这些成本至今公司还没有承担而是强加给了社会"。其四,保障信息披露,解决信息不对称问题。"公众需要信息有助于他们评估竞争市场中不同的服务和产品;信息的公布有助于市场保持竞争力,并产生更多的理智的消费行为,同时又反过来压低物价;信息的披露对于防止销售商故意误导消费者特别有用"。其五,预防过度竞争导致的破坏。"在某种条件下,为公共利益来保护特定公司免于过度竞争以便社会需求的商业不破产。……如果规制者认为日益增加的竞争确实给现存的公司以及消费者带来不必要的麻烦,那么这使得规制行为就要禁止新的竞争者进入市场"(当然,对于这种情形,如果能通过非规制手段解决得更好的话,则不应适用规制)。其六,防止"道德危机"的发生,控制买主不负责任地购买物品和服务。例如,"狂升的医疗费用很大程度上是因为医疗服务不负责任和服务的滥用。因为人们认为政府越来越有义务支付医疗费用,这给政府增加了财政负担:如果人们认识到医疗费用已经占国民生产总值的太大部分,并且也认识到'道德危机'阻碍了对个人资源需求的监督",人们即会拥护规制。其七,刺激工业结构的合理化。通过监督和协调,"如果政府能总体上控制工业领域发展,公众将获利。政府干预能导致合理的合作计划产生与发展,这就当然地提高了效率并降低了成本"。⑰

布雷耶提出的上述七大规制的根据,同时也都是监管的根据。这些规制或监管根据,除了第一项和第七项主要涉及的是经济性规制或经济性监管外,其他五项主要涉及的均是社会性规制或社会性监管。我国目前正处在社会转型的中期阶段,经济性监管(如银监会、证监会、保监会实施的监管,反垄断、反不正当竞争机构实施的监管)虽然仍具有重要地位,但社会性监管的意义越来越重要,如前述七项规制中第二项的控制超高利润、超高收入,缩小穷富差别,第三项的减少负外部性,防止污染,保护环境,第四项的促进信息公开,维护消费者权益,第五项的避免过度竞争导致公用事业企业

---

⑰ 参见〔美〕肯尼斯·F.沃伦著:《政治体制中的行政法》,王丛虎等译,中国人民大学出版社2005年版,第131—134页。

破产,保障消费者必需的公共物品供给,第六项的防止"道德危机",避免过高的社会保险、社会福利需求给公共财政带来难以承受的负担,损害经济发展等,都应该成为我们当前社会监管的重点内容。特别是食品药品安全和环境生态保护,更应该成为我们当前社会监管的重中之重。如果我们不重视这些领域的监管,不尽快改变目前在这些领域监管不力的局面,我国当前日益增多的社会矛盾就难以得到缓解,改革、发展的势头就难以继续,社会转型的任务就难以完成。从这个意义上,我们可以说,不实现社会监管的转型,就难以实现整个社会的转型。社会监管转型是整个社会的转型的条件之一。当然,整个社会的转型也必然引发和促进社会监管的转型。

三、社会监管方式、程序、手段和标准的转型

(一) 监管方式的单向性向互动性转变、转换

传统的政府监管方式完全是或基本是单向性的:监管主体向监管对象发号施令,监管对象的义务、责任只是服从。监管主体无须就向监管对象所发所施的号令征求监管对象的意见,与之讨论、协商,乃至讨价还价,达成互让互谅的妥协协议。监管主体对监管对象进行监督检查,监管对象的义务、责任只是配合、协助。监管主体无须就监督检查的必要性、范围、内容、方式、期限等事项听取监管对象的意见、建议,监管对象无权就这些事项与监管主体讨论、协商。监管主体对监管对象采取行政强制,实施行政处罚,无须向监管对象告知强制、处罚的根据和说明理由,听取申辩,监管对象无权要求监管主体对强制、处罚的合法性、适当性进行说明、解释,对监管对象的异议、辩解、疑惑予以答复、阐释等。

20世纪中期以后,这种传统的单向性的政府监管方式开始逐步转变。"对于行政行为这样单方地确定市民的权利义务的手法,人们提出了各种批评的观点,……为了使行政行为亦能适合现代行政的需要,人们正不断改变着其功能,……行政机关在决定作出行政行为之前,经常在行政与私人之间进行意见的交换。"这种同私人进行协商作出的行政行为,在德国称为"基于协商的行政行为"(der Ausgehandelte)。例如,根据德国《公害规制法》规

定,监管主体通过与具有多个排污设施的企业协商,"如果其拥有的全部设施的排污总量控制在排污规制的数值范围之内,那么,可以允许其个别设施的排污量超出规定的数值。……借助这样的手法,行政机关可以督促私人先从经济上易于着手处理的设施开始,改善其排污状况"。在德国,"行政机关与私人之间进行协商的过程中被作为交易材料的,不仅包括行政行为这样的个别措施,还包括法规命令这样的行政立法"。[18]

在我国,随着《行政处罚法》、《行政许可法》、《行政强制法》等行政基本法律的制定实施,包括行政监管在内的行政行为方式也开始从单方性向互动性转化。例如,行政主体向行政相对人发布行为规则、准则,事先需要征求行政相对人的意见,与之进行一定的讨论、协商。行政主体对行政相对人进行监督检查,如非特别需要例外,应就监督检查的必要性、范围、内容、方式、期限等事项听取相对人的意见、建议,对于相对人合理的意见、建议,行政主体应当采纳。行政主体对行政相对人采取行政强制,实施行政处罚,必须向行政相对人告知强制、处罚的根据和说明理由,听取其陈述、申辩,相对人有权要求行政主体对强制、处罚的合法性、适当性进行说明、解释,并可申请行政主体对法定强制、处罚行为举行听证,与行政主体进行对质、辩论,相对人提出的异议、申辩及相应证据成立的,行政主体应当采纳。[19] 当然,这些例子只是我国整个行政行为方式发展呈现的一个总的趋势,有些还只是法律、法规的规定,尚未完全付诸实践。在社会监管方面,我国监管主体在行为方式上由单方性向互动性的转变、转换还远没有完成,一些地方、一些部门现在实施的基本监管模式仍然是传统的单方命令—服从式的行政模式,这方面的转型还处在进行时而非完成时,改革、发展的任务还相当艰巨。

2004年,国务院曾发布《全面推进依法行政实施纲要》(以下简称《纲要》),要求"行政机关实施行政管理,除涉及国家秘密和依法受到保护的商业秘密、个人隐私的外,应当公开,注意听取公民、法人和其他组织的意见;要严格遵循法定程序,依法保障行政管理相对人、利害关系人的知情权、参

---

[18] 〔日〕大桥洋一著:《行政法学的结构性变革》,吕艳滨译,中国人民大学出版社2008年版,第6—14页。

[19] 参见我国《行政处罚法》第6、31、32、42条;我国《行政许可法》第7、36、46、47条;我国《行政强制法》第8、18、36、42、51条。

与权和救济权"。根据《纲要》的这一要求,监管机关实施监管,应该与相对人互动,与之讨论、协商,以找到既能达至最佳法律效果、又能达至最佳社会效果和经济效果,且能得到有效实施的监管方案。这种互动式监管对于当前解决环境污染、小产权房、非法集资等处理难度大,处理不好可能引发群体性事件或其他社会问题的事项的监管尤具重要意义。解决这些问题的方案显然都不是唯一的,如何在众多方案中找出最佳或较佳方案,必须与行政相对人讨论、协商,甚至讨价还价。

(二) 监管程序的封闭性、保密性向公开性、透明性转变、转换

传统行政以封闭性和保密性为基本特征,中外皆然。

行政不同于立法和司法,不可能每一事项、每个行为、每道程序都全方位公开。一定事项、一定行为、一定程序在一定时空的保密对于行政是必需的。否则,某些领域(如国防、外交、调查、追究违法犯罪、突发事件应对等)的行政可能无法运作和有效进行,国家安全和社会经济秩序从而无法得到保障。但是,行政的封闭性和保密性,特别是超过必要限度的封闭性和保密性,又是有着极大的弊害的:行政暗箱操作,可能为腐败、滥权提供机会;行政行为的根据、条件、标准、程序不公开,行政相对人知情权被剥夺,对强大的行政权无以对抗,其合法权益即难以保障;另外,政府信息不公开,公民难以监督政府,政府行为的错误、失误即难以发现和纠正,从而可能导致国家和人民利益受到不可挽回的重大损失。

像我们中国这样一类东方国家,有着"民可使由之,不可使知之"的传统官治文化,历史上行政的封闭性和保密性就较西方国家尤甚。即使是在新中国成立以后,我们的政府仍奉行"保密是原则,是铁的纪律,公开是例外,是严加限制的政策"的理念。1951 年,我国就制定了《保守国家机密暂行条例》,1988 年又制定了《保守国家秘密法》,但直至 2007 年,我国才制定《政府信息公开条例》,至今尚未制定《公开法》。

自 20 世纪中期以后,随着世界民主化、信息化浪潮的兴起,许多国家和地区的行政开始从封闭性和保密性向公开性、透明性转变、转换。1967 年,美国首先制定了《信息自由法》,之后又于 1976 年制定了《阳光下的政府法》,确定了"公开是原则,保密是例外"的现代行政模式。此后,世界上有七十多个国家和地区仿效,通过立法转换行政模式:从行政的封闭性和保密性向公开性、透明性转变、转换,尽管行政相对于立法和司法,其公开和透明度仍然相对要小些,其封闭和保密度仍然相对要大些,但现代行政向公开透明发展的世界性趋势已经显现。

一般认为,在各种行政行为中,监管行为的封闭性、保密性似乎要大于其他行政行为(如行政决策行为、行政规章和行政规范性文件制定行为、行政征收、征用行为、行政裁决行为等),监管行为的公开性、透明性的要求似乎要低于其他行政行为。因为监管过程涉及对监管对象的调查,对监管对象违法行为的收集、认定、核实,监管程序和监管过程的公开,可能导致监管对象转移、隐藏、毁灭证据,或导致监管对象相互串通,制造假证,或威胁、收买证人作假证等。但是,也有学者认为,监管行为的这种封闭性、保密性的需要只存在于监管的某些过程、环节,整个监管行为还是需要公开、透明的。公开性和透明性"是现代民主国家对监管程序的基本要求。与传统行政机关不同,监管机构承担模拟竞争市场的职能,监管过程的透明、公开是实现公正、可信监管的前提,所以对监管程序有着更高的透明度要求。OECD[20]曾指出,一种富有开放性的监管文化是良好监管的特质,封闭式的政府监管模式往往导致低效与腐败,而开放和透明能够保持监管的健康与活力。透明性原则要求监管机构必须公布所有由监管机构产生、获得或控制的信息。通过对监管信息的公开,不仅可以保证监管机构的监管行为随时受到公众的监督,减少腐败现象,而且能够为公众提供稳定的行为预期,减少监管成本和社会成本"。[21]

由此可见,公开、透明是现代行政的要求和特质,社会监管程序由封闭性、保密性向公开性、透明性转变、转换是监管转型的必然趋势。在我国,自《政府信息公开条例》实施以后,社会监管程序的公开透明取得了重大进展,但是一些地方和部门在监管标准、监管过程和监管结果的公开方面还存在很多欠缺,例如,不公开监管标准,就同一事项对不同相对人实施不同的标准;不公开监管过程,通过非法手段(如钓鱼执法)调查取证;不公开监管结

---

[20] OECD 是"经济合作与发展组织"(Organisation for Economic Co-operation and Development)的英文缩写。

[21] 马英娟著:《政府监管机构研究》,北京大学出版社 2007 年版,第 258 页。

果,为其监管行为寻租和保护"关系户"与"特殊监管对象"留下空间和机会。因此,进一步推进我国社会监管的公开透明仍然是我国监管机制改革的重要任务。

(三)监管手段的偏强制性向偏柔性、偏激励性转变、转换

传统的监管手段包括审批、许可、调查、检查、检验、鉴定、查封、扣押、扣留、调阅账册和记录、采取即时强制措施、给予行政处罚和其他制裁、实施强制执行等。

> 这种传统的确保行政实效性的手段,有直接确保义务履行的行政强制手段和作为间接强制的行政罚手段。但是,最近,拒绝提供电、水(断电、断水)等手段或者依据法令课以课征金、加算金成为了新的义务履行确保手段。另外,虽然没有相关的一般法的根据,但在大多数情况下,公布行政义务违反者的名单是为了确保义务履行的目的。行政行为的撤销、撤回(如撤销、撤回许可证照)也是传统瑕疵论的一部分,或者说是与之相关的问题,这些法制也具有行政上的义务履行确保手段的意义。另外,拒绝授益性行政行为(如拒绝许可、拒绝税收减免申请)也具有相同的意义。[22]

考察我国和外国行政监管中运用的各种传统监管手段[23],其最基本的特征是强制性。但是,随着现代社会民主化的发展和人们(包括监管对象)权利意识的普遍提高,加之强制性监管手段运用过多往往产生许多负面作用,故各种偏柔性的监管手段,如行政指导、行政协商、行政契约、信息披露、经济工具、自我规制等,应运而生,补充强制性监管手段的不足,或在一定范围、一定领域替代强制性监管手段。英国有学者提出"迈向'理性的'社会性规制"的主张:"提倡优先适用目标标准(由企业自行设计能达成规制目标的成本最低的方式)以及其他更优的规制形式,包括自愿性的行为守则,

---

[22] 〔韩〕金东熙著:《行政法》,赵峰译,中国人民大学出版社2008年版,第317页。
[23] 如上述韩国学者介绍的韩国行政监管中运用的各种手段:行政强制、行政罚、断电、断水、课征金、加算金、撤销、撤回许可证照、拒绝许可、拒绝税收减免申请等。

自我规制以及经济工具。"[24]

所谓"经济工具",是指"通过财政激励而非法律强制来鼓励某些行为。这种激励既可以是消极的(行为的作出不受法律的限制,但如果行为人选择一种法律不鼓励的方式则需支付一定的费用),也可以是积极的(如果企业选择法律所鼓励的方式行为,则将获得一定的补贴)"。[25]"经济工具"主要包括下述三种形式:(1)征收税费。"为了纠正外部性产生的资源错误配置,征收的总量应当相当于企业或私人给他人造成的边际损失。因为由行为人来承担外部成本,所以,如果该行为发生在竞争性市场中的话,这应当能确保生产和消费的分配效率。"(2)提供补贴。"补贴的作用刚好与税费相反:向企业或私人支付一定金钱,以减少法律禁止的行为。……如果支付的数额反映了消除外部性的边际成本时,就能够保证有效率的配置。"(3)排污权交易。"公共机构根据其对最佳周边环境质量的观察,对气域和水域的排污量设定绝对限度,并且通过拍卖程序来转让污染排放总额度,并由出价最高者得。一旦企业获得了排污额度,这一权利可在企业间相互交易,如此,最终这些排污额度即由最能发挥其价值的企业获得。因为他们此时达到了减少污染的最高成本,分配效率也将实现。由于成本更低的减污企业,将会发现减少污染比获得排污权的成本更低。"[26]

我国目前由于尚处于转型社会的中期阶段,偏强制性的监管手段不可避免地还会使用较多,但偏柔性的监管手段也开始越来越受到重视,许多监管机构开始有意识地在实践中探索和适用偏柔性的监管手段[27],有关法律、法规也越来越多地以立法形式将实践中适用较广泛、并证明实际有效的各种偏柔性的、偏激励性的监管手段加以规定和推广。例如,《清洁生产促进法》即规定,政府通过财政税收政策、产业政策、技术开发和推广政策,促进清洁生产;通过政府财政安排专项资金,支持技术进步和技术改造项目,并

---

[24] 〔英〕安东尼·奥格斯著:《规制:法律形式与经济学理论》,骆梅英译,中国人民大学出版社2008年版,第344—346页。

[25] 同上书,第248页。

[26] 同上书,第249—253页。

[27] 参见《政府监管机构研究》第三章第三节关于"监管形式发展趋势:从单纯的命令控制型监管到经济激励型监管的兴起"的论述。载马英娟著:《政府监管机构研究》,北京大学出版社2007年版,第170—176页。

以协议形式促使企业自愿削减污染物排放;通过减免增值税,鼓励企业利用废物生产和从废物中回收原料等。[28] 近年来,我国像《清洁生产促进法》这样的法律越来越多,国家直接通过立法推进政府监管手段从偏强制性向偏柔性、偏激励性转变、转换。

(四)监管标准的自由裁量性向裁量基准限制性转变、转换

监管行政行为像其他行政行为一样,行政主体享有广泛的自由裁量权。在社会监管中,监管主体这种自由裁量权对于监管的顺利、有效实施以及保证实质正义的实现都是必要的和不可缺少的。美国学者戴维斯曾经指出:"为什么裁量在这么大的程度上主导着行政正义而没有规则甚至标准的指引呢? 答案有三:(1)许多应当受规则支配或指引的裁量而现在没有规则;(2)许多裁量正义之所以没有规则是因为没有人知道如何制定规则;(3)许多裁量正义之所以没有规则是因为裁量比可能制定规则更可取,与明确的规则得出的结果相比,个别化的正义往往更优,或被认为更优。"[29]

对于行政裁量的必要性和合理性,笔者曾经在一篇文章中从四个方面进行过论证:其一,这种必要性和合理性是基于行政管理事务的无限性与法律的有限性的矛盾。行政机关每天要处理大量的有关国家经济、社会、文化等广泛的事务,法律不可能事前对这些事项完全加以明确、具体的规定,不可能事前对之都给出准确界限和确切的行为规范,故需要执法者不断适应新情况、新变化而决定行为路径和行为方式。其二,这种必要性和合理性是基于行政管理事务的专业性与立法者的非专业性的矛盾。在现代社会,行政管理所涉事项往往具有很强的专业性和技术性。而作为立法者的议会议员、人民代表,往往缺乏专门知识,甚至是外行,故他们就相应事项立法时,只能规定一般原则,具体细则不得不留给对相应行政事项通常具有专门知识、专门经验和专门技能的行政机关及其工作人员裁量处置。其三,这种必要性和合理性是基于政治、政策需要相对灵活性和法律需要相对稳定性的矛盾。行政与政治、政策密切联系。而法治则要求行政必须严格依法,不允

---

[28] 参见我国《清洁生产促进法》第四章,第30—34条。
[29] 〔美〕肯尼斯·卡尔普·戴维斯著:《裁量正义》,毕洪海译,商务印书馆2009年版,第15页。

许违法行政。为协调法治与政治二者的关系,使之不发生冲突,立法者制定法律时自然要给行政留下一定裁量空间,使执法者执法能适当融入政策的考量。其四,这种必要性和合理性是基于形式正义要求公平性与实质正义要求公正性的矛盾。立法只能针对不特定的人而制定,对任何人平等对待,一视同仁。但现实生活是千差万别的,处在同样法律关系中的人,实施同样法律行为的人的情况是千差万别的,法律不可能针对千差万别的情况作出千差万别的规定。对此,立法者不得不基于现实生活的千差万别,在确定规则时留下弹性空间,赋予执法者以"不同情况,不同对待"的较广泛的裁量空间,以保证实质正义。[30]

就社会监管而言,基于上述四项理由,立法者在为监管主体确定监管标准方面,必然为监管主体留下较大的自由裁量空间。然而,"裁量之运用既可能是仁行,亦可能是暴政,既有正义,亦有非正义,既可能是通情达理,亦可能是任意专断"。[31] 因此,要保证监管裁量标准的正确适用,以之实现正义,防止监管主体滥用裁量权,任意专断,以之施暴政,就必须对监管裁量权加以法律控制。在现代社会,人们创设了各种各样的控制裁量权的方法、途径。笔者曾经在一篇文章中列举了六种方法和途径[32],其中之一即是通过制定"裁量基准"控制裁量权。所谓"裁量基准",是指行政机关专门为规范行政执法裁量制定的具体判断、裁量标准,通常是对法律、法规原则性、抽象性、弹性条款或裁量幅度过大的条款具体化、细化和量化。裁量基准不是法律,在一般情况下,执法者必须遵循裁量基准,但出现特殊情形,执法者可不遵循,而应在法律赋予的裁量权大范围内作出行政行为,但执法者对此应在法律文书中说明理由。由此可见,在现代社会,监管标准的自由裁量空间虽然仍然存在,但它必须受裁量基准对之设定的相应限制。

近年来,我国许多地方和部门的行政监管机关制定了大量的执法裁量基准,如治安管理执法裁量基准、交通执法裁量基准、工商执法裁量基准、食品安全执法裁量基准、环境保护执法裁量基准等,这些执法裁量基准的制定

---

[30] 参见本书第五编《论行政裁量权及其法律规制》一文。
[31] 〔美〕肯尼斯·卡尔普·戴维斯:《裁量正义》,毕洪海译,商务印书馆2009年版,第1页。
[32] 笔者提出的控制裁量权的六种方法和途径分别是:程序控制、立法目的控制、基本原则控制、行政惯例控制、政策控制和裁量基准控制。参见本书第五编《论行政裁量权及其法律规制》一文。

和实施,对于防止行政监管的恣意、滥权,保障监管的准确性和公正性,起了极为重要的作用。

四、社会监管者责任与监管目的的转型

(一) 监管者责任的只对上负责性向主要对公众、对社会负责性转变、转换

传统监管的一个重要特征是科层官僚体制:上级领导下级,下级服从上级,监管机关和监管人员与所有其他政府机关和政府工作人员一样,只对上负责而不对人民代表机关、公众和社会负责。[③] 监管出现问题(如失职、渎职等)或因监管出现的问题而引发事故、灾难(如食品安全事故、环境污染事故、矿难等),问责主体只是其上级机关,而不是人民代表机关、公众和社会。上级机关因种种原因,问责的随意性往往很大。在很多时候,上级机关会袒护相应下级责任机关和责任人员,大事化小,小事化了,或者为掩人耳目,在事件的"风头"上,对责任者严格追责,如撤职、免职等,待"风头"一过,就让责任者官复原职,甚至让责任者官位不降反升或明降暗升。当然,上级机关及其领导人出于某种原因(如舆论声浪太高,不严格追责会威胁到追责者本身官位,或者追责者早就对相应责任人反感,想找机会给予惩治等),也会严惩相应下级责任机关和责任人员,对之严格追责。但很显然,这种问责制不仅对问责对象不公平,对非问责对象的其他所有监管者也很难起到真正的警示作用,促使所有监管者都认真积极履责,依法监管,不滥权、不懈怠。

传统监管负责制和问责制的弊端,随着人们民主意识和权利意识的提高,越来越为人们所认识。行政监管机关是政府的组成部门,而政府是由人民代表机关产生的,首先应接受人民代表机关的监督,向人民代表机关负责。在国外,政府和政府部门因失职渎职导致重大事故、灾难的发生,往往

[③] 周汉华教授在论述行政管理与独立监管的区别时,曾提出二者最重要的区别是,前者是建立在下级对上级负责,只服从上级的科层官僚体制的基础上,而后者是建立在独立监管,依法监管,监管者只对法律负责的法治治理结构之上(参看周汉华著:《政府监管与行政法》,北京大学出版社2007年版,第11页)。我国传统的监管制度(甚至现行的监管制度)虽然不完全等于"行政管理",但并非属于独立的监管模式,实际上其基本模式仍属于一般的"行政管理"模式。

首先是议会对之问责,通过质询或听证查明政府和政府部门及其负责人的责任,然后迫使相应负责人引咎辞职,或启动罢免、弹劾程序,直接追究政府、政府部门及其负责人的责任。在我国,近年来各级人大,特别是一些地方人大,也逐渐开始运用宪法、组织法和人大代表法规定的询问权、质询权和特定问题的调查权,对政府及其监管机关进行监督、问责。当然,目前我国人大和人大代表行使询问、质询和特定问题调查权的情况还很少、很不普遍,但是,人大和人大代表作为重要问责主体进行问责的趋势已经显现。

对于政府监管失职、渎职的问责,其问责主体除了人民代表机关和监管机关的上级机关以外,随着民主化和信息化时代的到来,公民和公民社会越来越多地开始直接监督监管者,成为社会监管主体,监管者在一定程度上要直接向公民和公民社会负责,公民和公民社会开始通过一定的途径和形式直接或间接对监管者问责。美国行政伦理学教授特里·L.库珀指出:"公共行政人员作为一种代理人角色,包括了复杂的责任内容,即对多种委托人负责,这些委托人包括组织的上级、政府官员、职业性协会和公民。"㉞

公民和公民社会直接监督监管者,监管者在一定程度上直接向公民和公民社会负责,公民和公民社会通过一定的途径和形式对监管者问责的监管责任模式之所以能实际运作,这在很大程度上应归功于20世纪末开始蓬勃兴起的互联网的作用。无论是在国外,还是我国,正是由于互联网的神奇功能,传统监管,乃至整个传统行政才真正全面开始从只对上负责转变、转换成不仅要对上负责,而且要直接对行政相对人,对公民和公民社会负责。正是现代互联网为行政相对人、公民和公民社会直接参与对监管者及所属政府的监督提供了强有力的技术支撑。

(二) 监管目的的重秩序性向重权利性转变、转换

有一首流行歌的歌词中有这样一句话:我不知道你是谁,但我知道你是为了谁。传统监管之所以必须改革,转换机制、转换模式,其最重要的症结在于,监管者没有搞清楚自己是谁,自己监管是为了谁,为了什么。或者更准确地说,他们把"监管是为了谁,为了什么"的答案给搞错了,把监管的目

㉞ 〔美〕特里·L.库珀著:《行政伦理学——实现行政责任的途径》(第四版),张秀琴译,中国人民大学出版社2001年版,第64页。

的、方向、目标、宗旨给界定错了,对监管定错了位。传统监管者将其监管目的界定为主要是维护和保障经济社会秩序。他们视维护和保障经济社会秩序为其第一位的追求、第一位的责任,而对监管对象及其他公民的人权保障,对监管对象及其他公民的人格尊严的尊重,则被他们视为第二位的追求,第二位的责任。甚至监管对象和所有公民的权利、尊严、福祉在他们心目中连第二位的位置都排不上:监管者完全是为监管而监管,为秩序而秩序。

毛泽东同志曾经说过,"世间一切事物中,人是第一个可宝贵的"。㉟"我们这个队伍完全是为着解放人民的,是彻底地为人民的利益工作的。"㊱毛泽东同志的这些话无疑是非常正确的,我们的党和政府过去在很多时候也是这样做的。但是我们在执政以后,有一些时候,一些场合,我们却忘了这些话,不是为了人,不是为了人民利益,不是以人为本,而是为阶级斗争而阶级斗争,以阶级斗争为纲;为 GDP 而 GDP,以 GDP 为中心;为稳定而稳定,以稳定压倒一切。在进行监管时,我们的监管者不是为人民的利益,为人民的安全、健康而监管,而是单纯为追求秩序、稳定而监管,单纯为保发展、保增长而监管。为秩序、稳定、发展、增长进行监管,可以不惜牺牲被监管者的人权,可以不惜牺牲法治。诚然,我们作为政府公职人员,承担着法律赋予的监管职责,在监管中,努力保障秩序和稳定,保障经济发展,保障一定时期、一定地区中心任务的完成,是义不容辞的。我们作为政府监管人员,当然有义务和责任去完成政府和上级主管部门交付给自己的监管任务,维护好社会经济秩序,保稳定、保发展、保增长。但是,我们同时一定要记住,我们是人民的公仆,维护秩序和稳定、保障经济发展、保障 GDP 的增长,保障一时一地某种中心任务的完成,其最终目的是为了人,为了实现人的权利、人的尊严和人的福祉,而不是为秩序而秩序,为发展而发展。如果秩序、稳定的维护,经济的发展,GDP 的增长,一时一地某种中心任务的完成与人的权利、人的尊严和人的福祉相矛盾、相冲突,则前者必须服从后者。

现代监管与传统监管的根本区别即在于为谁监管,为什么监管。所谓"监管转型",最关键的即应该是监管目的的转型:使监管模式由过去的只注

㉟ 《毛泽东选集》(第四卷),人民出版社 1991 年版,第 1512 页。
㊱ 《毛泽东选集》(第三卷),人民出版社 1991 年版,第 1004 页。

重秩序维护和保稳定、保发展、保增长的模式向现代民主法治社会要求的既注重秩序维护和保稳定、保发展、保增长,也注重,且更注重人权保障和人格尊严,以人为本的模式转变、转换。目前,在我国监管机制改革的顶层设计及具体实施中,我们已经看到了这种转变、转换的趋势,不过,这一趋势要得以保持、发展,并形成未来社会监管的全新模式,还需要经过我们长时期艰苦不懈的努力。

在笔者完成本文写作之时(2012年11月8日),正逢中国共产党第十八次全国代表大会在北京开幕。上午,胡锦涛代表第十七届中央委员会向大会作报告。胡锦涛在报告中指出,要加强和创新社会管理。所谓"社会管理",当然包括社会监管;所谓"创新",自然也意味着转型:社会监管内容和形式、实体和程序、目的和手段、体制和机制的全方位创新,自然构成社会监管机制的转型。我们完全可以预期,十八大以后,我国社会监管机制的转型将会加速和进一步深化。毫无疑义,一个既体现世界发展潮流,又体现中国特色的全新的社会监管机制将逐步在中国社会整体转型的过程中形成,而这个全新的社会监管机制反过来又将推进中国社会整体的进一步转型。

拟载《澳门理工学报——人文社会科学版》2013年第1期

我国当前法治对策研究的重点课题与进路

法治对策研究是相对于法治理论研究而言,属于法治应用研究的范畴。从广义而言,法治应用研究都是法治对策研究。但就狭义而言,法治对策研究只是法治应用研究的一部分。法治应用研究的课题包括法治模式的设计、法治道路的选择、法治制度和机制的构建、具体立法、执法、司法体制的架构和对法治运作过程中各种实际问题可能解决方案的探寻,而狭义的法治对策研究仅指根据已确定的法治目标,针对人们在实现相应法治目标过程中产生的各种实际问题,分析和探讨这些问题产生的原因,研究和探寻解决这些问题的途径和方法。

一、法治对策研究的必要性

无论是广义的法治对策研究,还是狭义的法治对策研究,对于一个国家的法治建设,均有着十分重要的意义。

什么是法治,法治包括哪些基本要素,法治的总的目标是什么,一个国家是否应该实行法治,实行法治的利弊得失如何,法治有哪些基本模式,各种法治模式有哪些基本特征,其各自有哪些长处、短处、优势、劣势,等等问题是法治理论研究的问题,应通过法治理论研究探寻问题的答案。一个国家要实行法治,建设法治,发展法治,毫无疑问首先要研究和解决这些基本理论问题,要使国人,特别是国家领导人,在这些基本理论问题上达成初步的和最低限度的共识。但是,对于一个选择要实行法治、建设法治、发展法治的国家来说,仅仅解决上述理论问题、对上述理论问题达成初步的和最低限度的共识是远远不够的。在一般国人和国家领导人均认识了什么是法治、法治相对于人治有哪些优越性、并确定走依法治国的法治之路以后,研究和解决各种具体的、实际的对策问题,如法治的路怎么走,从哪里开始,法治的目标和任务如何确定,哪些是初级阶段的目标、任务,哪些是中级阶段、高级阶段的目标、任务,应该怎样去实现这些不同阶段的不同目标、任务,在各个阶段为实现相应目标,完成相应任务应制定哪些法律,建立哪些制度,采取哪些措施,运用哪些策略、方法,等等,就成为实行法治、建设法治和发展法治的关键。不研究和解决这些对策问题,要真正实行法治、建设法治和发展法治是不可能的。光讲法治而不解决如何建设法治和发展法治的问题,法治只能成为"看起来很美"的口号,而不可能转化成现实。毛泽东同志曾经指出:"我们不但要提出任务,而且要解决完成任务的方法问题。我们的任务是过河,但是没有桥或没有船就不能过。不解决桥或船的问题,过河就是一句空话。不解决方法问题,任务也只是瞎说一顿。"① 由此可见,要使法治真正在中国的国土上实现,使法治从口号真正变成现实,必须进行扎扎实实的法治对策研究。通过法治对策研究探寻解决法治实现途径,解决建设法治和发展法治的"桥或船"的问题。

二、当前法治对策研究的重点课题

法治对策研究与法治发展阶段是紧密相联的,不同的法治发展阶段有不同的对策研究任务,有不同的对策研究课题。例如,在 20 世纪改革开放初期,当时"文革"刚结束,新中国初步建立起来的尚处于雏形的法制几乎已被"文革"摧毁殆尽,法治尚是禁区,"法治"这个词甚至还是个禁用词。因

---

① 《毛泽东选集》(第一卷),人民出版社 1991 年版,第 139 页。

此,当时法治对策研究的课题主要是立法问题:立什么法？将哪些社会关系纳入法调整和规范的范围？法调整和规范相应社会关系到什么程度？即解决"从依政策办事逐步过渡到不仅依政策办事,还要建立、健全法制,依法办事"②的问题。而到20世纪90年代末和本世纪初,中国已确立建设社会主义市场经济和民主政治的目标,法治已正式入宪,全国人大通过修宪明确确定,"中华人民共和国实行依法治国,建设社会主义法治国家"。③ 此时,法治对策研究的课题就逐步从法制建设转到法治实施,解决如何"形成有中国特色社会主义法律体系",如何促进"依法行政",如何"推进司法改革,从制度上保证司法机关依法独立公正地行使审判权和检察权"等一系列问题。④

就目前我们所处发展阶段而言,市场经济体制已初步建立,宪政和民主政治的基本架构正在形成,法律的框架体系已经确立。但民主和法治建设的任务还相当艰巨:

要积极稳妥推进政治体制改革,以保证人民当家作主为根本,以增强党和国家活力、调动人民积极性为目标,扩大社会主义民主,建设社会主义法治国家,发展社会主义政治文明。

要坚持发挥党总揽全局、协调各方的领导核心作用,提高党科学执政、民主执政、依法执政水平,保证党领导人民有效治理国家。

要坚持国家一切权力属于人民,健全民主制度,丰富民主形式,拓宽民主渠道,保证人民依法实行民主选举、民主决策、民主管理、民主监督。

要全面落实依法治国基本方略,在全社会大力弘扬社会主义法治精神,不断推进科学立法、严格执法、公正司法、全民守法进程,实现国家各项工作法治化。⑤

根据以上民主和法治建设的任务,目前我们法治对策研究主要有以下重点课题:其一,执政党如何依法执政;其二,人民如何有效监督政府;其三,公权力如何既相互合作又相互制约;其四,如何正确处理发展、改革、创新与

---

② 彭真:《在首都新闻界人士座谈会上的讲话》,载《人民日报》1984年4月8日。
③ 见1999年3月15日第九届全国人民代表大会第二次会议通过的宪法修正案第13条。
④ 《江泽民文选》(第二卷),人民出版社2006年版,第30—31页。
⑤ 胡锦涛:《在庆祝中国共产党成立90周年大会上的讲话》,载《人民日报》2011年7月2日。

法治的关系;其五,如何正确处理服务型政府与有限政府、法治政府的关系。

(一) 执政党如何依法执政

中共中央总书记胡锦涛同志在十七大报告中提出了执政党依法执政的问题。依法执政对于我国这样的社会主义国家实现法治有着特别重要的意义。可以说,在我国这样的社会主义国家,没有依法执政,就没有依法治国,就不可能有法治。因为,我国这样的社会主义国家不同于西方国家,西方国家执政党执政是通过其掌控的国家机关实现的,执政党本身并不设置政治局、书记处、地方党委、部门党组及党的各种部门(如纪委、政法委等)直接行使国家公权力。而在我国这样的社会主义国家,国家的重大问题均由执政党决策,且党管干部,党对军队实行绝对领导和直接指挥。在这种政治体制下,依法治国在很大程度上就是依法执政的问题。然而,党怎么依法执政?是国家立法机关为执政党专门制定一套法律,交执政党自觉遵循,还是由执政党自己为自己制定一套"党内法规",自己监督自己执行?或者二者兼而有之?另外,执政党保障自己依法执政的执法机构与国家的执法、司法机构应是什么关系?法律如何对这些关系进行调整?等等。这一系列问题即是我们当前法治对策研究的首要课题。

(二) 人民如何有效监督政府

根据我国《宪法》的规定,国家行政机关,即我国各级人民政府,均由人民代表大会产生,对人民代表大会负责,受人民代表大会监督。而人民代表大会则由人民民主选举产生,对人民负责,受人民监督。⑥ 我国《宪法》同时规定,一切国家机关和国家工作人员(自然包括各级人民政府和政府工作人员)必须依靠人民的支持,经常保持同人民的密切联系,倾听人民的意见和建议,接受人民的监督,努力为人民服务。⑦ 从上述宪法的规定看,我国人民对政府的监督,是通过间接监督(人民产生人大、监督人大,人大再产生政府、监督政府)和直接监督两种途径实现的。然而,这两种途径如何运作,间接监督和直接监督各应通过什么方式实施,如何保障这些方式的有效性,则

---

⑥ 参见我国《宪法》第 3 条。
⑦ 参见我国《宪法》第 27 条。

是法治对策研究应解决的课题。例如,就间接监督而言,宪法和法律均规定了人大质询的方式,但全国人大几乎从来没有运用过,地方人大质询政府和政府官员也少有听闻。就直接监督而言,宪法和法律均规定了公民有对政府和政府工作人员批评、建议、控告、检举的权利,但是,这些权利的行使在实践中却有着种种困难和障碍。对于这些问题,都有待法治对策研究探讨产生的原因和化解的方法。

（三）公权力如何既相互合作又相互制约

在当今社会,公权力不限于国家公权力,而且包括社会公权力和国际公权力。国家公权力也不限于立法权、行政权和司法权,在我们这样的社会主义国家,显然还包括执政党的决策权、领导权。对于这些不同的公权力,在非法治的传统体制下,所强调的是一元化集中领导,即党领导一切、指挥一切,各种公权力均在党的统一领导下,分工合作、协调配合,反对公权力的分立和相互制约。而在现今的法治社会,绝对的集权肯定是行不通的。人们越来越认识到"绝对集权,绝对腐败"[⑧]的历史规律的不可抗拒性,从而追求公权力的既相互合作又相互制约,特别是相互制约。这样,一系列的这方面的对策研究课题就摆在我们面前：如何既坚持执政党的领导,又防止执政党腐败；党的执政权力与国家机关管理国家事务的权力如何分配；全国人大作为最高国家权力机关如何处理与一府两院的关系,人大与一府两院之间、一府与两院之间、两院相互之间应不应该确立一定的制约关系；如果确立,这种制约的度如何把握,才能既保障国家管理的效力,又保障各种国家权力的依法和正确行使,不致滥用。另外,国家公权力与社会公权力组织(如各种社会自治组织、团体、协会、NGO、NPO 等)的权力如何配置,二者之间如何既相互合作又相互制约,等等。如果不解决这些对策问题,法治国家就只能停留在口号上而不可能转化为现实。

[⑧] "权力导致腐败,绝对权力导致绝对腐败"此言出自阿克顿爵士1887年4月写给曼德尔·克莱顿主教的一封信。阿克顿认为,不管是信仰者的权力,王公贵族的权力,人民的权力,代表人民的、代表金钱的权力,还是自称代表自然法、代表"进步力量"、代表正义与和平、代表"最大多数人的最大幸福"的权力……总之,不管是什么权力,代表也好,不代表的也好,只要它是以暴力为后盾(这是必然的)的,只要它失去了制衡,必然要成为"绝对的权力",而成为"绝对的权力"后,就必然会倾向于残暴、腐败和不义。

(四) 如何正确处理发展、改革、创新与法治的关系

在当下中国,是否能正确处理发展、改革、创新与法治的关系问题实际是能否坚持依法治国、建设法治国家的问题。目前,我国国人对法治与发展关系的认识存在若干误区。如认为在中国当下的转型时期,发展是主要矛盾或矛盾的主要方面,法治是次要矛盾或矛盾的次要方面;发展是目的,法治只是发展的手段之一;我国当下政治、经济、财政、税收、司法等各项体制、机制和制度的改革尚不到位,法治应慢行、缓行等。不纠正这些错误认识,不从理论和实践两个方面探讨正确处理发展、改革、创新与法治关系的对策,法治将会一步一步被架空,建设法治国家的任务将不可能实现。

为了解决这个问题,笔者曾撰写过一篇专论,探讨二者的适当关系。⑨该文将二者的关系归结为三个方面:其一,推进法治与发展、改革、创新都是目前的重要任务,都是实现国家富强、人民幸福总目标的"硬道理";其二,法治是科学发展、政治体制改革和社会管理创新的重要内涵;其三,法治是科学发展、政治体制改革和社会管理创新的重要保障。该文还进一步提出,为在发展、改革、创新中坚持法治、推进法治,应通过多种途径、形式,培养各级领导干部和全体公职人员的社会主义法治理念;加快体制、机制和制度改革,不断营造在发展、改革、创新中坚持法治、推进法治的社会环境;而且,在坚持法治、推进法治的实践中,应坚持形式法治和实质法治的结合,既追求"有法可依,有法必依,执法必严,违法必究",又追求"良法之治"。

(五) 如何正确处理服务型政府与有限政府、法治政府的关系

2004年,国务院在《全面推进依法行政实施纲要》中提出,转变政府职能,建设服务型政府是全面推进依法行政的首要目标⑩;2007年,中共十七大报告更是直接提出了"加快行政管理体制改革,建设服务型政府"的目标和任务。⑪ 这意味着,我国行政管理模式将由管制型政府向服务型政府转

---

⑨ 参见本书第一编《发展、改革、创新与法治》一文。
⑩ 参见国务院:《全面推进依法行政实施纲要》,中国法制出版社2004年版,第8—9页。
⑪ 胡锦涛:《高举中国特色社会主义伟大旗帜,为夺取全面建设小康社会新胜利而奋斗》,人民出版社2007年版,第32页。

型。这种转型涉及民主与法治的诸多理论问题,如服务型政府与有限政府的关系、服务型政府与公民社会的关系、服务与规制的关系、服务与法治的关系等。很显然,要正确处理这些关系,我们必须进行相应的对策研究。否则,我们就不可能找到实现我国行政管理模式和整个社会治理模式顺利转型、建设新型法治国家的道路。

为探讨法治与服务型政府的关系,笔者曾撰写过一篇专论,提出了若干关于二者关系的观点。[12] 关于服务型政府与有限政府的关系,笔者认为,保障对公民需要的所有服务、所有公共物品的提供是服务型政府的职能,但政府却不是公民需要的所有服务、所有公共物品的唯一提供者。服务型政府不是"万能政府",而是"有限政府"。关于服务型政府与公民社会的关系,笔者认为,建设服务型政府与促进公民社会的成长是相辅相成的:只有在服务型政府的条件下,公民社会才能茁壮成长;同时,也只有公民社会的成长、发达,服务型政府才能真正建成和正常运作。关于服务与规制的关系,笔者认为,从理念和本质上讲,规制是手段,服务是目的,但从"公共物品"提供的方式上讲,规制与服务都是政府的职能。关于服务与法治的关系,笔者认为,服务相对于法治来说,服务是法治的必然要求。法治政府最本质的要素和特质是为人民服务,为行政相对人服务。法治则是服务的保障。政府为人民服务、为行政相对人服务本应是天经地义的,但因为构成政府的公职人员不是"天使",故必须以法治加以制约和通过法治加以保障。

三、法治对策研究的进路与方法[13]

法治对策研究的进路与方法为何,在理论和实践上并没有标准答案,学者们见仁见智,各有各的认知与感悟。正因为如此,对这个问题也就有相互讨论、相互切磋,并从相互讨论、相互切磋中获得相互启示的必要性。对法治与发展对策研究的进路与方法的讨论可以从不同角度、不同层面展开。

---

[12] 参见本书第二编《建设服务型政府应正确处理的若干关系》一文。
[13] 本节的内容曾在《法制日报》2011年6月8日发表,本文引用时对部分内容进行了修改,并添加了若干注释。

本文仅就目前学界有关这个问题的四个争议点阐述笔者的主张。这四个争议点分别是:法治对策研究要不要进行价值判断;法治对策研究应不应该从制定法出发;法治对策研究应如何处理法治与改革、发展、稳定的关系,即如何平衡法的安定性、稳定性与改革、发展的变动性的关系;法治对策研究应如何处理激情与理性的关系。

(一) 法治对策研究要不要进行价值判断

在这个问题上,西方学者的一般观点是:科学研究,无论是自然科学研究,还是人文社会科学研究,都不应进行价值判断,都不应受意识形态的影响。德国社会学家马克斯·韦伯提出,"科学不涉及终极关怀"。[14]他以医生运用其医学知识挽救任何垂危的生命而不问维持这种生命有何意义为例指出,"所有的自然科学给我们提供的回答,只针对这样的问题:假定我们希望从技术上控制生命,我们该如何做? 至于我们……这样做是否有终极意义,都不是科学所要涉足的问题……"[15]法国公法学家莱昂·狄骥认为,"价值判断在一种科学的社会理论中是没有什么意义的。科学的社会理论只能就重大变化的事实作出描述和解释"。[16]至于对策研究,学者们通常也不认可价值判断的意义。《法学方法论》的作者卡尔·拉伦茨指出:"在立法准备工作上,法学有三方面的任务:其一,将待决之务当作法律问题清楚地显现出来,并且指出因此将产生的牵连情事;其二,它必须与其他学科,特别是经验性的法社会学合作,研拟出一些能配合现行法的解决建议,供作立法者选择的方案;最后,它必须在技术上提供协助。……法律家也一再进行法律事实的研究,并且也运用社会学的方法,诸如统计调查,以及对机关、社团的咨询等。"[17]

笔者基本同意,但不完全同意上述学者的观点。对于科学研究与价值判断的关系,笔者主张应区分自然科学和社会科学,理论研究和对策应用研究,依据所研究问题的性质而对之采取不完全相同的态度。对于自然科学,

---

[14] 〔德〕马克斯·韦伯著:《学术与政治》,冯克利译,生活·读书·新知三联书店 1998 年版,第 34 页。

[15] 同上书,第 35 页。

[16] 〔法〕莱昂·狄骥著:《公法的变迁》,郑戈、冷静译,辽海出版社 1999 年版,第 7—8 页。

[17] 〔德〕卡尔·拉伦茨著:《法学方法论》,陈爱娥译,商务印书馆 2003 年版,第 114 页。

其研究完全不应渗入价值判断。自然科学只解决"2+2是否等于4"和"地球是围绕太阳旋转"还是"太阳围绕地球旋转"的问题,至于2+2是否应该等于4,等于4好不好,地球是否应该围绕太阳转,是不是说"太阳围绕地球旋转"在策略上对维护某种利益或秩序更有利,这不是科学家而是政治家要研究和回答的问题。

就人文社会科学研究而言,笔者认为不能完全脱离价值判断。因为人文社会科学研究的是人和社会及人和社会赖以生存和发展的制度,而制度有客观的一面,也有主观和人为的一面。因此,科学在解决了"是什么"和"为什么"的问题后,还应该研究一下"应该是什么"和"应该有什么样的制度"的问题。至于对策研究,例如法治与发展的对策研究,其属社会科学的范畴,不可避免地会渗透一些价值判断,但不宜过多地进行价值判断。对策研究应在解决"是什么"和"为什么"问题的基础上进一步解决"怎么办"的问题。"怎么办"应从问题出发和以解决问题为归宿,而非完全从主义出发和以符合某种主义为先决标准。例如,毛泽东早年进行对策研究,在解决半封建半殖民地中国革命的道路问题时,不受主义约束,大胆创新,根据中国当时的国情提出"农村包围城市"的对策,引导中国革命取得胜利。新中国成立后,他在探讨社会主义建设的对策时,却过分受"姓资姓社"的主义约束,结果把国民经济引向崩溃的边缘。因此,学者研究虽应受主义的指导,但不应削足适履,让实践发展去迎合过时的主义,而应通过实践不断去发展主义,创新主义。

(二)法治对策研究应不应该从制定法出发

在这个问题上,学者的一般观点是:法学研究不应拘泥于制定法、现行法。英国公法学家马丁·洛克林认为,"公法只是一种复杂的政治话语形态;公法领域内的争论只是政治争论的延伸。由于许多人都认为公法深深植根于它所存在于其中的社会、政治、经济和历史背景,这样一种路径至少可以确保我们对公法性质的探求牢牢地扎根于各个时代的现实性之中"。[18] 美国大法官本杰明·内森·卡多佐指出,"现行的规则和原则可以告诉我们

---

[18] 〔英〕马丁·洛克林著:《公法与政治理论》,郑戈译,商务印书馆2002年版,第8页。

现在的方位、我们的处境、我们的经纬度。夜晚遮风挡雨的客栈不是旅行的目的地。法律就像旅行者一样,天明还得出发。它必须有生长的原则"。⑲《法律的理念》的作者丹尼斯·罗依德指出:"法律是处于不断变迁和演进的过程中,虽然它的大部分的演进,肇因于立法机关制定的法案,可是法官和法院在发展新法,并使它切合社会需要方面,却功不可没"。⑳ 我国行政法学家罗豪才亦提出,法律不限于硬法,还包括软法。"硬法规范只是软法规范'汪洋大海'中的几座'孤岛'。"㉑因此,法学研究、法治研究,包括法治对策研究,绝不可仅从现行制定法出发、从硬法出发,而应更多地以法律的原理、原则为指导,探讨硬软法共治机制。

笔者认为,法治对策研究不同于理论法学研究。理论法学研究可以与制定法保持较远的距离,但法治对策研究却不能,它必须照应现行制定法,在不违背现行制定法的前提下探讨最有效解决社会问题的对策。但法治对策研究也不完全同于纯应用法学研究。纯应用法学研究太过重视制定法条文,太受制定法条文限制。而法治对策研究是在现实政治、经济、社会的基础上探讨建设法治国家、法治政府和法治社会的途径和解决各种相应法律问题的方案。这种研究虽然不能脱离现行制定法,但绝不完全拘泥于制定法条文。它不能完全从法条出发,而应该秉持法律的理念、精神,同时以硬法、软法和不断生长的法为视角,采取规范主义与功能主义相结合的研究态度和方法,探求善治之道。

(三)法治对策研究应如何平衡法的安定性、稳定性与改革、发展的变动性的关系

在这个问题上,学者的一般观点是:法的安定性与改革、发展的变动性是辩证统一的关系。法的安定性应与改革、发展的变动性相平衡、相适应。本杰明·内森·卡多佐认为:"法律必须稳定,但不能一成不变。我们每每在这一点上陷入严重的矛盾。无法消除和无法限制的静与动,有着同样的

---

⑲ 〔美〕本杰明·内森·卡多佐著:《法律的生长》,刘培峰等译,贵州人民出版社2003年版,第11页。
⑳ 〔英〕丹尼斯·罗依德著:《法律的理念》,张茂柏译,联经出版事业公司1984年版,原序第5—6页。
㉑ 罗豪才、宋功德著:《软法亦法》,法律出版社2009年版,第4页。

破坏性。"[22]为了消除现行法律与改革发展的冲突,有学者提出"良性违宪"、"良性违法"的主张,认为只要目的是为了促进改革、发展,其虽在形式上违宪、违法,但却符合较所违之宪、所违之法的地位更高的"法"。这种观点受到另一些学者的反对。丹尼斯·罗依德指出:"有人相信在不同社会各种法律体系之上,另有一种足以裁判人为立法的高层次法律存在。这种看法,于法律不能适应需要的时候,曾在人类历史上许多重要阶段,产生长远的影响。因为它导致了一个结论,不仅认为这种高层次的法律凌驾于特定社会中的实际法律,使实际法律中与它抵触的部分为之失效,并且免除了各个公民遵守该项法律的义务,甚至替他们违抗国家法治的行为提供了合理的基础。"[23]

笔者同意法的安定性与改革、发展的变动性应坚持统一和平衡的主张:改革、发展的目的是建设法治,实现人的自由、幸福,而法治又是改革、发展的保障,既保障改革、发展的顺利推进,又保障人们所推进的改革、发展的方向正确,不偏离改革、发展的本来目的。笔者认为,在常态的法治社会,应坚持法的安定性、稳定性。当然,法的安定性、稳定性并不排斥法律正常的立、改、废。只是法律的立、改、废不能过于频繁,其限度应以不破坏法的安定性、稳定性为界。法律正常的立、改、废是保障改革、发展的变动性的需要。在某种极特殊的历史阶段和某种特定历史条件下,旧的法律严重不适应改革、发展的需要,且社会又不具有正常的立、改、废的条件,只有在这种情况下,人们超越法律进行改革,如20世纪80年代深圳市进行的土地使用权有偿出让制度改革,才具有一定的合理性。在常态法治条件下,人们必须坚持有法必依的形式法治和法的安定性、稳定性。这是法治对策研究必须坚守的原则和底线。

(四)法治对策研究应如何处理激情与理性的关系

关于学者在科学研究中应如何处理激情与理性的关系,人们一般认为

---

[22] 〔美〕本杰明·内森·卡多佐著:《法律的生长》,刘培峰等译,贵州人民出版社2003年版,第3页。
[23] 〔英〕丹尼斯·罗依德著:《法律的理念》,张茂柏译,联经出版事业公司1984年版,原序第4页。

应二者兼备:激情与理性缺一不可。不过,有人更强调激情,认为激情应优于理性;有人则更强调理性,认为理性应优于激情。马克斯·韦伯对科学研究中的激情予以充分肯定,他曾在一次"以学术为业"的演讲中说:"没有这种被所有局外人所嘲讽的独特的迷狂,没有这份热情,坚信'你生之前悠悠千载已逝,未来还会有千年沉寂的期待'——这全看你能否判断成功,没有这些东西,这个人便不会有科学的志向,他也不该再做下去了。因为无论什么事情,如果不能让人怀着热情去做,那么对于人来说,都是不值得做的事情。"㉔《法律与宗教》的作者哈罗德·J.伯尔曼特别强调激情与理性的"同在"与统一。他认为,"新的时代将是一个'综合的时代',在这个时代里,'非此即彼'让位于'亦此亦彼'。……不再是意识反对存在,而是意识与存在同在;不再是理智反对感情,或者理性反对激情,而是整体的人在思考和感受。"㉕

笔者认为,学术研究必须有激情,对策研究尤其要有激情。没有激情,研究就难以深入,难有创新。例如,2009 年我们"北大五教授"就《拆迁条例》违宪向全国人大"上书"㉖,请求国务院对《拆迁条例》废旧立新,此种对策研究成果一方面源于理性,但另一方面在很大程度上是源于激情,是因当时多起自焚悲剧事件激起了我们"五教授"的激情。但是,学术研究和对策研究同时要有理性,应该用理性去激化激情和制约激情,特别是制约激情(包括学者自己的激情和民众的激情)。没有理性制约激情,研究就可能走火入魔,研究成果就可能误导决策者和民众。

原载《江苏行政学院学报》2012 年第 1 期

㉔ 〔德〕马克斯·韦伯著:《学术与政治》,冯克利译,生活·读书·新知三联书店1998年版,第24页。

㉕ 〔美〕哈罗德·J.伯尔曼著:《法律与宗教》,梁治平译,生活·读书·新知三联书店1991年版,第9页。

㉖ "北大五教授上书"指北大法学院沈岿、王锡锌、陈端洪、钱明星、姜明安等五位教授2009年12月7日向全国人大常委会提出审查和撤销国务院2001年6月13日发布的《城市房屋拆迁管理条例》的建议书,参见《行政法论丛》第12卷,法律出版社2009年版。

关于建设法治政府的几点思考

一、转变政府职能和改革行政管理体制是建设法治政府的前提

国务院《全面推进依法行政实施纲要》（以下简称《纲要》）确立了在我国建设法治政府的目标。要实现这一目标，我们有很多工作要做，其中有两项基础性的工作——转变政府职能和改革行政管理体制——更是要特别做好。这两项工作不是直接为建设法治政府大厦砌砖垒墙，而是为建设法治政府大厦清场奠基，其意义非常重大。可以说，如果我们不首先做好转变政府职能和改革行政管理体制这两项基础性工作，我们的法治政府大厦就建设不起来。

推进依法行政，建设法治政府为什么必须以转变政府职能为前提呢？其理由在于：第一，法是人民意志和利益的体现，从而法治政府应是为人民服务、执政为民的政府。而政府如果定位不正确，政府不是行使政府应行使的为社会提供公共物品的职能，而是直接干预经济，甚至直接从事经济活动，就必然会受经济利益驱动，与民争利，以权谋私，背离法治政府的宗旨。第二，法是社会公正和人民权利、自由的保障，从而法治政府应是权力受控制的政府，是"有限政府"。而政府职能如果不受限制，

可以"越位"做其想做的任何事情,即使其这样做时是出于发展一个地方的经济、为民谋利的良好愿望,也不可避免地会造成权力滥用,侵犯人民的权利和自由,最终损害人民的利益,导致政府功能的异化。第三,法是规范人们行为、调节社会生产关系、为生产力发展所决定并服务于生产力的上层建筑,从而法治政府应是运用法的规范,为人们的社会、生产活动提供经济调节、市场监管、社会管理和公共服务,促进社会生产力发展的服务政府。而政府如果是为管理而管理,无限制地扩大对社会和市场的规制范围,行政权无处不在、无孔不入,就会窒息社会和市场主体的活力,窒息市场竞争,阻碍生产力的发展。在这种情况下,政府即使是依"法"(非法之"法")行政,也不可能是法治政府。

当然,这里必须指出,法治政府是依法做事、依法行使职能、依法提供服务的政府,而不是一味"无为而治"的政府。"转变政府职能"是要求政府"归位":政府做政府应该做的事,如经济调节、市场监管、社会管理和公共服务等,而不是要求政府"弃位"、"不作为"。法治政府绝不应是无所作为的政府,绝不应是"甩手掌柜"式的政府。

推进依法行政、建设法治政府为什么必须要求以改革行政管理体制为前提呢?这是因为:其一,体制首先涉及权力关系和利益关系。这些关系处理不当,体制不合理,必然导致地方保护主义或部门保护主义,而地方保护主义和部门保护主义必然阻碍依法行政。例如,一些地方打击假冒伪劣商品不力、防治环境污染不力等,很多时候不是因为这些地方的工商、技监、环保等执法机构不想依法行政,而是因为当地党政领导人出于地方财政利益等不适当考虑不让这些执法机构依法行政,而这些执法机构又不能不听命于当地的党政领导。因此,很显然,在一些领域,不解决体制问题,依法行政就很难实现。其二,体制会对执法机构和执法人员的执法行为动因的形成产生影响,不好的体制产生的此种影响可能是极为负面的,它可能诱使执法机构和执法人员违法执法,甚至诱使一些人冒受处分、处罚的危险顶风违法。例如,行政罚没款按比例返还执法机构的财政管理体制就导致不少行政执法机构和执法人员乱收费、乱罚款、乱没收。其三,体制对于执法机构、执法人员的执法作风、执法态度有重要影响,不好的体制可能助长官僚主义、衙门作风。例如政府机构设置过多,部门林立,职权划分不清、交叉、重叠的体制即导致行政机关相互之间互相推诿、互相扯皮,行政相对人到行政机关办事"门难找、脸难看、话难听、事难办",以及行政执法机构在执法时"几个戴大盖帽的管一个戴草帽的"等有损政府执法形象的现象。这些现象与依法行政、法治政府的要求显然是格格不入的。因此,要推进依法行政、建设法治政府,我们必须首先改革行政管理体制。

转变政府职能和改革行政管理体制是我们撰写法治政府这篇大文章要做的两篇破题文章,我们一定要首先下大力气做好这两篇文章。只有首先做好这两篇文章,我们才能完成法治政府这篇大作,我们才能拿到法治政府的"资格证书"。

二、科学界定和依法规范职能,建设"有限"和"有为"的政府

转变政府职能首先要求科学界定政府职能。不科学界定政府职能,转变政府职能就会失去方向。其次,要求依法规范政府职能。不依法规范政府职能,转变政府职能就不可能有保障,其目标不可能真正实现。关于政府职能的科学界定,国务院《纲要》提出了"推进政企分开、政事分开,实行政府公共管理职能与政府履行出资人职能分开,充分发挥市场在资源配置中的基础性作用"的原则。此前,中共中央《关于完善社会主义市场经济体制若干问题的决定》根据我国二十多年行政改革的经验,提出了四项实质性要求:其一,减少行政审批,改革行政审批制度,把政府经济管理职能转到主要为市场主体服务和创造良好发展环境上来;其二,减少对企业经济活动的直接干预,加强对国民经济和社会发展中长期规划的研究和制定,确定经济社会发展的重大战略、基本任务和产业政策,以促进经济和社会的全面发展,实现经济增长与人口、资源、环境相协调;其三,减少对地方的指令性管理,加强对区域发展的协调和指导,调动地方的积极性,通过法律和政策促进不同地区的平衡和协调发展;其四,减少行政命令,改革行政决策制度,完善对重大经济社会问题的科学化、民主化和规范化的决策程序,促使在决策方面充分利用社会智力资源和现代信息技术,增强决策的透明度和公众参与度。

我们今天要求的科学界定政府职能和转变政府职能既有与西方国家自

20世纪后期开始实行的"放松规制"(deregulation)运动相同之处,又有与"放松规制"的不同之处。二者的相同之处在于:二者都强调建设"有限政府",强调政府应该"瘦身"——精简机构,裁减人员;政府应该"归位"——把本应由市场调节、公民自治、社会中介管理加以解决,且市场调节、公民自治、社会中介管理能够解决好,甚至能够解决得比政府更好的事交给市场、公民和社会,不再"越位"和"错位"。二者的不同之处在于是否在建设"有限政府"的同时建设"有为政府":西方的"放松规制论"者大多过分强调政府的"有限"、"无为",过分估价政府的消极作用而对政府的积极作用估价不够,过分估价市场的积极作用而对市场的消极作用估价不够,对"政府失灵"的危险性、危害性有清醒的认识却对"市场失灵"的危险性、危害性认识不足;我们提出和推动"转变政府职能",则是在强调政府"有限"的同时,也强调政府的"有为",既要求政府坚决地减少、放弃某些职能,不管其不应管、管不了和管不好的事,又要求政府加强、健全和完善某些职能,管其应该管、管得了和管得好(而其他组织则管不好)的事。

当然,转变政府职能首先是要求"放松规制",建设"有限政府"。"放松规制"和建设"有限政府"是转变政府职能的最主要的内容。之所以如此,其理由在于:第一,我国经历了长时期的计划经济时代。计划经济是建立在过分迷信政府的作用、视政府为"万能"的理念的基础之上的。现在我们虽然早已摒弃了计划经济体制而走上了市场经济的道路,但计划经济所基于的那种政府"万能"的意识、观念仍然顽强地残存在我们一些人的头脑之中,很多时候还在影响着我们的政策。第二,我们的行政法制很不健全,特别是行政组织法不完善,对各个政府部门的职能缺乏法律严格的限制性规定,一些政府部门借此扩权,尽量扩充其职能,以获取更多的利益。第三,许多行政管理往往与利益相联系:取得了管理权通常就获得了罚款权、收费权。罚款、收费一般还是合法的利益,至于不合法的、灰色的利益,如权钱交易、权色交易等,对于某些政府工作人员则更具有吸引力,推动着他们去扩大政府职能和权力。第四,对于政府各部门负责人来说,管事越多就越能理直气壮地要求增加人员、扩充机构或提升机构级别,从而负责人自己的"官阶"也可能借此提高。

正是由于上述因素,导致了"全能政府"的出现,导致政府干预过多、规制过度。而政府干预过多、规制过度则必然产生多方面的弊病,甚至可能构成对经济社会发展的灾难性危害。第一,政府干预过多必然侵犯市场主体的自主权,从而窒息乃至扼杀市场主体的积极性、主动性、创造性。第二,政府规制过度必然影响市场经济活动的效率,如繁琐的行政审批会使市场主体耗费大量的时间、精力,并使其失去灵活性、应变性,从而导致其在市场竞争中丧失机会,处于被动地位。第三,政府由于处在市场之外,对市场信息反应不可能如市场主体那样灵敏,从而其干预、规制有可能违背市场规律,给被规制企业造成重大损失。第四,政府的干预和规制权有可能被某些政府部门及其工作人员利用作为以权谋私、权钱交易的腐败机会,腐败不仅阻碍市场经济的发展,而且会毒化社会风气,损害政府与人民的关系。第五,市场经济体制虽然不排除必要的政府干预和行政规制,但毕竟是以市场主体的自由、自主为基础,如果允许过分的政府干预和过多的行政规制存在,必然会摧毁市场经济这个基础,何谈完善市场经济体制?因此,作为完善市场经济体制基本条件的"转变政府职能"的主要内容只能是"放松规制",建设"有限政府"。

当然,如前所述,"转变政府职能"不等于"放松规制"。"转变政府职能"除了要求"放松规制"、减少行政干预之外,同时也要求政府加强某些与市场经济相适应,有助于促进市场经济发展,有助于促进统筹城乡发展、统筹区域发展、统筹经济社会发展、统筹人与自然和谐发展、统筹国内发展和对外开放的职能。这种政府职能的加强,是我们"转变政府职能"的题中之意。之所以如此,其理由在于:第一,如同政府不是万能的一样,市场也不是万能的。市场缺乏政府一定的调控(主要指宏观调控)和规制,同样会产生"失灵",这同政府对市场干预和规制过度会产生"政府失灵"是一个道理。第二,"中国特色"的市场经济与一般市场经济既有共性,也有特性。这种"特性"是由中国特有的政治、经济、文化的历史和现状决定的:中国是一个大国,各地发展不平衡;中国是一个发展中国家,且实行过长时期的计划经济体制,市场经济难以自发生成;中国是一个有着集体主义和均贫富思想文化传统的国家,人们不乐见过分的收入差别,特别是不容忍通过不正当手段获得的暴富。中国的这些"国情"决定了中国的市场经济需要较一般市场经济稍多一些政府调控和规制。第三,政府与市场的关系是发展变化的:在一定的时期,市场可能存在某些需要政府调控和规制的特定问题,而在另一时期,这些问题可能消失而不再存在,或者问题虽然仍然存在,但已不再需要政府调控和规制。同时,新的时期也可能产生需要政府调控和规制的新的问题,如随着工业化发展而产生并日益严重的环境问题、生态问题,因经济社会未能协调发展而产生的公共卫生突发事件如"非典"一类问题,还有如亚洲金融风暴等突发性经济危机问题。这些新型问题一般难以通过市场自发调节解决,而需要借助一定的政府干预和规制加以解决。为处理这些新型问题,政府在减少某些旧的传统职能的同时,有必要增加某些新的职能。

根据中共中央《关于完善社会主义市场经济体制若干问题的决定》,我国在发展、完善市场经济的新时期,政府在"转变经济管理职能"的过程中,应注意加强下述职能:(1)服务职能。政府应努力为行政相对人服务,为市场主体服务,为相对人提供私人不能提供或不愿提供的"公共物品",为市场主体创造良好的发展环境。(2)宏观调控职能。政府应健全国家计划和财政政策、货币政策等相互配合的宏观调控体系,同时应完善统计体制,加强对经济运行的监测,保障国民经济的整体平衡协调发展。(3)规划职能。政府在摆脱对市场经济活动具体干预的同时,应加强对国民经济和社会发展全局性问题的中长期规划。通过规划,提出发展的重大战略,基本任务和产业政策,促进国民经济和社会的全面发展,实现经济增长与人口、资源、环境的平衡。(4)协调职能。政府应协调不同所有制、不同规模、不同性质、不同类别市场主体的关系,协调城乡发展,协调区域发展(如采取措施,推进西部大开发、发挥中部地区综合优势、振兴东北地区老工业基地、鼓励东部地区率先实现现代化等)。(5)指导职能。行政指导既可以认为是一种新的政府职能,也可以认为是一种新的行政管理手段和方式,即政府通过指导性法规、规章、规范性文件等向行政相对人宣示政策、提出建议、意见,引导(而不是强制)行政相对人作出或不作出某种行为,以实现一定的行政目标(如秩序维护、环境保护、生态平衡、安全保障等)。

在市场经济体制下,政府除了行使这些新型职能以外,仍须保留某些旧的传统职能,如行政审批、行政命令、行政征收、行政给付、行政确认、行政裁决等。尽管这些职能必须尽可能减少,职能行使的方式必须改革(增加行政相对人的参与以及法律程序的控制),但是不能完全取消。我们转变政府职能的目标是既"放松规制",建设"有限政府",又加强服务和规范管理,建设"有为政府"。"有限政府"、"有为政府"都是市场经济之所需,都是民之所需,从而都是执政为民之所需。

三、改革行政管理体制,为依法行政提供制度保障

国内外行政法治的经验证明,深化行政管理体制改革既是推进依法行政,建设法治政府的内容,又是推进依法行政,建设法治政府的保障。正因为如此,国务院《纲要》明确将改革行政管理体制作为我国推进依法行政,建设法治政府的目标,并确立了改革行政管理体制的基本原则和具体任务,即通过改革,使中央政府和地方政府之间、政府各部门之间的职能和权限比较明确;保证行政管理的公正性和有效性,打破部门保护、地区封锁和行业垄断;建立起行为规范、运转协调、公正透明、廉洁高效的行政管理体制和权责明确、行为规范、监督有效、保障有力的行政执法体制。

为此,《纲要》提出了改革行政管理体制的四项要求:第一,合理划分和依法规范各级行政机关的职能和权限。所谓"合理划分",主要是解决行政权力的纵向和横向的科学配置问题,使之既有利于发挥地方和部门的积极性,又有助于防止产生"地方保护主义"和"部门保护主义";所谓"依法规范",主要是解决行政机关的组织机构、人员编制、职责权限的法定化问题,防止在政府内部滋生机构膨胀、人浮于事、职责不清、互相推诿、互相扯皮的官僚主义和衙门作风。

第二,完善依法行政的财政保障机制。财政保障机制是行政管理体制的重要组成部分。对此,《纲要》规定了五个方面的具体措施:(1)完善集中统一的公共财政体制,逐步实现规范的部门预算,统筹安排和规范使用财政资金,提高财政资金使用效益;(2)清理和规范行政事业性收费等政府非税收入;(3)完善和规范行政机关工作人员工资和津补贴制度,逐步解决同一地区不同行政机关相同职级工作人员收入较大的矛盾;(4)严格执行"收支两条线"制度,严禁行政机关设立任何形式的"小金库";(5)行政事业性收费和罚没收入全部上缴财政,严禁以各种形式返还,行政经费统一由财政保

障,实行国库集中支付。

第三,改革行政管理方式。行政管理方式与行政管理体制有着紧密的联系:管理体制在很大程度上决定管理方式,管理方式同样也影响甚至决定管理方式。关于行政管理方式的改革,《纲要》规定了四个方面的具体措施:(1)充分运用间接管理、动态管理和事后监督管理等手段,减少对经济、社会事务的直接的、微观的和事前的干预;(2)充分运用行政规划、行政指导、行政合同等方式的作用,减少行政许可、行政处罚、行政强制等强制性行政手段的适用;(3)加快电子政务建设,推进政府上网工程,扩大政府网上办公的范围;(4)在政府部门之间尽快做到信息互通和资源共享,提高政府办事效率。

第四,推进政府信息公开。政府信息公开可以认为是上述改革行政管理方式的一项措施,《纲要》之所以将之单独列为改革行政管理体制,建设法治政府的一项要求,是因为政府信息公开对于提高政府的政务透明度,保障行政相对人的知情权,促进政府依法行政有着特殊重要的意义。为此,《纲要》明确要求,政府信息,除涉及国家秘密、商业秘密、个人隐私,依法可不予公开的以外,应一律向社会公开,允许公众查阅,行政机关应为公众查阅政府信息提供便利条件。

行政管理体制和方式的改革是一个需要不断深入进行的系统工程。在推进依法行政,建设法治政府的道路上只要还存在产生体制障碍的条件和环境,我们就必须不断深化改革,创新体制。否则,推进依法行政,建设法治政府的目标就不可能实现。

原载《法学论坛》2004 年第 4 期

依法规范行政许可行为,建设法治政府

《中华人民共和国行政许可法》(以下简称《行政许可法》)是一部涉及几乎所有政府部门(90%以上的政府部门办理过,而且今后或多或少仍然要办理行政许可)和涉及千千万万公民(一个公民在其一生中,可能要办理无数次行政许可,甚至公民在尚未出世,就要办理行政许可——准生证)、法人和其他组织切身利益的法律。该法律2004年7月1日正式施行。在该法正式实施之际,本文试图对这部法律的出台和它的内容给予若干阐释和解答。

一、为什么要制定《行政许可法》,以法律规范行政许可

制定《行政许可法》可能有很多理由,但最重要的有下述三点:

(一) 行政许可是市场经济条件下政府管理经济、社会和文化的重要手段,对于建立社会主义市场经济有着极为重要的和不可替代的作用

现在人们在宣传《行政许可法》时,往往把行政许可说得劣迹斑斑,数落其种种弊端。这种宣传是片面的,如

果行政许可真的是一种"恶"制,我们为什么还需要立法加以确立和规范呢,干脆通过立法加以废除不更好吗?事实上,行政许可是对人类很有用处、很有益处的一种制度。实践中出现种种弊病,产生种种恶劣影响,是人们没有用好这种制度,或者说,是运用这种制度的人不好,所以我们今天要立法规范人的行为,规范人设立行政许可、实施行政许可的行为。行政许可的用处和益处主要有:

1. 实行行政许可制度是转变政府职能,使政府回归政府角色的需要

计划经济体制下的政府不需要或者较少需要行政许可,因为企业、事业单位、社会团体直接依附于政府,政企不分、政事不分、政社不分,政府直接经营企业,直接管理事业单位,直接干预社会。在这种体制下,政府直接向管理对象发号施令,从而无需通过行政许可规范相对人的行为。而在市场经济体制下,企业有了经营自主权,事业单位和社会团体有了活动自主权,政府不能"越位"、"错位"直接经营企业、直接管理事业单位和直接干预社会,政府必须回归政府的角色,行使政府应行使的经济调节、市场监管、社会管理和公共服务的职能。为此,政府即必须运用行政许可等间接管理手段管理经济、社会、文化,规范行政相对人的行为,以既保障市场自由,又维护市场秩序。

2. 实行行政许可制度是保障人的生命、健康和财产安全的需要

市场具有双重作用,既能促进经济发展,给社会带来财富,为人类提供文明幸福生活的基础;同时市场由于具有"外部性"和"信息不对称"的特点,其又可能给社会带来风险、危害,如生产假冒伪劣产品,制造出侵害人们健康、甚至危及人们生命的各种事故、事件(如闻名全国的山西假酒案、河南假医案及各地不时发生的特大交通事故、火灾事故、矿难事故案等)。因此,在市场经济下,必须对涉及人们生命、健康的行业、产品实行市场准入,建立行政许可制度。试想,如果没有行政许可,什么人都可以行医,什么人都可以制药,人们还敢看病吃药么?人们的安全还能有保障么?

3. 实行行政许可制度是建构和维护市场经济秩序,保证市场有序运作的需要

市场经济秩序的构建必须具备三项基本要件:一是规则,二是许可,三是监管。这三个基本要件是相互联系的:规则确定市场主体的资格、条件、行为规范及生产场地、生产产品等的质量和技术标准、要求等;许可则依据

规则把住市场入口关;监管则是在市场活动过程中对市场主体的行为进行监督检查,纠正和查处其违反规则的行为。由此可见,行政许可与规则、监管一样,对于市场秩序是不可或缺的。试想,如果没有行政许可把住市场准入关,让各种不具备基本资格、条件的个人、组织任意进入市场,市场秩序能不大乱么?市场还可正常运作么?

4. 实行行政许可制度是维护社会公共安全、国家安全和国家利益的需要

社会公共安全和国家安全的维护、保障取决于多种因素,其中很重要的一个因素是对可能危及社会公共安全和国家安全的人和物的事前控制,如通过入出境许可防止国内外恐怖分子、境外间谍可能的破坏活动;通过对有关武器、爆炸物及其他危险物品的生产、运输、保管、销售的许可,防止这些危险物品对公共安全和国家安全可能造成的危害。试想,一个国家,如果没有出入境许可,任凭恐怖分子和境外间谍入出国境,没有危险物品管制许可,任凭人们生产、运输、保管、销售武器、炸药及其他危险物品,社会公共安全和国家安全还能有保障么?人们还能安宁地生产、生活么?

另外,实行行政许可制度还有助于加强国家经济的宏观调控和适时地调整国家进出口贸易,维护国内、国外经济贸易秩序,保障国家的经济利益。在实践中,世界各国,特别是发展中国家,在货物贸易和服务贸易方面实行一定的有限制的许可制度,是国际通例。试想,如果没有此种行政许可,完全敞开国门,一些关系国计民生的民族产业、行业任其受冲击,国家经济利益还能得到保障么?

5. 实行行政许可制度是保护环境和生态,保证人与自然、经济与社会的平衡、协调和可持续发展的需要

价值规律和经济利益是刺激经济发展的强大动力,但这种强大动力如果没有一定的规制,可能导致对社会平衡和自然平衡的破坏,威胁经济和社会的可持续发展。例如,一些企业、组织、个人对土地、森林、草原、水资源等进行掠夺性开采,造成对环境和生态的严重破坏。为此,在人口、资源、环境方面实行一定的有限制的许可制度是必须的。否则,人类自己将摧毁、破坏自己的生存条件,导致经济、社会可持续发展的困难或障碍,进而危及子孙后代的生存发展。

（二）行政许可是现代政府经常和广泛运用的一种强制性行政权力。此种权力如不加以控制和规范，则极易被滥用，而行政许可的滥用对于公民、社会和国家均具有极大的危害性

1. 行政许可不规范，将导致规制过度，窒息市场的生机与活力

市场需要规制，没有规制的市场必然失灵，这是为市场经济发展的历史经验，特别是为20世纪前期西方所发生的经济危机的历史经验所证明了的。但是，规制过度，政府对市场管得过多、过死，则会窒息市场的生机与活力，不利于市场的发展。这一点可以从我国市场经济发展的历史经验得到证明：凡是政府规制过多的时期、政府规制过多的地区、政府规制过多的领域，市场活力就不够，发展速度就慢；反之，市场就充满生机，发展就展现希望。我们比较一下20世纪90年代之后与之前的时期，比较一下经济特区、东部地区、沿海地区与中西部地区，比较一下商品市场与劳务市场、资金市场，即可看出这种差别。行政许可是规制的重要手段，而此种手段的利用可以给行政机关带来权和利。因此，行政机关有尽量多用、滥用的倾向，如不加以规范和限制，则必然导致行政规制过度，窒息市场的生机与活力。

2. 行政许可不规范，将导致垄断盛行，妨碍公平竞争

行政许可的重要功能之一是为市场提供秩序，保障市场运作的顺畅。但是，行政许可如果缺乏规范，此种功能将被异化：它不再是为市场提供秩序，保障市场运作的顺畅，而是被人们用于制造地方垄断和部门垄断，阻碍市场主体的公平竞争，人为地分割市场和妨碍市场流通。如目前一些地方利用行政许可阻止外地啤酒、汽车等商品到本地销售，阻止外地商人到本地收购羊毛、棉花等；一些部门利用行政许可搞行业垄断、行政垄断，不许民营企业、个体企业涉足其"世袭"领域等。地方垄断和部门垄断的结果是保护落后，维护效率低下、价格昂贵、质量低劣的生产、经营和服务。

3. 行政许可不规范，将导致权力滥用，滋生腐败

行政许可是一种"公共物品"，本应是为社会、为公众服务的。但是，在其缺乏规范的条件下，它可能异化成为某些政府机关和政府工作人员谋取私利的工具。例如，一些政府机关利用行政"许可"（如"馒头许可"、"三陪许可"、"通行许可"等）乱收费；一些政府机关工作人员，甚至是领导干部（如成克杰、胡长清、王怀忠等）利用行政许可受贿、索贿，将行政许可作为一

种"设租"、"寻租",获取暴利的途径和工具。行政许可权力被滥用,一些政府机关和政府工作人员利用行政许可搞腐败是导致行政许可为世诟病,以至许多人否定行政许可正面和积极作用的重要原因。

4. 行政许可不规范,导致官僚主义盛行,效率低下,市场交易成本增加,影响经济效益和社会效益

这方面的例子很多,举不胜举,老百姓对之意见最多,怨气最大。例如,《人民日报》2002 年 9 月 23 日报道,在连云港,以前办一个房地产开发项目,相对人要跑 18 个部门,经过 69 个环节,盖 67 个公章,办理时间要 8 个月;在浙江,珠光集团办理 2 项国家机电产品出口许可,其中一个项目(墨西哥项目)的许可办了 2 年多;另一项目(巴西项目)的许可办了 3 年多。又如,《南方周末》2001 年 10 月 11 日报道,武汉一家企业申请审批一个危房改造扩建项目,花了 2 年多时间,跑了市区 70 多个单位,盖了 800 多个(次)图章。像这样的行政效率,哪个投资者能忍受?一个项目的审批、许可要花上一两年时间,与之合作的伙伴可能等不及,走了,市场可能被人家占了,投下几千万、上亿元资金,很可能就泡汤了。

5. 行政许可不规范,导致公民与政府主仆关系颠倒,为行政权力侵犯公民权益提供了机会和条件

在一个民主国家,人民是国家的主人,政府和政府工作人员应该是人民的公仆。但是一些政府机关和政府机关工作人员由于受传统官民关系思想的影响,总是把自己当成主人,把人民当成管理客体。在行政许可领域,由于长期以来缺乏法律对行政许可行为的规范,更使这种颠倒了的政府和人民的关系明显化:行政相对人要想申请一项行政许可,往往要请客、送礼、求人、托人找关系等,即使这样,政府办事人员还不一定热情给你办,还要面对和忍受"门难进、脸难看、话难听、事难办"的境遇。公民在这些政府工作人员面前,哪还有半点"主人"的气势,主仆关系整个颠倒了。

(三)我国行政许可实践中出现的种种问题,已经发展到不立法加以规范不足以阻止行政许可功能进一步异化的势头,不立法加以规范不足以保障我国社会主义市场经济的正常秩序,从而影响我国经济和社会正常发展的程度

原国务院法制办主任杨景宇在《关于〈中华人民共和国行政许可法(草

案)〉的说明》中指出,目前我国行政许可存在过多、过滥的问题,究其原因有六:设定权和设定主体不明确;设定事项不规范;实施程序繁、环节多、时限长;重许可,轻监管或只许可,不监管;利用许可"寻租";许可机关有权无监督,有权无责。在这六项原因中,隐含一个最重要的原因,就是行政许可缺乏立法规范。无论是行政许可设定过程中发生的种种问题,还是行政许可实施过程中发生的种种问题,很大程度上都源于法律对行政许可范围、条件、程序等缺乏完善和严密的规定。

也许有人会问,在国外,一般都没有统一的《行政许可法》,行政许可领域为什么没有产生我国这样多的问题呢?这有两个原因:其一,在国外,许多国家制定了统一的行政程序法,行政许可行为受统一的行政程序法规范和调整;其二,国外许多国家在各种单行的行政管理法中,对相应的具体行政许可通常都规定了较详细的实体规则和程序规则,从而没有像我国一样制定专门行政许可法的必要性。

在我国,由于单行行政管理法对行政许可的规范很不完善,行政程序法在短时期内又制定不出来,行政许可领域出现的问题又这么多,以至对市场经济和社会发展均产生了严重的消极影响,再加之我国已加入WTO,就行政许可规范问题已向各成员国作了承诺,因此,在我国今天的条件下,制定和出台《行政许可法》,不仅具有了极大的必要性,而且具有了极大的迫切性。

二、《行政许可法》确立了哪些基本原则和重要制度

(一)《行政许可法》确立的行政许可基本原则

《行政许可法》为行政许可行为确立了一系列原则,其中最重要的基本原则有下述五项:

1. 行政法治原则

行政法治原则是整个行政法的基本原则,所有行政行为都必须遵守行政法治原则。在行政许可领域,行政法治原则的具体内容有三:

其一,行政许可依法设定,依法实施。《行政许可法》第4条规定:"设

定和实施行政许可,应当依照法定的权限、范围、条件和程序。"

其二,行政许可权受法律控制。控权包括事前限权、事中制约和事后监督三个环节。事前限权主要体现在《行政许可法》第12条至第17条的规定,这些规定反映了有限政府的要求。事中制约主要体现在《行政许可法》第19条至第57条的规定,这些规定反映了正当法律程序和透明政府的要求。事后监督主要体现在《行政许可法》第60条、第71条至第77条的规定,这些规定反映了权责统一和责任政府的要求。

其三,行政许可相对人权益受法律保障。权益保障包括人格尊重、权益保护和侵权救济三个方面。对行政许可相对人(包括许可申请人、持证人和其他利害关系人)的人格尊重主要体现在《行政许可法》第1、11、26、29—59条的规定,这些规定反映了基本人权的要求。对行政许可相对人的权益保护主要体现在《行政许可法》第8、26—59条的规定,这些规定反映了程序正义的要求。对行政许可相对人的侵权救济主要体现在《行政许可法》第7、60、71—77条的规定,这些规定反映了有权利必有救济的要求。

2."三公"原则

"三公"原则包括"公开、公平、公正"三项基本内容。《行政许可法》第5条确立了该原则和该原则的基本内容:"设定和实施行政许可,应当遵循公开、公平、公正的原则。"

公开主要是针对"暗箱操作"而规定的。内容包括许可规定公开、许可实施公开、许可结果公开。

公平主要是针对"歧视"(如身份歧视、性别歧视、民族歧视等)而规定的,内容是要求在行政许可中,同样情况同样对待,不同情况不同对待,不厚此薄彼,对行政许可相对人一视同仁。

公正主要是针对"偏私"(如地方保护主义、部门保护主义、以权谋私等)而规定的,内容是要求在行政许可中,不考虑不相关因素和应考虑相关因素。所谓"不相关因素",是指超越法律的地方利益、部门利益、个人利益和各种"关系"等;所谓"相关因素",是指法定条件、政策要求和社会正义等。

3. 便民原则

行政许可便民是执法为民,执法以人为本的要求。行政许可便民原则主要体现于《行政许可法》关于办理行政许可的管辖和程序的规定。《行政许可法》第25条和第26条确立的管辖规则设定了"相对集中管辖权"、"一个窗口对外"、"一站式服务"、"政府超市"等应采行或可采行的便民措施；《行政许可法》第29—50条就行政许可的申请、受理、审查、决定以及变更、延续等全过程确立了一系列便民的程序。

4. 效率原则

行政许可是政府调控市场的重要手段,而对于市场来说,时间就是金钱,效率就是生命。有时,一个企业正是因为一项许可审批久办不下,生意被他人抢去或市场被他人占领而破产。因此,行政许可办理的效率对于市场经济的发展有着极为重要的意义。也正因为如此,效率原则成为《行政许可法》的基本原则之一。行政许可效率原则主要通过《行政许可法》规定的期限制度和程序制度得以体现。就期限而言,《行政许可法》第42—45条分别规定了20日、45日两种基本期限,此两种基本期限即使延长,也分别不能超过30日和60日。就程序而言,《行政许可法》第29—41条确立的程序规则无疑是效率原则得以实现的保障。这里需要指出的是,效率原则和便民原则二者有着密切的联系:在很多情况下,高效即是为了便民,便民则必须高效。

5. 信赖保护原则

信赖保护原则是现代行政法的一项非常重要的基本原则。其重要性首先在于保障行政相对人的权益不受政府反复无常、滥用职权行为的侵犯,其次在于维护政府的信用,维护人民对政府诚信的信心。诚信是市场经济运作的基本条件,而政府诚信是市场诚信、社会诚信的基础。《行政许可法》第一次在我国法律中明确确立了信赖保护原则,即政府诚信原则。该法第8条规定:

> 公民、法人或者其他组织依法取得的行政许可受法律保护,行政机关不得擅自改变已经生效的行政许可。行政许可所依据的法律、法规、规章修改或者废止,或者准予行政许可所依据的客观情况发生重大变化的,为了公共利益的需要,行政机关可以依法变更或者撤回已经生效的行政许可。由此给公民、法人或者其他组织造成财产损失的,行政机关应当依法给予补偿。

(二)《行政许可法》确立的行政许可基本制度

1. 行政许可事项范围设界制度

《行政许可法》第12条和第13条为行政许可的事项范围设定了两条界限:一是外限;一是内限。"外限"是可设定行政许可事项的范围(共6类);"内限"是在可设定行政许可事项的范围内排除可通过其他方式予以规范的部分(共4种情形)后剩下的部分,即应该或必须设定行政许可的部分。当然,这两条界限都不是很明晰的,都具有较大的"弹性",如"外限"中的"直接涉及国家安全、公共安全、经济宏观调控、生态环境保护以及直接关系人身健康、生命财产安全等特定活动",这类事项中的每一项("直接涉及国家安全"的事项、"直接涉及公共安全"的事项、"直接关系人身健康"的事项等)几乎都具"弹性"。"内限"中的条件更是如此,如"公民、法人或者其他组织能够自主决定的"、"市场竞争机制能够有效调节的",等等。

我国《行政许可法》为什么要对行政许可事项设定这种不甚明晰,有相当弹性的界限呢?因为这种界限在法律上是很难明确的。在国外,法律一般不会设定这种普遍性的界限。我国立法之所以要设定这种界限,是为了解决我国行政许可设定实践中较为严重的乱、滥现象。尽管所设定的界限并不是很明确的,但它宣示的立法目的或立法意向却是很明确的:尽量减少行政许可,放松政府规制,建立有限政府。

2. 行政许可设定权限相对集中制度

《行政许可法》第14—17条规定了行政许可的设定权的分配,确立了行政许可设定权限相对集中的制度,即行政许可一般由法律设定;尚未立法的,行政法规方可设定行政许可;尚未制定法律和行政法规的,地方性法规方可设定行政许可;除此以外,仅有省级政府规章可设定一年期限的临时性许可,其他地方政府规章、所有部门规章、所有其他规范性文件都无权设定行政许可。《行政许可法》之所以要确立这种许可设定权相对集中的制度,目的无疑在于统一法制、统一市场,消除各种形式的部门保护和地方封锁。

3. 许可实施方式多样化制度

《行政许可法》在第25条和第26条规定了行政许可实施的多种方式,如一个行政机关行使有关行政机关的行政许可权、一个窗口对外、统一办理、集中办理、联合办理等。《行政许可法》为什么要规定行政许可实施的多种方式,理由有三:其一,我国地域辽阔,各地发展不平衡,许可方式不宜"一刀切";其二,各部门、各领域的行政许可有很多特殊性,许可方式不宜"一刀切";其三,我国行政管理体制和管理方式正处在改革和探索时期,有关许可方式尚处于试验阶段,其利弊尚未充分显现,不能和不宜作出统一的法律强制性规定。

4. 许可告知与说明理由制度

《行政许可法》在第 30、32—33、36、38、40、42、45—47、53—55 条等诸多条款里均规定了许可告知与说明理由制度。告知与说明理由制度是行政法的基本制度,是正当法律程序的基本要求。行政主体作出涉及行政相对人权益的行为,特别是作出对其权益不利的行为(如拒绝许可申请人的申请),必须告知相对人其所作出的决定、相应决定所基于的事实根据和法律根据、相对人不服决定的申辩和救济途径。行政主体违反此种告知与说明理由义务,将导致相应决定的无效或可撤销。

5. 许可听证制度

《行政许可法》第 46—48 条规定了许可听证制度。许可听证不完全同于行政处罚听证,许可听证包括两种类型:行政机关主动进行的听证和应行政相对人申请举行的听证(《行政处罚法》仅规定了后一种听证)。前一种听证适用的条件是:法律、法规、规章对相应许可事项规定了应当听证的要求;相应许可事项为涉及公共利益的重大事项,且行政机关认为需要听证。后一种听证适用的条件是:相应许可事项直接涉及申请人与他人之间重大利益关系,且申请人或利害关系人提出了听证申请。听证制度的目的主要在于保障行政许可申请人和利害关系人的权益以及保证行政许可行为的合法性、合理性,实现行政许可的"三公"原则。

6. 许可期限制度

《行政许可法》第 42—45 条规定了许可期限制度。许可期限制度的意义主要有三:其一,保障行政效率,防止"一个审批半年难见音讯,一个许可两年不见回复"的现象。其二,保障申请人的权益,防止无限期的许可把市场主体拖垮、拖死。其三,减少许可成本。无限期的许可可能加大行政和行政相对人两方面的成本,特别是相对人的成本,除了时间、精力和正常费用的成本外,相对人往往还要支出各种"活动"成本。因此,《行政许可法》设定许可期限制度对于实现行政许可立法目的具有极为重要的意义。

7. 监督检查制度

《行政许可法》第60—69条规定了行政许可的监督检查制度。行政许可的监督包括三类:对许可机关的监督;对被许可人(持证人)的监督;对其他公民、法人和其他组织的监督。监督的方式包括核查(通过报表和计算机联网方式等)、抽查、实地检查、定期检查和要求被监督人自查等。监督主体通过对被监督人的监督,发现其有违法行为,可以对其采取责令改正、撤销许可、注销许可等监督措施。很显然,《行政许可法》设定许可监督检查制度对于纠正我国行政许可领域目前存在着的重许可、轻监管甚至只许可、不监管的现象,保证行政许可真正发挥其应发挥的作用有着极为重要的意义。

8. 法律责任制度

《行政许可法》第71—81条规定了行政许可法律责任制度。行政许可法律责任分为六类:一是许可设定机关(包括有权设定机关和无权设定机关)违法设定许可的责任;二是许可实施机关违法实施许可的责任;三是行政机关工作人员违法办理行政许可的责任;四是行政许可申请人申请许可时隐瞒情况或提供虚假材料的责任;五是被许可人违法取得许可或违法实施被许可行为的责任;六是其他公民、法人或者其他组织未经许可,违法从事应经许可方能从事的活动的责任。行政许可法律责任的形式包括责令改正、撤销许可、行政处罚(对于行政相对人)、行政处分(对于行政机关工作人员)、行政赔偿(对于行政机关)和刑事责任(对于行政相对人和行政机关工作人员)。《行政许可法》确立许可法律责任制度对于行政许可法治原则的实现和整个《行政许可法》的实施无疑均具有重要意义。

9. 权利救济制度

《行政许可法》第7条规定:"公民、法人或者其他组织对行政机关实施行政许可,享有陈述权、申辩权;有权依法申请行政复议或者提起行政诉讼;其合法权益因行政机关违法实施行政许可受到损害的,有权依法要求赔偿。"这一规定确立了行政许可的权利救济制度。该救济制度分事中救济和事后救济两个部分:事中救济的主要形式是行政相对人在行政许可过程中行使陈述权和申辩权;事后救济的主要形式是行政相对人在行政许可实施程序后行使复议权、诉权和申请国家赔偿权。《行政许可法》确立相对人权利救济制度是非常重要的。因为权利和救济是紧密联系的:有权利必有救济,没有救济就没有权利。如果《行政许可法》不确立完善的和有效的救济制度,《行政许可法》规定的行政相对人的种种权利在很大程度上就只能是虚设,难以保障其真正得以实现。

《行政许可法》规定的原则和制度还有很多,但本人认为,行政许可最重要的原则是上述五条,最重要的制度是上述九项。

原载《中国司法》2004 年第 7 期

法治政府必须认真对待公民权利
——评《国有土地上房屋征收与补偿条例》

一个政府是否是法治政府,其最重要的区分标志是看它是否认真对待和尊重公民的权利。《认真对待权利》一书的作者德沃金说:"如果政府不给予法律获得尊重的权利,它就不能够重建人们对于法律的尊重。如果政府忽视法律同野蛮命令的区别,它也不能够重建人们对于法律的尊重。如果政府不认真地对待权利,那么它也不能够认真地对待法律。" 2009 年 12 月 7 日,我们北大五教授之所以向全国人大常委会提出审查和撤销国务院 1991 年发布、2001 年修订的《城市房屋拆迁管理条例》(以下简称《拆迁条例》)的建议,就是因为《拆迁条例》没有认真对待公民的权利,轻忽、轻视、轻慢作为被拆迁人的公民的权利,违反宪法和法律,导致政府行为严重偏离了法治政府的轨道。

我们认为,作为抽象行政行为或行政立法,无论是位阶较低的政府规范性文件或政府规章,还是位阶较高的行政法规,如《拆迁条例》,如果轻忽、轻视、轻慢公民权利、违宪、违法,就是"野蛮的命令"。这种野蛮的命令必须废除或撤销,否则,不可能建立起人们对法律的尊重,法治政府、法治国家建设的目标和任务就不能完成。

很幸运的是,在我们提出审查和撤销《拆迁条例》的建议后,全国人大常委会法工委和国务院法制办对之予以了足够的重视,有关部门在与我们交换意见后,迅急加快了《拆迁条例》废旧立新的步伐。需要说明的是,我们的建议只是加快,而不是启动《拆迁条例》的废旧立新的进程。实际上,《拆迁条例》废旧立新的进程早在我们建议之前的 2007 年,即《物权法》通过之后就已经开始了。2010 年 1 月 29 日,在我们的建议提出后不到两个月,国务院法制办即推出了《国有土地上房屋征收与补偿条例》(以下简称《征收条例》)的征求意见稿。不过,征求意见稿发布后 10 个多月的时间里,《拆迁条例》废旧立新的进程却慢了下来,据说是遇到了一些阻力,以至有些媒体猜测,《征收条例》已"胎死腹中"。在此情形下,我们五教授所在的北京大学宪法与行政法研究中心与蔡定剑教授主持的中国政法大学宪政研究所于 2010 年 10 月 26—27 日在北京香山联合举办促进《拆迁条例》废旧立新的国际研讨会,试图通过舆论推进立法进程。在广大公民,特别是广大被拆迁人,以各种方式为自己的权利进行抗争和力争下,在众多学者、媒体的不断呼吁下,以及在政府有关立法部门的努力工作(数易其稿)下,通过各种途径、各种形式的博弈,国务院法制办终于在 2010 年 12 月 15 日推出了《征收条例》的第二次征求意见稿,并在意见征求结束后根据公众提出的 37898 条意见对《征收条例》第二次征求意见稿再次进行修改后,于 2011 年 1 月 19 日提交国务院常务会议通过,21 日国务院正式发布,从而完成了《拆迁条例》废旧立新的整个过程。

《征收条例》与《拆迁条例》比较,其对公民权利和宪法、法律的态度,有五大重要变化:

其一,确立了《宪法》、《土地管理法》、《城市房地产管理法》和《物权法》均规定的征收、拆迁必须以"公共利益"为前提条件的基本原则。《拆迁条例》之违宪、违法,首先即在于它规避了征收、拆迁的"公共利益"前提:开发商进行任何商业性的建设活动,都可以从政府那里获得拆迁许可,无须公民同意而可拆迁其房屋。在这种"野蛮命令"下,公民何以安生?其权利何以保障?因此,《征收条例》重新确立"公共利益"的前提条件,说明政府对公民权利有了新的认识,开始对公民权利有了较多敬畏和重视,而不再只是敬畏和重视 GDP。

其二,确立了房屋征收应当"先补偿,后搬迁"以及依市场价格补偿的法治国家的普适性原则。《拆迁条例》之所以引发许多血拆的悲惨事件,重要原因之一即是其无视公民财产权,导致拆迁不及时补偿,补偿标准过低:被拆迁人房屋被拆后,补偿款买不起新房,原依靠房屋出租或其他经营的被拆迁人后半生生活无着落、无保障,等等。《征收条例》在提高补偿标准,完善补偿机制上下了较大功夫,取得较大进展,这一进步显然是多年来许多被拆迁人用多种方式,甚至用生命维权和争取权利的结果。

其三,确立了征收的公众参与和公开透明的正当法律程序。正当法律程序是公民权利的保障,甚至是公民权利本身。因为"公共利益"和"公正补偿"都是不确定用语,谁来判定和怎样判定"公共利益"和"公正补偿"可能比如何界定"公共利益"和"公正补偿"更重要,更有意义。《拆迁条例》之所以导致无数滥权、侵权事件,很重要的原因就是没有确立公众,特别是被拆迁人对拆迁决定和补偿决定的参与程序和拆迁决策、过程、结果的公开程序,甚至赋予开发商以拆迁主体的地位,赋予政府主管部门以决定、裁决和裁决执行的三重主体地位。现在,《征收条例》规定了征收入规划、规划应广泛征求社会公众意见、征收补偿应公布、旧城区改建如为多数被征收人异议要举行听证会等程序,这些规定无疑体现了对公民实体权利和程序权利的双重尊重。

其四,确立了对"五断"(断水、断热、断气、断电、断路)等野蛮拆迁、暴力拆迁行为的禁令和法律责任。《拆迁条例》虽然没有授权拆迁者可以在拆迁中实施"五断",但其确立的整个拆迁制度必然导致"五断"。因此,《征收条例》不是简单地发布禁令,而是从制度设计入手,赋予被征收人相应权利,改善被征收人的补偿安置待遇、取消开发商拆迁主体资格,以及规定"五断"等野蛮拆迁、暴力拆迁行为的严格法律责任,从而从源头和结果两个方面防止野蛮拆迁、暴力拆迁行为的发生。

其五,确立了对被征收人较充分、较有效的救济途径。《拆迁条例》对被拆迁人规定的救济途径是很不充分的:被拆迁人对自己的房屋征收、拆迁、强拆不能表示异议、申请行政复议和提起行政诉讼,而只能对拆迁补偿多少表示异议和申请救济。而《征收条例》在救济方面则向前走了一大步:被征收人不仅对补偿决定不服可以申请行政复议和提起行政诉讼,而且对征收决定不服也可以申请行政复议和提起行政诉讼。这种救济机制使公民的权利有了更切实的保障,从而使公民权利更为真实,因为没有救济的权利不是真正的权利。

《征收条例》相较于《拆迁条例》,在对待公民权利方面自然不限于上述五大进步。但是,即使只有上述五大进步,亦属不易。当然,《征收条例》在维护和保障公民权利方面亦有不足,如没有规定比例原则,即对可通过其他方式(如自愿协商的市场交易)实现公共利益目的的,尽量不采用征收方式;对因旧城区改建所作出征收决定没有规定被征收人的参与程序(如经三分之二或半数以上被征收人同意);对强制搬迁没有规定裁决与执行分离制度;对被征收人申请行政复议和提起行政诉讼,没有规定复议和诉讼期间原则上停止执行强制搬迁决定的制度;等等。因此,对于《征收条例》,虽然我们付出了这么多的努力,许多被拆迁人付出了那么大的代价,现在终于有了这么多进步,但大家仍不可过于乐观,其实施还有待于广大执法者的智慧,尽量用其所长(规定得好的那些制度),避其所短(规定得不足和有缺陷的那些制度),而不是相反。当然,我们也不能把希望完全寄托在执法者身上,我们的学者、媒体,特别我们的民众,我们的被征收人,要继续为权利而斗争。我们必须永远记住:权利从来是我们自己争取来的,而不可能依靠施舍。

原载《苏州大学学报》2011 年第 1 期

公众参与与行政法治

公众参与是现代民主的重要形式,行政法治则是法治的重要组成部分。关于民主与法治的关系,学界主要有三种观点:其一,二者相互依赖,密不可分。此派学者认为,没有民主,就没有法治;没有法治,也就没有民主;加强民主,即促进了法治,加强法治,也就促进了民主。[①]其二,二者相互对立,相互冲突。此派学者认为,发展民主,就会损害法治,加强法治,就会妨碍民主的发展。[②]其三,二者是对立统一的关系。此派学者认为,民主与法治既相互矛盾、相互冲突,也相互依赖、相互促进。"民主本来是用来支持法治的,但是它也削弱了法治。法治国里长期有效的法律是为了维护可预见性而建立的,但

---

① Francis Sejersted 提出,"民主和法治可以被看做是克服国家与社会之间的矛盾的两种不同的方法。……法治是要约束国家的权力,而民主则是要在行使国家权力的过程中动员社会",二者共同保障国家与社会的协调统一。"民主终究是有限政府和法治的最好保障"(参见〔美〕埃尔斯特等编:《宪政与民主》,潘勤等译,生活·读书·新知三联书店 1997 年版,第 152、158 页)。Jean Blondel 指出,宪法学家 Ely 和 Holmes 声称民主与宪政(法治是宪政的基本要素)互相依赖,密不可分。"宪政约束并不是旨在反对民主,相反,却能巩固和加强民主体制",民主与宪政、法治是相互支持、相互促进的(参见〔日〕猪口孝等编:《变动中的民主》,林猛等译,吉林人民出版社 1999 年版,第 85 页)。

② R. G. Mcloskey 指出,在美国,民主与法治之间有更多的二元论,即矛盾的成分。R. Lowenhal 指出,在德国,大体上有一个普遍的假设,即公民的基本权利总是受到他们所选举的代表的威胁,……对民主的恐惧使法治得到加强(参见〔美〕埃尔斯特等编:《宪政与民主》,潘勤等译,生活·读书·新知三联书店 1997 年版,第 158 页)。卢梭、潘恩、杰弗逊等经典作家均认为民主与宪政、法治相互冲突、相互对立,甚至互不相容。他们认为,宪政、法治是死者统治活人的工具。"地球是活人的世界,而不是死者的天下",并由此得出结论,宪政是非民主的(参见〔日〕猪口孝等编:《变动中的民主》,林猛等译,吉林人民出版社 1999 年版,第 86 页)。

是它又迫使社会接受这些法律所带来的人们未预见的、不幸的后果。为了使民主更好地运作，人们重新引入了更多的现时性权力，但是它对民主又有某种破坏性的影响。"③民主与宪政、法治的目标都是为了达成和实现公共福利。"民主主义者认识到立宪主义将继续成为他们议程中的内容，因为宪政给民主带来了保护和意义……同时，立宪主义者必须谦逊地认识到民主是一场伟大的冒险——它确实是人类伟大的冒险。他们必须认识到，无论宪法和规则多么复杂，民主都会超越其上。唯有双方协调通融，民主和宪政才有希望在未来通力合作，这种合作在当今世界的大部分地区已经开始。"④

本文同意上述关于民主与法治关系的第三种观点，并且将以中国行政法治与公众参与制民主（参与制民主是代表制民主的重要补充）二者对立统一的辩证发展进程对这一观点予以进一步论证。

一、中国行政法与公众参与制民主的发展

中华人民共和国成立以后，中国行政法与公众参与制民主的发展经历了三个阶段："文革"前（1949—1966）、"文革"中（1966—1976）和"文革"后（1978—现在）。在第一阶段（1949—1966），即"文革"前17年，中国的主要任务是巩固政权、恢复经济、发展经济，开展社会主义建设。为了实现这一任务，中国开始着手民主和法制建设。在民主建设方面，当时党⑤和国家领导人对代表制民主和参与制民主是同样重视的。一方面在全国组建各级人民代表大会，建立代表制民主；另一方面特别强调发动群众、依靠群众，通过建立各种群众组织，如工会、农协、妇联、共青团等，动员其成员执行党和国家的方针、政策，完成党和国家确定的任务。虽然当时这种参与制民主是很

---

③ 〔美〕弗朗西斯·西阶尔斯特德：《民主与法治：关于追求良好政府过程中的矛盾的一些历史经验》，载〔美〕埃尔斯特等编：《宪政与民主》，潘勤等译，生活·读书·新知三联书店1997年版，第168页。

④ 〔意〕让·布隆德尔：《民主与宪政》，载〔日〕猪口孝等编：《变动中的民主》，林猛等译，吉林人民出版社1999年版，第101页。

⑤ 本文单独使用"党"，均特指"中国共产党"。

不完善的:群众的参与主要是执行的参与而不是决策的参与;群众的组织主要是官方或半官方的组织而不是群众自发的组织;群众组织和参与的目的主要是为了完成党和国家的任务而不是为了本团体、本阶层群众自己的利益,但当时中国大多数公众确实是参与了"公务",而且参与积极性很高(如1956年的农业合作化,1958年的人民公社、"大跃进"等)。我们甚至可以认为,当时中国"参与制民主"的发展水平更高于代表制民主的发展程度,人民代表机关作用的发挥是很不充分的。在法制方面,当时党和国家领导人是既重视法制,想健全法制,但同时又限制法制的发展,不想完全依法治国、依法办事。之所以重视法制,想健全法制,是怕民主过头了,群众运动无法无天,以致作出过多过激的行为,如土改、"镇反"、"三反"、"五反"等政治运动中抓人过多、杀人过多,需要用法律限制一下,用法律规范一下群众运动;之所以又限制法制的发展,不想完全依法治国、依法办事,是怕法律捆住群众的手脚,挫伤群众参与"公务"——主要是政治运动——的热情。20世纪整个50年代及60年代前期中国民主与法制,特别是参与民主与行政法制的发展⑥,在很大程度上反映了当时党和国家领导人既想要法制(非法治)又不想全面实行法制的思想。

第二阶段(1966—1976),即"文革"10年,这一阶段是中国民主泛滥和被扭曲,法制遭受破坏、践踏的时期。就民主而言,"文革"中的民主是一种完全被扭曲、完全变态的民主:各级人大基本停止运作,直接的"参与制民主"全面取代代表制民主。事实上,当时的"参与制民主"也不是真正的参与制民主:各"造反派"组织"踢开党委闹革命"、"踢开政府闹革命"、"踢开公、检、法闹革命",他们不是"参与",而是直接行使权力,自己想怎么干就怎么干:想批判谁就批判谁,想打倒谁就打倒谁,想抓谁、关谁、管制谁,就抓谁、关谁、管制谁。至于法制,那被认为是束缚群众运动的条条框框,自然应被群众彻底砸烂、废除。很显然,"文革"的民主是一种不受法制规范和约束的"大民主"。在这种"大民主"环境下,群众直接行使(不只是参与)"公务"的决策权和执行权,其权力可谓大矣,但是,作为群众的任意一员,却又随时可能被别的群众所抓、所关、所管制,其人身自由和财产几乎没有任何

---

⑥ 关于中国行政法发展情况的详细论述,参见姜明安著:《行政法与行政诉讼》,中国卓越出版公司1990年版,第110—140页。

保障,其权利、自由又是何其少矣。可见,没有法制(及法治)的群众"参与制大民主"(或曰"直接民主")是多么可怕,它将使人类倒退到没有任何安全保障的"自然状态"中去。"文革"中上至国家主席,下至普通工人、农民,千百万人人权遭受侵犯、蹂躏的事实就是这种"参与制大民主"价值的最好注脚。⑦

第三阶段(1978—现在),即改革开放以来的几十年。这期间,中国民主和法制(及法治)建设均有了前所未有的大发展。就民主而言,不仅代表制民主得以恢复、加强:各级人民代表大会开始正常运作,由"橡皮图章"日益转变成名副其实的代表人民行使国家权力的机关,其他国家机关均由其产生,对其负责,受其监督⑧(尽管中国代表制民主的完善还有很长的路要走),而且,更为重要的是,真正的参与制民主在中国开始产生、发展,形成国家公权力运作的一种新机制。这主要表现在下述七个方面:

(1) 1982年《宪法》在确立代表制民主的同时第一次在中国《宪法》中明确确立了参与制民主。《宪法》第2条第3款规定,人民依照法律规定,通过各种途径和形式,管理国家事务,管理经济和文化事业,管理社会事务。宪法的这一条款确立了新时期参与制民主的基本模式:第一,人民参与是"依照法律规定"参与,不是"文革"前的那种"群众运动"式参与,更不是"文革"中那种"无法无天"和"无政府主义"式的参与;第二,人民参与的范围包括"管理国家事务,管理经济和文化事业,管理社会事务",不再同于"文革"前或"文革"中公众参与主要是参与政治运动,现在的公众参与主要是参与与自己切身利益相关的事务,这种事务可能属国家管理的范畴,也可能属于社会管理的范畴(国家公权力越来越向社会转移,此不同于计划经济时代的"溥天之事,莫非国事");第三,人民参与的途径和形式是多种多样的,法律可以在不同时期规定人民参与的不同途径、不同形式,如通过座谈会、论证会、听证会途径陈述、申辩、举证和提出意见、异议的形式,通过信访、游行、集会途径提出批评、建议的形式,通过组织行业协会、社团的途径参与规

---

⑦ 关于"文革"的悲剧及历史教训,可参看逄先知、金冲及主编:《毛泽东传(1949—1976)》,中央文献出版社2003年版,第34—43章;金冲及主编:《周恩来传(1949—1976)》,中央文献出版社1998年版,第27—36章;〔美〕洛厄尔·迪特默著:《刘少奇》,萧耀先等译,华夏出版社1989年版,第4、7、8章。

⑧ 参见我国《宪法》第3条。

则制定和秩序维护的形式,等等,而不同于"文革"前或"文革"中的那种"大民主"形式。

（2）2000年全国人大通过《中华人民共和国立法法》（以下简称《立法法》），2001年国务院发布《行政法规制定程序条例》、《规章制定程序条例》，确立了公众参与国家立法和行政立法的制度。这一制度的内容包括：其一，国家立法应当通过座谈会、论证会、听证会等多种形式听取各方面的意见，包括听取社会公众、有关组织和专家的意见[9]；其二，重要法律案可事前公布，组织全民讨论[10]；其三，政府部门起草行政法规和规章，应当深入调查研究，通过书面征求意见以及召开座谈会、论证会、听证会等多种形式广泛听取有关公民、组织的意见；规章草案直接涉及公民、法人或者其他组织切身利益，且有关机关、组织或者公民对其有重大意见分歧的，应当向社会公布，征求社会各界的意见，起草单位也可举行听证会听取意见[11]；其四，行政法规、规章起草完成后，法制机构应将其送审稿发送有关组织和专家征求意见，重要的行政法规送审稿可向社会公布，征求意见[12]；其五，法制机构对行政法规、规章送审稿涉及的主要问题，应深入基层实地调查研究，听取公民和有关组织的意见[13]；其六，行政法规、规章送审稿涉及重大、疑难问题的，法制机构应召开座谈会、论证会，听取意见，研究论证[14]；其七，行政法规送审稿直接涉及公民、法人或者其他组织切身利益的，法制机构可举行听证会听取意见；规章送审稿直接涉及公民、法人或者其他组织切身利益，有关机关、组织或者公民对其有重大意见分歧，且起草单位在起草过程中未向社会公布，也未举行听证会的，法制机构可向社会公布，也可举行听证会听取意见。[15]

（3）1996年全国人大通过《中华人民共和国行政处罚法》（以下简称《行政处罚法》），2003年全国人大常委会通过《中华人民共和国行政许可法》（以下简称《行政许可法》），确立了行政相对人参与有关行政执法行为

---

[9] 参见我国《立法法》第34条。
[10] 参见我国《立法法》第35条。
[11] 参见我国《行政法规制定程序条例》第12条、《规章制定程序条例》第14、15条。
[12] 参见我国《行政法规制定程序条例》第19条、《规章制定程序条例》第20条。
[13] 参见我国《行政法规制定程序条例》第20条、《规章制定程序条例》第21条。
[14] 参见我国《行政法规制定程序条例》第21条、《规章制定程序条例》第22条。
[15] 参见我国《行政法规制定程序条例》第22条、《规章制定程序条例》第23条。

的制度。这一制度的主要内容包括:其一,行政执法行为的依据、条件、程序等必须向社会公众公开,行政机关应为行政相对人参与行政执法事前提供必要的信息[16];其二,具体行政执法行为作出前,行政机关应告知行政相对人作出行政执法行为的事实、理由及依据,并告知当事人和其他利害关系人依法享有的权利[17];其三,行政机关对其作出的行政执法行为必须向行政相对人说明理由[18];其四,行政相对人对行政机关实施的行政执法行为,有权进行陈述、申辩,行政机关必须充分听取当事人的意见,对当事人提出的事实、理由和证据,应当进行复核;当事人提出的事实、理由或者证据成立的,行政机关应当采纳[19];其五,行政机关作出涉及相对人重大权益的行政执法行为,当事人或其他利害关系人有权要求举行听证;行政机关作出涉及重大公共利益的行政执法行为,行政机关应当向社会公告,主动举行听证,在听证中,当事人和其他利害关系人有权进行申辩和质证。[20]

(4) 1997年全国人大常委会通过《中华人民共和国价格法》(以下简称《价格法》),2002年全国人大常委会通过《中华人民共和国环境影响评价法》(以下简称《环境影响评价法》),确立了行政相对人参与价格制定、环境及规划编制等行政决策的制度。这一制度的主要内容包括:其一,政府价格主管部门和其他有关部门制定政府指导价、政府定价,应当听取消费者、经营者和有关方面的意见[21];其二,政府价格主管部门和其他有关部门制定关

---

[16] 我国《行政处罚法》第4条规定,行政处罚遵循公开原则,对违法行为给予行政处罚的规定必须公布;未经公布的,不得作为行政处罚的依据。我国《行政许可法》第5条规定,设定和实施行政许可,应当遵循公开的原则,有关行政许可的规定应当公布;未经公布的,不得作为实施行政许可的依据。

[17] 我国《行政处罚法》第31条规定,行政机关在作出行政处罚决定之前,应告知当事人作出行政处罚决定的事实、理由及依据,并告知其依法享有的权利。我国《行政许可法》第30条规定,行政机关应当将有关行政许可的事项、依据、条件、数量、程序、期限以及需要提交的全部材料的目录和申请书示范文本等在办公场所公示;申请人要求行政机关对公示内容予以说明、解释的,行政机关应当说明、解释,提供准确、可靠的信息。第36条规定,行政机关对行政许可申请进行审查时,发现行政许可事项直接关系他人重大利益的,应当告知该利害关系人。

[18] 参见我国《行政处罚法》第39条、《行政许可法》第38条。

[19] 参见我国《行政处罚法》第6、32条,《行政许可法》第7、36条。

[20] 我国《行政处罚法》第42条规定,行政机关作出责令停产停业、吊销许可证或者执照、较大数额罚款等行政处罚决定之前,应当告知当事人有要求举行听证的权利;当事人要求听证的,行政机关应当组织听证;在听证中,当事人有权进行申辩和质证。我国《行政许可法》第46条规定,法律、法规、规章规定实施行政许可应当听证的事项,或者行政机关认为需要听证的其他涉及公共利益的重大行政许可事项,行政机关应当向社会公告,并举行听证。

[21] 参见我国《价格法》第22条。

系群众切身利益的公用事业价格、公益性服务价格、自然垄断经营的商品价格等政府指导价、政府定价,应当举行听证会,征求消费者、经营者和有关方面的意见,论证其必要性、可行性[22];其三,消费者、经营者可以根据经济运行情况,对政府指导价、政府定价提出调整建议[23];其四,国家鼓励公众和有关单位以适当方式参与环境影响评价[24];其五,规划编制机关在编制专项规划时,对可能造成不良环境影响并直接涉及公众环境权益的,应在规划草案报送审批前,举行论证会、听证会,或者采取其他形式,征求公众、专家和有关单位的意见,对于公众、专家和有关单位的意见,规划编制机关应当认真考虑,并在相应环境影响评价报告书中附具对所有意见采纳或不采纳的说明[25];其六,除国家规定需要保密的情形,对环境可能造成重大影响、应当编制环境影响评价报告书的建设项目,建设单位应当在报批建设项目环境影响评价报告书前,举行论证会、听证会,或者采取其他形式,征求公众、专家和有关单位的意见,建设单位在报批的环境影响评价报告书中应附具对公众、专家和有关单位的意见采纳或不采纳的说明。[26]

(5) 宪法和有关法律、法规规定了公众可以通过书信、走访等形式或通过报刊、电视、广播等舆论机构向国家机关提出批评、建议、申诉、控告、检举,参与对国家机关和国家工作人员的监督,改进国家管理。例如,《宪法》第 27 条规定,一切国家机关和国家工作人员必须依靠人民的支持,经常保持同人民的密切联系,倾听人民的意见和建议,接受人民的监督;《宪法》第 41 条规定,中华人民共和国公民对于任何国家机关和国家工作人员,有提出批评和建议的权利;对于任何国家机关和国家工作人员的违法失职行为,有向有关国家机关提出申诉、控告或者检举的权利。《信访条例》规定,公民、法人或者其他组织可以采用书信、电话、走访等形式,向各级人民政府、政府部门反映情况,提出意见、建议和要求,检举、揭发行政机关工作人员的违法失职行为等。[27]

---

[22] 参见我国《价格法》第 23 条。
[23] 参见我国《价格法》第 25 条。
[24] 参见我国《环境影响评价法》第 5 条。
[25] 参见我国《环境影响评价法》第 11 条。
[26] 参见我国《环境影响评价法》第 21 条。
[27] 参见我国《信访条例》第 2、8 条。

(6)宪法和有关法律、法规规定了公民可以通过居民委员会、村民委员会等基层群众性自治组织实行自治,参与管理有关社会公共事务和公益事业。《宪法》第111条规定,城市和农村按居民居住地区设立的居民委员会或者村民委员会是基层群众性自治组织。居民委员会、村民委员会设人民调解、治安保卫、公共卫生等委员会,办理本居住地区的公共事务和公益事业,调解民间纠纷,协助维护社会治安,并且向人民政府反映群众的意见、要求和提出建议。《中华人民共和国城市居民委员会组织法》(以下简称《城市居民委员会组织法》)规定,居民委员会除办理本居住地区的公共事务和公益事业,调解民间纠纷,协助维护社会治安外,还协助人民政府和它的派出机关开展与居民利益有关的公共卫生、计划生育、优抚救济、青少年教育等项工作[28];《中华人民共和国村民委员会组织法》(以下简称《村民委员会组织法》)规定,村民委员会除办理本村的公共事务和公益事业,调解民间纠纷,协助维护社会治安外,还协助乡、民族乡、镇的人民政府开展工作,村民委员会对于涉及村民切身利益的事项,如修道路、建学校、确定乡统筹、村提留、集体经济项目承包、集体经济收益使用,以及制定和修改村民自治章程、村规民约等,均须提请村民会议(由本村18周岁以上的村民组成)讨论决定。[29]

(7)公民通过结社,组织各种行业协会、社团等,参与国家和社会公共事务的处理和管理。中国自改革开放以后,各种行业协会、社团(如律师协会、医师协会、注册会计师协会、消费者协会、妇联、青联、学联、残联、侨联)等非政府组织发展很快,我国目前有正式登记成立的全国性社团1712个,地方性社团15万多个,民办非企业单位11万多个,至于未经合法登记自行成立的社团则更多(可能为正式登记成立的社团的10倍左右)。[30]尽管在这个数量庞大的非政府组织中,有一个相当大比例的民间组织其民间性不足、自治性不足,与政府有过于密切的联系,有的甚至被人们称为"二政府",但是,这些非政府组织毕竟在逐步民间化、自治度在逐步提高,逐步成为所在组织的成员的真正代言人和权益维护者,从而它们是现代社会公民参与的

---

[28] 参见我国《城市居民委员会组织法》第3条。
[29] 参见我国《村民委员会组织法》第2、4、19、20条。
[30] 参见谢海定:《民间组织管理:从控制、放任向扶植培育的转型》,载《法制日报》2003年7月31日。

重要途径:无论是行政相对人参与行政机关的具体行政行为,如行政处罚、行政许可的听证,还是一般公众参与政府决策,如价格决策、规划决策、人口、资源、环境及可持续发展的决策,非政府组织都在起着越来越大的、非公民个体所能起的、极为重要的和不可替代的作用。

回顾中华人民共和国成立以来公众参与制民主发展的三个阶段,第三个阶段较前两个阶段有下述三个较明显的特色:其一,公众参与与行政法治同步发展。公众参与是在法治的环境下参与、依法参与(不是脱离法律约束的"大民主"),参与的途径、形式、范围、程序均由法律、法规明确规定;行政法治亦是在公众参与前提下实施的法治,法的制定、实施、修改均有公民或公民组织的参与,以反映和体现公众的意志和利益。其二,公众参与的目的是维护自己具体的、实际的权利和利益(不是为"空头政治"目的的参与)。不同阶层、不同行业、不同领域、不同团体的公众会有不完全相同的利益,人们正是在这种参与和参与的博弈过程中,实现其利益的平衡和协调。其三,公众参与的种类、途径、形式是多种多样的(不是单纯"群众运动"式的参与)。就种类而言,既包括参与国家事务管理(如参与立法、决策、具体行政行为等),又包括参与经济文化事业管理(如参与宏观调控、市场规制、科教文体的发展规划等),还包括参与社会事务管理(如参与环境保护、卫生保健以及社团章程、村规民约的制定等);就途径而言,既包括通过听证会、论证会、座谈会等参与,又包括通过信访、报刊、电视等舆论渠道参与,还包括通过协会、社团等非政府组织参与;就形式而言,既包括口头意见陈述、申辩、建议,也包括书面意见、建议及论证报告,还包括直接向行政机关提出行政决定、行政规章、行政法规的试拟稿和直接参与行政决策等。

二、公众参与的战术意义和战略价值

现代民主主要是代表制民主——间接民主,而古代社会的民主,如美洲印第安人、欧洲希腊人的原始氏族、部落的民主[31],奴隶制时代的雅典民主,

---

[31] 参见《马克思恩格斯选集》(第四卷),人民出版社1972年版,第80—104页。

则主要是参与制民主——直接民主。㉜ 由参与制民主发展到代表制民主,这自然有很多历史的原因,其中一个重要原因是民族国家的形成和发展,特别是像今天中、美、俄、英、法、德这样的大国,实行民主制如果不采行代表制民主而采行全民直接参与的直接民主的话,简直是不可想象的。代表制民主相对于直接参与制民主,除了后者在现代国家不具有可行性(除非是人口不过万,面积不过几百、上千平方公里的特别小的国家)以外,前者还有诸多后者(如果后者可行的话)不具有的优点:其一,人民代表的素质一般高于普通公民,从而代表机关作出的决策的质量一般要优于普通公民集体作出的决策。其二,人民代表大会相较全体公民大会,人数较少,较易于达成共识和形成、通过相应问题的决议,效率较高;全体公民大会人数众多,难于达成共识和形成、通过相应决议,效率低。其三,代表大会讨论问题通常受较严格的程序制约,从而形成决议可能较慎重;全体公民大会可能较易于受情绪影响,受人操纵,从而可能形成某些过激的决议,甚至可能演成"多数暴政"。㉝其四,代表制民主较直接参与制民主经济。试想,一个国家,哪怕是一个只有几万人或几十万人的小国,如果每决定一个重大问题均要召集全民大会讨论、投票,那要花费多少人力、财力、物力?

既然代表制民主相较于参与制民主有那么多优越性,那我们现在为什么要特别强调发展参与制民主呢?当然,我们讲发展参与制民主,并不是要以参与制民主去取代代表制民主,取消人民代表大会制度、议会制度而回归到古代的直接民主去。我们讲发展参与制民主,是要在进一步健全、完善代表制民主的前提下扩大公民对公务的直接参与,以参与制民主补充代表制民主。

尽管如此,人们还是会问,代表制民主为什么要以参与制民主加以补充呢?代表制民主是不是有某些缺陷,某些不足?参与制民主为什么能补充代表制民主的缺陷和不足呢?它有哪些为代表制民主所不具有的功能或优越性?

㉜ 参见〔美〕斯科特·戈登著:《控制国家——西方宪政的历史》,应奇等译,江苏人民出版社2001年版,第63—88页。

㉝ 关于"多数暴政"问题,可参阅〔美〕埃尔斯特等编:《宪政与民主》,潘勤等译,生活·读书·新知三联书店1997年版,第2—16页。

自从英国"光荣革命"㉞以后,代表制民主一直是各国民主的基本形式或主要形式(如果其实行民主而非实行专制的话)。但是代表制民主既有着先天的缺陷和不足,更有着在后天发展过程中逐渐滋长的弊端:其一,代表机关的代表虽然是公众选举产生的,但他既有与公众相同的利益,同时也有与公众不同的他自身的利益。在公众利益与其自身利益相冲突时,他可能放弃代表公众利益而维护自身利益。其二,现代议会的代表通常由政党推荐产生,政党亦有自身的利益,政党的利益与公众的利益并不总是一致的。其三,代表机关决定问题通常只能是少数服从多数,少数人的正当权益有时难以得到有效的保护。其四,代表机关的主要职能是立法和对国家重大政策问题作出决定,法律和政策执行的职能在政府,政府的行为最广泛、最直接、最经常涉及广大公众的利益,政府行为是否代表、反映和符合民意、民益,代表机关并不能随时和全面实施监督。其五,随着现代科学技术的迅猛发展,各种社会经济问题越来越复杂化,代表机关的代表由于不具有行政机关工作人员所具有的专门知识、专门经验、专门技能,对许多本应由其解决的问题往往难以应付,故将大量的这类问题授权或委托行政机关处理(由行政机关制定行政法规、规章,发布规范性文件等),从而导致代表机关立法权、决定权、监督权萎缩,行政权却大为扩张、膨胀。而不断扩张、膨胀的行政权如缺乏有力、有效的监督,腐败则不可避免。

然而,推进参与制民主是否能有助于解决上述问题呢?中国自改革开放以来的实践和国外更长时期公众参与国家和社会管理的实践证明,答案是肯定的。在现代社会,着力扩展公众参与的途径,努力发展参与制民主,不仅有助于解决上述现实问题,还可能为人类政治文明的长远目标探索路径。这即是公众参与的所谓"战术意义和战略价值"所在。这种"战术意义和战略价值"主要表现在:

其一,公众参与有利于公民、法人或者其他组织在具体行政行为中,特别是在行政处罚、行政给付、行政裁决、行政许可等直接涉及其切身利益的具体行政行为中,维护自己的合法权益,防止行政机关单方面行为对自己作出不利的处理,侵犯其合法权益。尽管没有行政相对人参与,行政机关在具

㉞ "光荣革命"指1688年发生的英国资产阶级革命,参看周一良、吴于廑主编:《世界通史·近代部分》,人民出版社1972年版,第17—44页。

体行政行为中的侵权行为在事后也可以通过行政复议或行政诉讼获得救济,但事后的救济一是成本太大,二是有些损害在事后难以弥补,即使事后能弥补显然也比不上当事人在事中参与而防止侵权发生要好。

其二,公众参与有利于行政相对人对行政决策、行政决定的理解,从而有助于消除行政政策、行政决定在执行中的障碍,保证行政政策、行政决定的顺利贯彻执行。行政相对人在参与行政决策、行政决定制定的过程中,如对相应行政决策、行政决定有异议或疑义,会在参与过程中向行政机关提出,行政机关对之要予以解释、说明,行政机关如认为相对人的异议有道理,会适当修正自己的决策、决定,从而使之获得相对人的理解。这样,相对人在之后的相应政策、决定执行过程中自然会予以配合。

其三,公众参与有利于消除歧视、偏袒,保障社会公正。公众参与由于是所有有利害关系人的参与,从而可以避免代表制民主代表的不全面性:某些行业、某些领域、某些界别、某些阶层有代表代表,有些则无,有些行业、领域、界别、阶层代表多,有些则少。另外,少数服从多数的原则有时会使少数人的意见、利益被忽视,甚至导致歧视、偏袒。公众直接参与行政决策和行政决定的制定就可以较好地防止这类情形出现,从而保证各个方面、各个利害关系人的意见、利益都能得到适当反映,最大限度地保障社会公正。

其四,公众参与有利于加强对公权力行使的监督,防止腐败。公权力(包括国家公权力和社会公权力)的行使如果没有相对人的参与,权力行使机关和行使者个人如欲腐败,在暗箱操作条件下,即很容易实现其目的。但在公众参与的条件下,公权力行使者害怕公共舆论,就不会轻易产生腐败的念头,即使有此念头,恐怕腐败也难于得成。人们常说,阳光是最好的防腐剂。公众的千百双眼睛就是"阳光",公众参与显然是消除腐败的良方之一。

其五,公众参与有利于加强公民的主体意识,健全公民的人格。公民是国家和社会的主人,管理国家、管理社会,建设国家,促进社会的发展是其职责。但是在计划经济时代,在"全能政府"的条件下 [35],公民一切都依赖政府,导致其主体意识逐渐淡薄,其竞争乃至生存能力逐渐退化。因此,在今天,要唤醒公民的主体意识,增强公民的责任感,健全公民人格,一个重要和

---

[35] 关于"全能政府",请参阅董炯著:《国家、公民与行政法——一个国家—社会的视角》,北京大学出版社 2001 年版,第 158—182 页。

必需的途径就是加强公民参与,加强公民自治,增强公民管理国家、管理社会,以及自己管理自己、自己维护自己权益的能力。

其六,公众参与有利于为国家公权力向社会转移,推动公民社会的发展创造条件。按照马克思主义的观点,国家最终是要消亡的。[36] 国家消亡当然是一个漫长的历史过程。在这个历史过程中,国家权力将不断地向社会转移,公民将逐步学习和获得自己管理自己、管理社会的能力。而公众参与国家管理即是学习和锻炼自己这种能力的一个最好机会和必经途径。特别是公民通过组织社团,作为政府与市场中介的第三部门,参与对国家事务和社会事务的管理、对市场的规制,更是其培养自治能力、培养自己行使社会公权力——由政府公权力转化的权力——的最好学校。

三、行政法对公众参与的规范和保障

公众参与尽管有其如前所述的重大现实意义和历史价值,但同样有其风险,运作不好,甚至可能导致对社会秩序的破坏和对人权的侵犯、践踏。

首先,人数众多的公众参与,其情绪往往相互影响,难于控制,特别是在个别或少数激进分子的激情煽动下,群情激奋的公众很可能失去理智,随心所欲,作出对社会具有破坏性的负面行为。

其次,公众有时会受本人、本单位、本团体局部利益、短期利益的诱导或驱使,可能会利用参与试图去改变行政决策、决定的正确方向,损害公共利益和社会发展的长远利益。这样,公众参与反而不利于环境、资源和生态的保护,不利于社会和经济的可持续发展。

再次,公众有时会因为缺乏对特定问题的专门知识、专门经验或有关信

---

[36] 马克思指出,无产阶级革命"不是一次反对哪一种国家形式——正统的、立宪的、共和的或帝制的国家政权形式的革命。它是反对国家本身、这个社会的超自然的怪胎的革命,是人民为着自己的利益重新掌握自己的社会生活"。"政府的镇压力量和控制社会的权威会这样随着它的纯粹压迫性机构的废除而被摧毁,而理应属于政府权力的职能,应当不是由凌驾于社会之上的机构,而是由社会本身的负责勤务员来执行"。恩格斯指出,"国家最多也不过是无产阶级在争取阶级统治的斗争胜利以后所继承下来的一个祸害;胜利了的无产阶级也将同公社一样,不得不立即尽量除去这个祸害的最坏方面,直到在新的自由的社会条件下成长起来的一代能够把这全部国家废物完全抛掉为止"。参见《马克思恩格斯选集》(第二卷),人民出版社 1972 年版,第 411、439、336 页。

息而反对政府的某些正确决策、决定,其参与有可能导致这些正确决策、决定的夭折或改变。这种情况虽然可以通过对公民进行宣传、提高公民素质以及加强信息公开,扩大公民对政府事务的知情范围和知情度加以缓解,但却不可能完全避免。

最后,公众对具体行政行为的参与主要是当事人和其他利害关系人的参与,而不可能是全体公众的参与,这样,如果没有别的力量予以平衡,则有可能导致对一般社会公众利益的忽视,以致在使这部分人获得公正的同时却造成对另一些人的不公正。至于公众对行政决策的参与,往往是通过公众代表参与的。因此,代表如何产生,如何分配,对各方面利益的平衡和协调将产生至关重要的作用。如果代表产生不合理,代表在各不同利益团体的分配比例不平衡,参与不仅不能保障公正,而且可能导致比没有参与的行政单方面决策可能形成的不公正更大的不公正。

由于上述这些原因以及民主与法治的对立统一关系,法律(主要指行政法)对公众参与制度和具体参与行为加以规范是必要且不可或缺的。

此外,由于公众参与可能增加政府的公务成本,影响政府的行政效率,可能对政府机关及政府工作人员某些利益造成不利影响,特别是对那些意欲腐败的政府机关及政府工作人员来说,公众参与更可能给他们带来种种不便或障碍,因而他们不会欢迎公众参与,更不会主动推动公众参与,相反,只要有可能,他们会以种种借口阻止公众参与。有鉴于此,为保证公众参与的顺利和有序进行,除需以法律对公众参与加以规范外,以法律(同样主要是行政法)对公众参与加以保障同样是必要和不可或缺的。

法律主要应在下述方面加强对公众参与的规范和保障:

其一,通过法律、法规、规章明确规定公众参与国家和社会公共事务的范围、途径和方式。无论是国家立法机关制定法律,还是行政立法机关或地方立法机关制定法规、规章,凡是相应法律、法规、规章所调整的事务具有公众参与的必要性和可能性的,都应在相应法律、法规、规章中明确规定公众参与的范围(包括参与人的范围和参与事项的范围)、参与的途径(如决策参与、执法参与、争议裁决参与、监督参与等)、参与方式(如召开座谈会、论证会、听证会,通过信件、电子邮件、走访提出意见、建议,直接提交行政决策、行政决定试拟稿等)。

其二,通过法律、法规、规章明确规定公众参与的程序、方法。为了保障公众参与的有效性与公正性,以法律、法规、规章明确规定不同类型、不同形式公众参与的程序、方法是非常必要的。例如,就行政决策听证会这种参与形式而言,对于参加听证会的公众代表选择的程序和方法、听证会主持人产生的程序和方法、听证会进行的程序、听证会举证和辩论的方式、听证记录和记录要点的整理方式、记录或记录要点的效力等问题,都必须在法律上予以明确。否则,公众参与就难以有序进行,难以发挥有效作用,甚至产生种种负面问题。

其三,建立健全政务信息公开制度,扩大公民对政务的知情范围和知情度。信息公开是公众有效参与的基本条件和前提。没有信息公开,公民不了解政府决策、决定的事实根据、形成过程、基本目标、预期的成本和效益等情况,就很难对政府的相应决策、决定进行评价,提出自己的意见、建议,公民参与很可能就只是一种走形式、走过场。参与的公民虽然也会提出自己的意见、建议,但所基于的只能是他自己掌握的有限的局部信息,而且可能是错误的信息。没有法定信息公开,行政机关在公众参与时往往会临时向公众说明有关情况。这种说明有可能被行政机关用来误导公众,其真实信息可能通过整理被增删、加工,从而是不可靠的。因此,通过法律建立经常性的、规范化的政务信息公开制度对于保证公众参与的真实和有效是极为重要和必不可少的。

其四,保障公民依法结社的权利,推进公民社会的发展。公众参与涉及本身合法权益的公共事务有两种主要方式:以个体方式的参与和以社团方式的参与。㉚以个体方式参与的效果远不及以社团方式的参与,因为个体的声音太小,影响力有限;而具有某种共同利益的人一旦组成社团,其说话的声音就比较宏大,比较容易引起人们重视。特别是在行政决策参与中,个人没有社团做后盾,要对决策施加影响是很难的:相对于强大的政府,没有组织的个人"人微言轻",政府可能根本注意不到你的声音。这些年来,"三

㉚ 关于社团和社团在公众参与中的作用,请参阅沈岿编:《谁还在行使权力——准政府组织个案研究》,清华大学出版社2003年版;黎军著:《行业组织的行政法问题研究》,北京大学出版社2002年版;王建芹著:《第三种力量——中国后市场经济论》,中国政法大学出版社2003年版;石红心著:《社团治理及其法律规制》,北京大学2003年博士生学位论文。

农"问题严重㊳,农民的权益得不到有效保护,一个重要的原因就是农民缺乏组织,其对国家政务的参与远不及工人、工商业者、妇女、残疾人等,因为后者有工会、商会、工商联、妇联、残联等组织。由此可见,要真正实现各种界别公众对国家和社会事务的有效参与,就必须鼓励公民依法结社,必须以法律保障各种界别公众(特别是弱势群体)的平等结社权。

其五,保障言论自由,加强新闻舆论对公众意见的反映,完善公民公开讨论机制。公民通过报纸、广播、电视、互联网发表对政务及各种社会问题的看法、意见,展开公开性的讨论,是公众参与的重要途径和形式。当然,各种舆论工具,特别是互联网的公开讨论,会有一定风险:有人可能造谣生事,发表对政府、对他人不负责任的诽谤性、攻击性言论,故意误导公众,制造事端。㊴为此,法律一方面要对言论自由加以保障,另一方面,也要对各种新闻舆论工具的运作加以规范:鼓励公众积极参与对各种国家和社会事务的讨论;打击和抑制利用言论自由造谣惑众,破坏社会稳定、侵犯他人合法权益的行为。

四、信息化、全球化条件下公众参与的发展趋势

从古代的参与民主——直接民主,到近代的议会民主——间接民主,再从近代的议会民主——间接民主到现代的参与民主——直接民主,这似乎是民主的一种循环或回归。但是,现代的参与民主——直接民主与古代的参与民主——直接民主比较,虽然都是公众直接参与处理和决定涉及自己

㊳ 关于"三农问题",请参阅李昌平著:《我向总理说实话》,光明日报出版社2002年版。
㊴ 关于舆论工具与公众参与的关系——正面和负面的作用,Eliku Katz教授在《大众传播与参与式民主》一文中有很好的论述:"媒体传递了社会中心与社会边缘发生的事情,给咖啡屋提供了讨论的主题,激起了政治谈话,从而磨炼出成熟的意见。通过反映各种意见的分布,媒体以公民的名义对已有的制度施加影响和控制。这意味着,参与制民主至少需要具备这样的市民阶层,他们不仅广识博闻,消息灵通,而且意见不一,相互作用"。同时,"大众传媒是否损害了其自身的功能,更准确地说,是否在完成其功能的过程中,它们以及它们的控制者,颠覆了他们原来曾想为之服务的制度体系?""报纸砍了国王的头,广播剥离了国会的中介作用——现在,我们该说,电视摧毁了政党"(参见〔日〕猪口孝等编:《变动中的民主》,林猛等译,吉林人民出版社1999年版,第112、117—118页)。

利益的公共事务,却在性质、内容和形式上都有着重要的或根本的区别。首先,古代的参与民主——直接民主是民主的基本形式:氏族的所有公共事务几乎都由全体氏族成年男女组成的议事会讨论决定,部落的公共事务虽由氏族酋长和军事首领等组成的议事会讨论决定,但部落的其他成员都出席议事会会议,并都有权参加讨论和发表意见,从而也属于参与式直接民主。[40]而现代的参与民主却只是议会民主(代表制民主)的补充,现代民主的基本形式仍是议会民主(代表制民主),尽管参与制民主有着越来越重要的地位。[41]其次,古代的参与民主——直接民主是在氏族、部落、城邦等民族国家尚未形成的小规模的人类共同体内实施的,而现代的参与民主——直接民主与代表制民主一道,是在国家这样的大范围、大领域的人类共同体(如中国、美国、俄罗斯这样有着几亿、十几亿人口,几百万乃至上千万平方公里土地的大国)内实施的。最后,古代的参与民主——直接民主解决的只是与当时人们生产(狩猎和农业)、生活直接相关的较为简单的问题,而现代的参与民主——直接民主与代表制民主一道,要解决的是既包括有关人们生产、生活以及切身权益保护一类相对简单一些的问题,又包括有关国家安全、环境、生态、海洋开发、宇宙探测一类为古代氏族、部落议事会不可能讨论、处理的极为复杂的问题。

然而,现代的参与民主与古代的参与民主不论有多大的区别,毕竟都是参与民主,现代的直接民主与古代的直接民主不论有多大的区别,毕竟都是直接民主。那么,在某种意义上,也可以认为现代的参与民主是古代的参与民主的一种回归,现代的直接民主是古代的直接民主的一种回归,当然也可以认为,现代的参与民主——直接民主,是对近代的议会民主——间接民主的否定(部分地否定),从而是对古代的参与民主——直接民主的否定的否定。

近代的议会民主为什么会否定古代的参与民主,现代的参与民主为什么又要否定(部分否定、部分补充)近代的议会民主,其理由我们在前文中已述及。现在我们需要研究的是,现代的参与制民主将有一个什么样的发展

---

⑩ 参见《马克思恩格斯选集》(第四卷),人民出版社1972年版,第84—88页。
⑪ 我国《宪法》规定,中华人民共和国的一切权力属于人民。人民行使国家权力的机关是全国人民代表大会和地方各级人民代表大会。

趋势？是完全回到古代的以直接民主作为民主基本形式的那种参与民主模式去，还是回到近代的间接民主那种纯议会民主的模式去？或者仍然保持现在的以参与制民主作为代表制民主的补充的模式，或者进一步发展参与制民主，使参与制民主与代表制民主并行，甚至以参与制民主为主而以代表制民主为辅的模式呢？

要回答这些问题，把握今天公众参与的发展趋势，我们必须首先明确我们今天所处时代的特点。我曾经在一篇文章中提到 20 世纪后期全球涌动的四大潮流：全球化、信息化、市场化和民主化。[42] 对于影响今天公众参与发展趋势的时代特点来说，其影响最巨者莫过于前两大潮流：全球化和信息化。正是由于全球化和信息化的迅猛发展，决定了公众参与进一步发展的不可逆转的趋势。

第一，全球化和信息化的迅猛发展决定了公众参与进一步发展的必要性和必然性。就全球化而言，今天的世界不仅有经济全球化的问题，而且各国政治、文化受经济全球化的影响，也存在一定的全球化的问题，另外，环境问题、犯罪问题和日益猖獗的恐怖活动问题，也都越来越全球化。要解决所有这些全球化问题及其所带来的问题，没有公众参与而只有政府行为是不可想象的。仅以全球环境问题为例，如果没有大量的各种形式的非政府环保组织（国内的和跨国的）的存在和参与，没有各国公众以各种途径和各种方式的参与，人类遭受污染的侵害和面临的生存威胁可能比今天不知要严重多少倍。

就信息化而言，自 20 世纪 90 年代以来，其发展速度之快简直令人难以想象。对此，仅举一小例即可窥豹一斑：据报载，2004 年中国春节 7 天假期中，全国手机发送短信量达近百亿条（2003 年春节为 70 万条），北京人仅在除夕夜一夜就发送手机短信 1.5 亿条。[43]中国目前约有三亿人拥有手机，互联网网民数位居世界第二。试想，在这样的信息化发展速度和信息化水平的条件下，即使有人想实行愚民政策，完全不让公民参与任何政务已不可能。孙志刚案、刘涌案、宝马案等公众运用传媒自发讨论公权力运作问题的

---

[42] 见本书第二编《新世纪行政法发展的走向》一文。
[43] 参见《人民日报》2004 年 1 月 24 日；《北京晚报》2004 年 1 月 22 日。

事实即是信息化决定公众参与的必要性和必然性的最好实证。㊹

第二,全球化和信息化的迅猛发展为公众参与的进一步发展提供了可能性。在有电话、电视、互联网以前,不要说人们要对某一问题组织一次全国性的讨论,召开一次全民会议让各种界别的公众参与发表意见几乎是不可能的,就是在一个地区,如一个省、一个县组织一次全体公众参与的讨论,召开一次全省、全县性的全民会议让各种界别的公众参与发表意见也是相当困难的。但是,在有了电话、电视、互联网以后,电话、电视会议和互联网电子空间不仅能使一定地区的公众参与公共讨论毫无困难,就是全国公众就某一公共问题参与讨论也变得易如反掌。甚至随着全球化的发展,全球公众就其共同关心的问题(如伊拉克问题、朝核问题、中东问题、反恐问题、WTO问题、全球气候变暖问题等)参与共同讨论也是可能的。当然,由于语言的障碍和民族国家出于维护各自主权考虑而进行的干预,全球性公众参与公共讨论现时只能局限在一定范围内。

第三,在全球化和信息化迅猛发展的条件下,公众参与的途径和形式将进一步完善和更加多样化,从而将大大增加参与的广度和深度。如现在行政法规、规章制定和行政决策运用较多的座谈会、论证会、听证会等参与形式,今后借助于互联网、移动通讯工具等信息化手段,公众参与的范围将大为扩展,形成会内会外、部门内部门外、地区内地区外,甚至国内国外,相互呼应和共同参与的局面。由于公众最广泛的参与,所讨论事项所涉及的各种深层次问题、矛盾将逐一揭示出来,从而促使人们去思索、探讨统筹、协调解决这些问题的最优方案,防止决策的片面性和利益失衡。就行政相对人参与涉及自己本身权益的具体行政行为而言,在全球化、信息化的条件下,其途径和方式也将更加丰富和多样化:相对人不仅可以通过各种电讯工具与行政机关讨论相应行政决定的事实、证据、法律根据等,而且可以参与决定草案的制作,非直接行政相对人的其他利害关系人也可以参与相应行政决定的讨论和制作。没有信息化手段,在行政相对人或其他利害关系人人数众多的情况下,广泛的公众参与即使不是不可能,也是极其困难的。例如,行政机关处理假冒伪劣食品、药品的具体行政行为,涉及的利害关系人

㊹ 可参见《北京晚报》2004年1月9日。

(受害人)可能成千上万,如果不借助于现代电讯工具,让其参与几乎是不可能的。但在具有现代信息化手段以后,这种参与就具有了可能性。

第四,在全球化和信息化迅猛发展的条件下,公众参与将使民主更加完善、更加直接、更加真实,从而形成一种完全新型的民主模式。在世界尚未进入全球化和信息化时代或全球化、信息化发展水平还相当低的时代,民主国家只能实行代表制民主或最多以参与制民主作为其补充。在这种民主模式下,社会基本处于国家与公民个人的二元状态:社会的一端是国家,一端是公民个人。公民个人既受治于国家,又选举自己的代表控制国家:国家的一切权力属于人民,人民通过自己的代表机关行使国家权力。而在全球化和信息化日益发展,为公众直接参与"公务"创造和提供了越来越多、越来越大的必要性、必然性和可能性以后,现代民主国家实行的就不再是纯粹的代表制民主或仅以公众参与作为补充的代表制民主,参与制民主的比重将越来越大,地位将越来越重要。尽管参与制民主不可能完全取代代表制民主而成为民主的唯一形式(像任何现代民主国家都不可能再实行纯粹的代表制民主一样,任何现代民主国家也都不可能实行纯粹的参与制民主),但是,在参与制民主在整个民主机制中比重越来越大,地位越来越重要的民主模式下,社会将由传统的国家—公民个人的二元状态转变为国家—公民社会(或称"市民社会")—公民个人的三元状态:国家权力不仅由人民代表机关控制,由公民参与行使,而且其中一部分(这部分比重将越来越大)逐步转移给公民社会——由各种非政府组织构成的公民社会——直接行使。毫无疑问,这种民主比纯粹的代表制民主或仅以公众参与为补充的代表制民主更加完善、更加直接、更加真实。

第五,在全球化和信息化迅猛发展的条件下,公众参与民主将与行政法治和宪政更加完满地结合,并推动行政法治和宪政的发展和转型,从而形成一种完全新型的法治和宪政模式。由于全球化的发展和公众(通过各种途径和形式)对国家事务乃至全球事务的参与,传统的国家主权必定要受到一定的限制:国家权力一部分转移给国内的公民社会,一部分转移给国际社会(包括由主权国家组成的国际组织和非政府组织组成的国际组织)。在这种公众参与和国家公权力转化的过程中,构建行政法治和宪政的公法将发展成三个部门:国家公法、社会公法和国际公法。国家公法调整和规范国家公权力的运作,包括公民参与国家管理的运作;社会公法调整和规范社会公权力的运作,包括公众参与社会事务管理的运作;国际公法调整和规范国际公权力的运作,包括规范有国籍或无国籍的国际公众以及由政府或非政府组织组成的国际组织参与国际事务和地球事务管理的运作。很显然,这三类公法制定的主体将不再都是国家立法机关,人类不同的共同体[45]成员及其组织[46]将参与各相应公法的制定。同时,信息化的加速发展则将为不同类别、不同层级、不同形式的公众参与行政法治和宪政的重构(包括各种新型公法的制定和实施)创造和提供更完善的条件。由此可见,全球化和信息化的发展将促进参与制民主与行政法治和宪政的更高层次的结合,从而形成新型的更高层次的民主、行政法治与宪政。

原载《中国法学》2004 年第 2 期

---

[45] 如国家、社团、企业、行业、各种国际组织等。
[46] 国家组织如议会、政府和各种政府部门等;社团组织如工会、青联、妇联、残联等;行业组织如律师协会、医师协会、注册会计师协会等;国际组织如联合国(UN)、世界贸易组织(WTO)、欧洲经济共同体(EEC)、亚太经合组织(APEC)、世界卫生组织(WHO)等。

第二编

新行政法与软法之治

引　言

"新行政法"是相对于传统行政法而言,是指自20世纪七八十年代以来,特别是21世纪以来世界各国行政法所发生的重大变革和创新,尤其是法治发达国家行政法所发生的变革和创新。

我国行政法产生、发达较晚。西方国家行政法兴起于19世纪,20世纪中期即进入兴盛、发达阶段。而我国直至1989年和1994年才有《行政诉讼法》和《国家赔偿法》,上世纪末至本世纪初才有行政程序法的三项单行法(《行政处罚法》、《行政许可法》、《行政强制法》)的问世,统一的《行政程序法》至今未制定。但是,我国行政法一经产生,就处于世界的"新行政法"时代。因此,我国的行政法无须重走西方法治发达国家行政法将近两个世纪走过的老路。尽管我国行政法的发展应该和必须补一些传统行政法的"旧功课",但我们在补课的同时完全可以直接进入"新行政法"的时空,创建具有现代民主化、市场化、信息化、全球化基因和特色的中国行政法体系。

软法是"新行政法"的重要内容和特色。研究"新行政法",不能不研究软法,发展和推进"新行政法"不能不发展和推进软法。在当下中国的公法学界,公法学者们对软法尚未予以足够的重视,这是多少有些遗憾的事情。好在这几年罗豪才教授大力宣传,组织专门的攻关团队促进、推动软法的研究,使软法逐步进入中国公法学者的视野,并开始引起了法律实务界的关注。

本编共收文七篇,主要阐述笔者对中国行政法发展趋势、新行政法、软法和服务型政府的观点、主张。

在《全球化时代的"新行政法"》一文中,笔者提出,"新行政法"是源于传统行政法,但又不同于传统行政法,在内容和形式上都在传统行政法基础上发生了重大变革和演进的现代行政法。"新行政法"的"新",体现在其调整范围的新、调整方式和手段的新以及法源形式的新。"新行政法"形成和发展源于民主化、市场化、信息化、全球化的世界潮流的推动,我国改革开放导致的经济、政治体制和法制模式的重大变革,宪政、人权、法治理念在整个国民意识中的生长和逐步普及,以及我国公法学者与法律实务界的合作与互动。目前,"新行政法"无论在中国,还是在世界,都还处在不断发展的过程中,其发展趋势如何,有待我们进一步关注和研究。

在《新世纪行政法发展的走向》一文中,笔者提出,20世纪后期,西方发达国家和许多发展中国家的行政法,受经济全球化、信息化、市场化与民主化等世界潮流的影响,其基本原则和具体制度均发生了和还正在发生着重大变迁和变革,这些变迁和变革决定了新世纪各国(包括我国)行政法发展的走向和趋势。本文从行政法调整的对象及其范围——行政的"疆域"、行政权行使的主体、行政法治原则、行政的目标和手段、行政控权机制五个方面较详细地探讨了行政法的这种变迁和变革的主要内容。透过本文关于行政法已发生和正发生着的这五个方面变迁和变革的描述,可以看到笔者为新世纪我国行政法发展走向和趋势描绘的一个大致图景。

在《行政的"疆域"与行政法的功能》一文中,笔者提出,行政的范围,既取决于不同时代、不同社会经济条件下,人们对"公共物品"的需求,同时也取决于人们对政府权力的成本—效益的认识。在传统社会,人们对"公共物品"的需求量较小,政府管的事自然不多;在现代社会,人们对"公共物品"的需求量大增,政府的职能和行政的范围是不是就应该和必然无限地扩张呢?行政国家、全能政府在为人们部分解决了现代社会发生的许多复杂问题(如"市场失灵"问题)以后,又导致了大量的更为复杂的问题(如政府腐败、社会腐败问题)。于是,"有限政府",政府权力向社会("第三部门")转化的方案提出来了。政府权力转化为社会公权力后,行使社会公权力的行为还属不属"行政"的范畴,应否受行政法的规范和控制?行政法的功能是什么?管理论、控权论、平衡论对之有不同的看法。现代行政法在纠正传统行政法片面强调管理或片面强调控权的偏向后,正逐步形成以激励和制约行政权为手段,以服务行政相对人和保护行政相对人合法权益为目的的法律规范体系。

在《软法与软法研究的若干问题》一文中,笔者提出,现代社会,软法在人们生活的各个领域大量出现,并呈现不断发展、增长的势头,其对公民、法人和其他组织的权利、自由产生了越来越重大的影响。软法在规范人们行为和调整社会关系方面,既有积极的作用,也有消极的作用。人们要抑制其消极作用,充分发挥和利用其积极作用,就必须通过硬法对软法的创制和实施进行规范;保障社会共同体成员对软法创制和实施过程的广泛和直接参与;保证国家和社会对软法创制和实施过程的全面和有效监督。

在《论中国共产党党内法规的性质与作用》一文中,笔者提出,"党内法规"的基本性质属于社会法和软法。但是由于我国宪法确立的中国共产党的特殊领导地位,中国共产党党内法规对党务的调整必然影响和涉及国务。从而,中国共产党的党内法规又同时具有一定的国家法和硬法的因素。中国共产党依法领导国家,依法执政。依法领导和依法执政既要依国家法律,又要依党内法规。但党内法规应服从国家法律,国家法律优位于党内法规。党内法规一般调整党的组织、活动与党员的权利、义务,在某些公共治理和社会管理领域,党内法规也调整国家公权力和社会公权力关系。因此,党内法规也应纳入国家统一的违宪、违法审查机制,以保障国家法制的统一。

在《完善软法机制,推进社会公共治理创新》一文中,笔者提出,软法机制是通过自律与他律相结合的规制方式规范人们行为,调整社会关系的制度创新。我国自改革开放以来,特别是自20世纪90年代逐步开始市场经济和民主政治建设的重要社会转型以来,行政管理范式不断创新,解纷机制模式不断创新,软法在行政管理和调整社会关系,解决社会争议中具有了越来越重要的地位,整个社会治理正在形成一种有别于传统模式的现代新型公共治理模式。

在《建设服务型政府应正确处理的若干关系》一文中,笔者提出,我国行政管理模式由管制型政府向服务型政府的转型涉及民主与法治的诸多理论问题。这些理论问题主要包括：服务型政府与有限政府的关系、服务型政府与公民社会的关系、服务与规制的关系、服务与法治的关系。正确处理这些关系是实现我国行政管理模式和整个社会治理模式顺利转型的基础和保障。本文就这些关系阐述了笔者所持的基本观点和理论主张。

全球化时代的"新行政法"[*]

随着世界经济全球化的演进和我国社会转型的深度展开,一种脱胎于传统行政法,但其内涵和外延均有别于传统行政法的"新行政法"正在世界许多法治发达国家和我国形成。[①] 这种"新行政法",相较于传统行政法,甚至相较于20世纪中、后期的行政法,从内容到形式,都发生了和还在发生着深刻的变化。

那么,这种"新行政法"究竟"新"在何处,有哪些新的形式和内容呢?"新行政法"究竟"新"因何在,其产生和发展的原因是什么,有哪些政治、经济、文化的背景?"新行政法"究竟"新"向何方,其未来继续发展的趋势是什么?

对这些问题,我们必须加以深入考查和研究,以探寻、揭示现代行政法与传统行政法的实质区别,并据此重构现代行政法学的体系和内容。否则,我们今天的行政法学就

---

[*] 本文是笔者为南京师范大学法制现代化研究中心与《法学研究》杂志社联合举办的"全球化时代的中国法制现代化"学术研讨会而撰写的一篇发言稿,该发言稿的基本内容曾作为《行政法论丛》第11卷卷首语的主题。本文对原发言稿做了若干修改,并对文中内容添加了注释。文章以"全球化时代的新行政法"为标题,主要是为适应南京研讨会的主题。事实上,全球化并非"新行政法"的唯一时代成因,"新行政法"形成和发展应该是民主化、市场化、信息化和全球化互动的产物,因为我们现在所处的时代不是"一化"(全球化)主宰,而是"四化"(民主化、市场化、信息化和全球化)互为前提,互相激荡的时代。

[①] 1994年,我在澳大利亚悉尼大学做访问学者时,曾与澳行政法学者交流,他们在那时即提出了"新行政法"的概念。当然,20世纪八九十年代澳大利亚"新行政法"与我们今天全球化时代的"新行政法"仍有着重大的区别,尽管我们今天的"新行政法"起始于20世纪八九十年代,是在那时的基础上发展而来的。参阅姜明安:《澳大利亚"新行政法"的产生及其主要内容》,载《中外法学》1995年第2期。

会成为脱离时代、脱离实际、脱离社会需求的过时学说和陈旧教条了。

一、"新行政法",新在何处

新行政法的"新"主要有三:调整范围的新、调整方式的新和法源形式的新。

(一)调整范围的新

所谓"调整范围的新",是指行政法从传统行政法仅调整公域到现代行政法既调整公域,也调整私域,从传统行政法仅规范国家公权力到现代行政法既规范国家公权力,也规范社会公权力。

这一"新"主要表现在下述八个方面:

(1)为解决"市场失灵",新行政法通过对经济进行宏观调控,对价格、利率、产业发展结构等进行规制,保证经济的平衡发展,防止经济危机。而为了解决"政府失灵",新行政法通过对政府调控、规制行为的权限、手段、程序进行规范(对规制的规制),保证行政权的正当行使,防止权力滥用。②

(2)新行政法有限度进入"私域",对私人财产权、经营权、契约权进行适当干预(非旧时的"风能进,雨能进,公权力不能进"),对就业、企业用工、劳动条件、工资、福利、保险等进行规制。为保障社会公正,政府可对私人从事的公益服务事业(如教育、医疗、娱乐、体育等)进行一定干预,要求其对社会提供平等服务,实行反歧视原则。例如,私人开办学校或娱乐场所,法律规定其不得因种族、性别等禁止特定群体进入。同时,新行政法也对公权力这种干预私域行为进行规范,防止其非法和任意干预。③

(3)新行政法不仅调整人与人的关系,而且越来越多地调整人与自然、人与环境的关系。如环境生态保护法、环境影响评价法、野生动植物保护

---

② 如韩国国会于 1998 年制定的《行政规制基本法》和韩国政府随后通过总统令发布的《行政规制基本法施行令》,均既规范政府规制市场的行为,又规制政府本身的行为,既解决"市场失灵"的问题,又解决"政府失灵"的问题。

③ 参阅〔新西〕迈克尔·塔格特著:《行政法的范围》,金自宁译,中国人民大学出版社 2006 年版,第 1—26 页。

法、动物福利法等,这些法律都设置了公权力诸多的相应义务和职责。公权力不仅要更多地关注和保障人权,而且要更多地关注和保障环境、生态和动物福利(亦可称"特别权利")。④

(4)新行政法有限度进入"特别权力关系领域"。对于公务员与所在行政机关的关系,高等学校学生、老师与学校的关系,传统行政法都将之完全划入自治领域,法律——特别是司法——一般都不得介入。但是新行政法将"最低限度的正当法律程序"引入"特别权力关系领域",对于行政机关、高等学校等特别权力主体违反"最低限度正当法律程序"的行为,公务员、大学生或教员可诉诸司法审查,请求法院裁决"内部行政争议"。⑤

(5)为实现公民自治和建立"有限政府",国家公权力逐步向社会转移,社会团体、基层自治组织等各种 NGO、NPO 纷纷建立,越来越多、越来越广泛地提供过去由政府提供的"公共物品"。而社会公权力在缺乏必要的法律调控时,也可能对社会共同体成员的权利和自由构成侵犯。为了防止社会公权力滥用、腐败和对社会共同体成员权利的侵犯,新行政法开始为社会公权力行使设定界限、程序和责任,调整社会公权力和社会共同体成员的关系。⑥

(6)在国内法和国际法领域,新行政法对国家和政府的绝对权力(有人将之归入或称之为"主权")加以适当和必要的限制。传统公法理论认为,主权是绝对的和不可限制的。但在经济全球化的现代社会,各国要进行广泛的交往,共同解决环境、生态、反恐、限核和维护、保障人权等诸多人类面临的共同问题,就不能不对各自的主权进行适当的限制。为此,新行政法在诸如反倾销、反补贴、反非关税壁垒以及国际环境保护、国际反恐等领域对国家公权力进行必要和适当的限制。⑦

(7)新行政法有限度进入执政党执政行为领域。中共十六大提出了中国共产党要"依法执政"的口号,从而规范国家公权力行为的某些法律,如政

---

④ 我国于1989年制定《环境保护法》,2002年制定《环境影响评价法》,2004年修订《野生动物保护法》,至今,我国已制定有关自然资源、环境保护的法律24部,参见《中华人民共和国现行法律法规及司法解释大全》(第七卷),中国方正出版社2009年版。

⑤ 参阅湛中乐、李凤英:《略论我国高等教育学位制度之完善——刘燕文诉北京大学案相关法律问题分析》,沈岿:《扩张之中的行政法适用空间及其界限问题——田永诉北京科技大学案引发的初步思考》,载湛中乐主编:《高等教育与行政诉讼》,北京大学出版社2003年版,第31—58、173—186页。

⑥ 参阅黎军著:《行业组织的行政法问题研究》,北京大学出版社2002年版;沈岿编:《谁还在行使权力——准政府组织个案研究》,清华大学出版社2003年版,第86—90页。

⑦ 参阅袁曙宏、宋功德著:《WTO与行政法》,北京大学出版社2002年版,第279—319页。

务信息公开法、官员财产申报法、行政程序法等,也将同时适用于中国共产党的机关和组织。中国共产党的机关和组织之所以要有限度地适用国家法律,是因为我国宪法确立了中国共产党在我国国家生活中的领导地位,它能够在宪法和法律范围内直接行使国家公权力。⑧

(8) 新行政法进入互联网,调整"虚拟世界"中的社会关系。自20世纪90年代,互联网开始广泛进入人们的生活,现在我国有上亿网民,千家万户的网络运作已构成了区别于现实世界、但与现实世界又有着密切联系的另一个世界——"虚拟世界"。我们不能完全用调整现实世界的法律去调整"虚拟世界",例如,我们不能用调整纸质媒体言论的法律去调整网络言论。在这一领域,新行政法刚开始进入,但展现着广阔的发展前景。⑨

(二) 调整方式的新

所谓"调整方式的新",主要是指行政法所确立的行政管理方式从管制到自治,从命令—服从到协商—参与,从刚性管理到柔性指导的转化。

这一"新"主要表现在下述八个方面:

(1) 行政行为从单方性到广泛公众参与的转变。传统行政行为的重要特征之一是其单方性:行政主体无须与行政相对人协商,无须听取行政相对人的意见和取得行政相对人的同意,即可单方面作出影响行政相对人权利义务的行为。而根据新行政法,行政主体实施行政行为,无论是抽象行政行为,如行政立法、行政决策等,还是具体行政行为,如行政许可、行政处罚,都应通过一定途径、一定方式充分听取行政相对人的意见,在吸收行政相对人参与的前提下作出。虽然相对人的同意不是行政行为作出的必需条件,但与相对人协商却是行政行为作出的一般程序。⑩

---

⑧ 笔者曾在一篇探讨正当法律程序的论文中指出:要在中国创建权利制约权力机制,首先应该在中国共产党的执政过程中推行正当法律程序,以正当法律程序规范中国共产党的执政行为(参见本书第三编《正当法律程序:扼制腐败的屏障》一文)。

⑨ 参阅何精华著:《网络空间的政府治理:电子治理前沿问题研究》,上海社会科学院出版社2006年版;王四新著:《网络空间的表达自由》,社会科学文献出版社2006年版。

⑩ 美国、德国、日本、韩国等许多国家的行政程序法均规定了行政行为的公众参与程序(参见应松年主编:《外国行政程序法汇编》,中国法制出版社2004年版)。我国21世纪以来制定的有关法律、法规,如《立法法》、《行政法规制定程序条例》、《规章制定程序条例》,特别是国务院2004年发布的《全面推进依法行政实施纲要》,也规定了行政立法、行政决策和行政处理行为的公众参与程序。

（2）政府对行政相对人的管理从微观干预到宏观调控。传统行政管理，特别是计划经济条件下的行政管理，政府对企事业、社会组织的管理往往及于其内部事务的运作（如企业内部的产、供、销、人、财、物等），对之进行全方位的干预。而根据新行政法，政府不得干预行政相对人的内部运作，凡是公民法人和其他组织能够自主决定的，市场竞争机制能够有效调节的，行业组织或者中介机构能够自律管理的，行政机关一般都不得涉足。政府对社会、经济事务的管理职能通常只限于进行宏观调控。⑪

（3）行政命令越来越多地为行政契约所取代。传统行政管理，行政命令是其主要方式。而根据新行政法，政府与行政相对人越来越具有伙伴关系的性质，不仅是一般公共服务，就是公权力色彩很浓的监狱管理，也有国家可通过契约的形式由私人承包。⑫

（4）行政强制越来越多地为行政指导所取代。强制性是传统行政的另一重要特征。而在新行政法机制下，行政的强制性越来越淡化，行政指导在具体行政行为的实施中得到广泛的应用。行政机关通过建议、劝告、鼓励、激励、引导等诸多柔性方式较传统行政强制手段更有效地实现行政的预定目的和任务。⑬

（5）政府越来越多地与 NGO、NPO 等社会自治组织合作，通过与社会自治组织互动而达成行政目标。⑭

（6）论证会、听证会、网上讨论、辩论和征询民意越来越成为行政决策、行政立法的必经前置程序。⑮

（7）公私互动、公私合作，公法私法化在行政管理中具有越来越发展的趋势。例如，公共工程建设中 BOT 的广泛运用，行政处罚、行政赔偿中的和

---

⑪ 国务院《全面推进依法行政实施纲要》指出，建设法治政府的目标之一即是政企分开、政事分开，政府的基本职能是经济调节、市场监管、社会管理和公共服务。我国《行政许可法》第13条规定，对于公民、法人或者其他组织能够自主决定的事项、市场竞争机制能够有效调节的事项、行业组织或者中介组织能够自律管理的事项，以及行政机关采用事后监督等其他行政管理方式能够解决的事项，国家可以不设行政许可，行政机关在这些事项上放松规制。

⑫ 参阅石佑启著：《论公共行政与行政法学范式转换》，北京大学出版社2003年版，第58—98页。

⑬ 参阅莫于川等著：《法治视野中行政指导》，中国人民大学出版社2005年版，第29—289页。

⑭ 参阅任进著：《政府组织与非政府组织》，山东人民出版社2003年版，第161—331页。

⑮ 参阅王锡锌著：《公众参与和行政过程——一个理念和制度分析的框架》，中国民主法制出版社2007年版，第166—258页。

解程序以及环境管理中的污染权交易的推行均是这种趋势的明显例子。[16]

（8）公权力主体更多地综合运用行政法、民法、商法、经济法、社会法乃至各种软法的手段解决公共治理中的各种复杂问题。多元化成为新行政法调整方式的重要特色之一。[17]

（三）法源形式的新

所谓"法源形式的新"，主要是指行政法法源从静态到静动态结合，从硬法到硬软法结合，从单一法源到多元法源的转化。

这一"新"主要表现在下述三个方面：

（1）传统行政法基本上由单一的国家法构成，而新行政法的构成除了国家法以外，还包括社会法、国际法，并且社会法和国际法的比重在新行政法中的比重有逐步增加的趋势。新行政法中的所谓"国家法"是指国家制定或认可的规范国家公权力主体和国家共同体成员行为，调整二者相互关系及公权力主体之间相互关系和国家共同体成员相互关系的法规范。新行政法中的所谓"社会法"是指社会共同体制定或伴随社会共同体产生、形成、发展而逐步生长的规范社会公权力主体和社会共同体成员行为，调整二者相互关系及社会公权力主体之间相互关系和社会共同体成员相互关系的法规范。新行政法中的所谓"国际法"是指国际共同体制定或伴随国际共同体产生、形成、发展而逐步生长的规范国际公权力主体和国际共同体成员行为，调整二者相互关系及国际公权力主体之间相互关系和国际共同体成员相互关系的法规范。[18]

（2）传统行政法主要由"硬法"构成，而新行政法的构成除了硬法以外，"软法"在其法律规范中亦占有重要地位。新行政法中的所谓"硬法"亦可

---

[16] 参阅姜明安：《新行政法：公中有私，私中有公》，载罗豪才等著：《软法与协商民主》，北京大学出版社2007年版，第235—239页。

[17] 参阅罗豪才：《公共治理的崛起呼唤软法之治》，载《新华文摘》2009年第7期。

[18] 笔者2003年在《论公法与政治文明》（《法商研究》2003年第3期）一文中，曾提出公权力分为国家公权力和社会公权力的观点；之后，2004年在《公众参与与行政法治》（《中国法学》2004年第2期）一文中提出公权力三分法，即国家公权力、社会公权力和国际公权力，以及公法三分法：国家公法、社会公法和国际公法；2005年，在《公法学研究的几个基本问题》（《法商研究》2005年第3期）一文中，对行政法的三大法源（三种类型的公法）进行了较深入的阐述。这三篇文章均收入本书。

称"刚性法",主要是指通过国家强制约束力实现的法,如行政规制法、行政强制法、行政处罚法等。新行政法中的所谓"软法"亦可称"柔性法",主要是指通过社会约束力、人们的理性和道德约束力实现的法,如社会自治组织章程、行业组织自律规则、企事业组织内部规范,以及行政机关向社会发布的宣传性、倡导性、指导性或建议性的告示、纲要、指南等。⑲

(3)传统行政法通常指立法机关制定的静态的法,而新行政法除了指立法机关制定的静态的法以外,还指社会生活中不断产生和生长的活的法、动态的法。新行政法中的所谓"静态的法"(即制定法)是指以法律文件表现的法,包括法律、法规、规章和制定成规范性文件的软法。新行政法中的所谓"动态的法"(即运作中的法,亦可称"活法"),是指法律主体在实际生活和互动关系中所实际贯彻、遵循的法律规则、原则、法律精神和法治理念。软法更多地体现为动态的法,如公民在公共治理过程中的参与,与行政机关的合作、协作等实践中所体现的法。⑳

二、"新行政法",新因何在

"新行政法"为什么会形成、产生和发展?笔者认为,其主要原因有四:

(一)民主化、市场化、信息化、全球化的世界潮流推动着"新行政法"的形成、产生和发展

现代民主的重要特色是民主形式由单纯的议会民主、投票民主向更多的参与式民主和审议式民主转化。议会民主和投票民主要求政府主要扮演"传送带"角色,但现代政府行使着越来越多的立法功能和决策功能,为了防止"行政专制",将参与式民主和审议式民主引入行政领域就是必然的

---

⑲ 参阅罗豪才等著:《软法与公共治理》,北京大学出版社2006年版,第1—188页。
⑳ 美国卡多佐法官将"动态的法"又称为"变动的法"、"生长的法"、"用或然性逻辑验证的法"、"非国家创造和存在于国家之外的法"、"扎根于现实社会关系中的和扎根于公平正义信仰中的法"。其有关论述可参阅〔美〕本杰明·内森·卡多佐著:《法律的生长》,刘培峰等译,贵州人民出版社2003年版,第26—27页。

选择。㉑

市场竞争是与平等、自愿、等价和有偿的私法原则紧密联系的。市场经济的发展，必然推动政府管理范式的转变，而政府在市场经济条件下对社会的管理，不能不受市场规律的约束，规范市场的私法规则不能不影响，乃至"改造"传统的公法，即计划经济条件下形成的公法。㉒

信息化对于推动"新行政法"的生成和发展起了特别重要的作用。由于互联网的普及，传统行政的封闭性、单向性越来越被打破。在很多情形下，行政机关想不公开、想不让公众参与都不可能，想神秘都神秘不了。信息化为"阳光政府"提供了现实的条件。㉓

至于全球化，它不仅推动了世界各国经济贸易的交流互动，而且推动了世界各国政治和法治的相互影响和相互借鉴。在这种经济、政治和法治的互动过程中，法治发达国家的经验必然更多地影响法治较不发达国家的法治发展进程，从而推动"新行政法"在世界各国的生长和发展。㉔

（二）我国三十年的改革开放导致经济、政治体制的重大变革，而经济、政治体制的变革必然导致法制模式的改变

根据马克思主义关于经济基础决定上层建筑的原理，一个国家的经济基础因为经济体制改革而发生变化，其作为上层建筑的法制必然随之发生变化。与计划经济相适应的传统行政法不可能适应市场经济。传统行政法所体现的单方性、命令—服从性、强制性与市场经济要求的平等性、合作性、自主性是不相容的。市场经济体制的建立必然要求行政法模式的变革，而且必然导致此种变革，这在某种意义上是不以人的意志为转移的。㉕

㉑ 关于参与式民主，可参阅本书第一编《公众参与与行政法治》一文；关于审议式民主，可参阅笔者所撰《多些民主形式，少些形式民主》一文（载《法制日报》2007 年 7 月 8 日）。

㉒ 关于公私法的融合和公法私法化，可参阅金自宁著：《公法/私法二元区分的反思》，北京大学出版社 2007 年版，第 111—148 页。

㉓ 关于政府信息公开制度对行政法的影响，可参阅刘恒等著：《政府信息公开制度》，中国社会科学出版社 2004 年版，第 1—3 页；莫于川、林鸿潮主编：《政府信息公开条例实施指南》，中国法制出版社 2008 年版，第 1—21 页。

㉔ 关于全球化对法律（包括行政法）的影响，可参阅笔者所撰《法律与全球化》一文（载《求是学刊》2002 年第 5 期）。

㉕ 关于市场经济对行政法和行政诉讼法的影响，可参阅笔者所著《行政诉讼法》（法律出版社 2007 年版）一书中的论"我国行政诉讼制度建立晚的原因"一节，第 35—37 页。

（三）宪政、人权、法治理念在整个国民意识中的生长和逐步普及是新行政法形成和发展的观念基础

观念是由物质决定的，观念又反作用于物质，观念反作用于物质在很大程度上是通过制度的中介作用实现的。我国三十年的改革开放使国人的物质生活发生了翻天覆地的变化，这一变化必然促使人们反思变化的原因。正是在这种反思中，宪政、人权、法治理念自然而然地在整个国民意识中逐步生长和逐步普及。而正是这些理念，促使和推动着传统行政法的变革和"新行政法"的生长和发展。[26]

（四）我国"新行政法"的形成同时也是公法学者与法律实务界、政府与社会公众、中央政府与地方政府、党和国家领导人与普通百姓合作与互动的结果

在以上四个合作与互动中，公法学者与法律实务界合作与互动最为突出。中国新行政法的制定和运行，每一阶段、每一步骤都有这种合作与互动的图景。例如，1986年中国行政立法研究组的成立[27]和之后《行政诉讼法》、《国家赔偿法》、《行政处罚法》、《行政复议法》、《行政许可法》等一系列行政法律的出台，行政合同、行政指导概念的提出和制度建立，私法公法化、公法私法化的试行和推动，无不是公法学者与法律实务界良好合作与互动的结果。

三、"新行政法"，新向何方

"新行政法"的发展趋势如何？在目前这样的转型时期，做完全准确的预测是困难的。但笔者认为，以下四点是可以推断的：

（1）国家公权力向社会转移的速度会适当加快，政府的强制性权力会越来越缩减。但是，在很长的一个时期内，国家公权力和政府的强制性权力

---

[26] 中国多部重要行政法律、法规的制定，如《行政处罚法》、《行政许可法》、《行政复议法》、《行政诉讼法》、《公务员法》、《国家赔偿法》、《政府信息公开条例》等，无不与宪政、人权、法治理念有着密切的联系。

[27] 关于中国行政立法研究组及其对推进中国行政法的作用，可参阅笔者所著《行政诉讼法》（法律出版社2007年版）一书第46—50页的脚注。

都不会消失。㉘

（2）法律对人与自然关系调整的比重相对于法律对人与人的关系调整的比重还会适当增加。但是，在任何时期，法律对人与人的关系调整总是法律的基本功能。而且，在很多时候，法律对人与自然关系的调整是通过法律对人与人的关系调整实现的。㉙

（3）私法公法化、公法私法化的趋势会越来越明显、越来越强劲。但是，公法与私法的区分在很长的历史时期内不会消失，甚至只要有人类共同体存在，有法律存在，其区分就不会消失。㉚

（4）世界各国的行政法和整个公法，各不同法系的行政法和整个公法会越来越相互借鉴，相互接近，从而相互融合（私法更是如此），但是，各国和各不同法系的行政法和整个公法的特色在很长的历史时期内不会完全消失。㉛

原载《法学杂志》2009 年第 10 期

㉘ 关于国家公权力向社会转移的趋势，可参阅笔者所撰《行政国家与行政权的控制和转化》一文（载《法制日报》2000 年 2 月 13 日）。

㉙ 笔者在《行政法与行政诉讼法》（第三版）（北京大学出版社、高等教育出版社 2007 年版）一书论"行政机关的一般职责"（该书第 125—126 页）中专门探讨了行政机关保护和改善人类生活环境与生态环境的职责。正是此一职责决定了新行政法调整人与自然关系功能增长的趋势。

㉚ 参阅金自宁著：《公法/私法二元区分的反思》，北京大学出版社 2007 年版，第 34—110 页。

㉛ 可参阅笔者所撰《法律与全球化》一文，载《求是学刊》2002 年第 5 期。

新世纪行政法发展的走向

受 20 世纪后期全球涌动的经济全球化、信息化、市场化与民主化四大世界潮流①的影响,行政法——作为主要调整政府行政行为的法律部门——发生了和还正发生着重大而深刻的变化。这些变化主要表现在下述五个方面,这五个方面的变化决定和预示着新世纪我国行政法发展的走向:

一、行政"疆域"的变迁:从"行政国家"("全能政府")到"有限政府"

在 19 世纪,西方国家大多实行自由放任政策,信奉"管事最少的政府是最好的政府"的理念。那个时候,"除了邮局和警察以外,一名具有守法意识的英国人几乎可能没有意识到政府的存在而度过他的一生"。② 这种说法也许有点夸张,但那时国家行政职能普遍很少确是事实,通常仅限于国防、外交、社会治安、税收和邮政寥寥数项。而当历史进入 20 世纪,特别是两次世界大战以后,人们在经受了"市场失灵"及其导致的大灾难后,转而过

---

① 关于"当代四大国际性潮流"的提法,参见"经济全球化与政府作用"课题组:《经济全球化背景下的政府改革:中国的经验、问题与前景》,载《新华文摘》2001 年第 8 期。
② H. W. R. Wade, *Administrative Law*, Oxford University Press, 1989, pp. 3—4.

分地相信政府,相信行政权,认为政府及其行政权是万能的,能够医治"市场失灵"和解决人们在社会生活中发生的种种问题。于是,国家行政职能大为扩张,行政的疆域大大地突破了国防、外交、治安、税收、邮政等传统的边界。

国家行政职能的扩张包括两种情况:一种情况是适应社会发展的需要,为保障社会的发展和进步所必需,如举办社会福利和社会保险,保护知识产权,保护资源,控制环境污染和改善生活、生态环境,监控产品质量和保护消费者权益等(这些"公共物品"是否全部应由政府提供,公民自治组织等"第三部门"能否对此有所作为仍是一个可研究的问题)。就环境的保护、改善而言,政府干预即非常必要:首先,环境关系到经济、社会和人类本身的可持续发展。环境破坏了,动植物不能生存,人类本身也就无存身之地。其次,环境作为一种"公共物品",不同于经济,不易于为企业、组织、个人所重视、关注。对于经济,即使行政机关不过问,企业、组织、个人为自己的生计,也会努力去发展;但是对于环境,行政机关如果不干预,企业、组织、个人往往就会听之任之,很少会有人花钱去治理污染、改善自己和他人共享的环境。此外,治理和改善环境有时需要多方面的合作和大量的财政支出,个别企业、组织、个人往往难以胜任,一般须由行政机关加以组织,协调或由行政机关直接进行相关工程建设。过去由于人们环境意识差,为了发展经济而掠夺性、破坏性地开发资源,导致了严重的污染和其他公害,给人类的生活环境和生态环境造成了极大的损害。20世纪中叶以来,一些国家开始意识到环境问题的严重性,开始进行治理,但地球整个环境恶化的势头目前尚没有完全遏制住。因此,保护和改善环境仍然成为21世纪世界各国政府的共同的重要职责。

国家行政职能扩大的第二种情况则是人们对于国家作用的认识误区所致。由于被一些表面的、暂时的现象所迷惑,如西方国家在20世纪30年代经济大危机后通过政府广泛干预而使经济得以恢复并走向繁荣的事例,苏联建国后通过全面的政府计划经济使之由农业国迅速转变为工业国以及我国在50年代通过政府对经济及社会生活的全面领导、干预而使国民经济迅速恢复、发展的事例等,许多人进而认为,国家和政府无所不能,从而赋予政府全面干预经济、干预社会、甚至干预人们私生活的种种职能,使人们"从摇篮到坟墓"都依赖国家和政府,国家和政府逐步演变成"行政国家"、"全能政府"。

"行政国家"、"全能政府"是人们在"市场失灵"后对"公共物品"(包括抑制垄断、防止不正当竞争,调节社会收入分配,防止贫富过分两极分化,解决工人失业、环境污染、信息不对称等"外部性""内部性"问题)需求大量增加后,人们为满足此种需求而自觉或不自觉制造出来的一种奇特之物。此种奇特之物一经制造出来,确实神奇般地生产和提供了各种各样人们所需要的"公共物品",但是,其在生产和提供"公共物品"的同时,也魔术般地生产出各种各样人们所不愿看到的副产品。而且,行政国家、全能政府的副作用随着时间的推移越来越严重,以致其有完全演变成一个社会毒瘤的趋势。这种现象即为行政国家的异化,亦称"政府失灵",其主要表现在下述五个方面:(1)对民主、自由和人权的威胁。在现代复杂的社会、经济生活中,人们为了保障民主、自由、人权,必须确立和维护相对稳定的秩序。而要确立和维护秩序,就必须有强有力的行政权,行政国家正是社会对这种强有力的行政权的需要的产物。然而,行政权过于强大,如果没有同样强有力的控制机制,它又必然形成对民主、自由、人权的威胁:使议会徒具形式,使法院听命于政府,使人民对行政官员心存畏惧。(2)腐败和滥用权力。行政权本来是人们为获取"公共物品"而设置的,但是当其异化以后,它即在为公众提供"公共物品"的幌子下,大肆为掌握和行使其权力的人提供"私人物品"。掌握和行使权力的人运用权力为他们自己谋取金钱、财物,甚至美色(所谓"权钱交易"、"权色交易"等)。他们本来是人民的"公仆",但却以权力把自己塑造成"主人",将行政相对人作为自己任意驱使的对象,他们可以对相对人乱罚款、乱摊派、乱集资、乱定规章制度、乱发号施令,相对人若不服从,他们即对之予以强制或制裁,甚至实施肉体和精神折磨。行政权的滥用和腐败,有时可以达到令人发指的地步。(3)官僚主义和效率低下。在行政国家的条件下,由于"帕金森定律"的作用,行政人员增加,行政机构膨胀。按照一般规律,人多应该是好办事,多办事,但是异化的规律却是"一个和尚挑水吃,两个和尚抬水吃,三个和尚没水吃"。机构之间、办事人员之间互相推诿、互相扯皮。本来是一个衙门能办的事,相对人要找几十个衙门,拜几十尊菩萨,盖几十个图章,更不要说这些衙门门难进、事难办,这些菩萨脸难看、话难听了。(4) 人、财、物资源的大量浪费。行政权的行使必须有相应的成本付出,这是自然的、正常的。但是当行政国家异化现象出现以后,行政权行使的成本会成倍地增加,以至导致人力、财力、物力资源的大量浪费。很多优秀人才的精力、才华并非用于事业,而是用于处理机关之间人与人的各种复杂关系;国家财政税收的大部分不是用于经济文化建设,而是用于几百上千万公职人员的"皇粮"开支(所谓"吃饭财政")。除了正常的"皇粮"开支外,一些公仆坐超标车,住超标房和在宾馆饭店山吃海喝造成的浪费恐怕也不是一个小数目。(5) 人的生存能力和创造能力的退化。行政国家往往与计划经济制度和福利国家制度相联系。实践证明,计划经济和福利国家均不利于培养和激励人的竞争精神和创新能力。在一切都有国家保障的条件下,人们会逐渐养成依赖甚至懒惰的品质,其生存能力会逐渐退化,以至经不住人生道路上的任何风浪打击。在行政国家的条件下,政府可能本是好心地为国民考虑一切,提供一切,但最终反而害了国民,还会使国家衰败。这是行政国家异化的另外一种表现。③

行政国家、全能政府的产生,既有历史必然的因素,又有人为的因素。人制造行政国家、全能政府,本来是为人的发展创造条件,但是,在其运作过程中,它却一步一步演变成阻碍人的发展,甚至摧残人的"魔域"。人类必须走出这个"魔域",否则,不仅不能发展,而且有自我毁灭的危险。自从 20 世纪中期以后,世界上越来越多的人开始认识到这种危险。于是许多国家开始采取各种措施限制行政权,控制行政权,转化行政权,限制和缩减行政的"疆域"。这样,到 20 世纪后期,大多数"行政国家"陆续过渡到"有限政府"。这种过渡的一般途径是:(1) 转变和缩减政府职能,限制行政权。在"行政国家"时期,政府什么事都管,什么事都做,政府不仅进行管理,而且从事生产和经营,不仅宏观调控,而且微观干预。这样就导致了行政职能和行政权的膨胀。现在要走出行政国家,首先要做的自然就是转变和缩减政府职能,让政府少管"闲事"。过去政府管的许多事情本来是政府完全没有必要介入,没有必要管的"闲事"(如企业的产、供、销、人、财、物),这些事如果

---

③ 行政国家的另一面是"福利国家",瑞典等北欧国家可以认为是典型例子。现在世界上许多国家都在反思"福利国家"的利弊,实践证明,政府管得过多,公民福利过多,确实不利于激发人们的进取精神,不利于社会经济的发展。

让"看不见的手"去调节,会比政府管理更有效,而且可以避免腐败和人力、物力、财力的大量耗费。(2)规范行政行为,控制行政权。行政权必须限制、削减,但是在相当长的一个历史时期内不可能取消、废除。因此,人们走出行政国家的另一个重要途径是规范行政权的行使,控制行政权。关于控制行政权,本文在后面还要专题论述,这里从略。(3)加强社会自治,转化行政权。在任何社会,社会公共体都是必要的,因为人们需要公共体提供"公共物品"。但是"公共体"并不等于政府。如前所述,政府不是唯一的公共体。"公共物品"除了可由政府提供外,还可由其他公共体——社会自治组织(如行业协会、公共事业组织、社会团体、基层群众性自治组织等)提供。而且,非政府的社会公共体行使公共权力,即行政权力转化为社会权力,可以避免或减少行政国家异化的许多弊端,如腐败、滥用权力等。因为非政府的社会公共体更接近公民,公民可更直接参与其运作和更直接对之进行监督。

行政法的调整范围取决于行政的"疆域",而行政的"疆域"究竟应有多大,这又取决于对"公共物品"的界定。另外,"公共物品"哪些只能由政府提供,哪些可由政府以外的"第三部门"提供,这又取决于"第三部门"的成熟和行政改革、政治改革的进程。但是,无论如何,政府职能将进一步转变、转移,国家行政的"疆域"将逐步缩减,这是新世纪行政法发展的明显走向。

二、行政权行使主体的变迁:从责任政府到参与民主

分权学说[④]是西方民主的基石。根据法国《人权宣言》的精神,没有分权,就没有宪法,就没有民主。分权学说有四个要素:其一,国家机关分为立法机关、行政机关和司法机关;其二,国家职能相应分为立法、行政、司法三种职能;其三,国家三机关应当由不同的人员组成;其四,每个国家机关都构

[④] 分权学说的最一般意义是关于将国家权力划分成若干部分,使之相互平衡、相互制约,以防止权力滥用和专制的理论。但具体就国家权力划分成几个部分而言,分权论者则有不同的主张,如洛克的两权分立说、孟德斯鸠的三权分立说、孙中山的五权分立说等。其中最为流行者为三权分立说,通常人们说到分权学说时,即指三权分立学说。

成对其他国家机关行使专断权力的制约。⑤ 据此,国家行政权由政府(狭义的政府,即国家行政机关)行使。政府行使行政权直接受议会监督,向议会负责,间接受人民监督和向人民负责。议会和人民不信任政府,政府必须辞职。政府在任职期内,则有权制定政策、发布命令和采取行政措施,人民必须遵守政府的政策和服从政府的管理。这些即是传统行政法下责任政府的模式。

很显然,上述分权学说的"分权"是指国家权力在国家机关之间的分配,而不是在国家机关和人民之间的分配。根据分权学说所基于的古典政治学理论,国家权力本是人民的权力。人民为了安全和秩序,将部分权力转移给国家而成为国家权力。国家权力在国家机关之间分配,分别由不同的国家机关行使。⑥ 至于"责任政府",主要指国家行政权由政府行使,政府向议会和人民负责。"责任政府"并不要求人民直接参与国家行政权或其他国家权力的行使。

20世纪中期以后,分权学说和"责任政府"仍是现代行政法的理论基础之一,但是它们的内容有了重大的修正和补充。这主要表现在两个方面:其一,人民转移给国家的权力(特别是国家行政权)不再只是由国家机关行使,其中一部分国家权力已通过立法交付介于国家与公民之间的,人们称之为"市民社会"(Civil Society)、"非政府组织"(NGO)、"非营利性组织"(NPO)、"准政府组织"、"社会中介组织"、"第三部门"⑦等的社会组织行使。国家权力向社会转移已经成为现代社会一种越来越强劲的趋势。⑧ 其二,人民通过多种途径和形式参与政府的行政管理,如通过座谈会、论证会、听证会或提交书面资料、书面意见,或通过书面或口头辩论等方式参与行政立法和行政政策的制定⑨;通过陈述、申辩、取得行政资讯和听证等形式参与

---

⑤ 〔英〕M.J.C.维尔著:《宪政与分权》,苏力译,生活·读书·新知三联书店1997年版,第14—17页。

⑥ 参见罗豪才、吴撷英著:《资本主义国家的宪法和政治制度》,北京大学出版社1983年版,第264—267页。

⑦ 上述概念的内涵和外延许多是相同或近似的,有些则有一定程度或较大程度的区别。参见黎军著:《行业组织的行政法问题研究》,北京大学出版社2002年版,第3—4页。

⑧ 关于国家权力向社会转移的趋势,可参见郭道晖:《权力的多元化与社会化》,载《法学研究》2001年第1期。

⑨ 参见我国《立法法》第58条;美国《行政程序法》第553条。

实施各种具体行政行为,如行政给付、行政征收、行政许可、行政裁决、行政处罚等。⑩

由于行政权力向社会转移和公民参与国家行政管理,行政主体已不再只是国家行政机关了,在现代行政下,行政权实际由国家行政机关、社会和公民共同行使了,尽管国家行政机关仍是最重要的行政主体。就我国情况而言,自20世纪80年代以来,公民参与国家行政管理和国家行政权力社会化一直通过多种形式、多种途径在发展和推进。其主要的形式和途径有下述诸种:

(一) 通过法律、法规、规章授权非行政机关的组织行使国家行政职权

法律、法规、规章授权非国家行政机关的组织行使国家行政职权主要有下述几种情形:其一,国家在行政管理体制改革,特别是在政府机构改革过程中,撤销某些行政机关,使其不合理的管理职能消失,对于某些必要的管理职能,则通过法律、法规、规章授予有关行业协会或其他社会组织行使。其二,某些社会团体,如工会、妇联等,因与作为其成员的公民有着非常密切的联系,故国家将某些相关行政职能,如劳动保护、社会救济、物价监督、计生管理等,通过法律、法规、规章授予它们行使或授权它们协助国家行政机关行使。其三,某些事业组织的职能因与相应国家行政职能有较密切的联系,国家从方便管理的角度将相应行政职能授予这些组织行使。其四,村民委员会、居民委员会是广大公民的群众自治性组织,政府的许多行政管理职能通过它们的协作和配合方得以实现。法律(如我国《村民委员会组织法》、《城市居民委员会组织法》等)、法规、规章常常将某些行政管理职能直接授予它们行使或授权它们协助基层人民政府行使。⑪

法律、法规、规章授权非国家行政机关的组织行使行政职权是行政权转移和社会化的重要形式。在这种情况下,行政主体已不再是国家行政机关而已转变为非国家行政机关的组织了。

---

⑩ 参见我国《行政处罚法》第30—43条;日本《行政程序法》第5—31条。
⑪ 例如我国《村民委员会组织法》第2条规定,村民委员会办理本村的公共事务和公益事业,调解民间纠纷,协助维护社会治安,向人民政府反映村民的意见,要求和提出建议。第4条规定,村民委员会协助乡、民族乡、镇的人民政府开展工作。第26条规定,村民委员会应当协助有关部门,对被依法剥夺政治权利的村民进行教育、帮助和监督。

（二）行政机关委托非行政机关的组织行使国家行政职权

为了防止行政机关自我扩张、自我膨胀的趋势，现代国家通常必须严格控制行政机关的编制。行政机关在人员不足的情况下，要完成其担负的管理职责，实现其管理目标，往往将其部分行政职能委托非国家行政机关的社会组织、团体行使，行政机关则对被委托组织实施指导和监督的职责。例如，我国 1996 年制定的《行政处罚法》规定，行政机关依照法律、法规或者规章的规定，可以在其法定权限内委托符合法定条件[12]的组织实施行政处罚。委托行政机关对受委托的组织实施行政处罚的行为应当负责监督，并对该行为的后果承担法律责任。行政机关委托非行政机关的组织、团体行使行政职权，虽然其行政主体仍是行政机关，但行为主体已是非国家行政机关的组织。这样，一方面有利于防止行政权的膨胀和滥用，另一方面为公民参与行政管理提供了机会和途径。

（三）社会公共组织根据内部章程行使公共权力

现代社会行政权力社会化的一个重要表现形式即是社会公共组织通过自治实现自我管理，以减少和部分取代国家行政机关实施的国家行政管理。社会公共组织通过内部民主程序产生的机构根据组织内部章程行使公共权力，对其内部相对人实施的管理与国家行政管理既有共性，又有特殊性。二者的共性在于，两种管理都是公行政[13]，都源于公权力，目的都是为相对人提供秩序、安全和服务。二者的区别在于，国家行政管理以国家强制力为后盾，而社会组织内部的管理则是更多地建立在内部相对人自觉服从相应内部纪律的基础上。国家行政管理由于国家权力的坚硬外壳，与行政相对人的相对较远距离，以及国家机关内部的复杂结构，容易产生官僚主义和腐败；社会公共组织的自治管理则与相对人保持着最小距离和给予相对人最大的透明度，管理者处于被管理者近乎随时随地的监督之下，从而较易于防

---

[12] 所谓"法定条件"，是指我国《行政处罚法》第 19 条规定的三项条件：（1）是依法成立管理公共事务的事业组织；（2）具有熟悉有关法律、法规、规章和业务的工作人员；（3）行政处罚需对违法行为进行技术检查或者技术鉴定的，应有条件组织进行相应的技术检查或技术鉴定。

[13] 关于"公行政"的概念以及公行政与国家行政的联系和区别，可参阅姜明安主编：《行政法与行政诉讼法》，北京大学出版社、高等教育出版社 1999 年版，第 2—3 页。

止或避免官僚主义和腐败。另外,社会自治管理的成本要大大小于国家行政管理。正是由于这些缘故,在许多国家,社会自治管理在20世纪初期或中期以后得到较大发展,部分国家行政管理职能向社会公共组织转移。[14] 在我国,这种发展和转移要晚于西方发达国家,大约始于20世纪80年代。经过20世纪最后20年的四次政府机构改革[15],特别是1998年开始的第四次政府机构改革,国家的行政机构和人员较前大为精简,政府的许多职能开始转移给社会公共组织。

行使社会公权力的组织是各种各样的,如作为基层群众性自治组织的村民委员会、城市居民委员会,作为行业组织的律师协会、医师协会,作为学术机构的大学、研究院,等等。这些组织既可根据法律、法规、规章的授权或行政机关的委托行使一定的国家行政职权,也可根据其本身的章程对其内部公共事务进行自治管理,行使社会公权力。如村民委员会可制定村规民约,调整村民内部关系;律师协会可制定律师自律性规则,规范律师行为;大学可制定内部行政管理和学术管理规范,调整学校内部的各种关系。

社会公行政与国家行政同属公共行政,20世纪中期以后公共行政的最大变化是公民参与。公民参与不仅促进了国家行政的民主化,而且导致了国家行政权逐步向社会转移,社会公行政,即公民自治的范围逐步增大。因此,在现代社会,行政民主的要求已不再仅仅是责任政府,而是必须以公民通过多种途径和形式直接参与和自治为补充。很显然,在新世纪,公民自治和公民参与将是我国行政法发展的另一重要特色。

三、行政法原则的变迁:从形式法治到实质法治

无论是现代行政法,还是传统行政法,都是以民主、法治作为其基础的。

---

[14] 国家行政管理职能向社会转移是一种历史发展趋势,需要经历一个相当长的历史发展时期。在现代和今后一个较长时期,国家行政管理在公行政中不可避免地仍占主导地位。国防、外交、社会治安、经济的宏观调控等行政职能只能由国家行政机关行使,对于其中的某些职能,如社会治安,社会公共组织虽可协助行使,但基本的行政主体只能是国家行政机关。国家转移给社会的只能是部分公共行政管理职能而不可能是全部或主要的公共行政管理职能。

[15] 这四次政府机构改革分别始于1982年、1988年、1992年和1998年。

在任何民主国家的任何时期,法治均是行政法的基本原则。但不同时代,法治原则的内容并不完全相同。现代行政法治原则的内容更是大有别于传统行政法治原则的内容。传统行政法治更多注重的是法治的形式,主要强调政府依法行政,政府管理有法可依、有法必依和公民在法律面前人人平等,从而与封建专制社会的人治相对立。而现代行政法治则注入了越来越多的实质内容,例如,以合理性原则补充合法性原则,通过合理性原则限制行政自由裁量权;以比例原则和信赖保护原则补充依法行政原则,限制政府滥用权力;确立政府对侵权行为承担赔偿责任,保障公民权益不受政府侵犯;在行政领域建立程序法制,赋予和保障公民正当程序权利;等等,从而使形式法治逐步转化为实质法治。

(一) 以合理性原则补充合法性原则,承认行政自由裁量权并加以控制

传统法治主义否认行政自由裁量权的存在,主张"无法律即无行政"。英国著名宪法学家戴雪(A. V. Dicey)提出,法治主要由三个要素构成:其一,政府没有专横的自由裁量权;其二,无论何人何事,均受普通法院管辖和适用普通法律;其三,公民的权利非源于宪法,而由普通法院的判例形成。⑯ 戴雪描述的这种法治当然主要是以英国为模型的,并不完全符合当时所有西方国家的法治情形。我国台湾行政法学者城仲模先生则将西方传统法治主义的表现形式归纳为六个方面:(1)议会之形式法律至上;(2)无法律即无行政;(3)行政之准据唯制定法是赖;(4)立法务求细密,避免概括条款;(5)习惯法、法理及司法判例、行政解释均不得为行政法之法源;(6)行政规章、命令仅为内务行政事项之规范,不得使之亦具拘束人民之效果。⑰ 很显然,这些要素反映了传统行政法治的形式性、机械性和消极性。

现代行政法治则承认行政自由裁量权:"由于行政事务的复杂性,立法机关不能通过严密的法律规范完全约束行政行为,不得不在事实上和法律

---

⑯ A. V. Dicey, *Introduction to the Study of the Law of the Constitution*, Macmillan and Company, 1915, pp.198—199.

⑰ 城仲模著:《行政法之基础理论》,台湾三民书局1991年版,第4页。

上承认行政机关的一定程度的行为选择权,即自由裁量权。"⑱英国现代著名行政法学家韦德(H. W. R. Wade)认为,行政自由裁量权并不与法治原则相冲突,法治承认行政自由裁量权但要求对之加以限制。"法治并不要求消除广泛的自由裁量权,而是应使法律能控制它的行使。现代政府要求尽可能多和尽可能广泛的自由裁量权。"⑲因此,他解析法治原则有四个含义:其一,依法办事(Everything must be done according to law);其二,限制自由裁量权(Government should be conducted within a framework of recognized rules and principles which restrict discretionary power);其三,行政争议由独立的司法裁决(Disputes as to the legality of acts of government are to be decided by judges who are wholly independent of the executive);其四,法律应公正、平等对待政府和公民(Law should be even-handed between government and citizen)。⑳

现代行政法治承认行政自由裁量权,同时要求对自由裁量权加以限制。限制自由裁量权主要不是依靠制定法,而是依靠法律的原则和精神,主要不是依靠实体法,而是依靠行政程序。这样,合理性原则就在法治的土壤上生长出来了,并与合法性原则一道规范和控制行政权,构筑现代行政法治的基本架构。关于合理性原则的具体内容,罗豪才教授曾将之归纳为三项要求:(1)行政行为的动因应符合行政目的;(2)行政行为应建立在正当考虑的基础上;(3)行政行为的内容应合乎情理。罗教授还指出,"现代国家常用'法律精神'来规范自由裁量。'法律精神'在西方往往指理性、自然法等,在我国,通常指客观规律、道德准则、党和国家的政策等"。㉑关于对行政自由裁量权的限制,我国台湾行政法学者翁岳生教授提出了裁量权的内外界限说。行政自由裁量权的外部界限是:(1)最高之法律原则,如诚信原则、人格尊严原则等;(2)宪法与不成文宪法原则,如禁止过分原则;(3)规定行政行为成立的法律,如行政手续法、公务员法等;(4)对于具体行为的特别法,包括仅一般性规定的,法律的指导原则及其目的;(5)行政习惯法规

---

⑱ 罗豪才主编:《行政法学》,中国政法大学出版社1996年版,第61页。
⑲ H. W. R. Wade, *Administrative Law*, Oxford University Press, 1988, p.388.
⑳ Ibid., pp.23—25.
㉑ 罗豪才主编:《行政法学》,中国政法大学出版社1996年版,第62页。

则。行政自由裁量权的内部界限是:(1) 平等原则;(2) 法治国宪法之固有原则,如比例原则等;(3) 裁量行为附处分理由;(4) 不放弃行使应享有的裁量权;(5) 不将应在非常状态适用之原则适用于一般情形。对于行政裁量行为的此种内部界限,翁岳生教授还根据德国行政法院的判例,概括出裁量者违反界限的主观瑕疵的 10 项情形:(1) 依行政人员个人之意欲而来之随意;(2) 无动机的情绪;(3) 不能理解的对事物之谬误而引起之恣意;(4) 加以损害之意图;(5) 奸计或恶意之妨害;(6) 政治上之偏见而引起之权力滥用;(7) 对个人不利之先天的反感或嫌恶;(8) 对个人有利之同情;(9) 个人之动机或利益;(10) 一般对事件之无关连性与违背目的性。[22] 这样,法院即可根据上述有关行政自由裁量权的内外界限,对行政裁量行为进行司法审查和控制。

(二) 以比例原则、信赖保护原则补充依法行政原则,限制政府滥用权力

传统的依法行政原则以议会法律至上为基本内容。德国行政法学者将依法行政概括为三项要求:(1) 法律创制。指法律对行政权的运作、产生具有绝对有效的拘束力,行政权不可逾越法律而行为。(2) 法律优越。指法律位阶高于行政法规、行政规章和行政命令,一切行政法规、行政规章和行政命令皆不得与法律相抵触。(3) 法律保留。指宪法关于人民基本权利限制等专属立法事项,必须由立法机关通过法律规定,行政机关不得代为规定,行政机关实施任何行政行为皆必须有法律授权,否则,其合法性将受到质疑。[23]

现代行政法治同样承认和坚持法律至上,但对法律的理解不拘泥于法律的文字,而更注重法律的精神,这主要表现在执行依法行政原则时,也要考虑和执行比例原则和信赖保护原则。

比例原则的基本含义是:行政机关实施行政行为应兼顾行政目标的实现和相对人的权益保护,如为实现行政目标可能对相对人权益造成某种不利影响时,应使这种不利影响限制在尽可能小的范围和限度内,保持二者处于适度的比例。有些国家将此基本原则以法律明定。例如荷兰《行政法通

---

[22] 翁岳生著:《行政法与现代法治国家》,台湾祥新印刷有限公司 1990 年版,第 16—21 页。
[23] 参见陈新民著:《行政法学总论》,台湾三民书局 1995 年版,第 54 页。

则》第三章第 4 条规定:"某个(行政)命令对一个或更多的利害关系人产生不利后果,这不利后果须与命令的目的相当";葡萄牙《行政程序法典》第 5 条规定,"行政当局的决定与私人权利或受法律保护的利益有冲突时,仅可在对拟达致的目标系属适当及适度的情况下,损害这些权利或利益"。对于比例原则,有的学者作更广泛的解释,认为该原则包含下述三个子原则:(1)妥当性(适当性)原则,指行政行为对于实现行政目的、目标是适当的,有用的。(2)必要性原则,指行政行为对于达到行政目的、目标是必要的,给相对人权益造成的不利影响是难以避免的,即行政权行使只能限于必要的度,以尽可能使相对人权益遭受最小的侵害。(3)比例性原则,指行政行为的实施应衡量其目的达成的利益与侵及相对人的权益二者孰轻孰重。只有前者重于后者,其行为才具合理性,行政行为在任何时候均不应给予相对人权益以超过行政目的、目标本身价值的损害。[24]

信赖保护原则的基本含义是:政府对自己作出的行为或承诺应守信用,不得随意变更,不得反复无常。信赖保护原则要求:(1)行政行为具有确定力,行为一经作出,未有法定事由和经法定程序不得随意撤销、废止或改变;(2)对行政相对人的授益行政行为作出后,事后即使发现有轻微违法或对政府不利,只要行为不是因相对人过错所造成,亦不得撤销、废止或改变;(3)行政行为作出后,如事后发现有较严重违法情形或可能给国家、社会公共利益造成重大损失,必须撤销或改变此种行为时,行政机关对撤销或改变此种行为给无过错的相对人造成的损失应给予补偿。

在普通法国家,信赖保护原则的另一种表述是"不准翻供"(Estoppel)。"不准翻供"的基本含义是,一个人提出或陈述了某种事实或意见后,别人以他提出或陈述的事实或意见为依据作出了某种对他不利的行为,他不能再否认或收回原已提出或陈述的事实或意见,即使这种事实或意见有误或不真实。"不准翻供"过去在普通法上是一项刑诉法原则,适用于被告对其犯罪事实的陈述。后来行政法引入这一原则并赋予这样的涵意:行政机关一经作出某种行为,特别是赋予相对人一定权益的行为,其后不得任意变更,即使这种行为有轻微违法和对行政机关造成了某种

---

[24] 参见陈新民著:《行政法学总论》,台湾三民书局 1995 年版,第 62 页。

不利。当然,"不准翻供"原则的适用不是绝对的,行政机关对于自己完全无权限或严重违法、越权作出的行为,对于严重损害社会公共利益的行为,事后是可以和应该撤销或变更的,但对这种撤销或变更给无过错的相对人造成的损失应给予补偿。另外,行政机关因法律和政策的变化(法律和政策一般不溯及既往,但国家、社会公共利益特别需要时可例外)也可以撤销或变更原已作出的行为,同样,它应对特定相对人因此造成的特别损失给予补偿。[25]

(三)放弃或限制"主权豁免"原则,确立国家侵权赔偿责任

行政法治原则在20世纪的另一个重大发展就是世界上许多国家放弃或限制主权豁免,确立国家侵权赔偿责任。在19世纪,甚至直至20世纪40年代,许多西方国家对政府的行政侵权行为是不负国家赔偿责任的。国家不负赔偿责任的理论根据是"主权豁免"学说,"因为国家是主权者,主权的特征是对一切人无条件地发布命令"。国家若对自己的行为承担赔偿责任,就取消了国家的主权。"而且公民由于国家的行政活动而受到利益,承受行政上的损害是享受利益的代价,不能追问国家的责任。"[26]在英国,英王及其政府机构不承担侵权赔偿责任还源于封建时代的两个法律原则,"一个是程序法上的原则,一个是实体法上的原则。在诉讼程序方面,英王像所有的封建领主一样,不受自己领地内法院的审判。英王只能作为原告,不能作为被告。在实体法方面,封建时代的一个法律原则是国王不能为非(The King can do no wrong)。因此,英王不可能有侵权行为。英王也和一般的雇主不一样,不对受雇人的侵权行为负责。既然英王不能为非,英王也就不可能授权英王的公仆实施侵权行为。一切侵权行为的责任只能由行为人自己负担"。[27]

这种主权豁免原则对于公民权益的保护自然是极为不利的。在行政权较少干预社会生活和"无法律即无行政"的早期资本主义社会,这一原则引发的矛盾和冲突毕竟还不太多,也不太严重。但当社会进入到人们"从摇篮

---

[25] 参见姜明安主编:《外国行政法教程》,法律出版社1993年版,第169—171页。
[26] 王名扬著:《法国行政法》,中国政法大学出版社1989年版,第687页。
[27] 王名扬著:《英国行政法》,中国政法大学出版社1987年版,第234—235页。

到坟墓"都离不开行政权、行政机关享有广泛的法定职权和广泛的自由裁量权的"行政国"时代时,这一原则引发的矛盾和冲突就使正常的管理秩序和社会秩序难以为继,越来越多的人不能容忍政府任意侵犯自己的权益而不给予任何赔偿了。于是,许多国家开始放弃或限制"主权豁免"原则,建立国家侵权赔偿责任制度。例如,法国早在1873年即通过权限争议法庭对"布朗戈案件"[28]的判决承认了国家赔偿责任;德国的一些邦在20世纪初亦通过立法承认了国家赔偿责任[29],1919年德国《魏玛宪法》第131条更是明确规定,"官吏行使所受委托之公权时,对于第三者违反其职务上义务,其责任应由该官吏所服役之国家及政治机关担负,不得起诉官吏"。英美法系国家承认国家赔偿责任晚于大陆法系国家,美国直到1946年才制定《联邦侵权求偿法》;英国直到1947年才制定《王权诉讼法》。尽管英美立法较晚,而且法律规定的国家赔偿条件较严,并设定了很多例外[30],但毕竟放弃或限制了"主权豁免",确立了国家赔偿责任制度。

随着各国国家赔偿法的陆续制定和国家赔偿制度的相继建立,国家承担行政侵权责任终于构成法治原则的一个必要要素。韦德在论述现代英国的法治原则时,指出法治由四个要素构成,其中第四个要素是法律应公正、平等地对待政府和公民:政府不应享有不必要的特权和豁免,对其公职人员的侵权行为,应像普通法上雇主对雇员的侵权行为负责一样,承担侵权赔偿责任。[31]德国行政法学家毛雷尔在论述现代德国法治国原则时,指出德国法治国原则包括九项要求,其中第六项要求即是国家赔偿。[32]

---

[28] 该案原告布朗戈的女儿被法国某省国营烟草公司雇用的工人开车时撞伤,布氏依《法国民法典》起诉该省省长。因管辖权争议,该案提交权限争议法庭裁决。权限争议法庭对此作出判决:"因国家在公务中雇用的人员对私人造成损害的事实而加在国家身上的责任,不应受在民法典中为调整私人与私人之间关系而确立的原则所支配。……这种责任有其特殊的规则,依公务的需要和调整国家权力与私权利的必要而变化。"这一判决可以认为是确立国家赔偿责任的最早的判例。

[29] 例如,1909年,普鲁士制定了《国家责任法》,规定公务员因执行公务所生的赔偿责任由国家承担。

[30] 关于美国国家赔偿的范围和例外,可参看姜明安主编:《外国行政法教程》,法律出版社1993年版,第320—323页。

[31] See H. W. R. Wade, *Administrative Law*, Oxford University Press, 1988, p.25.

[32] 德国现代法治国的其他八项要求是:(1)基本权利保护;(2)分权制约;(3)国家机关守法;(4)法律保留;(5)法律保护(主要指程序保护和司法保护);(6)刑事法治(如罪刑法定、无罪推定、禁止自证其罪等);(7)法的安定性(包括法的明确性、稳定性、可靠性等);(8)比例原则。参见〔德〕哈特穆特·毛雷尔著:《行政法学总论》,高家伟译,法律出版社2000年版,第105—107页。

我国直到 1994 年才制定《国家赔偿法》,1995 年实施,正式确立起政府承担侵权赔偿责任的制度。尽管现在我国有了国家赔偿法律制度,但它还很不完善。所以,在新世纪,进一步健全和完善我国国家赔偿法律制度仍是实现行政法治原则的一个重要任务。

(四) 以程序法治补充实体法治,保护公民"正当程序权利"

"正当程序权利"的确立并非始于 20 世纪,早在 1791 年和 1868 年,美国宪法第五修正案和第十四修正案即规定了"正当程序条款"(Due Process of Law),赋予公民以正当程序权利。英国普通法更是早在几个世纪以前即形成了"自然正义原则"(Natural Justice)。根据该原则,公民在遇到争议和纠纷时,有一项获得当事人之外的第三者进行审理和裁决的权利;在受到不利处分时,有一项获得处分者听取其陈述和申辩的权利。[33] 但是,20 世纪以前,正当程序权利保护并没有作为法治原则的构成要件和基本要求,法治的含义中并没有正当程序权利保护的内容。那时,洛克、卢梭、霍尔、戴雪等人论述法治的构成要件时,都没有将正当程序权利保护作为法治的一个要素。[34]

20 世纪 40 年代以后,随着美国《联邦行政程序法》的制定,行政程序受到人们越来越多的重视。许多国家,如德国、西班牙、葡萄牙、瑞士、奥地利、荷兰、日本、韩国等,相继制定行政程序法,将行政相对人的程序权利通过立法加以固定,并将相对人程序权利的保护作为现代行政法治原则的构成要件加以确立。日本著名行政法学家室井力教授指出:"宪法规定的实质性的法治主义要求行政履行公正程序,即必须保障国民有根据公正的程序接受行政决定的权利。……与此同时,也需要加强对行政裁量的统制,以便保障国民的'知情权'、'参与权',使法治主义朝着实质性方向发展。"[35] 德国行政法学者毛雷尔将正当程序权利归类为公民的基本权利,而公民基本权利

---

[33] 自然正义有两条最基本的规则:其一,自己不做自己的法官;其二,对争议作出裁决或对相对人作出不利行为,应先听取当事人的意见或申辩。参见龚祥瑞著:《西方国家司法制度》,北京大学出版社 1993 年版,第 127—129 页。

[34] 参见龚祥瑞著:《比较宪法与行政法》,法律出版社 1985 年版,第 74—77 页。

[35] 〔日〕室井力主编:《日本现代行政法》,吴微译,中国政法大学出版社 1995 年版,第 21—22 页。

的保护则是其归纳的法治国家原则九个要素的第一个要素。㊱ 他指出,"基本权利的出发点是作为自负其责的、独立人格的人,它要求不得将公民作为国家程序的客体对待,而应当作为'成熟公民'和在决定程序中具有独立权利的当事人对待,当事人享有实现自己的认识、要求和观点的机会。法治国家原则要求程序的设计不仅要明确、可预测,而且要公平,这主要是为了公民的程序权利"。㊲"基本权利的程序法效力不仅约束立法机关制定实现基本权利的程序法,而且约束行政机关对已有的程序法规定以符合宪法的方式理解、适用和补充。实体决定的事件越困难和复杂,程序的设计要求就应当越严格"。㊳ 由此可见,公民正当程序权利保护作为现代行政法治原则的一个要件不仅在英美法系,而且在欧洲大陆法系均得到了确立。

至于行政程序的兴起导致控权机制的变迁——从传统行政法重司法审查的事后控权到现代行政法重行政程序的事前、事中控权,我们将在后面专题论述。

四、行政目标和手段的变迁:从管理、强制到服务、指导、合作

根据传统行政法,行政的主要目标是管理,管理的主要手段是强制。苏联时代的行政法学者曾提出:"行政法调整方法是以当事人意志不平等为前提,一方当事人以自己的意志加于另一方当事人,使另一方的意志服从自己的意志。国家管理机关和管理对象(企业、事业单位和组织)之间,国家管理机关和公民之间,上级管理机关和下级管理机关之间的相互关系均属这种情况。在行政法律关系中,一方当事人常常被赋予国家政权权限:它可以作出管理决定,可以对另一方的行动实行国家监督,在法律规定的场合,可以对另一方适用强制措施。"㊴强制和服从被认为是传统行政关系的基本特

㊱ 〔德〕哈特穆特·毛雷尔著:《行政法学总论》,高家伟译,法律出版社 2000 年版,第 105—107 页。

㊲ 同上书,第 459—460 页。

㊳ 同上书,第 460 页。

㊴ 〔苏联〕瓦西林科夫主编:《苏维埃行政法总论》,姜明安等译,北京大学出版社 1995 年版,第 3 页。

征。以往行政法教科书在论述行政行为的特征时,一般认为行政行为不同于民事行为的特征是其具有强制性、单方性、自力执行性等[40];在论述行政行为的效力时,一般认为行政行为具有私人行为所不具有的公定力、确定力、拘束力、执行力等。[41] 很显然,以往行政法学者关于行政行为特征和效力的观点、结论是在总结传统行政行为所运用的传统行政手段的基础上加以分析、归纳所抽象出的。一般来说,传统行政手段主要有下述六类:(1)行政命令。即行政机关运用发布命令、禁令的方式,要求行政相对人必须作出某种行为或不准相对人作出某种行为。(2)行政征收。即行政机关通过向相对人征收税费,维持政府运作的财政需要(传统税收一般不具有现代税收的对经济的宏观调控功能)。(3)行政许可。即行政机关通过设定一定领域、一定行业的准入审查制度,要求相对人进入相应领域、相应行业必须具备某种条件、某种资格、某种技术等,以保证他人和从业者本人的身体健康、安全和社会安全。(4)行政监督。即行政机关通过检查、调查、审查等方式,对行政相对人是否遵守和履行法律、法规和行政命令所确定的义务实施监督。(5)行政强制。即行政机关对不履行法律、法规或行政命令的相对人采取一定的强制措施,迫使其履行义务或达到与其履行义务相同的状态。(6)行政处罚。即行政机关对违反行政法律规范或行政管理义务的相对人实施制裁,以保证法律规范的实施和行政管理的秩序。[42]

20世纪中期以后,传统的行政目标和行政管理手段开始发生变化,一些西方国家展开了"新公共管理"运动(New Public Management)。"新公共管理"有四项主要内容,其中第一项和第二项的内容是:将传统公共管理的主体中心主义、权力中心主义转化为客体中心主义和服务中心主义。张康之先生在《论"新公共管理"》一文中认为以往的公共管理经历了从"统治行政"到"管理行政"的变迁。"统治行政在对政治秩序的强化中所要实现的是维护统治的目标,统治权和统治行为处于整个社会的中心位置;管理行政

---

[40] 参见〔德〕平纳特著:《德国普通行政法》,朱林译,中国政法大学出版社1999年版,第105页;〔日〕西冈等著:《现代行政法概论》,康树华译,甘肃人民出版社1990年版,第100页。

[41] 参见林纪东著:《行政法》,台湾三民书局1980年版,第320—325页;杨建顺著:《日本行政法通论》,中国法制出版社1998年版,第375—380页。

[42] 参见王珉灿主编:《行政法概要》,法律出版社1983年版,第125—133页;姜明安主编:《行政法与行政诉讼法》,北京大学出版社、高等教育出版社1999年版,第103—106页。

在社会秩序的要求中总是把行政管理体系及其运行状况作为基本的关注点,行政权和行政行为被置于整个社会的中心位置。"此二者"都是一种主体中心主义的权力体制和运行机制,无论是管理者还是统治者,都是以自我为中心,被管理者和被统治者作为'我'的对象是从属于'我'和为了'我'而存在的"。新公共管理与此二者不同,行政权力和行政行为均从属于为"顾客"(即行政相对人)服务的中心目标。"公共管理把需要服务的公众视为公共机构的顾客,通过调查、倾听顾客的意见,建立明确的服务标准,向顾客作出承诺以及赋予顾客选择'卖主'的权利",从而把公共管理变成了为公众服务。[43]

与行政管理目标的变迁相适应,行政管理的手段在 20 世纪中后期也发生了较大的变革。相对于传统的行政管理手段,现代行政管理手段的权力性、强制性色彩减弱了、淡化了,而越来越多地体现出民主、协商的品格,体现出行政主体与行政相对人相互合作的精神。这种新的品格和精神既在变革后的传统管理手段中得到反映(如在行政许可、行政处罚中增加听取相对人陈述意见和举行听证的程序,在行政征收、行政强制中增加事前告知程序和为相对人提供申辩的机会,等等),又在 20 世纪中后期新出现、新发展的许多新管理手段[44]中得到体现。这些新管理手段主要有下述四种:

(一) 行政指导

行政指导是现代行政管理一种使用频率很高的手段。行政机关通过发布各种政策文件、纲要、指南或通过直接向相对人提供建议、劝告、咨询等,引导行政相对人作出某种行为或不作出某种行为,发展哪些领域、事业,或抑制哪些领域、事业等。行政指导不具有要求相对人必须执行的直接法律效力,但行政机关可通过各种宏观调控措施(如财政、计划、税收、利率等)和其他利益机制(如建设规划、土地利用规划、水、电、道路、交通的配置与使用等),引导相对人遵循行政指导,作出符合行政指导目标的

---

[43] 参见张康之:《论"新公共管理"》,载《新华文摘》2000 年第 10 期。
[44] 这些管理手段有的也许产生于更早的时期,但是真正在行政管理中得到较广泛运用,从而得到较大发展则还是在 20 世纪中后期。

行为。行政指导由于不具有直接强制性,使相对人有较大选择的空间,体现了对其意志的尊重和行政管理的民主性。在许多场合,行政相对人往往自愿接受行政指导,按行政机关的指导行事,从而使行政管理的目标以较小的阻力、较小的代价有效地得以实现。但是行政指导也有另外的一面:指导一旦错误或失当,导致相对人利益重大损失,行政机关却可以以其行为属于"指导"而非强制为由而不负责任。对此种情况,现在许多国家都在研究解决办法,法律开始对行政指导手段适用的范围、程序和责任加以规范。在新世纪,各国行政法无疑将对行政指导进一步在制度上予以完善,行政指导将不再是完全自由裁量的事实行为,而是应受一定法律规范约束的法律性行为(亦非完全的法律行为)。

(二) 行政合同

在现代行政管理中,行政机关越来越多地运用行政合同手段实现其管理职能。特别是在经济领域、城乡建设和规划领域、科教文卫领域、社会保险和社会福利领域,行政合同运用得越来越频繁。相对于传统行政管理的单方行为来说,行政合同的签订要与行政相对人协商,行政机关要求相对人作出或不作出某种行为要取得相对人的同意,行政机关和行政相对人履行合同的权利、义务要经双方相互认可,并写入合同之中。这种管理方式充分体现了行政机关对相对方意志的尊重,从而有利于调动相对方的积极性、创造性,有利于取得相对方对其管理行为的配合,从而能更有效地实现行政管理目标。当然,行政合同并不完全同于民事合同,行政机关在合同关系中仍然享有某些优益权,如对行政相对方履行合同的监督权和某些相应的强制权,根据社会公共利益需要而单方面解除合同权。对于行政机关的这些优益权,行政相对方通过履行合同取得的优厚报酬、优惠条件等获得补偿。

行政合同作为一种行政管理手段,并非能适用于所有行政领域和所有行政管理事项。在国家安全、社会秩序和许多涉及国家和公共利益的重要领域,一般都不适用行政合同。而且,在可能适用行政合同的领域,法律对行政合同手段的运用亦应加以严格的规范和控制,如合同的缔结在可能的条件下,应采用招标、投标的方式。否则,这一管理方式也极易导致腐败和权力滥用。

(三) 行政奖励

行政奖励是行政机关运用精神和物质激励的方式引导行政相对人作出某种行为,以促成一定行政目标实现的行政管理方式。行政奖励虽然是针对特定个人、组织颁发的,但它对一般公众也有普遍的激励作用。首先,行政奖励的适用范围、对象和条件通常通过法律、法规向社会公开,人们欲获得相应奖励,即会自觉努力创造条件,去实现法律、法规规定的要求;其次,受奖的先进模范人物及其事迹通常会通过新闻媒介或行政文件向社会公布,这对广大社会公众无疑会起到相应的宣传教育作用,激发他们向先进模范人物学习,从而积极作出相应奖励设立者欲鼓励人们作出的某种行为,达到行政管理的相应目的。很显然,这种管理方式相较于行政命令、行政强制、行政处罚的方式,淡化了权力色彩,体现了对相对人的尊重,更多地体现了民主性。当然,行政奖励并不能代替行政命令、行政强制、行政处罚等传统的管理手段,作为一种新的管理手段,它只能是传统管理手段的补充。

(四) 行政给付

行政给付主要是"福利国家"时代发展起来的一种管理手段,即行政机关通过给特定行政相对人发放抚恤金、救济金、养老金、失业补助、最低生活补贴等,以维持处在年老、疾病、贫穷、失业和其他困难情境下的相对人的基本生活,进而维持社会的安定和社会正常的生产、生活秩序。在现代社会,虽然许多原实行过分"福利国家"政策的西方国家正在修改其过高的福利政策,但是行政给付作为伴之而生的管理手段,不仅没有消失,而且适用范围还有所扩大。例如,一些国家的行政机关将行政给付与税收等传统行政手段结合适用,共同实现对经济的宏观调控和对社会收入的再分配,以保障社会公正。如我国政府对"老少边穷"地区实行的财政补贴即属于起这种作用的行政给付。当然,行政给付的运用亦不可过头,而只能与其他行政手段适当地配合和协调运用。否则,会导致"行政国家"弊端的出现。

上述行政管理手段的变迁,无论是传统手段内容和程序的变革,还是新的手段的产生和形成,都还只限于国家行政机关行使行政职权对社会实施行政管理的领域。至于在行政权力社会化情形下,非国家的社会公共体行使特定行政职权,实施一定范围、一定领域的行政管理,其行政手段则更为多样化,更体现了权力弱化和与相对人的协商、合作精神。

五、行政控权机制的变迁:从偏重司法审查到司法审查与行政程序并重

在许多西方传统行政法学者看来,行政法就是控制行政权的法,而控权的主要手段是司法审查。这种观点的典型代表可以认为是英国的著名行政法学家韦德和美国行政法泰斗戴维斯。韦德在其名著《行政法》中提出,行政法即是有关控制政府权力的法(Law relating to the control of governmental power)。[45] 戴维斯在其20世纪50年代末出版的《行政法教程》中指出,"行政法是有关行政机关权力和程序的法,特别是包括对行政行为司法审查的法律"。[46] 从现代行政法的实践考察,这种控权论的观点显然是片面的。行政法的功能并非仅仅是控权,行政法对于行政主体亦有激励的作用。[47] 即使行政法的基本功能或主要功能是控权,控权也不限于消极的事后控制,而应包括积极的事前、事中控制,甚至积极控制比消极控制有更重要的意义,在现代控权机制中有更重要的地位。但是这都是从现代行政法角度考察,如果我们研究传统行政法,研究19世纪和20世纪初的行政法,控权论是基本符合当时的实际的,司法审查确实是当时行政法控权的基本手段。

在"夜警国家"时代,人们视行政权为"必要的恶",极为不信任、不欢迎行政权。议会仅授予行政机关极为有限的权限,除国防、外交以外,在内政方面,主要限于治安、邮政、税收等项。到20世纪初期,行政权开始涉足经济、贸易等领域,但范围和权力仍非常有限。对于当时政府这些极为有限的权限,人们还是感到对其自由、权利构成威胁,并设置严格的监督制约机制对其控制。在当时的监督制约机制中,最重要的环节就是司法审查。

司法审查之所以成为当时最重要的行政控权制度,其原因主要有三:

---

[45] H. W. R. Wade, *Administrative Law*, Oxford University Press, 1989, p.4.
[46] K. C. Davis, *Administrative Law Text*, West Publishing Co., 1959, p.1.
[47] 参见罗豪才、宋功德:《现代行政法与制约、激励机制》,载《中国法学》2000年第3期。

（1）传统法治原则的影响。传统法治理论认为,人民权利、自由最可靠的保障是独立的司法。人民之间,人民和政府之间的一切争议都必须由法院(普通法院)解决[48],而法院解决行政争议就意味着对行政行为进行司法审查。(2)传统分权理论的影响。根据传统分权学说,权力有扩张和腐败的趋势,集权必然导致专制和权力滥用。要防止专制,防止权力滥用,必须建立权力制约机制,据此,国家权力分成立法、行政、司法三个组成部分,三权相互制约平衡。在三权中,行政权被认为最强大,它掌握着刀剑;立法部门的权力同样不小,它掌握着钱包;唯有司法权最弱小。为了保持权力平衡,故必须赋予司法部门以司法审查权。[49]（3）法院在人们心目中长时期树立起来的公正形象。法院由于有一套公开、公正、公平的司法程序,在人们心目中历来是公正、廉洁的化身。因此,人们在选择行政控权主体和建立行政控权机制时,首选的自然是法院及其司法审查。

在19世纪和20世纪前期,司法审查一直是行政控权机制的最基本环节(虽然不是唯一环节)。人们信任法院,信任司法审查,认为有了法院司法审查的屏障,行政权的腐败和滥用就可以有效得到抑制,人民的权利和自由就可以得到有效保障,人们完全可以放心地获得行政正义。但是,20世纪中期以后,这种情况发生了变化:司法审查的事后控制已不足以抑制行政权的滥用、腐败和维护行政正义,人们已不能仅依靠司法审查而有效地保护自己的权利和自由。这种变化是怎么发生的呢？其最重要的原因是"行政国家"的出现。20世纪中期以后,国家行政职能大为扩张:行政机关不仅享有过去不曾享有的大量的法定职权,而且开始享有越来越广泛的自由裁量权。行政机关过去管的事很少,滥权和侵权的机会本来就少,加上司法审查所具有的威慑力,控权的目的能有效实现。而在行政机关职能大为膨胀、管理领域越来越多、管理范围越来越大的情况下,其滥权、侵权的机会几十倍、上百倍地增加,且与日俱增。对此,司法审查自然难以事后一一加以监督、救济。即使能够做到,行政滥权、侵权造成的许多损失也是事后不可弥补的,对之进行事后司法审查也在很大程度上失去了意义。

对"行政国家"时代法定职权的监控,司法审查的功效尚且如此,对行政

---

[48] 参看本文"行政法原则的变迁"部分及其注释。
[49] 参阅龚祥瑞著：《比较宪法与行政法》,法律出版社1985年版,第116页。

自由裁量权,司法审查监控的作用就更是有限。因为司法审查主要是审查行政行为的合法性问题,合法性的标准是法律,而自由裁量的行政行为不是根据法律,而是行政机关根据特定事件的具体情况,依有关政策考量而作出的,故法院很难对之进行审查。只要行政机关裁量没有超出法定范围,法院即使认为其不合理,一般也不能以司法裁量代替行政裁量。

由此可见,在"行政国家"的条件下,司法审查的控权功效发生了危机:行政权越来越大,而监控却越来越不力。这样,人民的权利和自由不是要重新处于专制权力(不受控制的权力即是专制权力)的威胁下吗?人们当然不会允许这种情况出现。于是,新的控权机制被创建出来:自20世纪40年代以后,世界上许多国家和地区陆续制定出专门规范行政行为的行政程序法[50],对行政权的行使进行事前、事中控制,并为司法审查对行政行为——特别是自由裁量行为进行事后控制提供审查标准和依据。

行政程序是现代行政控权机制最重要的环节。不同国家、不同地区的行政程序法的内容和体例不尽相同,但其控权功能大致相同。大多数国家和地区的行政程序法设立了下述控权程序制度:

(一) 听证制度

听证制度是行政程序的核心制度。听证既适用于具体行政行为,也适用于抽象行政行为。听证既可以是正式的,也可以是非正式的。正式的听证制度吸收了某些司法或司法性程序:行政机关在作出行政决定前,要由专门的听证机构或听证官员(如美国的行政法官)主持有行政官员和行政相对人及其代理人参加的听证会,行政官员对欲作出的决定应进行说明,行政相对人可对之提出不同意见,双方可进行辩论、对质;听证必须做详细记录,行政机关必须在考虑听证记录的基础上作出最后行政决定。非正式听证则不要求举行听证会,只要求行政机关在作出行政行为前采取一定方式听取相对人的陈述或申辩,即给予相对人一个说话和表示异议的机会。很显然,这种制度有利于控制行政机关滥用权力和及时避免错误(而不是到事后再纠

---

[50] 部分国家和地区行政程序法制定的时间分别是:美国 1946 年;奥地利 1950 年;意大利 1955 年;西班牙 1958 年;瑞士 1968 年;德国 1976 年;荷兰 1994 年;日本 1993 年;葡萄牙 1996 年;韩国 1996 年;我国澳门地区 1994 年;我国台湾地区 1999 年。

正错误）。

（二）资讯公开制度

资讯公开是防止行政腐败的一项重要制度。所谓"阳光是最好的防腐剂"、"暗箱操作是腐败的温床"，均是说明政府资讯公开的必要性和重要意义。资讯公开要求政府将所有涉及行政相对人权利、义务、利益的信息，包括法规、规章、其他规范性文件、行政政策、行政决定、行政机关的工作制度、办事规则及程序、手续等，只要不是法律规定应予保密的，均应以一定方式向社会公开，允许相对人以一定方式获取、查阅或复制。行政相对人掌握了行政运作的信息，不但有利于保护自己的合法权益，而且有利于监督和制约行政机关滥用权力。

（三）职能分离制度

职能分离制度是分权制度在行政机关内部的运用，它要求行政机关将其内部的某些相关职能加以分离，使之分属于不同的机构或不同的工作人员掌管和行使，如行政处罚中的调查、控告职能与作出处罚决定的职能分离，处罚决定职能与决定执行职能（如收缴罚款）分离等。职能分离制度的意义在于在行政机关内部建立相互制约机制，防止权力腐败。

（四）不单方接触制度

不单方接触制度是调整行政机关与两个或两个以上有利益冲突的当事人之间的关系的行政程序制度。该制度要求行政机关在处理某一涉及两个或两个以上有利益冲突的当事人的行政事务或裁决他们之间的纠纷时，不能在一方当事人不在场的情况下单独与另一方当事人接触，听取其陈述，接受其证据等。不单方接触制度不仅是防止行政腐败的需要，而且对于避免行政人员偏听偏信和作出不公正的决定亦有重要意义。

（五）回避制度

回避制度是"自己不做自己的法官"的自然正义（natural justice）原则的要求。该制度要求行政机关及其工作人员在作出行政决定和实施行政行为时,如自己或自己的近亲属与相应决定、行为有利害关系,应主动回避或应相对人申请回避,不参与相应决定的制作和相应行为的执行。回避制度对于防止行政机关及其工作人员实施行政行为时以权谋私和维持行政机关在公众心目中的公正形象均有重要意义。

(六) 说明理由制度

说明理由也是行政程序控权的一项重要制度。该制度要求行政机关在作出涉及相对人权益的决定、裁决,特别是作出对相对人权益有不利影响的决定、裁决时,必须在决定书、裁决书中说明其事实根据、法律根据或行政机关的政策考量等理由。说明理由既是对行政机关实施行政行为的一种直接制约,防止其主观武断和滥用权力,也是为事后的司法审查提供根据,从而构成对行政行为的间接制约。

20 世纪中后期的行政控权实践证明,行政程序是现代行政控权机制中最积极、最有效的一种控权制度。当然,行政程序控权不能脱离司法审查。没有司法审查的保障,行政程序的作用会大打折扣。因此,现代行政控权机制是行政程序和司法审查并重,而不是以行政程序控权代替司法审查控权。

新世纪行政法是旧世纪行政法的继续和发展,旧世纪行政法在四大世界潮流(经济全球化、信息化、市场化、民主化)影响下已开始的变革在新世纪无疑将会更加深入地继续下去,新世纪行政法发展的走向从旧世纪行政法的五大变迁中已初露端倪。

原载《中国法学》2002 年第 1 期

行政的"疆域"与行政法的功能

一、西方国家行政"疆域"的扩张及学者解说

行政王国的版图究竟有多大,或者说它应该有多大,其"疆域"如何界定,这恐怕很难有一个确定的答案。

不同的时代,政府有不同的管理职能。行政的范围是变化着的和发展着的。

不同的国度,不同的地区,政府主管事务的多寡和干预领域的广窄会有很大的不同。

不同时代、不同国度、不同地域行政"疆域"的大小取决于相应时代、相应国度、相应地域的经济和社会发展状况、政治体制以及统治者信奉和实施何种治理理论(如"全能政府"理论、"无为而治"理论等)。

德国行政法学者毛雷尔在其《行政法学总论》一书中描述了德国行政从绝对国家时期到自由国家时期再到社会法治国家时期的变迁:在绝对国家时期(17至18世纪),"行政活动的范围和强度不断扩大,以规范和命令、补贴和救助的方式逐步介入商业、经济和社会生活的各个领域,甚至涉足个人的私事。广泛而又积极行政的原因一方面是试图通过控制行业和经济的发展,保证军队和皇室的需要;另一方面是教会长久以来观念的影响,即国家不仅要关心共同体的福祉,而且还要关注个人的福

利(幸福)"。到自由国家时期(19世纪),"自由市民阶层纷纷反对以君主及其公务员机器为表现形式的国家的管制和监督,要求将国家行政的活动范围限制到为保护公共安全和秩序、消除危险所必要的限度之内,并且将行政在其他领域里的活动也置于法律的约束之下,在个人、社会和经济领域,实行以自由竞争原则为基础的自行调控机制(全面放任原则)"。而到社会法治国家时期(20世纪),"工业化和技术化日益发展,一方面,越来越多的人日益集中在大城市的狭小空间里,战时和战后的大规模征兵、家庭和邻里的约束和扶助的淡化;另一方面,日益增长的个人需要和要求——正如现代平等主义工业社会的发展及其问题——要求国家在社会中更加活跃。国家要提供个人需要的社会安全,要为公民提供作为经济、社会和文化等条件的各种给付和设施(例如水、电和煤气、交通管理、废水和垃圾清理、卫生保障、医院和养老院、学校、高校和其他培训设施、剧院、博物馆和体育设施等等);最后,为了保证社会公平,保持或者促进经济结构的繁荣,国家还必须对社会和经济进行全面的干预"。①

英国行政法学者韦德在其巨著《行政法》一书中讲到英国行政从19世纪到20世纪的变迁时首先引述英国历史学者泰洛的话,"直到1914年8月,除了邮局和警察以外,一名具有守法意识的英国人可以度过他的一生却几乎没有意识到政府的存在"。② 韦德认为泰洛的话描述的是英国19世纪和之前的行政疆域。而"到了1914年,大量的迹象表明政府的概念发生了深刻的变化。这些变化则是20世纪的特征。国家学校的教师、国家的保险官员、职业介绍所、卫生和工厂检查员以及他们必不可少的同事——税收员就是这些外在、可见的变化"。20世纪英国行政的疆域已扩大到公民"从摇篮到坟墓"的整个地带:"保护他们生存的环境,在不同的时期教育他们,为他们提供就业、培训、住房、医疗机构、养老金,也就是提供衣食住行。"③英国行政疆域的这种变迁,一方面是其社会经济发展的结果,另一方面也如韦德所指出,是英国人理念情感变化的反映。"现代行政国家正在形成,纠正

---

① 〔德〕哈特穆特·毛雷尔著:《行政法学总论》,高家伟译,法律出版社2000年版,第14—17页。
② A. J. P. Taylor, *English History 1914—1945*, Oxford University Press, 1965, p.1.
③ 〔英〕威廉·韦德著:《行政法》,徐炳等译,中国大百科全书出版社1997年版,第1—3页。

社会和经济的弊病是政府的职责,这种看法反映了人们的情感。"④

法国公法学者莫里斯·奥里乌认为法国行政制度(行政疆域的形成)是中央集权运动的产物。"这种最初的集中纯粹是政治意义上的,也就是说它仅限于解决统治问题:所有的地区都将处于同一统治之下,共同政府将承担起保卫和平所不可或缺的责任,即外部防御、内部治安和司法。""在这种政治集中化的内部,还孕育着另一种集中化,这就是行政集中化。""它凭借行政部门举足轻重的权力,导致了组织上的巨大变化,以及对私人自由的众多限制。一方面,鉴于它的同一性,它管理的众多的公共事业以及所掌握的权力(这种权力正是来自它所提供的服务),中央化的行政部门成为国家重要的权力机构。另一方面,要想组织这么多的公共事业,要想发展它们的活动,就必须牺牲一些过去由私人企业占据的职位。由于习惯,所有这些公共事业就成为了居民的一些日常需要,成为公民生活的一个组成部分。"莫里斯·奥里乌指出,尽管行政集中化和行政疆域的扩大对私人自由和权利造成了严重威胁——所有的人在"执行公务"(过去则是"为国王效力")这句拥有魔力的话语面前似乎都变得无足轻重,"但由于它所带来的好处而得到了原谅:大量的公共事业都治理得井井有条,由于它们提供的便利而成为生活中不可缺少的一个组成部分,……而且还有问题的另一个方面,非常有利的一面,即行政制度有利于创造财富,并有利于拓宽市民生活的领域"。⑤

美国行政管理同样经历了从"守夜人式国家"到"行政国家"的变迁。"古典自由主义理论的守夜人式国家,其功能仅限于保护它所有的公民免遭暴力、偷窃、欺骗之害,并强制实行契约等。"⑥这种国家模式即美国学者罗伯特·诺齐克所提倡的"最弱意义的国家",也就是所谓"管事最少的国家"、"最低限度的国家",即除了保护性功能之外再无其他功能的国家。但是这种国家的行政模式到19世纪末20世纪初就逐步被现代国家的"行政国家"模式所取代。美国行政法学者E.盖尔霍恩和R.M.利文在其合著的《行政法和行政程序概要》一书中写道:

---

④ 同上书,第1页。
⑤ 〔法〕莫里斯·奥里乌著:《行政法与公法精要》,龚觅译,辽海出版社、春风文艺出版社1999年版,第4—6页。
⑥ 〔美〕罗伯特·诺齐克著:《无政府、国家与乌托邦》,何怀宏等译,中国社会科学出版社1991年版,第35页。

在接近本世纪之时,诸如州际商业委员会和联邦贸易委员会等机构纷纷成立,试图控制垄断集团和大公司的反竞争行为。继30年代的经济大萧条之后,出现了新政时期的机构激增。新政的目的旨在稳定经济,缓和毫无管理的市场的无节制性……在战争时期,又设立或扩大了一些机构,以便动员人力,组织生产并施行价格控制和给养分配。从无线电广播到航空运输到核能的新技术的发展又导致新的行政部门的创立……。在60年代,贫穷和种族歧视的不公成为全国关注的紧迫问题,为解决这些问题而制定的各项计划进一步扩大了政府机关的规模。较近期以来,公众日益关注人类健康和安全及自然环境遭受的威胁,这同样促进了新的行政机关和新的规制的创立。⑦

关于美国行政疆域在20世纪不断扩张的原因,盖尔霍恩和利文认为在于行政管理程序所具有的极大的灵活性:

行政机关较之法院、立法机关或选举产生的行政官员而言,拥有若干体制上的实力,能够据此处理各种复杂的问题。其中最重要的大概是拥有具有专门才能的工作人员:每个机关均有雇用它所需要的能够完成工作的人员,这些人员具有各种综合才干、技能和经验。此外,由于特定的机关负责公共政策的某一有限领域,该机关便得以通过不断地接触那一存在问题的领域而发展所需的专长。机关也可变通其管理方法和决策程序以解决手边的问题。各种机关可以通过要求取得从事具体活动的许可证来控制某一领域的发展;它们能够规定标准、裁断违法行为及决定处罚;它们能够批准拨款、补助或其他奖励;它们能够制定最高和最低费率;它们还能够通过多种多样的非正式方法影响人们的行为。⑧

考察上述西方国家行政发展的一般轨迹,通常都经历了从19世纪行政疆域的相对狭小、行政管理职能的相对有限(多只限于国防、外交、社会治安、税收和邮政寥寥数项),到20世纪,特别是20世纪30年代以后,行政疆

---

⑦ 〔美〕E.盖尔霍恩、R.M.利文著:《行政法和行政程序概要》,黄列译,中国社会科学出版社1996年版,第1页。

⑧ 同上书,第1—2页。

域大为扩张、行政职能大为膨胀的重大转折。尽管19世纪以前,德国等一些欧洲国家在"绝对国家"时期也曾有过广泛和积极的行政,但那时行政的范围远不能与20世纪"行政国家"时期的行政相比。20世纪以后行政疆域之所以大为扩张,行政职能之所以大为膨胀,其重要原因之一是人们在经历了自由市经济场创造了那么多的奇迹、给人们带来了那么多的财富和机会之后,突然面对"市场失灵"导致的大灾难而手足无措,转而过分相信政府,相信行政权,认为政府及其行政权是万灵的,能够医治"市场失灵"和解决人们在社会生活中发生的种种问题。于是,大肆扩张政府机构,不断增加行政职能,以致使行政的疆域大大地突破了国防、外交、治安、税收、邮政等传统的边界,20世纪行政新扩充的领域主要包括:(1)干预经济,对经济活动进行规制;(2)调控国内国际贸易、管理国内国际金融;(3)举办社会福利和社会保险;(4)管理教育、文化和医疗卫生;(5)保护知识产权;(6)保护、开化和利用资源;(7)控制环境污染和改善人类生活、生态环境;(8)监控产品质量和保护消费者权益;(9)管理城市规划和乡镇建设;(10)直接组织大型工程建设和经营、管理国有企业;等等。⑨

　　我国和原苏联、东欧国家的情况与西方国家的情况有所不同,人们从一开始就相信政府,特别是人民政权建立之初,国家在恢复国民经济和工业化建设方面取得了某些成就之时,人们对政府的信任简直达到了迷信的程度,认为社会主义国家的政府无所不能,故赋予政府管理一切、干预一切(从社会经济活动到公民的私人生活)的职能。政府行政职能的广泛简直为革命前旧政府的职能所不可比拟。

二、现代行政"疆域"的发展——社会公行政作用增强

　　行政法的调整范围首先决定于行政的"疆域",而行政的"疆域"究竟应有多大,这又取决于对"公共物品"的界定。如果人们把实质上属于非公共物品的事务纳入"公共物品"的范畴,让政府管理本应由市场调节,并且市场

---

⑨ 参阅姜明安主编:《行政法与行政诉讼法》,北京大学出版社、高等教育出版社1999年版,第4、99—101页。

有能力调节的事务和纯私人领域的事务，行政的"疆域"就会不适当地扩张，这是问题的一个方面。问题的另一个方面是，即使是"公共物品"，也不是只能由政府提供，在现代社会，政府以外的"第三部门"，即社会公共组织，提供"公共物品"的比重越来越大。然而，在此种情形下，由社会公共组织提供"公共物品"的行为是否属于"行政"的范畴，是否可受行政法调整，或者说，行政相对人（公民、法人、其他组织等）对其行为不服，是否可向人民法院提起行政诉讼，都是摆在行政法学者面前的一个新的问题。

社会公共组织提供"公共物品"的行为不同于政府提供"公共物品"的行为：后者以国家权力为后盾，前者只能依相应组织成员所达成的协议、章程（除法律、法规对之专门授权外）为行为根据。由于存在此种区别，传统行政法学通常只研究国家行政，而很少将社会公行政纳入研究范围。然而，随着20世纪后期国家权力向社会转移，这种情况有了改变，社会公行政开始逐步纳入行政法调整的范围和行政法学研究的对象。

根据现代行政法学理论，行政不再仅仅指国家的职能、国家的作用或国家的活动，现代行政同时也指国家以外的非以营利为目的，而以为一般社会公众和本组织成员提供服务为宗旨的社会公共组织（如律协、医协、消协、村民委员会、居民委员会等）的职能、作用和活动。传统行政法和行政法学仅以国家行政为对象，这自然有着历史的原因。因为在20世纪中期以前，作为国家和市场之外的"第三部门"的公共组织、社会团体尚未得到充分发展，其与一般社会公众和本组织成员亦未出现多大的利益冲突，从而也尚未产生要求法律调整的多大的必要性和迫切性。现代社会则不同，国家行政以外的公行政较前大为发展，国家行政权越来越多地向社会转移。一般社会公权力与国家权力相比，虽然其与社会公众的距离相对较近，其权力行使较易于受到社会公众的监督，从而腐败的可能性和侵犯相对人权益的可能性相对较小（这正是社会公权力和社会公行政发展的重要原因）。但是社会公权力毕竟同样是一种权力，既然是权力，如果仅凭社会监督而没有法律和制度的制约，同样会产生腐败、滥用和侵权的威胁，从而其与一般社会公众和相应社会组织成员亦会产生利益矛盾和冲突。因此，现代行政法将国家行政以外的社会公行政纳入行政法的调整范围（包括相对人可对之提起行政诉讼，人民法院可对之进行司法审查）就不仅具有必要性，而且随着市场经济的发展和社会公权力作用范围的扩大而越来越具有迫切性。社会公行政既然应纳入行政法的调整范围,那么,它作为行政法学研究的对象也就是理所当然的了。

教育部高等学校法学教学指导委员会组织编写的面向21世纪课程教材《行政法与行政诉讼法》指出:"国家行政属于公行政,但公行政并不等于国家行政。公行政除了国家行政以外,还包括其他非国家的公共组织的行政,如基层群众性自治组织(村民委员会、居民委员会等)的行政、公共社团(律师协会、医生协会等)的行政,公共企事业单位(国有企业、公立学校、研究院等)的行政。传统的行政法学通常只研究国家行政(国家行政机关的行政),20世纪中期以后,各国行政法学大多将国家行政以外的公行政也开始纳入研究的范围。"[10]例如,许多英美行政法学著作在讨论正当法律程序原则中引用公立学校开除学生学籍或给予其他纪律处分的案例以及律师协会吊销开业律师执照的案例。德国、法国、日本等国的行政法学著作大多单设专章研究国家行政机关(包括中央和地方行政机关)以外的公法人行政。我国人民法院的行政判例近年来也开始涉及国家行政机关以外的公行政问题。[11]

三、行政法的功能——管理、控权还是平衡

关于行政法的功能,学界主要有三种基本观点:管理论、控权论和平衡论。

管理论认为,行政法的主要目的和功能在于保障国家和社会公共利

---

[10] 姜明安主编:《行政法与行政诉讼法》,北京大学出版社、高等教育出版社2011年版,第2页。

[11] 近年来,一些地方人民法院开始受理被高等学校拒绝录取,而原告自己认为符合高校录取条件的考生对高等学校提取的诉讼以及高校学生不服校方开除、退学处分或拒发毕业证、学位证而提取的诉讼。法院将被诉的高校作为法律、法规授权的组织而归入行政诉讼被告的范畴。例如,1998年10月5日,北京市海淀区人民法院受理了北京科技大学毕业生田永不服其所在学校拒绝向其颁发毕业证书、学位证书以及拒绝为其办理毕业派遣手续的行为而提起的行政诉讼,并且于1999年2月14日判决被告北京科技大学限期向原告颁发毕业证书,对原告学位资格进行审查和为原告办理毕业派遣手续(见《人民法院报》1999年6月8日第4版)。

益。原苏联行政法学者马诺辛在其所著《苏维埃行政法》一书中指出:"行政法作为一种概念范畴就是管理法,更确切一点说,就是国家管理法……行政法规范调整苏维埃国家管理范围内的社会关系,即在社会主义和共产主义建设中为完成国家任务和行使国家职能而进行实际组织工作的过程中产生的关系。"[12]行政法的目的和功能决定行政法的手段。管理论认为,行政法律关系主要是命令—服从关系,从而行政法的手段主要是强制和命令性的。瓦西林科夫在其主编的教科书中指出:"行政法调整方法是以多数人意志不平等为前提,一方当事人以自己的意志加于另一方当事人,使另一方的意志服从自己的意志。在国家管理机关和管理对象(企业、事业单位和组织)之间,国家管理机关和公民之间、上级管理机关和下级管理机关之间的相互关系上均属这种情况。在行政法律关系中,一方当事人常常被赋予国家政权权限:它可以作出管理决定,可以对另一方当事人的行动实行国家监督,在法律规定的场合,可以对另一方适用强制措施。""管理过程的权力和组织性质自然也反映到行政法规范的内容上。这种规范大都是命令性的,即包含必须做一定行为的命令,违反这种规范的要求将直接导致适用国家责任措施,这种责任的一定形式也由行政法规范规定。"[13]当然,管理论学者在强调行政法律关系的权力—服从性和管理手段的命令—强制性时,也提出要遵守法律规范、符合法律的有关要求。例如保加利亚行政法学者斯泰诺夫和安格洛夫指出:"在行政法律关系中'权力—服从'的界线仅仅在法律关系发生时具有意义。如果这种关系根据行政文件一经发生,那么它的各方就必须同样遵守相应的法律规范,履行由这些规范产生的义务并确切符合客观法律规则的要求,……'权力—服从'关系,或者确切地说,命令关系,仅仅表现为国家机关不依赖另外一方(公民或社会组织)的同意而作出决定,国家机关直接根据法律的规定行动。"[14]但是在原苏联、东欧国家和我国计划经济时代,在法律不健全、不完备、不受重视,甚至还经常受到破坏的条件下,行政法学者提出的行政管理的命令—强制手段应依法实施的要求

---

[12] 〔苏联〕马诺辛等著:《苏维埃行政法》,黄莲秀译,群众出版社1983年版,第29页。

[13] 〔苏联〕瓦西林科夫主编:《苏维埃行政法总论》,姜明安等译,北京大学出版社1985年版,第3、18页。

[14] 参见《国外法学》1982年第5期,第9页。

仅仅只是纸面上的,实际社会生活中的命令—强制手段往往是任意的、专断的。

　　控权论认为,行政法的主要目的和功能是控制政府权力和保护公民权利。英国著名行政法教授韦德指出,"行政法是控制政府权力的法"。[15] 美国行政法学者盖尔霍恩和博耶亦提出,"行政法是控制和限制政府机关权力(主要是通过程序)的法律控制器"。[16] "人们传统上一直对不受限制的政府权力抱有无可非议的极大的怀疑",因此,行政法的基本任务"就是用来控制和限制政府权力"。[17] 美国行政法学者施瓦茨在其所著《行政法》中引述早期行政法学者古德诺关于行政法的论述,认为行政法是"公法的下述部分:规定行政当局的组织及其权限,向个人指明他的权利受到侵害时的救济。"施瓦茨指出,行政法的目标是要纠正个人与国家的不平等,"要尽可能保障在法庭面前,把个人与国家放在平等的地位上";"法院的任务是保障行政权力不能无限制地增长……制约权力的膨胀和滥用,以免其损害私人权利。"他引用另一学者伊革休·鲁特的话说,行政权力"本身就带有很多危险的可让其用于压迫和作恶的机会。如果我们要实行宪政的话,这些管理机关自身必须受到规制,它们管理公民的权力范围必须固定、明确。公民反抗它们的权利必须规定得清清楚楚"。施瓦茨进一步指出,行政法就是用以解决行政机关应有什么权力,其权力的限度是什么和如何限制其权力的问题。[18]

　　关于行政法控权功能的实现,控权论者认为主要有两个手段:司法审查与行政程序。盖尔霍恩和博耶在《行政法与行政程序》一书中指出"法院对行政机关作为或不作为的审查构成对行政行为的重要控制机制,行政法最直接关注的即是法院司法审查所产生的这套控制机制"。[19] 关于行政程序作为行政法控制手段的重要性,施瓦茨指出,"现在的焦点是行政程序自身——是行政机关在行使它们的权力时必须遵循的程序。行政法更多的是关于程序和救济的法,而不是实体法"。

---

[15]　H. W. R. Wade, *Administrative Law*, Oxford University Press, 1989, p.4.
[16]　E. Gallhorn, B. B. Boyer, *Administrative Law and Process*, West Publishing Co., 1981, p.3.
[17]　Ibid., p.3.
[18]　〔美〕伯纳德·施瓦茨著:《行政法》,徐炳译,群众出版社1983年版,第2、25、27页。
[19]　E. Gallhorn, B. B. Boyer, *Administrative Law and Process*, West Publishing Co., 1981, p.56.

平衡论学者关于行政法目的和功能的观点、主张是在既吸收管理论、控权论的合理内核,又批判二者的片面性的基础上提出来的。他们认为,"行政法既要保障行政管理的有效实施,又要防止公民权利的滥用或违法行使。行政机关的权利和相对方的权力应保持总体平衡。"行政法对行政权力与公民权利关系的处理之所以应取此种平衡模式,是因为"行政权力直接或间接来源于公民权利。权力是权利的一种特殊形式。行政权一旦形成,便同公民权利结成一种既相互依存又相互对立的关系"。[20] 我国著名行政法学者罗豪才认为,行政法是"调整行政关系和监督行政关系的法律规范和原则的总称"。"行政法的调整对象主要有两方面:行政关系和监督行政关系。行政关系和监督行政关系经行政法调整后,形成行政法律关系和监督行政法律关系。两者互相联系,共同构建统一、和谐的行政法律秩序"。[21] 实现此种体现行政权力与公民权利平衡的法律秩序即是行政法的基本目的和功能。

关于行政法目的和功能的实现手段,平衡论既不同意控权论过分强调行政程序、司法审查的作用,也不同意管理论过分强调命令、强制手段的作用,认为二者均具有片面性,前者忽视行政效率,不利于积极行政和维护国家社会公共利益;后者忽视相对方权利,不符合现代民主、法治发展的趋势。平衡论主张综合运用行政法的各种手段:既在必要的场合运用命令、强制手段,同时在大多数场合"尽量避免采用行政命令、行政制裁、行政强制手段,淡化权力色彩。在依法行政的前提下,行政机关应进一步变革传统的管理模式,积极推行行政指导,公民参与管理和行政管理社会化等措施,以协调与行政相对方的关系,维持两者的平衡"。[22] 平衡论虽不赞成过分强调行政程序和司法审查的作用,但也主张对行政程序和司法审查予以充分的重视。"现代行政程序以民主和公正为宗旨,同时兼顾效率。了解程序、公开程序、取证程序、回避程序、听证程序、处理程序、告知程序等是其主要内容。行政程序的设立赋予了相对一方以了解权、要求回避权、辩论权、申请补救权等一系列重要的程序性权利。公民正是以这些程序上的权利,抗衡行政机关

---

[20] 参见罗豪才、甘雯:《行政法的"平衡"及"平衡论"范畴》,载《中国法学》1996年第4期。
[21] 同上。
[22] 同上。

的执法权力,调和基于行政机关法律地位不对等造成的巨大反差,参与行政权的行使过程,从而使自己从单纯的行政行为的对象变成了可以通过行政程序制约行政行为的主体,从纯粹的被动者变成了一定条件下的主动者"。[23]司法审查"也是现代行政法的重心所在。立法虽然力图公平分派行政机关与相对一方的权利与义务,但却不能保证行政机关的执法活动完全符合法律。因此,为了纠正行政机关在执法阶段的违法行为,平衡执法阶段行政机关与相对一方因明显不对等的法律地位造成的巨大反差,保护相对一方的合法权益,行政诉讼(司法审查)制度遂为世界各国所普遍采用"。[24]

从平衡论的角度考察,行政法既有"管理"的功能,又有"控权"的功能。管理在于建立和维护秩序,实现行政的目标和任务;控权在于防止行政权的违法行使和滥用,保护行政相对人的合法权益。行政法的这两方面的功能都是不可忽视的,过分强调某一方面的功能而否定另一方面的功能都是有害的。但是从行政法的整体性质和内容考察,行政法的控权功能相对于管理功能是更主要和更基本的。不过,平衡论主张的控权是指积极的控权而不是纯消极的控权,即积极地促进和保障行政主体依法行使职权,防止其违法、越权、不作为和滥用权力,而不只是消极地限制政府权力和使政府尽量"少管事"。如果赋予控权功能以积极的含义,它本身也就同时具有维护和保障管理,维护和保障依法行政的内容。

所谓"行政权",从现代意义讲,即是指国家行政机关执行国家法律、政策,管理国家内政外交事务的权力。行政权从其权力内容考察,包括国防权、外交权、治安权、经济管理权、社会文化管理权等;从其权力形式考察,包括行政立法权(制定行政法规、规章等)、行政命令权(发布命令、禁令、制定计划、规划等)、行政处理权(行政许可、征收、给付等)、行政司法权(裁决部分行政、民事争议等)、行政监督权(行政检查、调查、审查、统计等)、行政强制权(限制人身自由、查封、扣押、冻结财产等)、行政处罚权(拘留、罚款、没收、吊扣证照等)、行政指导权(提出建议、劝告、警示、发布信息资料)等。

行政权是国家权力的组成部分,是社会秩序的保障。人们结成社会,共同生活,就不能没有权力;人们建立国家,进入政治生活,就更不能没有权

---

[23] 罗豪才主编:《现代行政法的平衡理论》,北京大学出版社1997年版,第20—21页。
[24] 同上书,第20—23页。

力,特别不能没有行政权,这是人们的常识所了解的。那么,行政法为什么要对行政权同时加以激励和制约呢?这是因为:第一,行政权同其他国家权力一样,其作用具有两重性:一方面,它可以为人们提供秩序,使人们能在一个有序的环境里生产、生活,它还可以起积极的组织、协调、指导的作用,促进社会经济的发展;但另一方面,国家权力也可以滥用,国家权力滥用,既会给人民的生命、自由、财产带来严重的威胁,还会阻碍以至于破坏社会经济的发展。第二,行政权不完全同于其他国家权力,它与公民个人、组织有着更经常、更广泛、更直接的联系。很多人一辈子可以不与法院、议会等直接打交道,但他们却必须从生到死与行政机关打交道。公民在人生的过程中的每一个阶段,甚至每年、每月、每日都要与行政机关打交道,如出行要接受交警监督,工作获得收入要向行政机关纳税,结婚要去行政机关领结婚证,办企业要向行政机关申请营业执照,盖房要经土地规划等行政机关审批、发证,出国要向行政机关办理护照,等等。行政权对行政相对人权益的影响是最直接的,无论是行政处罚、行政强制,还是行政许可、行政征收,或是行政给付、行政裁决,都会直接影响相对人的权益。第三,在现代社会,行政权不再是纯粹的执行管理权,而是包含了越来越多的准立法权和准司法权。在这种情况下,行政违法作为和不作为将给相对人权益和社会公共利益造成更重大的损害。正因为如此,行政法建立和完善对行政权的激励和制约机制具有特别重要的意义。

那么,行政法怎样激励和制约行政权呢?从整体上考察和分析行政法的规范可知,行政法主要从三个方面激励和制约行政权:其一,通过行政组织法,一方面授予行政权,包括行政自由裁量权,使其积极为社会提供服务,提供"公共物品",另一方面控制行政权的范围,使其只能在法定职权范围内实施行政行为,防止其越权和权力膨胀。其二,通过行政程序法规范行政权行使的方式。行政权对行政相对人权益的影响不仅在于其权限的范围,而且在于权力行使的方式,甚至更重要的是在于权力行使的方式。一个行政机关,权力即使再大,如果其行使方式有严格的和合理的程序规范,例如遵循公开、公正、公平的程序,相对人参与程序等,其对相对人权益的威胁并不会很大;相反,即使其权力很小,但如果其行使方式没有适当的程序制约和激励,其对相对人权益亦可造成大的威胁。例如,行政程序缺乏适当的激励机制,可能导致行政不作为,而行政不作为有时会给相对人权益造成很大的损害。其三,通过行政法制监督法、行政责任法、行政救济法以及公务员考核、奖励、晋升、福利等制度制约行政权滥用和激励行政机关及其工作人员主动、积极和依法行使职权。行政法制监督法、行政责任法、行政救济法主要是对行政权的制约,防止其滥权、侵权,但监督、责任、救济也同时蕴涵着激励,有促使其主动、积极和依法行使职权的功能。而公务员考核、奖励、晋升、福利等制度则主要是对行政工作人员的激励,但激励中也同样蕴涵着制约,同样具有防止行政违法、越权和滥权的功能。

原载《求是学刊》2002 年第 2 期,收入本文集时内容稍有删节。

软法与软法研究的若干问题

近年来,软法(soft law)的概念在欧洲、日本和我国均有越来越流行的趋势,不仅见之于一些法学学者的论文、论著,而且见之于若干政治学、社会学学者的学术报告和著述之中。① 但是,对于我国大部分学者来说,软法的概念仍很生疏,人们对之存在很多疑惑:什么是软法?软法究竟是不是法?软法有什么价值?法学界有没有必要投入有限的法学研究资源去开辟这样一个新的研究领域?本文作者根据自己对软法的粗浅见解,试图对这些问题给出一个可能难为学界完全认同,但却能引发学界思考,从而达到抛砖引玉效果的答案。②

---

① 参阅新潟国际信息大学教授 Yoichiro Usui 2005 年 9 月 2 日向当代欧洲研究学会(UACES)第 35 届年会和第 10 次专题研究会议提交的论文:《软法在欧盟环境治理中的作用:联接超国家法律程序和政府间政治程序沟壑的桥梁?——检视欧盟气候变化战略》(http://project.iss.u-tokyo.ac.jp/crep/pdf/ws05/3pa.pdf);法国学者 Francis Snyder 撰写的关于软法的专论:《软法和欧盟的制度实践》(Steve Martin, *The Construction of Europe*: *Essays in Honour of Emile Noel*, Kluwer Academic Publishers);Hart Publishing 出版社 2004 年出版的 Linda Senden 的软法专著:《欧盟法中的软法》;牛津大学出版社 2000 年出版的 Dinah Shelton 的软法专著:《守诺与循规:非约束性规范在国际法制中的作用》以及斯德哥尔摩大学学者 Ulrika Mörth 编著:《治理和规制中的软法:纪律制裁间的措施分析》(Edward Elgar,2004);北京大学教授罗豪才和国家行政学院副教授宋功德合著:《公域之治的转型》(载《中国法学》2005 年第 5 期);辽宁师范大学副教授梁剑兵论文:《软法律论纲》(http://www.law-lib.com/lw/lw_view.asp? no = 6558)等。

② 本人曾就这个题目在有关学术研讨会或学术论坛上做过讲演,该文即根据笔者 2005 年 12 月 15 日在中国政法大学"名人论坛"上的讲演稿整理而成。

一、"软法"亦法,"软法"是非典型意义的法

什么是软法?软法是不是法?这是研究软法要解决的基本问题。前者是要对"软法"的概念加以界定,即明确软法的内涵和外延;后者是要对软法定性,即明确软法的性质。

在目前学界对软法研究尚不深入的条件下,要对软法下一个准确的定义是相当困难的。国内外学者多引用法国学者弗朗西斯·施奈德于1994年对软法概念所作的界定:"软法是原则上没有法律约束力但有实际效力的行为规则。"[③]实际上,这个定义对软法概念的描述也并非完全令人满意,人们并不能从这个定义中完全了解什么是软法。当然,任何定义都是蹩脚的,人们不可能从一个事物的定义完全了解该事物。人们要了解和把握一个事物,不仅要明确其内涵,还要明确其外延。有时,人们从经验层面入手,先接触一下事物的部分外延,也许能对相应事物有更深切的感受。关于软法的外延,梁剑兵副教授曾综合国内外学者的各种观点,概括为十二类:(1)国际法;(2)国际法中那些将要形成但尚未形成的、不确定的规则和原则;(3)法律的半成品,即正起草,但尚未公布的法律、法规;(4)法律意识与法律文化;(5)道德规范;(6)民间机构制定的法律,如高等学校、国有企业制定的规范、规则;(7)我国"两办(即中共中央办公厅和国务院办公厅)"的联合文件;(8)程序法;(9)法律责任缺失的法条或法律,即只规定了应该怎么做,但没有规定如果不这样做怎么追究相应法律责任的法条或法律;(10)仅有实体性权利宣言而无相应程序保障的法条或法律,如没有相应程序性保障的宪法序言;(11)法律责任难以追究的法律;(12)执政党的政策等柔性规范。这些是梁剑兵副教授对国内外学者有关软法外延的主张的归纳。[④]

[③] See Francis Snyder, Soft Law and Institutional Practice in the European Community, in Steve Martin (ed.), The Construction of Europe: Essays in Honour of Emile Noel, Kluwer Academic Publishers;另参阅罗豪才、毕洪海:《通过软法的治理》,载《法学家》2006年第1期。

[④] 但他本人并不同意所有这些列举的内容均属于软法的范畴,而认为仅有其中的一部分内容属于软法。参见梁剑兵:《软法律论纲》,http://www.law-lib.com/lw/lw_view.asp?no=6558,2005年10月24日访问。

笔者认为,上述关于软法外延的范围过于宽泛,可以作为软法的研究范围的应仅为以下六个方面的规则(理由后述):

(1)行业协会、高等学校等社会自治组织规范其本身的组织和活动及组织成员行为的章程、规则、原则。应该说,在这些社会组织内部,存在大量的规范其组织成员的软法;

(2)基层群众自治组织(如村委会、居民委员会)规范其本身的组织和活动及组织成员行为的章程、规则、原则,如村规民约等;

(3)人民政协、社会团体规范其本身的组织和活动及组织成员行为的章程、规则、原则以及人民政协在代行人民代表大会时制定的有外部效力的纲领、规则;

(4)国际组织规范其本身的组织和活动及组织成员行为的章程、规则、原则,如联合国、WTO、绿色和平组织等,国家作为主体的国际组织规范国与国之间关系以及成员国行为的规则;

(5)法律、法规、规章中没有明确法律责任的条款(硬法中的软法);

(6)执政党和参政党规范本党组织和活动及党员行为的章程、规则、原则(习惯上称之为"党规"、"党法")。

笔者为什么不把所有影响人们行为的非国家法的规范(社会规则、政策、道德、理念等)均归入软法的范畴,而仅把以上规则列入软法的范围研究呢?这是与本人关于软法的内涵和性质的观点相联系的,因为"什么是软法"取决于"软法是什么"。而关于"软法是什么"的问题,笔者的答案是:第一,"软法是法"(即所谓"白马亦马")。第二,"软法是非典型意义的法(非严格的法)",即它不是我们通常所说的法。

为什么说软法是法?软法是否是法的判断标准有三:(1)什么是法,法具有什么一般特征?(2)上述"软法"(章程、规则、原则)是否具有法的一般特征?(3)将不具有法的一般特征的事物(道德、理念、政策等)归入"软法"有什么弊害?

首先,什么是"法","法"具有哪些一般特征?哈特认为:"在与人类社会有关的问题中,没有几个像'什么是法'这个问题一样,如此反反复复地被提出来并且由严肃的思想家们用形形色色的、奇特的甚至反论的方式予以回答。"⑤"什么是法"的问题并不像"什么是化学现象"、"什么是医疗"这样的问题有那么明确和唯一的答案。"法"的概念离不开"话域"(研究的时间、地点、目的和场合),所以很难为之下一个为人们所能共同接受的确切的定义,很多学者只是从不同角度描述法的特征。关于法的一般特征,哈特从不同学者的论述中归纳出法的三个方面特质的争论点⑥:其一,"在任何时间和地点,法都有一个最为显著的普遍特征,这就是它的存在意味着特定种类的人类行为不再是任意的,而是在某种意义上具有强制性"。⑦ 法规范着人们的行为,这就决定了法必然具有一定的强制性。如果某种行为规范对于特定人没有任何外在约束力,那么这种规范只能是道德或者政策之类的东西。能够称之为法的东西必须对人们的行为具有一定的强制性和约束力。当然,法的强制性不一定是国家的,社会约束力同样可以构成法的强制要素。其二,"正义既是适合于法律的善,又是诸善中最具法律性质的善"。⑧ 很多学者认为,法律应体现一定的正义,如果违背正义,这样的法就是伪法或恶法。这里的正义既包括事实正义,又包括程序正义,违反正义的伪法或恶法如果是由国家立法机关经过正式的立法程序制定出来的,是不是应看作"法"呢?对此,人们是存在广泛争论的。其三,"法律制度总是由规则构成的,这是无可怀疑和不难理解的。"⑨法律是规范社会生活,规范人们行为的,因此它必然以一定的规则形式出现。然而,人们对规则却有不同的理解,规则包括广泛的范围。法是规则,但规则是不是都是法,这是存在广泛争议的。

关于法的特征,笔者在不同学者就以上三个争论点的不同观点中,同意以下观点:(1)法是人们的行为规则;(2)法是具有外在约束力的人们的行为规则;(3)法是由一定人类共同体制定、协商、认可的人们的行为规则,法

---

⑤ 〔英〕哈特著:《法律的概念》,张文显、郑成良等译,中国大百科全书出版社1996年版,第1页。

⑥ 哈特认为,关于"什么是法律"的问题,存在三个主要的经常出现的争论点:其一,法律和法律义务与以威胁为后盾的命令之间有何区别与联系?其二,法律与道德之间有何区别与联系?其三,什么是规则,宣称存在一种规则意味着什么?法院是真正地适用规则还是仅仅自称如此?(同上书,第6—14页)。

⑦ 同上书,第7页。

⑧ 同上书,第8页。

⑨ 同上书,第9页。

具有民主性、公开性、普遍性、规范性。法的这三项特征,使软法的定位得以确立:软法亦法。因为软法规范人们的行为,规范社会关系,从而是人们的行为规则;软法不是对人们的内在心理,而是对人们的行为具有约束力,因而这种约束力是外在的;软法是一定人类共同体通过其成员参与、协商方式制定或认可的,因而其内容具有相应的民主性、公开性、普遍性和规范性。

法的这三项特征不仅使软法姓"法",同时也使软法与道德、习惯、潜规则、法理、政策和行政命令相区别。

第一,软法区别于道德。软法是人们的行为规则,具有外在约束力,而道德首先是一种社会意识形态,其次才是人们的行为规范[10],其对人们行为的影响主要是通过人的意识、观念和社会舆论起作用。因此其约束力主要是内在的而不是外在的。当然,道德可以蕴含在软法和硬法中,但蕴含在软法和硬法中的道德仍然是道德,道德本身并不是法。关于道德与法(主要指硬法,但也可适用于软法)的区别,学者一般认为有以下五点:其一,表现形式不同。法的一般表现形式是规范性文件,且依法定程序制定或认可,而道德的表现形式主要是社会舆论,其形成无法定程序。其二,违反的后果不同。违法要受到法律制裁(软法的制裁手段包括纪律处分及共同体内部确定的其他制裁形式),而违反道德的后果通常是受到社会舆论的批评、谴责。其三,调节人们行为的方式不同。法是通过确定人们的权利和义务来调节社会关系,而道德则主要是通过确定人们的义务来调节社会关系。其四,调整的对象不同。法是直接调整人们的外在行为,道德则是通过影响人们行为的内在目的、动机来调整人们的行为。其五,规范体系的结构不同。法制规范体系是由不同部门、不同位阶、层级的规范系统构成,而道德规范体系则是由道德规范直接组成。[11]

第二,软法区别于习惯和潜规则。习惯是指人们在长时期里逐渐养成,不能轻易改变的行为倾向或社会风向。[12] 习惯不同于软法在于:其一,软法一般是制定的,而习惯是"逐渐养成"的;其二,软法是行为规则,而习惯是"行为倾向或社会风向";其三,软法需一定外在约束力保障,而习惯则是人

---

[10] 参阅《现代汉语词典》(修订本),商务印书馆1996年版,第259页。
[11] 参阅张文显主编:《法理学》,高等教育出版社2003年版,第472—474页。
[12] 参阅《现代汉语词典》(修订本),商务印书馆1996年版,第1348页。

们自然而为,不需外在或内在约束。当然,习惯经过一定共同体认可后可以使之具有法的效力,谓之"习惯法"。但习惯本身不是法。至于潜规则,它是指一定共同体的人们在一定时期内逐渐形成的,为大多数人遵奉的,但秘而不宣的地下规则。潜规则虽然是行为规则而不是行为倾向,但它是"逐渐形成"而不是共同体通过一定协商程序制定的,而且它的作用往往是消极的,而软法的作用通常是积极的。软法虽然也有不成文法,但不成文法是公开的而不是潜规则。

第三,软法区别于法理。法理是指法律(包括硬法和软法)中所体现的一般的、普遍的、抽象的理论。[13] 法理不是法,因为法是由具体的规则和原则组成。法虽然也具有普遍性,但这种普遍性是指适用对象的不特定性,而不是指内容的抽象性和概括性。法理是从法(硬法和软法)中所抽象和概括出来的,但法理本身不是法。

第四,软法区别于政策。关于法(主要指硬法,但也可适用于软法)与政策(主要指执政党的政策)的区别,学者一般认为有以下四点:其一,法由立法机关(包括软法制定机关)依法定职权和法定程序制定,且必须公开,而政策可由执政党制定,政策文件可公开,也可不公开;其二,法主要体现为规则,而政策可以主要或完全由原则性规定组成,可以只规定行动的方向而不规定行为的具体规则;其三,法以一定制裁手段为其实施的保障,政策则主要靠宣传教育和纪律保障实施;其四,法具有相对稳定性,而政策具有较大的灵活性。[14]

第五,软法区别于行政命令。软法是由一定人类共同体通过其成员参与、协商等方式制定或认可的人们行为的规则,而行政命令是行政机关给行政相对人、行政首长给下属、管理者给被管理者下达的命令。[15] 前者体现民主性,具有普遍性、规范性,后者体现单方性,具有具体性、特定性。前者表达的是共同体成员的意志,后者有时虽然也反映共同体成员的意志,但这种反映因没有共同体成员(或至少有其代表)参与的制约,是没有保障的,而且,个人自己的意志由他人反映与由自己表达是有质的区别的。

---

[13] 参阅张文显主编《法理学》,高等教育出版社 2003 年版,第 32 页。
[14] 同上书,第 450 页。
[15] 关于"命令"的含义,可参阅《现代汉语词典》(修订本),商务印书馆 1996 年版,第 892 页。

当然,软法虽然是法,但软法不是一般意义的法,而是非典型意义的法。为什么说软法是非典型意义的法呢?我们首先要弄清楚的是,典型意义的法是什么样的?对于典型意义的法,哈特曾描述道:任何受过教育的人都可能在某些基本的方面识别出法律制度的下列显著特征:(1)以惩罚来禁止或命令某些行为的规则;(2)要求人们对那些被自己以某些方式伤害的人予以赔偿的规则;(3)规定为了设立授予权利和创设义务的遗嘱、契约或其他协议而必须做些什么的规则;(4)判定何为规则和规则何时被违反并确定刑罚或赔偿的法院;(5)一个制定新规则和废除旧规则的立法机关。⑯

典型意义的法首先表现为强制性规则,由正式的立法机关制定或认可,由刑罚和赔偿等法律责任保障实施,由法院裁决法实施过程中的纠纷等。而对于非典型意义的软法来说,则不具上述特征。尽管软法(非典型意义的法)与硬法(典型意义的法)同属于法,但软法与硬法的区别仍然是明显的,而且是重要的。

首先,软法的制定主体一般不是国家正式立法机关,而是非国家的人类共同体(超国家的和次国家的共同体)。一般学者研究的软法,有时虽然也包括国家正式立法机关制定的、没有法律责任条款的、因而不以国家强制力保障实施的法律规范,但通常是指非国家的人类共同体(超国家的和次国家的共同体),如 UN(联合国)、SC(安理会)、WTO(世贸组织)、ILO(国际劳工组织)、WIPO(世界知识产权组织)、EU(欧盟)、ASEAN(东盟)等超国家共同体,以及国家律师协会、医师协会、注册会计师协会、高等学校、村民委员会、居民委员会等次国家共同体制定的规则或达成的协议。主体不同是软法与硬法区别的重要标志:硬法通常是国家法,软法则通常是超国家法或次国家法。

其次,软法不具有国家强制力,不由国家强制力保障实施,而是由人们的承诺、诚信、舆论或纪律保障实施。软法之所以称"软"法,其重要的原因就是其不具有国家强制力,不由国家强制力保障实施。软法不具有国家强制力的原因有三:其一,因为它的制定主体一般不是国家,即不能由国家强制实施;其二,软法一般是共同体内所有成员自愿达成的契约、协议,每个成

---

⑯ 参见〔英〕哈特著:《法律的概念》,张文显、郑成良等译,中国大百科全书出版社1996年版,第3页。

员通常都会自觉遵守,无须强制;其三,软法不具有国家强制力并不等于其没有约束力,软法一经形成,相应共同体成员必须遵守。如果违反,他会遭到舆论的谴责,纪律的制裁,甚至被共同体开除,不得不被迫离开相应共同体。

最后,软法的争议一般不是由法院裁决,而是由民间调解、仲裁机构处理或争议当事人自行协商解决。软法争议虽然不绝对排除法院裁决,在软法本身与硬法冲突,当事人人身权、财产权因此受到侵犯的情况下,其当然可以请求国家司法救济。但是,在一般情况下,当事人因软法实施发生的争议,主要是由民间调解、仲裁机构处理或争议当事人自行协商解决,而不是诉诸法院解决。

由于软法不具有典型意义的法(严格的法)的基本特征,所以,我们将之定位为非典型意义的法(非严格的法),它不一定要由国家立法机关制定,不一定要由国家强制力保障实施,不一定由法院裁决其实施中的纠纷。

前面我们大致界定了软法的内涵,确定了软法的性质。我们之所以要花这么多笔墨来界定软法的内涵和确定软法的性质,一方面是为了明确软法的外延,明确哪些社会规则属于软法的范围;另一方面是为了纠正目前软法研究中存在的"白马非马"式的"不承认软法主义"和"热狗亦狗"式的"泛软法主义"两种非常有害的倾向。"不承认软法主义",认为"软法非法"、"白马非马",软法只是一种规则而不是法;"泛软法主义"则认为一切非硬法的规范皆为软法,即所谓"规范即法"、"热狗亦狗"。2005年12月北京大学举办了一个关于软法的研讨会⑰,会上即有这两派意见。前者认为"法"只能是国家制定或认可的,由国家强制力保障实施的人们的行为规则,非国家制定和非由国家强制力保障实施的规则就不能叫法;后者认为对人们行为有影响的一切显规则、潜规则,都是"法",只要不是硬法,就是软法,软法包括政策、道德、理念及党和政府的各种指示、文件,等等。笔者认为,关于软法的这两种观点都是偏颇且有害的,软法虽然软,没有国家强制力保障,但仍是法,就像我们说到"人"这个概念,说人是能说话、能思想的动物,但是

---

⑰ 2005年12月8日,北京大学法学院和北京大学宪法与行政法研究中心在北大正大国际会议中心举行软法研究中心成立仪式和软法理论研讨会,会议内容载北大公法网(www.publiclaw.cn)。

社会上有些人不能说话,不能思想,我们是否应该将这些人排除出"人"的范畴呢?恐怕不能。甚至一个植物人,不仅不能说话、思想,而且没有知觉,还应认为他是人。"法"的概念不是绝对的,永恒的,在一定的历史时期,法也许是与国家紧密联系甚至是不可分的,"法"只是指硬法或基本上是指硬法。但国家的存在在人类社会只是一个很短的历史时期,在国家建立之前,人类行为是由一些社会规则、习俗所规范、调整的,这些社会规则、习俗是当时的"法"。在现代社会,由于经济全球化、信息化、市场化与民主化的发展,非国家制定和非由国家强制力保障实施的超国家法(国际法)和次国家法(社会公权力组织如行业协会等制定的规则)成为越来越普遍的现象。在这种情境下,对法的认识仍抱住传统的观点不放就显得有些不合时宜了。特别是在公法领域,在行政法领域,作为"软法"的规则大量存在,我们不能视而不见。我们研究公法、研究行政法,不能不同时研究公法中的软法、行政法中的软法。

当然,我们也不能把软法的外延无限扩大,把任何规则、规范,如政策、理念、道德、领导人的指示、命令等,都置于法律的架构之下视为"法"的一部分,这就如同我们不能把人的范畴无限扩大一样,我们不能把机器人、电子人等也归入"人"的范畴(我们最多能把"克隆人"归入"人"的范畴,如果未来有一天有人敢冒天下之大不韪,克隆出人的话)。同样,我们不能把"热狗"归入"狗"的范畴。"热狗亦狗"式的"泛软法主义"(将不具有法的一般特征的事物归入软法的范围)如同"白马非马"式的"不承认软法主义"一样,是非常有害的。"泛软法主义"的危害主要表现在三个方面:其一,"泛软法主义"将所有非硬法的规则、政策、命令、指示,乃至一些潜规则都归入软法,可能危害法治,导致人治。因为如果将领导人的命令、指示等都打上"法"(尽管是软法)的标记,就很可能为其以言代法、以言废法的行为提供合法的根据,使法治名存实亡。其二,"泛软法主义"可能危害民主,导致专制。前已述及,法的重要特征之一是体现共同体成员的意志,这就要求法的制定必须有共同体成员的参与,软法尤其应是全体成员或其代表协商的产物。如果我们将未经任何民主程序制定出来的规则均认定为法(软法),必然会助长专制,危害民主。其三,"泛软法主义"将所有现行规则(正义的和非正义的、显规则和潜规则)合法化,可能导致人们的价值观念混乱,进而导致社会秩序混乱。

二、软法在现代社会迅速发展的原因

近年来,软法在社会生活的各个领域大量出现,并呈现不断增长的势头,其对公民、法人和其他组织的权利、自由也产生了越来越重要的影响。最近北京大学制定了一个条例,规定北大本科生凡由他人替自己撰写论文或替他人撰写论文;由他人代替考试或替他人参加考试;在提交的论文、实验报告、本科生科研论文中存在抄袭事实,且抄袭篇幅超过总篇幅的50%,或者在提交的毕业论文(设计)中存在抄袭事实,且抄袭篇幅超过总篇幅的30%,或使用他人观点构成该学术作品的全部、核心或主要观点者,将被视为严重作弊或严重违反学术规范,给予开除学籍处分。[18] 北大的这个《条例》除设总则、附则外,共分8章44条,不仅在形式上几乎与硬法无异,在内容上也同样具有法的拘束力。虽然它不是硬法而是软法,但它对人们权益的影响却不可小视——北大学生违背了这个《条例》就会被开除。在北大,远不止有这样一个《条例》,类似的条例或规定还有好几十个。除专门规范本科生的外,还有专门规范研究生的、规范教授和教学行政人员的;除专门规范考试的外,还有专门规范教学、科研、论文指导、答辩以及行政管理工作的,等等。除高校外,在其他的组织中,如律师协会、医师协会、注册会计师协会等,类似这样的软法规范现在也大量出现。以律师协会为例,其每年要制定大量的规范律师执业行为的规则,律师违反这些规则,轻则要受到警告、记过等处分,重则要被吊销执业执照。此外,现代政党也制定大量的"党规、党法"规范党的组织和党员的行为,党员如果违反"党规、党法",同样要受到党纪处分。中国共产党还有"双规"制度等。这些规则虽然不是国家法律,但对人们行为的规范作用是无可置疑的。人们如果违反这些规则,将受到各种不同形式的制裁。今天,软法在人们的生活中无疑具有越来越重大的影响,软法的数量远远超过了议会(人大)制定的法律,法规和政府制定的

---

[18] 参见《北京大学本科考试工作与学术规范条例》第35条。该《条例》于2005年12月6日经北京大学校长办公会第592会议讨论通过。

行政法规、规章,软法规范着我们社会生活的方方面面。

为什么会出现这种趋势?在现代社会,软法为什么会在社会生活的各个领域大量出现,并呈现不断增长的势头?笔者认为,其原因有五:

(一)软法的迅速发展是人类社会、经济的发展导致对法律需求的急剧增长与硬法因立法和实施成本过高导致法的供给严重不足的矛盾使然

在现代社会,无论是我国还是外国,法律需求与法律供给的矛盾都不同程度地存在。我国这方面的矛盾尤为严重:首先,由于历史的原因,我国法制在20世纪80年代以前极不健全,极不完善。改革开放以后,国家虽然加快了立法步伐,但适应市场经济需要的法律体系仍远没有建立起来。其次,我国立法机关的现行运作机制决定了立法供给难以满足人们对法律的需求。全国人大每年开一次会,会期一般不超过两周,通常只能制定一部(最多两部)法律;全国人大常委会每两个月开一次会,每次会期不超过十天,通常只能制定(修订)两至三部法律。[19] 当然,全国人大和全国人大常委会可以增加会期,如全国人大每年开两次会,每次会开两个月;全国人大常委会每月开一次会(全国人大开会时不开),每次开半个月,但这需要增加多大的成本啊。对此,我们只要看一下每年全国人大开会给北京市交通的压力就可以感知这种成本的一二。然而,在法律的需求方面,我国由于现阶段正处于经济体制和社会的转型期,各种新的社会关系都迫切需要法律调整,而国家法律(硬法)供给却严重不足,导致社会生活的许多方面无法可依。正是在这种困境下,软法应运而生,并快速发展,得以填补硬法调整社会生活的许多空白。[20]

(二)软法的迅速发展是经济全球化对国际统一规则的需求不断增加与民族国家因主权而各立各法的矛盾使然

自20世纪中期以后,经济全球化成为世界经济发展的一个强劲趋势,

---

[19] 例如,2005年,全国人大只制定了1部法律,即《反分裂国家法》;2004年至2005年度,全国人大常委会只通过了25件法律,平均每月2件(参见《全国人大常委会公报》2005年第3号)。

[20] 就"三农"问题而言,要正确处理涉及农村、农民的各种相互关系,解决他们之间的各种矛盾、纠纷,就需要有大量的法规范调整。对此,如果没有农民通过自己组织的共同体(如村民委员会等)制定的各种各样的村规民约,农村社会关系的稳定是不可想象的。同样,高等学校的正常运作,如果不依靠自己制定各种校纪校规,其教学研究秩序的维持亦是不可想象的。

各国之间的经济、贸易,乃至政治、文化的交流加强,势必要求有统一和相对统一的国际规则调整,WTO就是很好的例子。但这些国际规则由哪个国家的立法机关来制定呢?这涉及到国家的主权,即使有某个国家的法律特别公正,别的国家也不会同意将该国的法律自然适用于国际关系(包括国际经济关系)的调整。在这种情况下,只能是大家协商,形成相应国际共同体成员都能接受的规则(如 WTO 规则[21])。这些规则即属于国际软法的范畴。毫无疑问,经济全球化为国际软法的广泛和快速发展提供了广阔的空间。

(三)软法的迅速发展是人们追求公平、正义的美好理想与硬法因种种条件限制而实现公平、正义不足的矛盾使然

人们制定法律,其一般动机和目的都是为了追求符合公平、正义的某种秩序。但是,硬法一方面由于要兼顾范围广泛的共同体成员(通常是全国公民)的利益,从而有时不得不牺牲共同体少数成员的利益(少数服从多数是硬法立法的基本原则);另一方面由于要兼顾不同时空的客观条件,保持法律规范的稳定性,从而有时不得不放弃在部分时空条件下可能实现的公平正义。此外,硬法有时在形式和内容上确实很完美,但是因现实经济、政治和社会条件的种种制约而很难实现。对于硬法的这些不足,软法恰恰有用武之地。作为规模远较国家为小的次国家共同体,其制定的软法所调整的人、时、空范围均较硬法为窄,故所受制约、限制条件较少,且立法方式多采共同体全体成员参与、共同协商的方式,从而有利于补硬法受限过多而致公平、正义不足的缺陷,能较好地实现人们在一定范围、一定领域内的公平、正义理想。[22]

(四)软法的迅速发展是现代社会关系和事物的多样性、复杂性、变动性与国家立法者认识能力的有限性的矛盾使然

现代社会由于经济和科技的迅猛发展,新的事物层出不穷,各种社会关

---

[21] 参阅《中华人民共和国法库·国际法卷》第一编,人民法院出版社 2002 年版,第 9697—9989 页。

[22] 例如,就户籍制度的改革而言,由于各种条件的限制,目前由硬法来统一规定全国各地居民的迁徙自由自然是不现实的。但是,各不同地方、不同单位、不同行业完全可以通过自己的软法,创造条件,促成一定范围的共同体成员的迁徙自由。

系越来越呈现多样性、复杂性的特点。而相对来说,人的认识能力是有限的,立法者的认识能力是有限的,而这种认识能力的有限性往往导致立法机关制定出来的法律跟不上社会发展的脚步,难以解决社会中不断出现的新问题。作为硬法,由于其安定性的需要,又不能频繁地予以修改、补充。正是针对硬法的这种矛盾,具体领域的软法因其内容的灵活性和制定、修改程序的简便性为解决或缓和硬法的这种困境提供了可能性。明智的现代人不可能不充分和有效地利用这种可能性:运用软法来克服硬法适应社会生活的迟缓、僵硬的弊端,提高法对社会发展变化的适应性。㉓

(五)软法的迅速发展是人们追求自由、自治与自由、自治需要规则、秩序的保障的矛盾使然

人生来是追求自由、自治的,不愿意有过多的清规戒律约束,包括法律的约束。但是常识告诉我们,人又不能没有约束。如果每个人都按照自己的意志任意行为,其就会失去自由,整个社会将会陷入一片混乱之中。因此,人们构成共同体,必须有法律:构成国家共同体必须有国家法,构成国际共同体必须有国际法,构成社会共同体必须有社会法。但是国家硬法过于僵硬,对个人自由和社会自治限制太多(尽管它是必不可少的)。从而人们需要有社会共同体制定和认可的、适应于各相应共同体成员的法(软法),缓和国家硬法的僵硬和对人们自由、自治的限制力度,以既构建社会的和谐与秩序,又在此基础上最大限度地满足人们追求自由、自治的愿望。㉔

以上五大矛盾的存在和运动,即是软法在现代社会人们生活各个领域大量出现,呈现不断增长的势头的基本原因。

㉓ 以我国《国家赔偿法》为例,该法在制定时,立法者受当时人权保障意识和国家财政支付能力的限制,规定的赔偿范围、赔偿标准都是低水平的,而且随着时代的发展,越来越显得不尽情理。例如,陕西麻旦旦"处女嫖娼案",受害人身心受到那么大的损害,国家仅赔偿她 76 元钱。对于这种情况,软法(通过与相对人谈判、协商,确立一定的规则)完全可以有所作为:当地政府、有关部门、有关单位可以以其他形式、其他途径对之予以救济,缓和硬法的不公。

㉔ 例如,各种行业协会制定的自律规则就是介于国家硬法与无约束自由、自治之间的软法。相对于国家硬法,自律规则使相应行业共同体成员感觉有较大自由空间,因直接参与规则制定而感受自治;相对于无任何约束的自由、自治,自律规则使相应行业共同体成员的行为得以规范,不至于妨碍其他成员的自由、自治和损害公共利益。

三、软法对于构建民主法治与和谐社会的作用

要认识软法对于构建民主法治与和谐社会有什么作用,首先要弄清楚什么是民主法治与和谐社会。关于民主法治与和谐社会,胡锦涛同志曾在中共中央党校的一个会议上将二者视为密不可分的一体:民主法治是和谐社会的一个要素,和谐社会是民主法治追求的目标之一和民主法治运行的结果之一。他指出:

> 实现社会和谐,建设美好社会,始终是人类孜孜以求的一个社会理想,也是包括中国共产党在内的马克思主义政党不懈追求的一个社会理想。
>
> 根据马克思主义基本原理和我国社会主义建设的实践经验,根据新世纪新阶段我国经济社会发展的新要求和我国社会出现的新趋势新特点,我们所要建设的社会主义和谐社会,应该是民主法治、公平正义、诚信友爱、充满活力、安定有序、人与自然和谐相处的社会。[25]

按照胡锦涛同志的讲话,和谐社会的要素包括上述六项。这样,我们讲软法对于构建民主法治与和谐社会的作用,就需要具体分析软法对于促进和谐社会上述六项要素的实际作用。

(一)软法对于推进民主法治的作用

软法对于推进民主法治的作用主要体现在三个方面:

其一,促进社会自治、公民自治,逐步减少国家对社会的干预,建设公民社会。[26]

在我国,曾经有两千多年的专制社会历史,国家权力非常强大,很少有

---

[25] 胡锦涛 2005 年 2 月 19 日在中共中央举办的省部级主要领导干部专题研讨班开班式上的讲话。
[26] 关于"公民社会",可参阅〔美〕詹姆斯·N. 罗西瑙著:《没有政府的治理》,张胜军、刘小林等译,江西人民出版社 2001 年版;〔英〕罗伯特·D. 柏特南著:《使民主运转起来》,王列、赖海榕译,江西人民出版社 2001 年版。

社会自治和公民自治的传统。新中国建立以后,又实行了一个相当长时期的计划经济体制。在计划经济体制下,国家对社会生活的方方面面实行严密的控制,不可能允许社会和公民有多少自由、自治的空间。只是到20世纪后期,我们的社会才开始向市场经济转型,社会治理方式才开始向公民社会转化。与这种转型和转化相适应,要求国家权力(包括国家立法权力)逐步向社会转移,发展民间自治规则。而健全、完善社会软法,正是国家权力向社会转移的体现和保障。没有民间自治规则的发展,没有社会软法的完善,就不可能有公民社会的兴起,而没有公民社会的兴起,就不可能有现代民主法治。

其二,加强对公权力的监督和制约,防止公权力腐败和滥用。

无论是国家公权力,还是社会公权力,如果没有法律对其行使加以规范,没有法律对之确立完善的监督和制约机制,就必然产生权力滥用,产生腐败。在这方面,软法虽然没有硬法那样的刚性,但软法的形成有社会公众更广泛、更直接的参与,其实施有更公开、更透明的机制,从而在某种意义上能对公权力形成更实际有效的监督和制约作用。此外,就立法权本身而言,国家立法在很多时候是由政府部门起草的,行政法规、部门规章、地方政府规章更是直接由政府或政府部门自己制定的。在这种情况下,硬法的权力色彩、部门保护主义和地方保护主义色彩更是严重。而作为民间自治规则的软法,无疑有利于冲淡立法的上述色彩,有利于保护公民和公民组织自身的合法权益。[27]

其三,补充硬法的不足,满足现代社会对法的不断增长的需求。

如前所述,在现代社会,无论是我国还是外国,法律需求与法律供给的矛盾都不同程度地存在。我国这方面的矛盾则更为严重。在法律的需求方面,我国由于现阶段正处于经济体制和社会的转型期,各种新的社会关系都迫切需要法律调整,而在法律供给方面,由于种种主客观原因,国家法律供给却严重不足,导致社会生活许多方面无法可依。因此,发展软法,填补硬法调整社会生活的空白,有利于促进法制的完善和法治的加强,有利于健全我国民主法治的整体机制。

---

[27] 当然,软法也会产生行业保护主义、单位保护主义和社会权力滥用,因此,硬法对软法的制约同样是必不可少的,软法需要硬法的规范。软法的规范化是软法研究的重要课题之一。

（二）软法对于构建公平正义的作用

软法对于构建公平正义的作用主要表现在下述三个方面：

其一，软法对社会关系的调整有利于不同情况不同对待，缓和硬法过分的"普遍性"可能导致的不公正。

硬法具有普遍适用性，这是其很大的优势，但是社会生活往往是千差万别的，正因为如此，它就可能因未顾及到社会中存在的不同的情况，导致不公正。而软法因为是由各种不同的共同体根据其自身情况量身定做的，故可以照顾到不同地区、不同行业、不同单位、不同个人的具体情况，有利于实现个别和具体的正义。

其二，软法的灵活性有利于法的调整与时俱进，缓和硬法过分的"稳定性"可能导致的不公正。

硬法的安定性、稳定性是其优点，亦是其缺点。因为时代总是不断发展的，任何事物都是不断变化的。作为法律调整客体的社会关系也不可能固定化，其同样会不断出现许多新的问题使法律原有的规定不合时宜，如不适时对这些规定加以修正，就有可能导致不合理、不公正。然而硬法由于具有相对的稳定性，故在很多时候不得不容忍一定的不合理、不公正。对硬法的这种缺陷，软法恰恰可在一定程度上予以弥补。因为软法具有相对灵活性，通常能够根据环境的变化不断调整与修正，从而能较好地防止规则过时导致的不合理、不公正现象。

其三，软法有利于缓和硬法过分的强制性可能导致的对人的尊严的损害，以更有效地保障和尊重人权。

硬法虽然在大多数情况下是靠公民、法人和其他组织的自觉遵守而得以实现的，但在某些情况下，国家的强制力的介入乃是不可避免的。而一旦介入就有可能造成对人的尊严的侵害，有可能侵犯人权。而软法通常是由非国家的人类共同体制定和认可的，一般通过共同体全体成员的协商和同意，其实施一般不需要强制力，更不会有国家强制力介入，从而能够尽可能避免对人的尊严的损害,较有效地保障人权。[28]

(三)软法对于培植诚信友爱民风的作用

软法对于培植诚信友爱民风的作用主要表现在两个方面:

其一,软法本身是共同体成员协商、同意的产物,诚信是其存在的基础,其实施必然进一步促进诚信。

如前文提到的北大学生考试自律规则和对抄袭行为的处罚规则,该规则如果是北大学生共同协商制定的(作为软法,其制定应该有学生的参与、协商、讨论),那么它通常会得到同学们较为自学的遵守。尽管有此软法也仍会有抄袭行为发生,但这种行为肯定会较大限度地减少。因为学生对规则制定的参与和协商,其过程即培植了他们的诚信精神。从整体说来,各种软法通常都是相应共同体成员通过参与和协商形成的,从而其对社会诚信作风的培植和激励作用显然要优于硬法。[29]

其二,软法的内容即在于调整共同体内部的各种关系,从而有利于促进人们友好相处。

各种自治组织、各种行业协会制定的章程、规则,除了在少数情况下也调整外部关系外,在大多数情况下是调整内部关系,规范内部成员的行为的。这种调整和规范显然有利于消除共同体内部成员可能的争议、矛盾、纠纷,促进其友好相处,维护共同体内部的和谐。

(四)软法对于建设安定有序,且充满活力的社会的作用

软法对于建设安定有序,且充满活力的社会的作用主要表现在四个方面:

其一,软法有利于增强公民的主体意识,调动公民参与社会治理的主动

---

[28] 就治安管理而言,拘留、罚款、扣押、没收等处罚和强制措施是硬法确立的重要的治安管理手段。这些手段虽然是保障社会治安所必要的,但是它的适用,即使是依法适用,都可能对人的尊严和权利导致一定损害,如果滥用,则会对人权造成严重的侵害。因此,社会共同体通过有关软法措施,规范共同体成员的行为,就会减少人们违反治安管理行为的发生,从而减少硬法制裁和强制措施的适用。

[29] 就目前的现实而言,有些社会共同体制定软法并没有充分吸收其成员参与讨论、协商,而是由少数负责人或管理机构的工作人员闭门造车造出来的。严格来讲,没有共同体成员参与协商制定的规则不具有"法"的品质,从而不能称为"软法"。因此,硬法要对软法的立法程序加以规范。

性、积极性和创造性,避免硬法实施过程中可能发生的公民和国家、政府的矛盾。

人,作为政治动物,天然有参与社会治理的要求和积极性,但是硬法(特别是全国人大和全国人大常委会制定的法律)由于是国家层面的法律,公民直接参与的可能性较小。公民由于其不能或很少能直接参与,其主体意识就难以充分体现,从而其参与法律实施,实现法律确定的目标、任务时也就不会有那么大的主动性、积极性和创造性。而软法则不同,它是由共同体成员直接参与协商、制定的,它能够最大限度被参与者所理解,从而使其主体意识能够最大限度地得到体现。这样,他们在参与相应规则实施,实现相应规则确定的目标、任务时就会充分发挥其主动性、积极性和创造性。从而亦可以尽可能避免硬法实施过程中公民与国家、政府间可能发生矛盾和冲突的情形。

其二,有利于加强行业自律、市场主体自律,减少市场各行业相互之间、市场主体相互之间的矛盾。

市场主体之间往往由于利益关系,往往会因竞争产生种种矛盾、纠纷。这些矛盾、纠纷虽然可以部分通过硬法得到避免或减少,但是,当事人有时会故意规避硬法。对于软法,当事人规避的可能性则较小。因为作为软法的规则、协议,是他们自己相互协商制定或达成的,而不像硬法,他们会有一种是国家、政府强加于他们的感觉。因此,软法有利于约束市场主体的行为,减少行业之间、市场主体之间的摩擦。

其三,有利于加强国际经济、贸易和文化交流秩序,建立和谐的国际关系。

在国际经济、贸易和文化交流中,如果没有相应的规则,不可避免地将会产生许多摩擦、争议、纠纷。而国际间的规则只能由国际共同体成员相互协商制定,任何国家的法律不能自然成为国际规则。在现代社会,在经济全球化的今天,各国只有加强协商、合作,不断健全、完善国际经济、贸易和文化交流规则(即国际软法),才能够避免不必要的摩擦、争议、纠纷,维护彼此的利益,促进交流与合作,促进共同发展。如目前东亚地区、东南亚地区、南亚地区以及亚洲以外的其他地区的经济、贸易和文化交流、合作,均需要大量的规则规范。各国只有通过平等、友好协商,达成各方都能接受的共同规则,以规范相互关系和各方的行为,才能使合作和谐有序。

其四,有利于减少立法、执法成本,促进公民自觉守法的法秩序的形成。

立法、执法均需要成本,人大制定法律要经过反复的调查、讨论,行政机关在执行法律时亦要花费大量的人力、物力,任何硬法的立法和执法均需要耗费大量的社会成本。而软法的制定则不需要硬法那么复杂的程序,在执行过程中也不需要国家强制力作为保障,它依靠共同体成员的自觉遵守,因而相比之下可节省大量的社会成本,从而更有利于和谐社会秩序的形成。

(五) 软法对于促进人与自然和谐相处的作用

软法对于促进人与自然和谐相处的作用主要表现在下述三个方面:

其一,通过各种环保组织的规则,补充硬法对人与自然关系的调整。

现在国际上有各种环保组织存在,他们制定各种规则,预防、抵制、阻止人们破坏生态环境的行为、活动。当然,在保护环境方面,硬法的作用也是或更是不可忽视的。但是,我们必须看到,一些国家、一些地区,为了自身的经济利益,不愿意制定和实施严格的环保硬法。他们的行为,不仅破坏了他们自己地区、自己国家的环境,而且破坏了与他们相邻地区、相邻国家,甚至整个地球的环境。因此,在环保方面,特别需要软法对硬法作用的不足予以补充。

其二,通过各种人类共同体的规则,补充硬法规范人对动物、植物、海洋、太空等外部世界的行为作用的不足和缺陷。

每一个共同体组织,通过其自身的规则,规范其与自然世界的关系是非常重要的。最近,我国神州六号飞船升空,这标志着人类对太空等外部世界的探索进入了一个新的阶段。但是,人类进入太空,其行为也必须加以规范,克服盲目性和无序性。否则,同样将导致灾难。例如,飞船、卫星、航天飞机等航天器留在太空的垃圾日益增多,将给未来人类航天造成极大危险。怎么办? 这就需要各有关国家共同协商,制定出有关共同的规则,以规范人类的航天行为。

其三,通过软法的制定和实施,不断增强人们的环保和生态意识。

软法是共同体成员协商制定和认可的,每一位成员都有遵守的义务,如果违反,就会受到共同体的谴责、惩罚。毫无疑问,在软法的这种制定和实施过程中,人们自觉保护环境和生态的意识将不断得到加强。软法的发展和软法所体现的人们的环境和生态意识增强将是一个互动的过程:软法促进人们环保和生态意识的增强,而人们环保和生态意识增强则会推进相应软法的进一步发展。

四、加强软法研究,促进软法的规范化

软法是现代社会广泛存在的现象,并深刻地影响着我们的生活,影响着我们的权利和自由,但是到目前为止,尚没有引起我们法学界足够的重视,我们很多法学研究者对之视而不见,或不甚了了:不知道软法究竟是什么;有什么功能、作用;我们应怎样对待它、怎样规范它;我们应否通过硬法确定什么样的主体方有权制定什么样的软法;不同主体制定软法要遵循什么样的程序;不同主体制定的软法各具有什么样的效力,国家和社会共同体应怎样分别对软法进行监督;如相应软法违反硬法或违反社会正义,受到这些规则侵犯的相对人应如何获得救济;软法在实施过程中发生争议、纠纷,应怎样处理和通过什么途径处理;等等。目前,学界对这些问题都缺乏深入的研究,甚至缺乏基本的研究,致使软法在发展过程中出现了种种问题,影响了软法积极作用的发挥,甚至发生消极的和负面的作用。㉚

因此,我们必须对软法加以研究,并在研究的基础上对之加以规范。关于对软法的规范,笔者认为最重要的有三个方面:

(一)正确界定软法的制定主体及其制定权限

软法是一定人类共同体制定或认可的规范共同体组织和共同体成员行

㉚ 关于软法的消极作用,梁剑兵副教授认为主要有三个方面:其一,有些软法因为无法在社会生活中实施,在客观上造成了"有法不依"的社会问题,导致了人民群众对"法制不健全"的抱怨和不满。其二,上述抱怨和不满又造成了"法律完美主义"的病态期待。法律完美主义的缺陷在于,它试图把千丝万缕、纠葛不清的各类社会事务都用一条刚性的法律条文予以界定。其三,有些软法在事实上与硬法是冲突和矛盾的,却在社会中使用直接的柔性强制办法和非正式暴力强行实施,造成了激烈的法律冲突甚至是法治危机。参见梁剑兵:《软法律论纲》,http://www.law-lib.com/lw/lw_view.asp? no = 6558,2005 年 10 月 24 日访问。

为的规则。因此,一定共同体软法的制定主体只能是该共同体的全体成员或其代表,其他任何组织、个人不能代替别的共同体制定软法。而且一定共同体的软法一般只适用于相应共同体,不能将党章、党规、自治团体的规则等不加区分地适用于任何公民、法人或其他组织,如不能把北京大学制定的规则适用于中国政法大学的学生,不能把律师协会制定的规则适用于注册会计师协会的会员,不能把中国共产党的党规适用于民主党派,等等。软法是由特定的共同体制定并在特定的共同体范围内实施的,如果超越这个范围,软法就不具有效力。此外,软法与硬法应有适当的分工,该硬处即硬,该软处则软,硬法要给软法留下发挥作用的适当空间,防止国家法干预一切,防止机械法治主义。

同时,软法也不能抵触硬法,不能违反硬法。如果允许软法在没有硬法授权的情况下,可以作出与硬法不一致和相冲突的规定,国家法制的统一就会被破坏,整个法治大厦就会被动摇。

(二) 规范软法制定的程序,保障软法规制对象对软法立法的参与

软法较之硬法最大的优势是规制对象对立法的广泛和直接的参与。软法如果失去这一优势,软法的积极功能和作用就会大打折扣,甚至可能沦为相应组织、单位负责人专制、独裁和侵犯共同体成员合法权益的工具。因此,软法的制定一定要遵循正当法律程序,保障规制对象的广泛和直接参与。所谓规制对象对软法制定的"广泛和直接参与",是相对硬法规制对象对硬法立法的参与而言的。二者相比较,前者通常是全体参与,后者则通常是代表参与;前者参与的方式通常是通过直接协商达成协议,后者参与的方式则通常是通过座谈会、论证会、听证会听取意见;前者参与的结果通常是以全体一致的形式通过,后者参与的结果则通常是以少数服从多数的形式通过。为了保证软法的民主性和规范化,对于软法制定的基本程序应通过硬法加以确定,使之具有一定"刚"性。

此外,软法规范化还有一个新规则制定和旧规则清理的问题。所有共同体都要定期对现有软法进行清理,废除其非法(非正义的或与硬法相抵触的)之法、过时之法,不断健全、完善相应共同体良性运作所需之法,使其运作规范化、法治化。例如,高等学校每年都要制定那么多规范学生和教师行

为的规则,校方应定期对各种规则进行清理,修改不合时宜的规定,废除过时的规定。各个共同体只有对自己的软法不断立、改、废,才能使之更好地发挥作用,否则,让那些不合时宜的规则继续存在、无限期存在,将破坏法治,侵害相对人的权益。

(三)完善对软法的监督机制,保障国家法制的统一性

软法是国家统一法制的组成部分,但由于软法制定主体的多元性和制定主体的利益驱动,其各自制定的软法有可能违反国家法制统一的原则,制造出各种非法之法、非正义之法,导致国家法制的混乱。因此,国家不仅应以硬法规范软法的制定主体及权限范围、软法的立法原则和制定程序、还必须建立对软法的完善的监督机制。这种监督机制应包括国家监督和社会监督两个层面:国家监督主要包括行政监督和司法监督;社会监督主要包括软法规制对象(即相应共同体成员)的监督和社会专门自律组织监督。行政监督主要指政府法制部门主动和应请求对各种软法规则的监督;司法监督则主要指由利害关系人向法院提起诉讼和法院通过司法审查的方式进行的监督;软法规制对象的监督指相对人通过行政申诉和司法诉讼实现的监督;社会专门自律组织监督则指通过建立软法争议、纠纷的专门民间仲裁机构或裁决机构和相应机构通过行使仲裁、裁决职能实现的监督。

总之,软法在规范人们行为和调整社会关系方面,有其长,亦有其短,有其利,亦有其弊。我们只有对其加以科学规范,才能有效地用其长、避其短、趋其利、避其弊,以充分发挥其对构建民主法治和谐社会的积极作用。

原载《中国法学》2006 年第 2 期

论中国共产党党内法规的性质与作用

1990年,中共中央发布《中国共产党党内法规制定程序暂行条例》(以下简称《暂行条例》),将省级党委以上党的领导机关制定的规章制度统称为"党内法规"。① 最近,中央决定启动对该《暂行条例》的修改,着手制定新的《中国共产党党内法规制定条例》,拟正式确定以"党内法规"作为中国共产党规范党组织的工作、活动和党员行为的具有"法"位阶的党内制度的总称。

"党内法规"的概念最早由毛泽东同志提出,之后为历届党的领导人沿用。② 而党的正式文件则是从20世

---

① 《暂行条例》第2条规定:"党内法规是党的中央组织、中央各部门、中央军委总政治部和各省、自治区、直辖市党委制定的用以规范党组织的工作、活动和党员的行为的党内各类规章制度的总称。"

② 最早使用"党内法规"概念的是毛泽东同志。1938年,毛泽东在党的第六届中央委员会第六次全体会议上的报告《中国共产党在民族战争中的地位》中讲到党的纪律时说:"为使党内关系走上正轨,除了上述四项最重要的纪律外,还须制定一种较详细的党内法规,以统一各级领导机关的行动"。《毛泽东选集》(第二卷),人民出版社1991年版,第528页。之后,刘少奇、邓小平、江泽民和胡锦涛都使用过"党内法规"或"党规党法"的表述。1945年,刘少奇在《论党》一文中指出:"党章、党的法规,不仅是要规定党的基本原则,而且要根据这些原则规定党的组织之实际行动的方法,规定党的组织形式与党的内部生活的规则"。《刘少奇选集》(上卷),人民出版社1981年版,第316页。1978年,邓小平在中共中央工作会议(中共十一届三中全会的预备会议)上的讲话《解放思想,实事求是,团结一致向前看》中讲到民主和法制问题时指出:"国要有国法,党要有党规党法。党章是最根本的党规党法。没有党规党法,国法就很难保障"。《邓小平文选》(第二卷),人民出版社1994年版,第147页。2001年,江泽民《在庆祝中国共产党成立八十周年大会上的讲话》中讲到加强和改进党的建设时指出:"各级党组织和每个党员都要严格按照党的章程和党内法规行事,严格遵守党的纪律"。《江泽民文选》(第三卷),人民出版社2006年版,第290—291页。2011年,胡锦涛在讲到党风廉政建设时更明确提出要"加强以党章为核心的党内法规制度体系建设"。胡锦涛:《在中央纪律检查委员会第十七届六次全会上的讲话》。

纪90年代开始使用这一概念。到现在,这一概念产生、发展、演变已历时几十年。虽然党的历届领导人和不同时期的党的文件在使用这一概念时,赋予这一概念的内涵、外延及性质、功能、作用并不完全相同,但基本指向和基本含义大致是相同的。在当下中国政治、经济和社会转型的重要时期,特别是在公权力运作由过去的单纯国家管理向公众广泛参与的公共治理和社会管理方向转变的特殊历史条件下,中央决定以正式《条例》确立这一概念,并对其制定主体,调整事项的范围,制定体制、原则、程序及适用等加以统一规范,具有重要的历史和现实意义。

一、中国共产党党内法规的现状

自改革开放以来,中国共产党中央、中央纪律检查委员会、党中央各部门、中央军委及军委总政治部,以及各省、自治区、直辖市党委制定和发布了大量的规范性文件,仅中央层级的,被中共中央办公厅法规室、中纪委法规室和中组部办公厅收入《中国共产党党内法规选编》的规范性文件即有332件。③ 这些作为"党内法规"的规范性文件调整着党和国家政治、经济、文化建设中广泛的社会关系,对党和国家的发展、改革、创新发挥了并将继续发挥重要的作用。

《中国共产党党内法规选编》(1978—1996)、《中国共产党党内法规选编》(1996—2000)和《中国共产党常用党内法规新编》④共收入中国共产党33年期间(1978—2011)发布的党内法规332件。不过,这332件中约有20%是重复收入,因为有些党内法规在制定若干年后又进行了修改,故在制定时的《选编》收入后,修订后的《选编》中又收入了其修正的版本,如《中国共产党章程》三次修改,故在三个《选编》中均收入。另外,最后一个《选编》

---

③ 作为本文资料主要渊源的《中国共产党党内法规选编》主要有以下三册:(一)《中国共产党党内法规选编》(1978—1996),法律出版社1996年版;(二)《中国共产党党内法规选编》(1996—2000),法律出版社2001年版;(三)《中国共产党常用党内法规新编》,法律出版社2011年版。

④ 《新编》主要收入2000—2011年发布的党内法规,但也有29件是2000年之前发布的,这29件大多也为前两册所收入。

因为是"常用法规选编",故重复收录了前两个《选编》中少量的目前仍常用的法规。因此,三个《选编》实际所载的法规数应为 250 件左右。当然,中国共产党 33 年期间发布的党内法规远不止 250 件,也远不止 332 件。因为这只是"选编",而且只是选编中央层级的,各省、自治区、直辖市党委制定和发布的党内法规并未纳入选编范围。下面笔者仍仅以以上三个《选编》所载的党内法规 332 件作为分析数据,对党内法规的类别、内容和调整范围作一梳理和分析。

在这 332 件党内法规中,由中国共产党代表大会、中共中央、中共中央办公厅制定发布的 148 件,占 46%,由中纪委、党中央各部门(如中组部、中宣部)制定发布的 184 件,占 54%。在中共中央、中共中央办公厅制定发布的法规中,有少量是与国务院、国务院办公厅共同制定发布的,如中共中央、国务院《关于切实做好减轻农民负担工作的决定》,中共中央、国务院《关于治理向企业乱收费、乱罚款和各种摊派等问题的决定》,中共中央办公厅、国务院办公厅《关于实行党政领导干部问责的暂行规定》,中共中央办公厅、国务院办公厅《关于领导干部报告个人有关事项的规定》等。另外,在中纪委、党中央各部门制定发布的法规中,也有少量是与国务院有关部门共同制定发布的,如中纪委、监察部《关于纪检监察机关接待处理集体上访的暂行办法》,中组部、劳动人事部《关于确定建国前干部参加革命工作时间的规定》等。这些由党政共同发布的规范性文件叫"党内法规"似乎不合适。随着党内法规的法制化、规范化,这类法规今后应该会越来越少,直至不再存在。

上述 332 件党内法规,其中有 187 件是完全规范党内事务的,占 56%,另有 145 件是既规范党内事务,也规范政务和社会事务,有的甚至是完全规范政务的,占 44%。例如,中共中央《关于农业和农村工作若干重大问题的决定》、中共中央《关于国有企业改革和发展若干重大问题的决定》等。中国共产党运用决定、决议或其他形式的党内法规规范政务和社会事务是由中国共产党的特殊执政地位决定的,是中国特色社会主义的"特色"之一。

从内容上分析,上述 332 件党内法规涉及政治、经济、文化和其他各个方面的关系。三个《选编》的作者从党务的角度将之分为 10 个专题:(1) 党章和最具重要性的法规。如中共十一届五中全会通过的《关于党内政治生活的若干准则》等,共 10 件。(2)党员。如中共中央制定发布的《中国共产党党员权利保障条例》等,共 9 件。(3)党的组织制度。如中共中央制定发布的《关于县以上党和国家机关领导干部民主生活会的若干规定》等,共 22 件。(4)党的中央组织。如中共中央办公厅发布的《关于中央直属机关领导体制问题的通知》等,共 4 件。(5)党的地方组织。如中共中央制定发布的《中国共产党地方组织选举工作条例》、《中国共产党地方委员会工作条例》等,共 4 件。(6)党的基层组织。如中共中央制定发布的《中国共产党和国家机关基层组织工作条例》等,共 32 件。(7)党的干部。如中共中央制定发布的《党政领导干部选拔任用工作条例》、《党政领导干部竞争上岗暂行规定》等,共 68 件。(8)党的纪律。如中共中央制定发布的《中国共产党纪律处分条例》、中共中央办公厅发布的《国有企业领导人员廉洁从业若干规定》等,共 106 件。(9)党的纪律检查。如中纪委制定发布的《党的纪律检查机关案件审理工作条例》、中纪委、监察部制定发布的《关于保护检举、控告人的规定》等,共 50 件。(10)其他。如中共中央、国务院制定发布的《关于切实做好减轻农民负担工作的决定》、《关于进一步加强土地管理切实保护耕地的通知》等,共 25 件。⑤

从规范性上分析,上述 332 件党内法规中,除党章外,以条例、准则、规则、规定、办法命名,规范性较强,"法"味较浓的有 120 件,占 36%;而以决定、决议、纲要、细则、意见、通知等命名,规范性较差,"法"味较弱的有 211 件,占 64%。根据《暂行条例》和即将制定的正式《条例》的要求,党内法规的名称仅限于党章、准则、条例、规则、规定、办法、细则 7 种。因此,上述三个《选编》中收入的 332 件"党内法规"在名称上大部分是不符合要求,不达"法规"标准的,这些"党内法规"在内容和形式上大多也不符合法的基本特性:民主性、公开性、普遍性和规范性。即使其中以条例、准则、规则、规定、办法命名的规范性较强,"法"味较浓的上述 120 件党内法规,也有一些尚与"法"的要求有较大距离。因此,在目前的形势下,抓紧制定新的正式的《中

---

⑤ 三个《选编》所设专题并不完全一致。《中国共产党党内法规选编》(1978—1996)设 11 个专题,除以上 10 个专题外还有 1 个"党组"专题;《中国共产党党内法规选编》(1996—2000)只设 8 个专题,没有"党员"和"党的地方组织"专题;《中国共产党常用党内法规新编》仅设 7 个专题,没有"党的中央组织"、"党的地方组织"和"其他"专题。

国共产党党内法规条例》,对党内法规的内容、程序和形式予以法制化、规范化,对于中国共产党依法执政,建设法治国家不仅具有十分的必要性,而且具有极大的迫切性。

二、中国共产党党内法规的特殊法律性质

《暂行条例》和即将制定的正式《条例》既然将"党内法规"定性为"法规",无疑已明确其姓"法",而使之与一般的"党内制度"相区别。⑥

在传统的法学教科书中,通常都将法与国家联系起来。"法是由国家制定或认可的、以国家强制力保证执行的行为规范的总和。""法离不开国家。……没有国家就不可能有法。"⑦这种"国家—控制法范式"的法理论对"法"的界定与解读,在国家垄断公权力的时代一定程度上反映了当时法现象的客观真实,从而具有一定的正确性。但是,在社会公权力逐渐发达,公共治理和社会管理日益兴起,国家公权力逐步向社会转移的现代社会,这种法理论及对"法"的定义离今天法现象的客观真实性就越来越有差距了,从而也越来越难阐释今天调整现实社会生活,规范今人行为的各种不同形式的法规则了。罗豪才与宋功德教授在其合著的《软法亦法——公共治理呼唤软法之治》一书中指出:

> 这种法范式将国家当作法制化的唯一轴心,强调法规范的国家性、法逻辑的对抗性和法秩序的强制性,它与不同的国家观联结在一起形成不同的法律模式:在其一端,它与全能政府联姻产生一种国家运用依附性的法律工具控制社会的管理法;在另一端,它与夜警国家联姻产生

---

⑥ 韩强曾在《学习时报》上撰文,提出党内法规与一般党内制度有四大区别:(1)二者产生的历史不同。从两个概念产生的历史来看,是先有党内制度后有党内法规。(2)二者的外延不同。尽管多数"党的制度"是由"党内法规"明文规定的,但也有不少"党的制度"并不是由"党内法规"明文规定的。(3)制定主体及权限不同。党的制度的制定主体是各级党组织。而党内法规的制定主体只是依《暂行条例》享有党内立法权的党的机关。(4)内在体系不同。党的制度是由根本制度、基本制度和具体制度构成的体系,党内法规是由党章(一级法规)、准则(二级法规)、条例(三级法规)、规定、办法、细则(四级法规)构成的体系。

⑦ 孙国华主编:《法学基础理论》,法律出版社1982年版,第48页。

一种社会依靠自治型法控制国家的控权法。……国家—控制法范式虽然长期以来居于主导地位,但伴随着多中心的、强调合作共赢、尊重不同主体性的公共治理模式的崛起,这种传统的法范式陷入了严重危机之中,一种与公共治理相适应的回应型法开始取而代之,国家—控制法范式正在成为过去时。⑧

现代法的范畴不仅包括国家法,而且包括社会法和国际法,不仅包括硬法,而且也包括软法。作为与国家法相对应的"社会法",是指由社会公权力主体,如政党、社会团体、行业组织、社会自治组织等制定的调整其内部关系和相应社会公权力运作所涉及的外部关系,规范社会公权力组织内部机构、内部成员行为以及相应社会公权力运作所及外部组织、外部人员行为的规则系统。⑨ 作为与硬法相对应的"软法",是指由公权力主体(包括国家公权力主体、社会公权力主体、国际公权力主体)制定或认可的规范相应共同体成员行为,调整公权力主体与相应共同体的关系、公权力主体与相对人的关系、公权力主体相互关系的,不具有国家强制约束力的规则的总称。⑩

相对于国家法和硬法,社会法和软法有着更长久的历史。作为国家法和硬法基础的国家在人类历史上的存在是非常短暂的,而作为社会法和软法基础的社会却与人类的生存、活动有着同样长久的历史。恩格斯说,"国家并不是从来就有的。曾经有过不需要国家、而且根本不知国家和国家权力为何物的社会"。国家是与经济发展的一定阶段与阶级的产生和阶级斗争相联系的。"在经济发展到一定阶段而必然使社会分裂为阶级时,国家就由于这种分裂而成为必要了。现在我们正在以迅速的步伐走向这样的生产

---

⑧ 罗豪才、宋功德著:《软法亦法——公共治理呼唤软法之治》,法律出版社2009年版,第7—8页。

⑨ 作为与国家法相对应的"社会法"不同于作为国家法法律体系构成的部门法之一的"社会法"。前者是依法的制定主体而划分的法律类别(国家法、社会法、国际法),后者是依法的内容、法的调整对象而划分的法律部门(民商法、经济法、行政法、社会法等)。一般认为,作为法律部门的"社会法",主要包括社会保险法、社会福利法、劳动法、环境保护法、消费者权益保护法等(可参阅樊启荣:《社会法的范畴及体系的展开——兼论社会保障法的概念与体系》,载《时代法学》2005年第2期)。

⑩ 关于"软法"的概念,可参见罗豪才、宋功德著:《软法亦法——公共治理呼唤软法之治》(法律出版社2009年版)以及姜明安在中国政法大学"名家论坛"上的讲演《软法在构建和谐社会中的作用》(载罗豪才主编:《软法与公共治理》,北京大学出版社2006年版,第85—108页)。

发展阶段,在这个阶段上,这些阶级的存在不仅不再必要,而且成了生产的真正障碍。阶级不可避免地要消失,正如它们从前不可避免地产生一样。随着阶级的消失,国家也不可避免地要消失。在生产者自由平等的联合体的基础上按新方式来组织生产的社会,将把全部国家机器放到它应该去的地方,即放到古物陈列馆去,同纺车和青铜斧陈列在一起。"⑪由此可见,国家并不与人类社会同在,在阶级社会之前和之后,并不存在国家。但是,在不存在国家的社会中,人类的行为不能没有规则,人们之间的社会关系不能没有法调整。只是这种规则不是由国家制定或认可,这种法不是由国家强制力保障实施。这种规则之所以与国家法、硬法一样也称"法",是因为它具有法的一般特征:由一定的人类共同体通过一定的程序制定或认可;反映共同体全体成员或多数成员的意志和利益;规范共同体成员的行为;调整共同体内部和外部的各种关系;通过一定的激励和制约、制裁措施保障其实施。

社会法和软法不仅存在于人类长久的没有国家存在的历史时期,而且也存在于有国家存在,即国家社会并存的人类社会历史阶段。国家不是哪一天突然产生的,也不是哪一天突然消亡的,其产生和消亡都是一个相当长相当长的历史过程。在国家形成的初期,社会因素的比重大于国家,人们的行为受制于社会甚于国家。之后,随着经济的发展和政治的演进,国家越来越强势,社会越来越萎缩,以至于到后来国家几乎垄断了对人类共同体各个领域、各个层面的控制权。这时,在人类共同体的生活中,国家因素大大超过社会因素,人们的行为虽然不能说完全受制于国家,但无疑主要或已根本上受制于国家。然而,人类社会发展到今天,国家与社会的关系又开始了发生新的变化,新的转折:随着市场经济和民主政治的发展,公民社会日益成长,部分国家公权力开始向社会转移,人们的行为既受制于国家,也越来越多地受制于社会。正是在这样的历史条件下,在规范人们行为、调整社会关系的法规则体系中,国家法和硬法的比重开始逐步降低,社会法和软法的比重开始增加。尽管在相当长的一个历史时期内,国家法和硬法在法体系中的主体地位并不会改变,相应的法规范更不会消失。

毫无疑问,剖析"党内法规"的一般特征,其基本定位应该属于社会法和

---

⑪ 恩格斯:《家庭、私有制和国家的起源》,载《马克思恩格斯选集》第四卷,人民出版社 1995 年版,第 174 页。

软法,而非国家法和硬法。但是我们这里研究的是中国共产党党内法规,而非一般政党的党内法规。二者虽有共性,但更有特殊性。中国共产党党内法规的特殊性是由中国共产党本身的特殊性决定的。《中华人民共和国宪法》(以下简称《宪法》)明确了中国共产党对国家的领导地位[12],中国共产党的组织可以根据宪法和法律直接行使某些国家公权力,如党对军队的绝对领导,党管干部(包括党和国家的干部),党对国家经济、社会重大事务的决策,等等。当然,中国共产党对国家的领导和对公权力的行使是依法进行的。我国《宪法》规定,"中华人民共和国实行依法治国,建设社会主义法治国家"。"一切国家机关和武装力量、各政党和各社会团体、各企业事业组织都必须遵守宪法和法律"。[13] 这里的"各政党",当然包括中国共产党。这里的"法律"专指国家法。但是,中国共产党依法领导国家,依法执政所依之"法"却不仅包括国家法律,也包括党内法规。党内法规本来是规范中国共产党党内事务的,但由于中国共产党的特殊地位,党内法规对党务的调整必然影响和涉及国务。所以中国共产党的党内法规不完全是社会法和软法,它也具有一定的国家法和硬法的特征。例如,中共中央《党政领导干部选拔任用工作条例》[14]、《关于领导干部报告个人有关事项的规定》[15]、《关于引咎辞职干部两年内不得提拔的规定》[16]、中共中央办公厅《关于健全和完善村务公开和民主管理制度的意见》[17]、《关于实行党政领导干部问责制的暂行规定》[18]、《国有企业领导人员廉洁从业的若干规定》[19]、中共中央纪委《关于严格禁止利用职务上的便利谋取不正当利益的若干规定》[20]、中共中央组织

---

[12] 我国《宪法》序言指出:"中国新民主主义革命的胜利和社会主义事业的成就,是中国共产党领导中国各族人民,……取得的。中国各族人民将继续在中国共产党领导下,……把我国建设成为富强、民主、文明的社会主义国家。"

[13] 见我国《宪法》第5条。

[14] 中共中央2002年7月23日发布。

[15] 中共中央与国务院2010年7月11日发布。

[16] 中共中央2010年4月1日发布。

[17] 中共中央办公厅与国务院办公厅2004年10月21日发布。

[18] 中共中央办公厅与国务院办公厅2009年7月12日发布。

[19] 中共中央办公厅与国务院办公厅2009年7月12日发布。

[20] 中共中央纪委2007年6月28日发布。

部《公务员调任规定(试行)》[21]、《关于因公出国人员审查的规定》[22],等等。中国共产党依法领导国家、依法执政既要依国家法律,又要依党内法规,二者怎么统一呢?二者统一的原则就是党内法规服从国家法律,国家法律优位于党内法规。对此,《暂行条例》明确规定,党内法规应当"遵守党必须在宪法和法律的范围内活动的规定,不得与国家法律相抵触"。[23]

三、对党内法规姓"法"质疑的释疑解惑

对于党内法规姓"法",党内和党外学者均有人认为"党内法规"提法不妥。在诸多质疑中,曾市南先生发表在《中国青年报》上的《"党内法规"提法不妥》[24]一文中的意见较有代表性。下面我们即对该文提出的质疑意见作一分析。

该文对"党内法规"提出的第一点质疑是:政党组织没有立法权限。文章作者认为,《中华人民共和国立法法》(以下简称《立法法》)规定的立法权限包括七个层次:全国人民代表大会和全国人民代表大会常务委员会行使国家立法权;国务院根据宪法和法律制定行政法规;省、自治区、直辖市的人民代表大会及其常务委员会制定地方性法规;较大的市的人民代表大会及其常务委员会制定地方性法规(须报省、自治区的人民代表大会常务委员会批准后施行);民族自治地方的人民代表大会制定自治条例和单行条例;国务院各部、委员会、中国人民银行、审计署和具有行政管理职能的直属机构在本部门的权限范围内制定部门规章;省、自治区、直辖市和较大的市的人民政府制定地方规章。《立法法》没有授予作为政党组织的中国共产党以立法权限,故党组织不能成为立法主体。从而,将《中国共产党党内监督条例(试行)》、《中国共产党纪律处分条例》等称为"党内法规",赋予其"法"的性质是与《立法法》相违背的。

---

[21] 中共中央组织部与人事部 2008 年 2 月 29 日发布。
[22] 中共中央组织部与人事部 1991 年 8 月 15 日发布。
[23] 见《中国共产党党内法规制定程序暂行条例》第 6 条。
[24] 《"党内法规"提法不妥》,载《中国青年报》2004 年 1 月 2 日。

这一质疑的失误主要是混淆了"国家法"与"法"的概念。国家法是法的一种,但不等于法。法除了国家法以外,还包括国际法和社会法。《立法法》本身是国家法,当然只规定国家法的范围、层次、制定主体和制定程序等,而不会规定国际法、社会法的范围、层次、制定主体和制定程序。不能因此否定国际法、社会法的存在,也不能否定国际法、社会法的"法"性质。

国家法不仅不否定国际法、社会法的存在和它们的性质,有些国家法还对国际法、社会法的适用和效力作出明确规定。例如,我国《民法通则》第142条规定:"中华人民共和国缔结或者参加的国际条约同中华人民共和国的民事法律有不同规定的,适用国际条约的规定,但中华人民共和国声明保留的条款除外";"中华人民共和国法律和中华人民共和国缔结或者参加的国际条约没有规定的,可以适用国际惯例"。这里的"国际条约",即为国际法。这里的"国际惯例"可以认为是社会法,或社会法与国际法的交叉。又如,我国《公务员法》第4条规定,"公务员制度……贯彻中国共产党的干部路线和方针,坚持党管干部原则"。这里"中国共产党的干部路线和方针"即为社会法,是由中国共产党的"党内法规"规定的。这里的"党管干部",当然不是党随心所欲地管,而是依法而管。"依法"即包括依国家法,也包括依党内法规,依党内法规规定的党的干部路线和方针。

除此以外,许多民法和行政法的单行法都规定相应社会关系的调整除适应相应国家制定法的明确规定外,还要适应社会法确定的"公序良俗"规则、公平、诚实信用、信赖保护、比例原则等。㉕这些社会法的规则、原则一经国家法认可,即构成国家制定法规则。但是这些规则、原则的具体内容,仍留在社会法中,属于软法的范畴。我们不能认为只有国家法确定的这些规则、原则是"法",而明确这些规则、原则具体内容的社会法、软法就不是"法"。

㉕ 例如,我国《广告法》规定,广告主、广告经营者、广告发布者从事广告活动,应当遵循公平、诚实信用的原则,不得妨碍社会公共秩序和违背社会良好风尚(见该法第5条和第7条)。我国《消费者权益保护法》规定,经营者提供商品或者服务,应当遵守商业惯例(按照国家有关规定或者商业惯例向消费者出具购货凭证或者服务单据,见该法第21条)。我国《人民调解法》规定,人民调解委员会调解民间纠纷,在不违背法律、法规和国家政策前提下,在当事人自愿、平等的基础上进行调解(即可以依照社会公德、村规民约、公序良俗、行业惯例等进行调解,见该法第3条)。

该文对"党内法规"提出的第二点质疑是:党内条例不具备法规特征。文章作者认为,《中国共产党各级领导机关文件处理条例(试行)》规定,"条例"是十三种正式常用的文件中的一种,由领导机关制定或批准,规定某些事项或机关、团体的组织、职权等带有规章制度性质的文件用"条例"。可见党内条例属于党的政策性和制度性的文件范畴,如《中国共产党各级领导机关文件处理条例(试行)》本身就是一种文件,不具备法规特征,与法规是两种不同属性的概念。

这一质疑涉及"什么是法规特征"的问题。文章作者并没有指出"法规"或"法"有什么特征,如果党内条例不符合其所指出的特征,可以认为党内条例不是"法规"或"法"。那么,具有什么样特征的文件或规范性文件才是"法规"或"法"呢?英国著名法理学家哈特曾就"什么是法律"所经常出现的三个争论点考察得出了法的一般特征:法的存在意味着特定种类的人类行为不再是任意的,而是在某种意义上具有强制性;法律制度体现着特定的和基本的道德要求之宗旨,正义既是适合于法律的善,又是诸善中最具法律性质的善;法律制度总是由规则构成的,而可预测的后果是法律规则的重要特性。㉖

笔者曾经在一次关于软法问题的演讲中将法的一般特征归纳为三项:其一,法是人们的行为规则;其二,法是具有外在约束力的人们的行为规则;其三,法是由一定人类共同体制定、协商、认可的人们的行为规则,法具有民主性、公开性、普遍性、规范性。

如果按照以上总结,将"党内条例"称为"党内法规",将党内法规归属于"法"显然不存在什么"不妥"。当然,文章作者如果一定要将"法规"或"法"赋予"国家制定或认可,并由国家强制力保障实施"的特征(原苏联学者和我国传统法学教科书赋予"法规"或"法"的特征),那将"党内条例"称为"党内法规"并将"党内法规"归属于"法"当然是不妥的。

该文对"党内法规"提出的第三点质疑是:"党内法规"的提法不能严谨、准确地反映党与法的关系。该文作者认为《党章》明确规定的"党必须在宪法和法律的范围内活动"起码有两层含义:第一,党不能超越于宪法和

㉖ 参阅〔英〕哈特著:《法律的概念》,张文显等译,中国大百科全书出版社1996年版,第1—18页。

法律之外成为"法外党",搞党大于法;第二,不能将党与法混为一谈,以为党就是法,法就是党。但"党内法规"的提法很容易产生歧义,一方面将法的适应对象区分为"党内"与"党外",被人误解为党内存在着法之外的一套"法规",另一方面认为党与法就是一回事。这都与《党章》原则不相适应。

笔者认同文章作者对"党必须在宪法和法律的范围内活动"原则两层含义的理解。但根据这两层含义的理解并不能得出"党内法规"的提法是错误的、赋予"党内法规"以"法"的性质违反"党必须在宪法和法律的范围内活动"的原则的结论。首先,承认"党内法规"姓"法",正是要以法规范各级党组织的行为和活动,以避免"党就是法,法就是党"的现象出现;其次,承认"党内法规"姓"法",是以明确规定"党内法规"在法的位阶上低于宪法和法律为前提的。这就像承认国务院"行政法规"姓"法"是以明确规定"行政法规"在法的位阶上低于宪法和法律为前提一样。此外,任何一个国家的法体系都是由不同类别、不同层级的法规范构成的,如议会制定的法律、政府发布的行政法规、法院作出的判例[27]、社会自治组织制定的自律规则,等等。没有人认为议会法律之外的法规范是"法外法"。相反,随着公民社会的形成和发展,人们越来越承认社会法和软法的"法"的性质和地位,认可社会法和软法是一国法律体系的重要组成部分。

四、保障党内法规"法"的性质的条件

作为党内规范性文件,即使是名称谓之"条例"的规范性文件,并非都姓"法"。党内规范性文件姓"法"是有条件的。

党内规范性文件姓"法"的首要条件是制定主体。只有法定主体——党的中央组织、中央纪律检查委员会、中央部门、中央军委总政治部、省级党委——制定的规范性文件才可能姓"法"。其他一般党组织和党的机关制定的规范性文件不能称为"党内法规"。

党内规范性文件是否姓"法"的最重要条件是看是否反映相应共同体

---

[27] 英美法系国家通常都承认判例的"法"效力。

全体成员或最大多数成员的意志和利益。国家法（法律、法规、规章等）应反映一国全体国民或最大多数国民的意志和利益；社会法（规则、规章、规程、规定、章程、办法等）应反映相应社会共同体全体成员或最大多数成员的意志和利益；国际法（国际条约、公约、协议、章程等）应反映相应国际组织全体成员或最大多数成员的意志和利益。封建专制时代国王、皇帝发布的诏令、敕令虽然在形式上也是当时的"法"[28]，但那种"法"反映的只是封建统治者个人和其所代表的那个少数人构成的集团的意志和利益，从而与现代意义的法有本质的区别。

据此推论，党内法规姓"法"的最重要的条件是其应能反映全党或者全党绝大多数党员的意志和利益。而且，因为中国共产党是直接执掌国家决策权力、行使对国家武装力量绝对领导和管理国家干部等国家公权力的执政党，其党内法规姓"法"，就不仅应能反映中国共产党全党或全党绝大多数党员的意志和利益，还必须同时反映全体人民或绝大多数人民的意志和利益。

明确了充分反映党意、民意是党内法规姓"法"的最重要的条件，现在需要着力进行研究和论证的是怎么保障我们的党内法规充分反映党意、民意。根据多年来党内决策民主化、法治化的经验，党内决策充分反映党意、民意最重要、最根本的保障是广大党员和人民群众对决策的参与程序。2011年7月31日，中共湖南省委发布的《法治湖南建设纲要》确定：

> 研究制定党委重大决策程序规定，要把调查研究、征求意见、法律咨询和集体讨论决定作为党委重大决策的必经程序。各级党委要按照集体领导、民主集中、个别酝酿、会议决定的原则决定重大事项。发挥全委会对重大问题的决策作用，推行和完善党委讨论决定重大问题……（的）票决制。对涉及经济社会发展全局的重大事项，要广泛征

---

[28] 关于我国封建专制时代法的形式和本质，曾宪义教授主编的《中国法制史》有详尽细致的论述。其中，关于唐代法律制度的情况，该书是这样描述的："封建君主专制主义统治下的唐代，皇帝是最高的立法者，律、令、格、式或由皇帝直接下颁，或由臣僚修订，经皇帝批准，再以皇帝名义颁布。……从实质看，唐代律、令、格、式等法律形式，都是封建王权与封建国家实施统治的有效手段。唐代统治者采用多种法律形式进行统治，无非要把复杂的社会关系纳入封建法律调整的范围，确立有利于封建统治阶级的社会秩序，进而达到长治久安的目的。"曾宪义主编：《中国法制史》（第二版），北京大学出版社、高等教育出版社2009年版，第148页。

求意见,充分进行协商和协调,对专业性、技术性较强的重大事项,要认真进行专家论证、技术咨询、决策评估;对同群众利益密切相关的重大事项,要实行公示、听证制度,扩大人民群众的参与度。㉙

党内党外广泛参与的民主程序是保证决策反映党意、民意的重要条件,自然也是党内法规姓"法"的基本条件。为此,应对《暂行条例》进行修改,补充规定或进一步明确下述程序要求:其一,起草党内法规,应当通过座谈会、论证会、听证会,充分听取各级党组织和广大党员的意见,涉及国家公权力或公民、法人和其他组织权益的事项,还要通过相关途径和形式,包括平面媒体和互联网等形式,征集和听取广大社会公众的意见;其二,党内法规在起草阶段,应当深入调查研究,全面掌握实际情况,认真总结实践经验,尽可能使法规内容符合客观规律,反映民意;其三,党内法规草案涉及专门性问题,应听取专家学者意见,进行科学论证;其四,党内法规草案应根据制定主体的级别和内容的重要性,交付党的全国代表大会或党的全国代表会议、中央委员会全会或政治局会议、中央纪律检查委员会、省级党委全会等集体审议通过。党内法规不能不经党组织会议集体讨论审议而由相应党组织有关负责人径行签发。

保障党内法规姓"法",使之构成一国法体系组成部分的另一条件是公开性、规范性和相对稳定性。党内法规的公开性包括党内法规制定程序的公开和制定后法规文本的公开。党内法规公开是党务公开的重要内容,党务公开是党内法规公开的必然结果。关于党务公开,湖南省委制定的《法治湖南建设纲要》曾提出明确要求:

> 除涉及党和国家秘密等依照规定不宜公开的以外,党内事务应当通过党内有关会议、文件、简报等方式及时向党员公开,涉及经济社会发展和公民、法人及其他组织权利义务的重大决策,应通过网站、报刊、电视等便于公众知晓的方式及时公开。除党组织主动公开的党务信息外,党员可以按规定向党的基层组织申请公开党内事务。建立健全党内情况通报和党内事务听证咨询制度,畅通党员意见表达渠道,提高党员对党内事务的参与度,保障党员民主权利。党委常委会和全委会可

㉙ 参见中共湖南省委:《法治湖南建设纲要》第6条。

邀请党代表列席,讨论涉及公众利益,需要公民广泛知晓和参与事项的党委常委会议,可以公开举行,邀请党员、人大代表、政协委员或公民列席旁听。推进党委权力公开透明运行。适应民主法治建设的新要求,不断探索完善党务公开的内容、途径和形式,确保党委权力在阳光下运行。[30]

很显然,根据党务公开的原则,党内法规必须做到制定程序公开和制定后法规文本公开。事实上,《暂行条例》对此都已经做了初步的规定。例如,关于制定程序公开,《暂行条例》规定,"需经中央审议批准的党内法规草案拟定后,视其内容,或在一定范围内征求意见,或经中央同意后在全党范围内征求意见"。[31] 关于制定后法规文本公开,《暂行条例》规定,"党内法规采用中共中央文件、中共中央办公厅文件、中央纪委文件、中央各部门文件的形式发布。有的党内法规公开发布"。[32] 当然,《暂行条例》规定的公开还不够,还有待进一步强化。例如,关于制定程序公开,可规定举行公开的座谈会、论证会、听证会公开征求和听取对草案的意见,某些重要党内法规的草案还应通过报刊或互联网公开发布和征求社会公众的意见。关于制定后法规文本公开,可规定除涉及党和国家秘密的事项,党内法规一律公开发布。

党内法规的规范性除了指其外在形式(如名称、体系、结构、用语等)应符合法的规范要求外,还应包括法规内容和制定程序符合规范。[33] 为此,党内法规制定机关均应建立专门的法规草拟、草案审查、审核工作机构。党内法规在提交制定机关审议通过前,工作机构应就法规草案的规范性问题进行审查、审核,包括:其一,审查草案内容是否同宪法、法律相抵触;其二,审查草案内容是否同党章和其他上位党内法规相抵触;其三,审查草案内容是否与同位党内法规对同一事项的规定相冲突;其四,审查法规起草过程中是否就涉及的重大问题与相关部门、组织协商;其五,审查制定机关是否享有相应法规制定权限,立项和起草是否遵循了规定的民主参与、科学论证和其

---

[30] 参见中共湖南省委:《法治湖南建设纲要》第8条。
[31] 参见《暂行条例》第16条。
[32] 参见《暂行条例》第22条。
[33] 这里的"规范性"是广义的,包括内容和形式的合法性、合规性、合逻辑性以及名称、体系、结构、用语等的规范性(后者为狭义的规范性)。

他法定程序;其六,审查法规名称、体系、结构、用语等是否符合法的规范性要求。党内法规只有在内容和形式上均符合法的规范性要求,才能与党内法规的法性质相适应。

党内法规的相对稳定性是指党内法规一经制定发布,其规定不得随意和频繁变更。党内法规随意和频繁变更包括两种情况:一是随意撤销、废止或频繁修改相应法规;二是虽不撤销、废止和修改相应法规,但以其他党内法规或政策性文件的新规定使相应法规的规定实际废止或变更。这两种情况都可能使党内法规失去"法"的特性。法与一般政策性文件的重要区别之一就是其相对稳定性,通过相对稳定性使法的调整对象对未来有合理的预期,对公权力的行使形成信赖。当然,相对稳定性因为其"相对",也给党内法规根据社会客观情况的变化进行必要的立、改、废留下了空间和余地。不过,社会客观情况是不断发展变化的,党内法规不能和不应频繁修改、变化。这就一方面要求党内法规的制定者要有必要的前瞻性,对法规涉及的问题应在起草过程中进行认真的调查研究、深入的科学论证,保证法规的内容能有较长时间的适应性;另一方面要求法规制定者和法规执行者充分发挥法规解释的功能和作用,面对发展变化的世界,通过法规解释挖掘法的规定的内涵,使相应规定能最大限度地适应现实的需要。任何法律法规,包括党内法规,都应该在穷尽了法解释途径(文义解释、目的解释、立法史解释、填补漏洞解释等)尚不能适应客观现实情况变化的需要以后,再考虑做修改和废止的选择。如果党内法规过分频繁地立、改、废,就会丧失稳定性而难以再将之归入"法"的范畴了。

党内法规姓"法"的第三个重要保障,那就是应将党内法规纳入国家统一的违宪、违法审查机制。《立法法》规定,法定国家机关认为法规——包括行政法规、地方性法规、自治条例和单行条例(如果党内法规姓"法",自然就也应包括党内法规)——同宪法或法律相抵触的,可以向全国人大常委会书面提出审查的要求,由常委会工作机构分送有关专门委员会进行审查,提出意见。其他国家机关和社会团体、企事业组织及公民认为上述法规同宪法或法律相抵触的,可以向全国人大常委会书面提出审查的建议,由常委会工作机构进行研究,必要时,送有关的专门委员会进行审查,提出意见。全国人大专门委员会在审查中认为上述法规同宪法或法律相抵触的,可以向制定机关提出书面审查意见;也可以由法律委员会与有关的专门委员会召开联合审查会议,要求制定机关到会说明情况,再向制定机关提出书面审查意见。制定机关应限期反馈。法律委员会和有关专门委员会认为上述法规同宪法或法律相抵触而制定机关不予修改的,可以向委员长会议提出书面审查意见和予以撤销的议案,由委员长会议决定是否提请常委会会议审议决定。㉞ 毫无疑问,要保障我国法制的统一,将我国建设成名副其实的社会主义法治国家,必须将党内法规纳入上述国家统一的违宪、违法审查机制。

五、党内法规在公共治理和社会管理创新中的作用

在当下中国经济、政治和社会转型的重要时期,特别是在公权力运作由过去的单纯国家管理向公众广泛参与的公共治理和社会管理创新方向转变的特殊历史条件下,党内法规具有特殊的重要作用。这种特殊重要作用主要表现在以下三个方面:

其一,保障和规范各级党委和党组织在宪法和法律范围内领导公共治理和社会管理创新。《中国共产党章程》规定,"党必须在宪法和法律的范围内活动"。㉟ 因而,党对公共治理和社会管理创新的领导以及党的整个领导都必须在宪法和法律的范围内进行。但是宪法和法律对党的领导的规定是非常原则性的,要保证党的领导依宪和依法进行,就必须通过党内法规将宪法和法律的原则性规定具体化,使各级党委和党的组织的活动有法可依。例如,前面提到的《党政领导干部选拔任用工作条例》、《关于领导干部报告个人有关事项的规定》、《关于引咎辞职干部两年内不得提拔的规定》、《关于健全和完善村务公开和民主管理制度的意见》、《关于实行党政领导干部问责制的暂行规定》、《国有企业领导人员廉洁从业的若干规定》、《关于严格禁止利用职务上的便利谋取不正当利益的若干规定》、《公务员调任规定(试行)》、《关于因公出国人员审查的规定》等都是这样的党内法规。现在

㉞ 参见我国《立法法》第90、91条。
㉟ 见中共第十七次全国代表大会修改通过的《中国共产党章程》总纲。

的问题是,有关党的领导的权限、方式、程序的党内法规还很不完善;已经制定和发布的党内法规在一些地方和部门的党组织活动中还得不到有效执行,已经建立的监督和问责机制尚未有效运作,从而使得一些地方和部门的公共治理和社会管理创新脱离了法的规范和制约,变成了恣意胡为和滥用权力。因此,有必要加强这方面的党内法规建设,并健全完善相关的执行、监督、问责机制,以保障其有效运作和真正发挥作用。

其二,调整和规范党的中央与地方组织之间以及党的中央各种机关之间、党的地方组织的各类机关之间的各种横向与纵向关系,调整和规范党的组织与各种国家机关、社会团体之间的各种横向与纵向关系,并使这些关系法治化、规范化,逐步纳入到现代民主和法治的轨道。我国在计划经济时代,党和国家机关的运作主要依领导人的意旨、命令、指示进行,没有建立法治化、规范化的机制。改革开放以后,邓小平同志提出,为了适应社会主义现代化建设的需要,为了适应党和国家政治生活民主化的需要,为了兴利除弊,需要改革党和国家的领导制度以及其他制度。领导制度、组织制度问题是更带有根本性、全局性、稳定性和长期性的问题。㊱ 在小平同志及其中央第二代领导集体和其后第三、第四代中央领导集体的推动下,党和国家的领导制度、组织制度(如邓小平同志在《党和国家的领导制度的改革》一文㊲中提到的党和国家领导人交接班制度)逐步得以建立和明确化。但是这些制度和关系尚未法治化和规范化。为了保证这些制度和关系能够在不断改进和完善的基础上延续,避免人亡政息,解决小平同志提出的稳定性和长期性的问题,有必要加强这方面的党内法规建设。当然,这方面的党内法规建设要与国家立法、国家法制建设联系和衔接起来,因为这里涉及的不是纯党务问题,而是党务和政务的交叉问题。

其三,保障和促进各级党的领导干部运用法治思维和法律手段治党治国理政。国务院 2010 年发布《关于加强法治政府建设的意见》,要求行政机关工作人员特别是领导干部要"切实提高运用法治思维和法律手段解决经

㊱ 参见邓小平:《党和国家的领导制度的改革》,载《邓小平文选》(第二卷),人民出版社 1994 年版,第 322、333 页。

㊲ 同上书,第 320—343 页。

济社会发展中突出矛盾和问题的能力"。㉘ 所谓"法治思维",是指执政者在法治理念的基础上,运用法律规范、法律原则、法律精神和法律逻辑对所遇到或所要处理的问题进行分析、综合、判断、推理和形成结论、决定的思想认识活动与过程。所谓"法律手段"是指执政者通过制定、执行法律、法规、规章,运用法律创制的制度、机制、设施、程序处理各种经济、社会问题,解决各种社会矛盾、争议,促进经济、社会发展的措施、方式、方法。广泛而言,法律手段包括立法(广义的立法包括制定法律、法规、规章,也包括制定规范性文件和软法,如党内法规)、执法(包括执行、实施法律、法规、规章)、司法(包括民事、刑事、行政诉讼和司法执行),也包括对法律所创制的制度(如政府信息公开制度、行政许可制度、行政处罚和行政强制制度、行政复议和仲裁制度)、机制(如市场机制、监管机制、监督机制、解纷机制)、设施(如行政裁判所、人民调解中心、法庭)、程序(如行政程序、ADR 程序)的运用、适用。"法律手段"有时是相对"经济手段"和"行政手段"而言,有时是相对"人治手段"而言。

在当前推进公共治理和社会管理创新的形势下,怎么保障、促进我们的各级领导干部切实提高运用法治思维和法律手段解决经济社会发展中突出矛盾和问题的自觉性和能力,一个重要途径就是加强党内法规建设,通过党内法规,鼓励和激励各级党的领导干部运用法治思维和法律手段治党治国理政,建立监督问责机制,制约个别或少数党的领导干部违法和滥用权力的行为,以保障建设法治国家目标的实现。2011 年湖南省委发布《法治湖南建设纲要》㉙,即是运用地方性党内法规保障和促进地方各级党的领导干部运用法治思维和法律手段治党治国理政的一个很好的范例,湖南的经验具有在全国推广的价值。

原载《北京大学学报(哲学社会科学版)》2012 年第 3 期

㉘ 该《意见》第二节第 3 项规定,要高度重视行政机关工作人员依法行政意识与能力的培养。行政机关工作人员特别是领导干部要带头学法、尊法、守法、用法,牢固树立以依法治国、执法为民、公平正义、服务大局、党的领导为基本内容的社会主义法治理念,自觉养成依法办事的习惯,切实提高运用法治思维和法律手段解决经济社会发展中突出矛盾和问题的能力。http://www.gov.cn/zwgk/2010-11/08/content_1740765.htm,2010 年 10 月 22 日访问。

㉙ 2011 年 8 月,湖南省委九届十三次全会通过《法治湖南建设纲要》,载《湖南日报》2011 年 8 月 2 日。

完善软法机制,推进社会公共治理创新

雷内·西尔顿和弗里茨·斯特因克在其合编的《欧盟及其成员国和美国的行政法——比较分析》一书中将软法视为欧盟治理的一种手段或工具(community soft law instruments)。他们认为,《欧盟条约》中规定的建议、意见、一般行动纲领、中长期框架计划以及大量的无《欧盟条约》法律基础的决议、指南、宣言、行为准则等均属于欧盟软法的范畴。这些形式的软法具有一个共同的特征:不具有完全的法律上的约束力,但也并非完全没有法律效力。例如,欧盟成员国在给予国内企业补助、援助时,要受欧盟法一般原则的约束:遵守在补助、援助领域适用裁量权的有关"指南"(guidelines);欧盟法院有时会以"建议"(recommendations)作为解释欧盟规章的工具;在这种情况下,成员国当局和成员国法院处理相应事项必须考虑这些"建议"。①

软法是相对于硬法而言的,软法与硬法比较,其特征有五:第一,软法创制的渠道是多元的,既可以由国家机关制定、认可,也可以由社会组织及民间团体制定、认可,还可以是人们在社会生活和政治活动及交往中自然地生

---

① See Rene Seerden, Frits Stroink (ed.), *Administrative Law of the European Union, Its Member States and the United States—A Comparative Analysis*, Intersentia, 2007, p.273.

长和形成,而硬法只能由国家机关制定、认可②;第二,软法通过个人、组织的自我约束、相互约束、舆论约束和利益机制而实现规范人们行为,调整社会关系的作用,而硬法主要以国家强制力为后盾,由国家强制力保障实施③;第三,软法的法源既可以是法律文件,也可以是社会组织、团体的章程、村规民约以及政治惯例、社会惯例等,而硬法的法源只能是国家法律文件④;第四,软法既可以是静态的法规范,也可以是动态的公共治理方式、治理手段,如调解、协商、讨论、指导、说服等手段被认为是软法手段,而硬法一般仅指静态法⑤;第五,软法既具有相对的普遍性,又兼顾一定时间、地点、对象的特殊性,注重在保证形式正义的同时最大限度地保障实质正义,而硬法则更多地

---

② 关于法律(包括硬法与软法)的起源和生长、法律的普适性与特殊性、法律的静(稳定性)与动(发展和变动性),美国原最高法院法官卡多佐指出,"我们今天的法律面临着双重的需要,一是需要重新表述,它将为那些杂乱无章的判例带来确定性和条理化,这是法律科学的任务。二是需要一种哲学,它能够协调和稳定与进步这两种相互冲突的要求,并提供一种生长的原则"。"法律必须稳定,但不能一成不变。我们每每在这一点上陷入严重的矛盾。无法消除和无法限制的静与动,有着同样的破坏性。""我们必须记住两句忠告。在我们敬仰确定性时,我们必须分清正确的确定性和虚假的确定性,分清真金与镀金。此外,当我们获得了确定性时,我们必须记住,它并不是唯一的好东西,人们也许得为它付出过高的代价;恒静与恒动有着同样的危险;必须从生长的原则中找出妥协之道。""法律就像旅行者一样,天明还得出发,它必须有生长的原则"(参见〔美〕本杰明·内森·卡多佐著:《法律的生长》,刘培峰等译,贵州人民出版社2003年版,第1—11页)。

③ 关于软法与硬法在法律约束力方面的区别,罗豪才和宋功德教授在其合著的《软法亦法公共治理呼唤软法之治》一书中指出,"能否运用国家强制力保证实施成为我们区分、理解和定义软法与硬法概念的一个关键"(见罗豪才、宋功德著:《软法亦法——公共治理呼唤软法之治》,法律出版社2009年版,第297页)。《欧洲法律杂志》主编弗朗西斯·施尼德(Francis Snyder)亦曾就软法的法律约束力指出,"软法是原则上没有法律约束力但有实际效力的行为规则"(See Francis Snyder, Soft Law and Institutional Practice in the European Community)。

④ 关于软法的法律渊源或法律形式,雷内·西尔顿和弗里茨·斯特因克在其合作编辑的《欧盟及其成员国和美国的行政法——比较分析》一书中研究和论述了欧盟法中的下述软法形式:《欧盟条约》中规定的建议、意见、一般行动纲领、中长期框架计划以及大量的无《欧盟条约》法律基础的决议、指南、宣言、行为准则等。这些形式的软法具有一个共同的特征:不具有完全的法律上的约束力(See Rene Seerden, Frits Stroink (ed.), *Administrative Law of the European Union, Its Member States and the United States—A Comparative Analysis*, Intersentia, 2007, p.273)。

⑤ 关于法(软法)的动态性,卡多佐法官曾指出,"法律不仅是一系列孤立的判决,在调解那些引出它们的争端时,它们行使着法律的力量"。"在说到行为的原则或规则时,我把另一些行为规范或标准也包括在内,它们因为没有在法规或裁决中被正式宣布,也许不是严格的规则或原则,但它们却是有望得到法规或裁决遵守的类型或模式。我仅仅否认它们是一种凌驾于那些国家已建立的机构的力量。它们扎根于商业和伙伴关系的习惯形式与方法中,扎根于公平和正义的主流信仰中,扎根于我们称之为时代风俗的信仰和实践的复合体中"。参见〔美〕本杰明·内森·卡多佐著:《法律的生长》,刘培峰等译,贵州人民出版社2003年版,第21—27页。

强调普遍性,强调形式正义优于实质正义。⑥

一、软法在现代社会公共治理中的一般作用⑦

软法机制是通过自律和他律相结合的规制方式而不是通过国家强制力而规范人们行为、调整社会关系的现代社会公共治理创新。软法不等于软法机制,软法并非现代社会的创新。在人类历史上,有硬法就有软法。甚至可以说,软法有着比硬法更长远的历史,因为人类有了共同体,就必然有调整共同体成员与共同体之间关系以及共同体成员相互之间关系的规则,但这种规则最初不是通过国家强制力保障实施的,从而不能称"硬法"而只能称"软法"。只是在有了国家共同体以后,才有了通过国家强制力保障实施的硬法,法才有了硬法软法之分。硬法产生以后,软法并没有消失。在有国家存在的任何时代,相对于国家的社会总会一定程度地存在,而只要相对于国家的社会一定程度地存在,相对于国家硬法的社会软法也会一定程度存在。在专制社会和管制型社会,软法作用的空间是很小很小的;而即使再信奉人治的统治者,也不会完全弃用硬法。人类进入到早期的民主社会以后,软法的作用稍有加强,但对社会关系的调整作用仍非常有限,国家管理的主要方式仍然是硬法。只是到了现代社会,软法的作用才充分显露出来,软法与硬法才共同构成相互协调、相互补充、相互促进的社会公共治理机制。⑧

软法在现代社会公共治理中的作用主要表现在下述四个方面,这四个方面的作用也正是软法自 20 世纪中后期愈益兴盛、在社会公共治理中越来越受到人们青睐和重视的原因。

其一,适应现代民主政治的需要,为构建参与民主、协商民主机制提供法律规制和法制保障。传统民主是"传送带"民主:人民通过选票将自己的

---

⑥ 关于软法调整效力的普遍性与特殊性的关系,可参阅姜明安《民主形式与公共治理》(载罗豪才等著:《软法与协商民主》,北京大学出版社 2007 年版,第 232—239 页)。

⑦ 笔者撰写本文之前,曾在《人民日报》2010 年 7 月 30 日理论版发表《发挥软法在现代社会治理中的作用》一文,本文的这一部分论述引用和深化了该文的相应观点。

⑧ 关于软法形成、兴起的原因和软法的一般理论,可参阅罗豪才、宋功德著:《软法亦法——公共治理呼唤软法之治》,法律出版社 2009 年版。

意志传送给人民代表机关;人民代表机关通过立法将人民的意志传送给政府;政府通过执法治理社会。这是硬法治理国家、治理社会的基本法治模式。在此种法治模式中,软法所起的作用非常有限。而现代社会,人民不仅通过选票,更通过直接参与国家管理和社会治理而实现自己的利益和意志,各种不同利益群体不仅通过代表机关立法,更通过国家管理和社会治理的整个过程进行利益博弈。这样,为了保障博弈的有序性和公平性,不仅需要硬法机制提供博弈平台和博弈基本规则,更需要软法机制提供博弈的运作方式、途径(如协商、讨论、审议、辩论)及其具体规则。这是硬、软法结合,管理者与被管理者互动治理国家、治理社会的新型法治模式。⑨

其二,适应现代市场经济的需要,为建设法治政府、服务型政府提供法律规制和法制保障。现代市场经济既不同于计划经济,也不同于传统的自由市场经济。与计划经济相适应的是全能政府,国家计划是指令性、强制性的,是硬法;与传统自由市场经济相适应的是有限政府,代表机关限制政府权力边界的规则和规范行政管理相对人行为,维持社会经济秩序的规则均是命令性、强制性的,是硬法;而与现代市场经济相适应的是法治政府和服务型政府,法治政府虽然也包含有限政府的要素,但同时更包含有为政府(服务型政府)的要素。但这种"有为"不是或基本不是通过强制性的权力实现的,而主要是通过非强制性的柔性手段实现的,如行政合同、行政指导、行政规划、BOT(特许经营合同)、PPP(公私合作)以及公法私法化(如在环境管理中以排污权交易方式部分取代排污罚款和排污费强制征收)等。⑩这些政府行为的实施,虽然也需要一定的硬法规范,但主要依靠的是软法机制。

其三,适应信息社会的需要,为规范虚拟世界(网络世界)的运作秩序提供法律规制和法制保障。信息化时代既不同于农业社会,也不同于工业社

---

⑨ 关于民主模式的变迁:从传送带民主到利益代表民主到参与民主、协商民主(审议民主),可参阅〔美〕理查德·B.斯图尔特著:《美国行政法的重构》,沈岿译,商务印书馆2002年版;埃米·古特曼、丹尼斯·汤普森等著,谈火生编:《审议民主》,江苏人民出版社2007年版。

⑩ 关于行政合同、行政指导、行政规划、BOT(特许经营合同)、PPP(公私合作)以及公法私法化的趋势,可参阅余凌云著:《行政契约论》,中国人民大学出版社2000年版;莫于川等著:《法治视野中的行政指导》,中国人民大学出版社2005年版;金自宁著:《公法/私法二元区分的反思》,北京大学出版社2007年版。

会。农业社会对法律的需求很小,既不需要多少硬法(如我国汉代初期仅"约法三章"和"作律九章"[11]),也不需要多少软法;工业社会由于经济和科技的发展,社会关系极为复杂,人类对法律的需求急剧增加,而且急需的主要是硬法而非软法。信息社会则不同,人们从一元世界进入两元世界——现实世界和虚拟世界(即网络世界,尽管网络世界是现实世界的延伸,但其具有不同于现实世界的诸多特点),现实世界由于民主化、市场化、信息化和全球化的演进,软法的需求大大增加,因为虚拟世界人与人关系的调整以及秩序的维护更依赖软法。虚拟世界自一开始即是由软法支撑的,后来国家虽然也对之制定了若干硬法,但其主要或基本规制仍然是软法,没有软法机制,虚拟世界的运作是不可想象的。[12] 特别是在我国目前的条件下,人民既非常需要网络揭露公权力腐败和各种社会丑恶现象,建构阳光政府和阳光社会,又需要规制网民利用网络"人肉搜索"等侵犯他人隐私权、名誉权、荣誉权的行为。对此,软法的自律和他律功能是硬法和其他规制手段不可取代的。

其四,适应经济全球化的需要,为建立世界经济、政治新秩序和构建和谐世界提供法律规制和法制保障。经济全球化大大加强了世界各国的相互依赖、相互联系,世界越来越变成了一个"一荣俱荣,一损俱损"的"地球村",构成了一个人类的大共同体。根据社会发展的基本规律,任何人类共同体,共同体成员在一起生活、交往,必须有公权力、有规则、有法,因为人不是天使,共同体公权力的行使者也不是天使。就国际共同体而言,成员有个人、组织、国家,如果没有公权力组织(如联合国、联合国安理会等)干预,没有规则、法规制,共同体成员出于私利而争斗、相互侵害、损人利己或损人不利己的行为均不可避免(如世界金融危机中一些国家的贸易保护主义行为),共同体将无法运作,甚至毁灭。如果不是被生态、环境破坏(如臭氧层

---

[11] 公元前206年,刘邦与父老"约法三章",内容只是两句话:"杀人者死,伤人及盗抵罪"(《汉书·高帝纪》)。当然,"三章之法,不足以御奸",法网太疏,可能"漏吞舟之鱼"(《汉书·高帝纪》)。之后,汉高祖命萧何"作律九章"(参阅肖永清主编:《中国法制史简编》,山西人民出版社1981年版,第169页)。

[12] 关于网络世界、虚拟世界与法制的关系,可参阅赵正群主编:《信息化概论》,南开大学出版社2007年版;张淳:《中国的网络世界及网络公众的公共性意义》,载《学术月刊》2009年第2期;汪建、汪业周:《虚拟世界与人类文明》,载《扬州大学学报(人文社会科学版)》2001年第1期。

消失、南极北极的冰川融化、地球土地大面积沙化等)毁灭,就是被无赖国家或恐怖组织(如拉登的基地组织)制造的生化战争、核战争和恐怖行为毁灭。国际共同体的规则、法不像国家法一样,有国家强制力保障,国际共同体规则、法大多是由世界各主权国家或国际民间组织通过反复的协商、谈判而制定或认可,并通过国际共同体成员自我约束、相互约束以及国际舆论约束和各种利益机制保障实现的。很显然,国际共同体的规则、法绝大多数或基本是软法,软法是规范国际共同体成员行为和调整国际共同体成员相互关系的基本机制。[13]

由此可见,在现代社会,软法之治在公共治理中有着极为重要且不可为硬法和其他规制手段所取代的作用。今天的法治在很大程度上应该是软法之治。尽管软法也有着很多的缺陷和不足,如不统一、不稳定、缺少刚性等,但纯硬法的治理有着更多的弊病,如政府不得不为形式正义而牺牲实质正义,为严格执法不惜损害人的尊严,从而引发执法者与被管理者的尖锐对立,等等。因此,现代社会的公共治理,应该硬软法结合,硬软法相互协调、相互补充、相互促进,在继续重视硬法和发挥硬法作用的同时,充分重视软法和发挥软法机制的作用。

二、软法与行政管理范式创新

日本行政法学教授大桥洋一在其所著《行政法学的结构性变革》一书中指出,日本和其他西方国家自 20 世纪后期以来,传统行政管理的手段开始发生本质的变化。这种变化主要表现在下述七个方面:其一,协商内在化行政行为的出现。行政机关在决定作出行政行为之前,经常在行政与私人之间进行意见的交换,为了使私人能够遵守行政命令而同私人进行协商。其

---

[13] 关于国际法中的软法,著名的国际法教授王铁崖先生在其主编的《国际法》教科书中指出,国际法中的"软法是指在严格意义上不具有法律拘束力,但又具有一定法律效果的国际文件。国际组织和国际会议的决议、决定、宣言、建议和标准等绝大多数都属于这一范畴"(王铁崖主编:《国际法》,法律出版社1995年版,第456页);另参见〔德〕沃尔夫刚·格拉夫·魏智通著:《国际法》,吴越等译,法律出版社2002年版,第42页;万霞:《国际法中的软法现象》,载《外交学院学报》2005年第2期。

二,可分性行政过程中行政行为的结合。行政机关实施具有关联性的可分性行政过程的行政行为,可简化程序,并合过程,如可采部分许可、临时许可的方法。其三,实施确定规划一类复合型的行政行为呈发展和增加的趋势。其四,环境影响评价机制的引进。环境影响评价既被应用于项目选址、路线确定以及以此为基础的国土建设等宏观程序,也被应用于地区详细规划决定程序和规划确定程序等微观程序。为此,行政机关在作出许认可过程中,相较过去,更为广泛地且在更早阶段就推行公众参与机制。其五,广泛应用申报程序,越来越多地以备案代替许可。行政机关注重要求相对人承担事前提供信息的义务,而不是注重审批,要求相对人申请产生直接法律效果的许认可。其六,重视私人自治、自律。在对相对人的管理上,除了要求私人提供信息外,则是重视私人的自我管理,要求私人自律。其七,内部行政规则效力外部化。行政相对人可以要求行政机关公开内部行政规则和根据内部行政规则提供服务。[14]

大桥洋一在介绍日本等西方国家行政管理手段以上七个方面变化的同时,还特别论述了这些国家(主要以日本、德国为例)已初步形成的一种新型的行政管理模式——合意形成型行政。这种新型模式的行政主要有以下七个方面的特征:其一,行政指导具有支配地位。现代社会,人们之所以特别重视行政指导,是因为人们发现解纷职能完全由法院履行具有局限性,且法律(硬法)过于复杂,连专家也难以完全把握,不如当事人之间相互协商有效。此外,行政机关与相对人的关系是持续而非一次性的,双方也往往愿意通过非正式对话的方式寻求问题的解决。其二,私人团体参与行政规划、参与决策(特别是涉及高速公路路线的确定以及飞机场、发电站、大型住宅区的选址等)。在规划、决策过程中,所涉行政机关、私人团体各方需经反复讨论、在充分协商、妥协的基础上作出决定。其三,在土地、建筑、绿化等行政管理领域中,广泛运用行政合同与行政协定。其四,设立纠纷调停人和计划管理人制度。为避免诉讼对公共项目的迟延,较快解决行政与市民之间的纠纷,出现了设立纠纷调停人和计划管理人和利用私人处理纠纷的做法。其五,采用补贴、税收优惠、推荐标识等激励性手法,引导相对人行动以达到

---

[14] 〔日〕大桥洋一著:《行政法学的结构性变革》,吕艳滨译,中国人民大学出版社2008年版,第6—12页。

行政目的。其六,重视市町村条例⑮的作用。人们认为,多授权市町村制定地方性条例,有利于公众参与,"在透明性较高且可能实施综合性政策的市町村一级,设置基本的行政政策的权限是比较民主的"。其七,在行政管理中推广非正式规划。非正式规划虽不具有法律上的拘束力,但具有较高的事实上的效力,如对交通流量实施规制的交通规划、引导城市内部土地再利用的建设规划、更多通过分析性、叙述性的信息引起舆论关注并具有说服力效果的环境规划,对因城市建设受到影响的原居住者给予福利方面照顾的社会规划,等等。这些规划不通过法定约束力保障实施,而是因其专业性而具有诱导力,从而发挥着事实上的规制效果。⑯

大桥洋一阐述的日本等西方国家行政管理方式的一系列创新,大多体现为软法机制或软硬法结合机制的运用。我国自 20 世纪 90 年代以来,也一直在进行着行政管理软法模式或软硬法结合模式的艰难探索。虽然学界和实务界均对之存在不少争议,但是其探索还是取得了较明显的成效。这些探索主要表现在下述五个方面:

其一,减少行政规制,加强社会自律机制。我国行政管理引进软法机制的第一场攻坚战即是行政审批制度改革:减少行政规制,加强社会自律机制。2004 年,国务院分三批取消和调整国务院部门审批项目 1795 项,同时对涉及 9 部法律的 11 项审批项目提出了取消和调整的建议。2004 年 8 月 28 日,第十届全国人大常委会第十一次会议通过了这 9 部法律的修正案。至此,国务院部门共取消和调整审批项目 1806 项,占国务院部门审批项目总数的 50.1%,实现了大幅度减少行政审批事项的目标。2010 年 6 月 12 日,国务院为进一步减少和规范行政审批,又决定取消和下放 184 项行政审批项目,充分体现了减少行政规制和行政管理软法化的趋势。对于减少规制和行政管理软法化的趋势,早在 2003 年,第十届全国人大常委会第四次会议通过的《中华人民共和国行政许可法》(以下简称《行政许可法》)即予以了法律上的认可和确定。该法第 13 条明确规定了在下述四种情形下行政机关对市场的管理应逐步由硬性规制(行政许可)向柔性社会自律、自治

---

⑮ 日本的市町村条例相当于我国市、县、乡镇的规范性文件和村规民约。
⑯ 〔日〕大桥洋一著:《行政法学的结构性变革》,吕艳滨译,中国人民大学出版社 2008 年版,第 12—18 页。

转变:(1)公民、法人或者其他组织能够自主决定的;(2)市场竞争机制能够有效调节的;(3)行业组织或者中介机构能够自律管理的;(4)行政机关采用事后监督等其他行政管理方式能够解决的。在此四种情形下,立法机关对相应事项应尽可能不设立行政许可,行政机关应尽可能不实施行政许可。《行政许可法》颁布、施行之后,我国对市场管理的软法机制正在逐步形成。

其二,弱化行政强制和行政处罚,加强行政指导。行政强制和行政处罚是典型的以硬法为主导治理的领域。但就是在这一领域,软法机制也逐步被引入和越来越多地作用于该领域的治理。这主要表现在三个方面:(1)尽量减少行政强制和行政处罚的适用,能够采用较软性的行政手段达到行政管理目的的,即不得适用行政强制和行政处罚。已经全国人大常委会三次审议的《行政强制法(草案)》第5条明确规定,采用非强制手段可以达到行政管理目的的,不得设定和实施行政强制。(2)在行政强制和行政处罚中引入教育环节,将教育与行政强制、行政处罚结合起来,减缓强制和处罚的硬性。1996年八届全国人大常委会第四次会议通过的《行政处罚法》第5条规定,实施行政处罚,纠正违法行为,应当坚持处罚与教育相结合,教育公民、法人或者其他组织自觉守法。已经全国人大常委会三次审议的《行政强制法(草案)》第6条亦明确规定,实施行政强制,应当坚持教育与强制相结合。(3)通过软法规则规范行政强制和行政处罚裁量权的适用。近年来,全国各地都在制定规范行政裁量权适用的指导意见和裁量基准,倡导以软性的法律原理、原则、判例、惯例或政策性指导意见规范裁量性行政行为(其中主要是针对行政处罚和行政强制类裁量性行政行为)的实施。[17]

其三,减少行政命令和指令性计划,推进行政合同制度。公共治理中软法规制的一个重要方式就是行政合同,以行政合同取代行政命令和指令性计划。例如,目前许多地方行政机关与企事业单位或个体工商户或相对人

---

[17] 2010年4月,湖南出台全国首部省级规范行政裁量权办法。此前,广东佛山、河北廊坊、安徽滁州、河南鹤壁、甘肃酒泉等地相继出台了数部市级规范行政处罚裁量权的规范性文件。自2009年以来,国务院法制办也启动了全国性的《关于规范行政裁量权工作的指导意见》的起草(参见《中国新闻周刊》2010年第12期《政府试水自我限权》)。

签订的生产安全、交通安全、治安、市容卫生、"门前三包"⑱乃至计划生育等方面的合同。在市政工程和其他政府工程(如高速公路、桥梁、体育场馆、图书馆、博物馆等)的建设方面,政府更是越来越多地运用 BOT(特许经营合同,行政合同的一种)的形式达成行政目的。此外,在中央与地方的关系、上下级政府的关系以及地方政府的相互关系领域方面,也在逐步改变过去以单纯行政命令、行政指令等硬法调整方式,而越来越多地采用先对话、协商,然后签订合同、协议、责任书、承诺书的方式实现行政任务和达成行政目标。例如,2010 年 7 月 2 日,长春市和吉林市签署一体化合作协议,全面加强战略合作,提升长吉区域整体竞争能力;2010 年 9 月 2 日,云南、广西、贵州、四川、重庆五省区市签署铁路运输战略合作协议,约定加强大西南区域内政府、铁路、企业在铁路运输方面合作,推进区域铁路统一市场建设;2010 年 9 月 7 日,陕西省和辽宁省签署旅游合作协议,建立区域旅游合作项目,联合推广两省旅游品牌和形象;同日,工信部与新疆、广西两自治区签署合作协议,约定合作发展战略性新兴产业,促进经济社会信息化;2010 年 9 月 15 日,海南与广西两省区签署农业合作协议,商定共同打造国家热带农业基地;2010 年 9 月 16 日,宁夏银川市和山东临沂市签署战略合作协议,确定共同推动区域协调、互融互通、产业、文化、旅游等五大合作。⑲

其四,减少一元化程序决策,推进协商式、审议式民主。硬法治理机制在决策方面的表现主要是一元化和单方性。许多重大问题往往是由党政"一把手"拍板(甚至是"拍脑袋")决定,虽然在形式上也经过一定的会议讨论和票决,但是这种讨论和票决具有两方面的重大缺陷:一是会议参与人仅限于党委和政府及其部门负责人,社会公众、利害关系人和相关学者、专家及 NGO、NPO 人士难以参与;二是票决前缺乏各方面的充分讨论、争论、辩论和协商、妥协,其结果可能是以民主的形式确认个人专断或多数人暴政。而软法治理机制则特别强调公众参与、强调民主协商。2004 年国务院发布《全面推进依法行政实施纲要》对行政决策的民主化、科学化和规范化作出

---

⑱ "门前三包"指市容卫生行政机关与临路(街)所有的单位、门店、住户签订的由相对人自行担负市容环境责任的合同。三包主要内容包括:"一包"门前市容整洁,无乱设摊点、乱搭建、乱张贴、乱涂写、乱刻画、乱吊挂、乱堆放等行为;"二包"门前环境卫生整洁,无裸露垃圾、粪便、污水,无污迹、无渣土,无蚊蝇孳生地;"三包"门前责任区内的设施、设备和绿地整洁等。

⑲ 信息分别来新华网、天津网、中国信息产业网、发改委网等网站的报道。

了专门要求:政府在决策前和决策过程中应向社会公众全面、准确、及时提供信息,保障行政相对人、利害关系人的知情权和参与权,保障决策反映人民群众的要求和意愿。最近,广东出台全国首部《政治协商规程(试行)》,明确规定了政治协商在决策程序中的重要位置。要求重大问题在党委决策之前,人大表决之前,政府实施之前,必须通过各种途径和形式先进行政治协商。[20] 当然政治协商只是协商、审议式民主的一种形式而非唯一形式。在行政决策和实际行政管理过程中,还需要运用其他多种形式。

其五,减少和转变政府职能,建设公民社会。软法治理机制是与有限政府相联系的。有限政府意味着政府职能的限缩和向社会转移,政府职能的限缩与转移是矛盾的对立统一。政府职能的限缩是因国家公权力越来越向社会公权力转移,公共服务由国家提供越来越转变为由 NGO、NPO 等非国家组织提供。NGO、NPO 虽然也需要凭借硬法运作,但调整 NGO、NPO 与相对人关系和 NGO、NPO 相互之间关系的规则更多的是软法。公民社会的治理虽然也需要凭借硬法,但维系公民社会基本秩序的是软法。如各种社会组织的自治章程、自律规则、市民守则、村规民约等。2008 年汶川大地震和奥运会期间和之后,我国社会自发产生了大量的志愿者组织,这些志愿者组织的活动虽然也有少量硬法规范调整,但大量的是由这些组织自己制定的相关规则或其在运作实践中逐步形成的相关规则调整的,即由软法规范调整的。

我国自改革开放以后,特别是自 20 世纪 90 年代逐步开始市场经济和民主政治建设的重要社会转型以后,行政管理范式不断创新,软法治理机制在整个社会公共治理中具有了越来越重要的地位,发挥着越来越大的作用。[21]

---

[20] 参见《政治协商成决策硬约束》,载《人民日报》2010 年 6 月 17 日第 12 版;《落实协商民主还需程序到位》,载《人民日报》2010 年 6 月 18 日。
[21] 关于软法与社会公共治理关系的深入研究,可参阅北京大学软法中心名誉主任罗豪才教授等著:《软法与公共治理》,北京大学出版社 2006 年版。

三、软法与纠纷解决机制创新

日本京都大学法学部教授棚濑孝雄在其所著《纠纷的解决与审判制度》一书中将纠纷解决过程的类型分为"根据合意的纠纷解决"(合意解纷型)与"根据决定的纠纷解决"(决定解纷型)。"所谓'根据合意的纠纷解决',指的是双方当事人就以何种方式和内容来解决纠纷等达成了合意,从而使纠纷得到解决。一个典型的例子就是当事人或利害关系人通过自由的讨价还价达成了合意,从而终结纠纷的谈判(即交涉)过程。在那里,纠纷过程的参加人都有自己的利害,为了最大限度地实现自己的利益而动员一切可能动员的手段。通过这种自由的讨价还价达成的合意(当然,也有不能达成合意的时候,在这种情况下,纠纷或者持续下去,或者自然消失)通常即所谓妥协的解决。如果当事人和利害关系人从各自所拥有的手段确认某个妥协点是能够得到的最佳结果,这样的解决即可获得。"[22] "所谓根据决定的纠纷解决,指的是第三者就纠纷应当如何解决作出一定的指示并据此终结纠纷的情形。为了分析这种纠纷解决的特殊性质,首先可以根据决定的内容是否受规范限制,即按规范性—状况性基轴的两端来构成两个不同的类型。按规范性一端构成的类型是'法的决定过程',按状况性一端构成的类型是'随意的决定过程'。"[23]

在棚濑孝雄教授所述的两种解决纠纷的模式中,均有软法发挥作用的空间。但是,合意解纷型模式中软法的作用无疑远远大于决定解纷型模式软法的作用。在合意解纷型模式中,当事人双方解纷方案虽然是通过讨价还价达成的,但这种讨价还价并非完全离开法(主要是软法)的规范。棚濑孝雄认为,当事人之所以在合意过程中仍要受法的规范,其理由有三:"第一,对当事人及利害关系人来说,如果在自己的利益与自己认为是正当的价值、规则相抵触的情况下还要继续追求自己的利益,就可能或多或少感到内

---

[22] 〔日〕棚濑孝雄著:《纠纷的解决与审判制度》,王亚新译,中国政法大学出版社1994年版,第10—11页。

[23] 同上书,第14页。

疾……第二,在各方当事人为了在纠纷过程中获得有利的地位而谋求第三者支持的情况下,结果也往往是把规范性导入交涉过程……第三,如果可根据规范来强制解决纠纷的审判制度对当事人来说是具有现实性的选择手段,则通过交涉而得到的合意内容一般受到规范的制约。为了拒绝对方的不当要求或者为了使对方接受自己的正当要求,暗示要到法院去解决往往是相当有效果的。"以上三种情形既存在于合意解纷型模式中无第三者的当事人和解过程中,也存在于合意解纷型模式中有第三者的调解过程中。关于调解,棚濑孝雄"指的是具有中立性的第三者通过当事人的意见交换或者提供正确的信息,从而帮助当事人达成合意的情形。当事人双方在感情用事、矛盾激化的情况下很难进行对话,或者即使进行对话也很难在各自合理打算的基础上达成妥协。这种时候,不站在当事人任何一方的第三者居中说合,帮助双方交换意见,或者在明确纠纷真正对立点的基础上提示一定的解决方案,往往能够促使当事人双方形成合意"。[24]很显然,第三者促进当事人双方达成合意的基础规则是软法。

在决定解纷型模式中,软法似乎没有作用的空间。其实不然。棚濑孝雄将决定解纷型模式分为四种类型:"第一种类型是把决定委诸于偶然的情况或者非人力所能控制的自然现象的场面。以抽签来决胜负,或者把手放进开水看有无烫伤来决定是非曲直等方法。……第二种类型是第三者根据纠纷中各方实质上的是非曲直而作出决定的所谓'实质的决定过程'。这种过程中作为决定基准的是包括当事人在内的社会成员一般接受的实质性道德准则及正义感。……第三种类型是在与过去相类似的情况下,作出的决定也以过去的决定为样板的所谓'先例的决定过程'。……第四种类型是与随意的决定过程截然不同的'法的决定过程'。在这种类型中,先于决定本身而存在的一般性规则以'有事实 A 则必须作出决定 B'的形式被给定。"[25]在以上四种类型的决定解纷型模式中,第一种类型显然既没有硬法作用的空间,也没有软法作用的空间,其裁决完全不受人们理性的支配;第四种类型则基本属于硬法模式,其裁决完全根据国家制定法作出;而第二种和第三种类型基

---

[24] 〔日〕棚濑孝雄著:《纠纷的解决与审判制度》,王亚新译,中国政法大学出版社 1994 年版,第 11—13 页。

[25] 同上书,第 15—17 页。

本属于软法模式,其裁决根据公平正义的一般原则和既往先例、判例作出。

棚濑孝雄分析的纠纷解决机制的情况大体也适用于我国。在我国当下社会公共治理创新的条件下,合意解纷型模式和决定解纷型模式中的第二、三种类型得到了较为迅速的发展,软法在解决我国现阶段社会纠纷中发挥着越来越重要的作用。这种软法或软硬法结合的模式的发展和作用主要表现在以下三个方面:

其一,和解与调解的解纷方式在整个解纷机制中具有越来越重要的地位和作用。相对于司法判决、行政复议和准司法的仲裁,以和解与调解方式解纷的主要优势是:程序简便、快捷、廉价,解纷的依据、标准适用宽泛、灵活,以化解双方当事人争议为原则。中国政法大学何兵教授在比较调解与诉讼解决纠纷各自的优劣时就曾指出:"诉讼解决纠纷自有其制度优势,司法严格的程序规则被用来保证判决的公正和权威性,然而司法的劣势也由此产生。司法讲究程序和从容,程序的特点是照章办事,死板、僵化,有时不近人情。……此外,诉讼是一种正式解决,其特点时常表现为一刀两断,缺乏柔和性。判决虽从表面上断绝了纠纷,往往又埋下了新的纠纷种子,一有机会,就会烽火重燃。同样是一起纠纷,如果是私了,它可以是这样:上午发生纠纷,中午热心肠的邻居就可能出面调处,晚间干戈也许已化为玉帛。民间调解的价值在于能够迅速解决矛盾,而且由于双方未撕破'面皮',正常的邻里关系或商业关系得以维系。"[26]很显然,和解、调解之所以能够有效地解决纠纷,不在于其没有规则,而在于其适用软的、柔性的规则。近年来,我国司法机关办案越来越重视和解、调解的作用,法院和解、调解结案率在民事诉讼中甚至超过判决结案率。2010年6月7日,最高人民法院发布《关于进一步贯彻"调解优先、调判结合"工作原则的若干意见》,要求"各级法院要深刻认识调解在有效化解矛盾纠纷、促进社会和谐稳定中所具有的独特优势和重要价值,切实转变重裁判、轻调解的观念,把调解作为处理案件的首要选择,自觉主动地运用调解方式处理矛盾纠纷"。

其二,法官和行政执法者越来越多地通过法律解释和法律适用追求法律目的的实现。无论是法官还是行政执法者,其裁判案件和解决争议都必

---

[26] 何兵著:《现代社会的纠纷解决》,法律出版社2003年版,第180页。

须严格依法,但严格依法不是机械适法,不是把法律当做僵化的教条适用,而是创造性地解释法律和适用法律,以最大限度保障法律目的的实现。卡多佐法官指出,"无论是由这个或那个部门,无论是通过成文法还是判决建立起来的规则,不管它多么确定,如果在公正的审判后发现它的作用与法律所服务的目的之取得不一致,那就必须予以修正。这种修正是一项精细的工作,不能由粗心冒失的人来承担,以免过分牺牲确定性和秩序,但也不能因胆怯或懒散而逃避这项工作"。"法律是社会机体的架构,如果有大量受过良好教育,自由而富有创造力的思想家能够根据我们现代的历史学、政治学和心理学知识,致力于追问什么是法律的目的,通过何种途径能够达到这些目的,这会给人类关系的改进带来莫大的好处。"[27]近年来,随着我国法官和行政执法者素质的不断提高,他们越来越熟练地掌握了法律解释和法律适用的技巧,在硬法不可避免地存在某些漏洞的情况下,他们能较好地运用软法补充硬法的漏洞,以保证法律目的的实现。

其三,法官和行政执法者越来越多地通过运用法律的一般原则规范自己的司法和行政裁量行为。无论是司法还是行政处理的纠纷,其裁决的明确实体法律根据往往是有限的,立法者通常会留给法官和行政执法者广泛的裁量余地。立法赋予法官和行政执法者解决纠纷以广泛的裁量权,一方面有利于司法判决和行政裁决兼顾法的普遍性与法的适用的特殊性的统一,保障法律适用的平等与个案公正的平衡,另一方面有利于调动法官和行政执法者的积极性、创造性,能动地运用自己的法治理念、法律知识和智慧,有效地解决当事人之间的争议,消除社会冲突,构建和谐的法律秩序。在双方当事人就某一法律问题争执不下,而法律对该问题又没有明确具体规定的情况下,法官和行政执法者除非将案件推出去了事,其处理都必须适用法的一般原则,如行政法中的比例原则、信赖保护原则、越权无效原则、平等和反歧视原则、正当法律程序原则等,以及民法中平等原则、自愿原则、公平原则、等价有偿原则、诚实信用原则、遵守公序良俗原则等。这些原则可以说都属于软法的范畴,其对于公正法秩序的建构、维系和保障,几乎具有与硬法相同的意义。

以上软法或软硬法结合的解纷机制模式:注重和解、调解在解纷中的作

---

[27] 〔美〕本杰明·内森·卡多佐著:《法律的生长》,刘培峰等译,贵州人民出版社2003年版,第66—67页。

用、通过法律解释和法律适用追求法律目的的实现、运用法律的一般原则规范司法和行政裁量行为,虽然不能说是我国目前纠纷解决机制创新的唯一形式,但无疑是这种机制创新的重要形式。在未来进一步推进纠纷解决机制创新的过程中,我们无疑应该更加注重这种软法或软硬法结合的解纷机制模式的建构和完善。

原载《中国法学》2010 年第 5 期

建设服务型政府应正确处理的若干关系

2004年,国务院在《全面推进依法行政实施纲要》中提出,转变政府职能,建设服务型政府是全面推进依法行政的首要目标:

> 进一步转变经济调节和市场监管的方式,切实把政府经济管理职能转到主要为市场主体服务和创造良好发展环境上来。在继续加强经济调节和市场监管职能的同时,完善政府的社会管理和公共服务职能。建立健全各种预警和应急机制,提高政府应对突发事件和风险的能力,妥善处理各种突发事件,维持正常的社会秩序,保护国家、集体和个人利益不受侵犯;完善劳动、就业和社会保障制度;强化公共服务职能和公共服务意识,简化公共服务程序,降低公共服务成本,逐步建立统一、公开、公平、公正的现代公共服务体制。①

2007年,中共十七大报告更是直接提出了"加快行政管理体制改革,建设服务型政府"的目标和任务,明确要求各级政府不断推进和深化改革,进一步"健全政府职责体系,完善公共服务体系,推行电子政务,强化社会

---

① 参见国务院:《全面推进依法行政实施纲要》,中国法制出版社2004年版,第8—9页。

管理和公共服务"。②

为什么要建设服务型政府？这既是当代中国社会转型的需要，也是当代中国社会转型的必然结果。

首先，建设服务型政府是推进市场经济发展的需要，同时也是市场经济发展的必然结果。市场经济主要从两个方面提出了对服务型政府的需要：其一，市场竞争要求政府为企业和各种经济组织提供或组织提供各种公共服务。在计划经济时代，企业要承担种种社会职责，如为其职工提供医疗，子女入学，住房，疾病、生育、工伤及养老保险，等等，即企业办社会。而要搞市场经济，让企业参与市场竞争，成为真正的市场主体，政府就必须为企业减负，为企业提供或组织提供各种相应公共服务，为各种市场主体参与市场竞争创造必要的环境和条件。其二，市场经济的运作需要政府解决市场竞争可能产生的各种负面问题，以维持社会稳定和秩序。任何市场经济的运作，都会带来正面的效率和效益，但也都可能产生各种负面的社会问题，如企业破产、工人失业、收入不均、贫富分化、物价波动、通货膨胀，以及环境污染、生态失衡等。对此，政府除了对经济和社会实施相应规制外，还必须为公民、法人和其他组织提供各种公共服务，如提供信息服务、提供最低生活保障、提供经济适用房、廉租房，以及提供廉价有效的解纷机制等。否则，社会秩序和社会稳定就无法保障，市场将无法正常运作。

其次，建设服务型政府是推进民主政治发展的需要，同时也是民主政治发展的必然结果。民主政治主要从三个方面提出了对服务型政府的需要：第一，公民权利观念的增强要求政府变"管理者"身份为"服务者"身份。我国在改革开放以前和改革开放初期，由于民主政治不发展，公民权利观念薄弱，政府及其工作人员行使职权和履行职责均体现出一个"管"字，处处以"管理者"自居。而随着改革开放的深入和民主政治的发展，公民的权利观念日益增强，政府和政府工作人员行使职权和履行职责不得不逐步放下身段，主动或被动地以"服务者"身份面对相对人。第二，公民纳税人观念的增强对政府形成了为纳税人服务的压力。在计划经济时代，公民的私有财产很少，从而也很少纳税。那时政府的财政来源主要是国营企业上缴的利润；

---

② 胡锦涛：《高举中国特色社会主义伟大旗帜，为夺取全面建设小康社会新胜利而奋斗》，人民出版社2007年版，第32页。

改革开放以来,公民的私有财产越来越多,各种税收也相应增多,政府的财政来源主要来自公民个人和企业的税收。政府花的钱既然直接出自纳税人之手,纳税人也自然能理直气壮地要求政府为其服务。第三,公民社会的成长和公民结社权、话语权的加强进一步确立了政府的服务地位。我们在新中国成立后很长一个时期内,不重视民主政治,对公民结社权予以了诸多限制。公民不能根据其各种利益结成社团,从而话语权微弱,社会不能对政府形成强有力的监督。政府过于强势,其服务的动力就不足。近些年来,各种NGO、NPO社团组织得以成立,公民社会正在逐步形成,公民的话语权(特别是通过互联网表达)日显强劲,从而构成了促使政府由管制型转变为服务型的一种强大推力。

再次,建设服务型政府是构建法治政府的需要,同时也是法治政府建设的必然结果。法治主要从两个方面提出了对服务型政府的需要:第一,法治的首要要求是人权保障,而人权保障必然要求政府以人为本,以保障公民的权益和增进公民的福祉为其一切工作的宗旨;第二,法治的基本要义是控权,控权必然要求政府减少规制,增进服务,保证权力真正为服务公民所用。

最后,建设服务型政府是落实科学发展观、保障经济和社会可持续发展的需要,同时也是落实科学发展观、保障经济和社会可持续发展发展的必然结果。落实科学发展观,保障经济和社会可持续发展对服务型政府的需要主要体现在两个方面:第一,可持续发展要求经济发展与社会发展并重,经济建设与构建和谐社会并重。为此,政府必须特别重视民生,提供公共服务。现代社会,政府如不重视民生,不有效解决民生问题,弱势群体的生存权得不到保障,社会即不可能稳定,从而经济和社会均不可能可持续发展。第二,可持续发展要求经济发展与生态环境的保护并重,为此,政府必须为企业、组织和个人提供相应的信息、技术、标准和其他各种相关服务,促进企业、组织和个人在生产和生活中保护和改善环境、生态。在这方面,单纯的管制、处罚、制裁是不可能完全真正解决问题的。

自《全面推进依法行政实施纲要》和中共十七大报告提出建设服务型政府的要求以来,全国各地各级政府对建设服务型政府的必要性和意义均有了一定的认识,并实际开始了建设服务型政府的进程。为了规范政府、政府部门和政府工作人员建设服务型政府的行为,不少地方还制定和发布了专门的有关服务型政府建设的规章或规范性文件。③ 但是,总结这些年来全国各地建设服务型政府的经验,我们发现,一些地方政府,特别是一些地方政府的领导人,对服务型政府的目标和建设路径,甚至对服务型政府本身的含义,尚存在不少糊涂或错误的认识。这些糊涂和错误的认识在它们发布的各种规范性文件中即有诸多反映。为了纠正这些错误,保证服务型政府建设的正确方向,我们有必要对建设服务型政府涉及的相关理论问题进行一些深层次的研究。本文着重探讨下述四个方面的关系:(1)服务型政府与有限政府的关系;(2)服务型政府与公民社会的关系;(3)服务与规制的关系;(4)服务与法治的关系。④

一、服务型政府与有限政府的关系

简单说来,服务型政府与有限政府的关系可以这样表述:政府为人民服务是无限的,而政府的机构、编制、职能及行使职能的权力、手段是有限的。

何谓"无限"?"无限"主要体现在两个方面:其一,政府和政府工作人员不是"天使"⑤,但其应不断向"天使"转化和向"天使"接近,其向"天使"转化和接近的过程是无限的。这里的所谓"天使",是指没有个人利益,只具"公心"和为民服务理念及服务本领的公职人员。人民建立政府,目的在于为自己提供公共服务。而这种为公众提供公共服务的政府和政府公职人员,本应是只具"公心"和为民服务理念及服务本领的"天使",但在现实生

---

③ 如北京市人民政府《关于深化改革,转变职能,提高效率,进一步建设服务型政府的意见》,吉林省人民政府《关于加强服务型政府机关建设的意见》,武汉市委、市政府《关于加快服务型政府建设的若干意见》,杭州市西湖区人民政府《关于推进服务型政府建设的实施意见》,河南省安阳市委、市政府《关于构建阳光施政机制,加快推进服务型政府建设的意见》,黑龙江省黑河市人民政府《关于推进服务型政府建设的实施意见》,甘肃省白银市人民政府《关于进一步深化政务公开,推进服务型政府建设的工作意见》,成都市青羊区委、区政府《关于深化规范化服务型政府建设的意见》,等等。

④ 笔者在此前曾对这些关系做过一些粗浅的研究,2008 年笔者在《行政法学研究》第 4 期上发表过《服务型政府与行政管理体制改革》的论文。本文将援引该文的某些观点并加以深化。

⑤ 美国宪政学家詹姆斯·麦迪逊在《联邦党人文集》中指出:"如果人人都是天使,就不需要政府了。如果是天使统治人,就不需要对政府有任何外来的或内在的控制了。"参见〔美〕汉密尔顿等著:《联邦党人文集》,程逢如等译,商务印书馆 1980 年版,第 264 页。

活中,我们的政府工作人员却都是父母所生的"私人",由"私"的人去履行"公"的职责,其矛盾和冲突不可避免。服务型政府就是要通过制度和教育,使其工作人员的"私"尽量不影响履行职责的"公",以消除二者的矛盾和冲突。但这个过程是无限的,制度和教育只能使公职人员日益向"天使"转化和向"天使"接近,却永远不可能使公职人员完全变成"天使"。其二,公民的物质和精神需求的增长是无止境的,无限的,从而政府满足公民的需求是无限的,从"楼上楼下,电灯电话","耕田不用牛,点灯不用油"到"学有所教、劳有所得、病有所医、老有所养、住有所居"。⑥服务型政府就是要通过政策和善治,不断去满足公民的需求。

何谓"有限"?是指政府的机构、编制、职能及行使职能的权力、手段的"有限"。政府的机构、编制、职能及行使职能的权力、手段为什么要"有限"?理由有四:其一,人民的政府应减轻人民的负担,故政府必须"有限";其二,因为政府公职人员既是"公"的,又是"私"的,政府职能、权力"无限"必然会导致滥用和以权谋私,故而必须"有限";其三,政府有限是效率的要求,"一个和尚挑水吃,两个和尚抬水吃,三个和尚没水吃",不是政府越大,服务就会越多越好,大政府提供的服务可能更少更差;其四,政府的根本职能是服务,但政府无权垄断服务。

"服务型政府"与"有限政府"本来是统一的:服务型政府是为人民服务的政府,政府为民服务就应该精简机构、转变职能,减少人民的负担,不干预或少干预人民的私人事务和自由。如果对"服务型政府"缺乏正确的认识,以为"服务型政府"就是政府要把所有公共服务职能包下来,由政府作为社会保障、社会救济、公共交通、邮电、殡葬、保险,以及医疗、托儿所、幼儿园等所有"公共物品"的唯一提供者,不许民间染指⑦,那么实质是政府与民争利。对于很多社会事务和公共服务,完全可以放手由民间去做,民间也有能力和有意愿做。国外的经验证明,适当由民间承担社会事务和提供公共服

---

⑥ 胡锦涛:《高举中国特色社会主义伟大旗帜,为夺取全面建设小康社会新胜利而奋斗》,人民出版社 2007 年版,第 37 页。

⑦ 在我国《邮电法》修订过程中,政府邮政管理部门和社会各界曾就邮政服务应不应由国有邮政企业垄断,是否允许民营快递存在和运作,如允许它们存在和运作,它们经营的业务是否应限制不涉足 500 克或 250 克或 100 克以下的邮件(最后确定同城 50 克以下,异地 100 克以下,但实践中并未严格执行)一类问题争论达数年之久,殡葬服务业是否允许民营同样存在广泛和长时期的争论。

务的做法是成功的。小平同志很早就说过:"我们的各级领导机关,都管了很多不该管、管不好、管不了的事,这些事只要有一定的规章,放在下面,放在企业、事业、社会单位,让他们真正按民主集中制自行处理,本来可以很好办"⑧。公共服务能由民间提供的,政府既不要插手,更不能垄断。当然,对民间从事的公共服务,政府应加以指导,包括制定标准和进行监督检查;对于某些公益事业,政府还应予以财政资助,以防止公益事业举办者向相对人收费过高。对于某些必须由政府直接提供的公共服务,政府则应完全以服务人民为目的,而不能以营利为目的,即使收费,也应以工本费为限。行政管理体制改革的历史经验证明,服务型政府如果不以有限政府为限,其服务必然异化。

"服务型政府"相对于传统的"管制型政府"而言,是一种完全新型的政府。二者有着根本的区别:在管理理念上,服务型政府是以人为本,以追求公民的最大福祉为宗旨,管制型政府是以权为本,以追求政权稳固和社会、经济有序、有效运作的秩序为宗旨;在管理职能上,服务型政府以向公民、社会提供服务(公共物品)或组织提供服务为基本内容,管制型政府以规制公民行为,监控社会、经济主体活动为基本内容;在管理方式上,服务型政府以公民参与、公民合作以及说服、指导、协商等为基本方式,管制型政府以命令、审批、许可、强制、处罚为基本手段。⑨ "服务型政府"与"管制型政府"的上述区别,管理理念的区别应该说是最重要的,管理理念决定管理职能的内容和管理方式的型式。就"服务型政府"与"管制型政府"的外在区别而言,管理职能和管理方式乃是二者区别的最明显标志,管理理念是内在的,它必须通过管理职能和管理方式体现。所以,我们判断一个政府是"服务型政府"还是"管制型政府",首先要看该政府管理职能的内容和管理方式的型式,最重要的是看管理职能的内容。

政府应有哪些管理职能? 人民创立政府,究竟需要政府干什么? 不同时代的学者和政治家曾有不同的观点和主张,有人认为政府的功能应限于

---

⑧ 《邓小平文选》(第二卷),人民出版社1994年版,第328页。
⑨ 关于管制型政府状态下作为行政主体的政府与作为行政相对人的公民、法人和其他组织的关系,参见〔苏联〕瓦西林科夫主编:《苏维埃行政法总论》,姜明安等译,北京大学出版社1985年版,第3页;王珉灿主编:《行政法概要》,法律出版社1983年版,第5—6页。

或主要只是提供安全和秩序,保护公民和平的生活和免受他人的侵犯,行政相对人私人的事应尽量少管或不管⑩;有人则认为,政府除了提供安全和秩序外,最重要的功能应是提供公共服务,如交通、邮政、电力、自来水、煤气等,政府对行政相对人提供的服务越多越好。⑪

  对于政府应该干什么、管什么,新中国成立以后的历届人民政府对此曾有过很多探索,但走过很多弯路。20世纪六七十年代,当时党和国家的最高领导人认为政府主要职能是领导人民搞阶级斗争,"阶级斗争,一抓就灵";到80年代改革开放以后,党和国家第二代领导人认为政府的主要职能是领导人民搞经济建设,"发展是硬道理",提高GDP是最重要的任务;20世纪末21世纪初,党和国家新一代领导人的认识又有所发展,开始认为政府的主要职能是经济调节、市场监管、社会管理和公共服务⑫;近年来则进一步修正为:在加强和改善经济调节、市场监管的同时,更加注重社会管理和公共服务,维护社会公正和社会秩序,促进基本公共服务均等化。⑬ 显然,这是一个认识不断深化、不断校正的过程,今天我们进行服务型政府建设无疑应根据这种经过大量试错而校正的认识,进一步调节和转变政府的职能。武汉市市委、市政府于2008年出台的《关于加快服务型政府建设的若干意见》确定它们建设"服务型政府"要干、要管的下述事项和要采取的下述措施即体现了这种新的认识:(1) 及时公开涉及群众利益的政府信息,探索实行部分公共服务部门工作日开放和节假日预约服务制度;(2) 筹建城市圈政府门户网站,建立完备的政府门户网站和公共信息平台;(3) 实现网上行政审批"窗口"连通,对网上审批事项实行"一表受理,一网运作,一次发

---

  ⑩ 古典自由主义学者认为,政府相当于一个"守夜人"的角色,其功能仅限于保护公民免遭暴力、偷窃、欺骗之害,并强制实行契约等。他们提倡所谓"最弱意义的国家"、"管事最少的国家"、"最低限度的国家,即除了保护性功能之外再无其他功能的国家(参见〔法〕莫里斯·奥里乌著:《行政法与公法精要》,龚觅译,辽海出版社、春风文艺出版社1999年版,第4—6页;〔美〕罗伯特·诺齐克著:《无政府、国家与乌托邦》,何怀宏等译,中国社会科学出版社1991年版,第35页)。

  ⑪ 狄骥认为,19世纪下半叶以后,政府的功能已由战争、治安与司法向公共服务转化,政府必须使用它们所拥有的力量服务于公众需要和公民的生活需求(如邮政、铁路、交通、照明等),公共服务是现代国家的基础。参见〔法〕莱昂·狄骥著:《公法的变迁,法律与国家》,郑戈、冷静译,辽海出版社、春风文艺出版社1999年版,第12—13页。

  ⑫ 国务院:《全面推进依法行政实施纲要》,中国法制出版社2004年版,第5页。

  ⑬ 温家宝:《在第十一届全国人民代表大会第一次会议上的政府工作报告》,载《人民日报》2008年3月20日。

证";(4)在中心城区推广网格化管理,拓展社区公共服务领域;(5)慎用罚款处罚和限缩罚款、收费的自由裁量权;(6)政府部门与中介组织彻底脱钩;(7)试建ISO9000质量管理体系;(8)实行公共服务"收费一卡通",逐步将公交、水、电、气、数字电视、交通年票、路桥费、车辆养路费、购置费等收费一卡收取;(9)健全质询、问责、引咎辞职和罢免等责任追究制度。当然,服务型政府的职能远不止这些,还包括环境生态保护、弱势群体权益保障、公民义务教育、医疗卫生服务、经适房和廉租房提供、社会安全和社会保险,等等。但是,这是不是意味着,作为服务型政府,应提供公民需要的所有服务、所有公共物品呢?当然不是。保障对公民需要的所有服务、所有公共物品的提供是服务型政府的职能,但服务型政府却不是公民需要的所有服务、所有公共物品的唯一提供者。服务型政府不是"万能政府",而是"有限政府"。

二、服务型政府与公民社会的关系

服务型政府与公民社会的关系可以这样表述:公民社会是服务型政府的基础,服务型政府是公民社会的条件。

公民社会即社会共同体,是相对于国家共同体而言,其通过各种自治组织而非政府对社会进行治理和提供"公共物品"。我国目前公民社会的组织形式主要有社会团体(工、青、妇等)、行业组织(律协、医协等),基层群众自治性组织(村委会、居委会等)以及其他如NGO、NPO(如促进政务公开、司法改革、弱势群体权益保障、环境生态保护的各种组织)等。

公民社会是服务型政府的基础。公民社会不同于臣民社会,臣民社会是专制型政府或管制型政府的基础,因为臣民没有主体意识,没有权利意识,他们不要求当家作主,而只希望有一个"好"的统治者对社会提供权威统治。而公民社会则不一样,公民是有主人翁地位和主体意识的人,他们通过选举产生政府和通过税收维持政府,即在于让政府为他们提供服务。公民社会的成长必然导致管制型政府向服务型政府转型。

服务型政府则是公民社会的条件。公民社会的发育、生长必须以服务型政府建设为基本条件,管制型政府必然限制NGO、NPO的发展,阻碍公民社会的成长。⑭ 服务型政府与公民社会是合作的关系,NGO、NPO协作政府实现其职能、目标,政府自然也就鼓励和促进NGO、NPO(如志愿者组织)的发展。

我们在前面讨论"服务型政府与有限政府的关系"时,即明确了两个问题:其一,服务型政府不同于管制型政府,后者的职能主要是管制,而前者的职能主要是服务;其二,公共服务是服务型政府的基本职能,但政府不是公共服务的唯一提供者。前一问题是解决政府做什么、管什么的问题,后一问题是解决政府职能与民间、与社会的界限问题。后一问题是与公民社会紧密联系的。在公民社会不发达的时代,在传统的行政管理体制下,政府是公共事务的唯一或几乎唯一的主体,是公共物品唯一的或几乎唯一的提供者。人们几乎把政府与公权力等同,很少有人想象政府之外还有其他公权力——社会公权力——的存在。⑮ 在计划经济时代,虽然也有工、青、妇和数量很少的协会、商会和其他社会组织存在,但它们基本依附于政府,很少能独立行使管理社会公共事务的职能。⑯ 但是,随着市场经济的发展,各种行业协会和商会开始大量出现。人们逐步认识到,社会公共事务并非只有政府能够管理,社会同样可以具有管理公共事务的功能。公权力不一定都必须由国家、政府垄断,广义的公权力除了国家公权力以外,还包括国际公权力和社会公权力。有些社会公共事务,由NGO、NPO等社会组织、团体管理可能比政府管理更好、更有效。而且社会公权力组织处在其成员的直接参与和直接监督之下,较少可能滋生官僚主义和腐败。正因为如此,我们确定的政府与社会关系的改革方向是政府职能更多地向社会转移。许多行政管理领域的公共物品,完全可以由民间的社会组织、团体提供。

我国《行政许可法》明确规定,凡是行业组织或者中介组织能够自律管

---

⑭ 我国现行《社团登记条例》(第9、11条)仍限制社团的发展:公民成立社团,必须要找一个"婆婆"(业务主管单位)担保,出具批准文件,方可获得民政管理部门的登记。不要说目前很多"社会人"没有"婆婆"(单位),就是有"婆婆"(单位)的公民,"婆婆"(单位)为避免承担责任,很多也不愿意给想成立社团的公民担保和出具批准书。因此,我国公民社会的成长还存在诸多障碍。

⑮ 关于"社会公权力"的理论,参见姜明安主编:《行政法与行政诉讼法》(第三版),北京大学出版社、高等教育出版社2007年版,第138—148页。

⑯ 关于中国公民社会组织的历史发展情况,可参阅王建芹著:《第三种力量——中国后市场经济论》,中国政法大学出版社2003年版,第163—240页。

理的事项,法律可以不设行政许可,政府应逐步从这些领域退出。[17] 十一届全国人大一次会议的《政府工作报告》也明确指出,要重视发挥行业协会、商会和其他社会组织的作用,促进公民社会的成长。[18] 然而,在我们现行的行政管理体制下,许多事项、许多领域还是政府管得太多,社会公权力组织自律管理的范围太小、太窄。因此,建设服务型政府下一步进程应加快发展NGO、NPO,加快政府公权力向社会转移的速度。应该明确,只有在服务型政府的条件下,公民社会才能茁壮成长;同时,也只有公民社会的成长、发达,服务型政府才能真正建成和正常运作。

三、服务与规制的关系

服务与规制的关系可以这样表述:从理念和本质上讲,规制是手段,服务是目的;从"公共物品"提供的方式上讲,规制与服务都是政府的职能。

规制是指公权力主体对社会、市场和相对人活动的规范、调节、监管和控制。规制的主要形式和手段有:审批与许可、限制相对人准入资格、税收、利率、价格控制、强制披露信息、设定环境、质量标准、监督检查、行政处罚、行政强制等。

服务型政府之所以允许规制存在,其正当性理由主要有五:其一,防止过度竞争、垄断;其二,保证产品安全和价格合理;其三,保障交易公平,防止欺诈;其四,保护消费者,防止和避免对消费者人身权、财产权的侵害;其五,加强生产经营者的责任和保障社会和谐。[19]

很显然,服务型政府的主要职能是公共服务,但公共服务却不是服务型政府的唯一职能。服务型政府所做的一切,其最终目的是为民服务。《全面推进依法行政实施纲要》将政府职能归结为"经济调节、市场监管、社会管理

---

[17] 参见我国《行政许可法》第 13 条第(3)项。

[18] 温家宝:《在第十一届全国人民代表大会第一次会议上的政府工作报告》,载《人民日报》2008 年 3 月 20 日。

[19] 参见〔英〕安东尼·奥格斯著:《规制:法律形式与经济学理论》,骆梅英、苏苗罕译,中国人民大学出版社 2008 年版,第 1—77 页;〔美〕肯尼思·F.沃伦著:《政治体制中的行政法》,王丛虎等译,中国人民大学出版社 2005 年版,第 128—142 页。

和公共服务"四项。[20] 可见,除了"公共服务"的职能以外,服务型政府还有其他职能,这些其他职能可以统称为"规制"。

广义的规制分为"社会性规制"和"经济性规制"。"社会性规制"涉及的是"安全与健康、环境保护、消费者保护等领域的规制";"经济性规制"涉及的则主要是"具有垄断倾向的产业"领域的规制。[21] "社会性规制"主要有三种形式:其一,信息规制,强制要求提供方披露商品或服务的质量信息的细节。其二,"私的"规制,设定仅仅只能由从中受益的个人才能执行的义务。其三,经济工具,通过财政激励来引导合意的行为;或采取干预程度最强的事前批准,没有行政机关的许可或授权,某一行为就是禁止的;或者采用此两者之间的中间手段——被称为"指令与控制"的标准。其以刑事惩罚为后盾,被施加于产品提供者之上。"经济性规制"基本任务是为"自然垄断"提供一种替代性竞争。广义上说,其有三种替代形式:一是公有制,即通过政治指令和责任机制来满足公共利益的目标;二是对公司施加价格或质量的外部控制;三是通过招投标来确定具有垄断经营权的公司,作为竞标的一部分,这些公司必须保证按照事先拟定的条件来提供产品,尤其是关于价格和质量方面的条件。然后,这些条件便会成为许可或特许中的条款,作为对它们获得的垄断权的限制。[22]

服务型政府虽然允许规制存在,但服务型政府下的规制与管制型政府下的规制存在重要区别:其一,目的不同。服务型政府实施规制的间接目的是秩序,最终目的是服务——为公民服务,为行政相对人服务;而管制型政府实施规制的目的是控制社会,维持统治秩序,其最终目的可能是服务于GDP 的增长或追求某种"政绩"。其二,与服务职能的比例不同。服务型政府规制职能在其整个职能中所占比重较小,公共服务职能所占比重较大,而管制型政府正好相反,规制职能在其整个职能中所占比重最大,公共服务职能所占比重很小。其三,适用的方式、程序不同。服务型政府下规制职能的实施往往会采取相对人参与和与相对人协商、合作的方式、程序,特别强调

---

[20] 国务院:《全面推进依法行政实施纲要》,中国法制出版社 2004 年版。
[21] 〔英〕安东尼·奥格斯著:《规制:法律形式与经济学理论》,骆梅英、苏苗罕译,中国人民大学出版社 2008 年版,第 5 页。
[22] 同上书,第 6 页。

比例原则,能采用柔性或强制性较轻的规制手段(如要求披露信息、价格、标准控制、事后监控等)解决问题、达到目的的,就不采用高权的、高强制性的规制手段(如许可、审批、处罚、强制等);而管制型政府下规制职能的实施往往采取高权与强制的方式、程序。其行为往往从效率出发,选择能在短时间内产生效果的措施、手段。

我们在实践中处理服务与规制的关系时,要特别防止两种偏向:其一,将规制与服务截然区分,认为服务型政府的职能就是服务,不重视发挥规制的积极作用,过分放松规制或取消规制。在很多情况下,为实现服务的目的,政府可以而且应当采用必要的规制手段。如果该审批、许可的不审批、许可,该强制的不强制,该处罚的不处罚,放任市场主体的不正当竞争行为、垄断行为、欺诈行为、损害消费者权益行为,那我们建设的就既不是"管制型政府",也不是"服务型政府",而是"非政府型政府",是"不作为的政府",这样的政府根本就谈不上为民服务。其二,将规制等同于服务,认为规制即服务,加强规制就是加强服务。有的地方甚至在其制定的规范性文件中将政府的所有职能(如审批、许可、征收、征用、处罚、强制等)都不加区分地列为服务职能。这样,政府不论做什么都是服务,那服务型政府与管制型政府就没有任何区别了,我们的政府也早就已经是服务型政府了。建设服务型政府,必须对政府的规制职能与服务职能加以区分,强调减少规制,增加服务,在实施规制时强调服务宗旨,并辅之以相应的服务措施。例如,政府对企业实施关、停、并、转时注重解决企业职工的生活困难和对下岗职工进行适当安置。这种解决企业职工生活困难和对下岗职工进行安置的辅助措施属于"服务",但关、停、并、转本身不是"服务"而是"规制"。

四、服务与法治的关系

服务与法治的关系可以这样表述:服务是法治的必然要求,法治是服务的保障。

法治是指以反映和体现人民意志和利益的法(法的主要渊源包括宪法、法律、法规、规章及各种软法形式)治理国家、治理社会,控制国家和社会公权力主体的权力,保障公权力相对人的权利的一种公共治理方式。

服务相对于法治来说,服务是法治的必然要求。法治政府有多种要素和特质,如有限政府(权力受制约)、责任政府(向人民和人民代表机关负责)、透明政府、廉洁政府等,但最本质的要素和特质是服务政府,即为人民服务,为行政相对人服务。法治则是服务的保障。政府为人民服务,为行政相对人服务本应是天经地义的,但因为构成政府的公职人员不是"天使",故必须以法治加以制约和通过法治加以保障。

服务型政府必然是法治政府,必然实行法治,但法治对服务型政府的规制职能与服务职能的要求是有所差别的。政府行使规制与服务职能均要依法、守法,但法对规制与服务职能规范的度不完全相同:就行政组织法而言,规制与服务职能的行使均要有组织法的依据,即使是行政指导,行政机关也只能就其职权范围内的事项实施指导,工商机关不能就计划生育的事项进行指导,公安机关不能就大学招生和设置课程的事项进行指导,但法治对服务职能的法定要求显然不应像对规制职能一样严格。在行政行为法领域,任何规制行为(如审批、许可、处罚、强制)都必须有行为法根据,但部分服务行为(如行政救助、向相对人提供市场信息或政务信息等)可以没有行为法根据。政府不能随便拿着纳税人的钱做好人,随便给特定人补助、救济、"送温暖"㉓等,这种行为应该有一定的法律、法规根据,遵守法定的补助、救济、"送温暖"的条件和标准。至于行政程序法领域,法律对规制行为通常有严格的程序要求,如事前告知、说明理由、听取申辩或举行听证等,行政机关必须严格遵循;而法律对服务行为的程序要求则较为宽松,如在紧急情况下对行政相对人,特别是对弱势群体提供特定服务,可省略某些事前程序。

罗豪才教授认为,依法行政原则适用所有的行政行为,但是对服务行政和规制行政应该有不同的要求。他指出:

> 依法行政对行政行为的要求,大体可以分为两种:第一种要求行政行为必须有严格的法律依据。这主要是针对行政机关作出的可能直接

㉓ "送温暖"一般指党政机关领导人在节假日走访生活困难的公民家庭,给他们送去金钱或实物救济。

影响公民权利义务的行政行为而言。限制公民的人身自由、剥夺公民的权利、科以公民义务的行为,直接涉及公民、法人和其他组织的权利义务。就这类行为而言,一定要有法律、法规的依据,要受法律的严格制约。我们说,"没有法律就没有行政"这句话,用在这里是合适的。行政机关要处罚一个人,要吊销企业的营业执照,要注销企业的登记,等等,必须要有法律根据。要做到主体合格,适用法律、法规正确,程序合法,不滥用职权和超越职权。我们称这类行为为消极行政。第二种要求是,在职权范围内作出的行政行为,与法律及法律的精神没有抵触就可以实施。比如,增进公共利益,保护公民、法人的合法权益,为公众提供各种服务的行政措施等。这些行为有利于社会,只要在行政机关的职权范围内,与法律及法律的精神、原则不抵触,就可以作为。这类行政行为非常广泛,包括行政指导、行政政策等,我们称之为积极行政。[24]

笔者基本同意罗豪才教授的观点。"积极行政"和"消极行政"与"服务行政"和"规制行政"大体是对应的。服务行政大多属于积极行政,规制行政则大多属消极行政。在依法行政原则的适用上,服务行政与规制行政应基本同于积极行政和消极行政。

正确处理服务与法治的关系除了需要正确认识和遵循法治(包括行政组织法、行政行为法、行政程序法)对服务行政与规制行政的不同要求外,还需要正确认识和处理管制型政府向服务型政府转型过程中改革与法治的关系。服务型政府的建设是不断推进的过程,推进服务型政府建设的重要动力是改革。改革与法治既有统一的一面,也有矛盾和冲突的一面:加强法治是改革的目标和任务之一,遵循正确方向的改革无疑会促进法治,法治反过来则可以保障和推进改革,这是二者统一的一面;然而,法律具有相对的稳定性和普遍性,法不能过于频繁地废、改、立,不能因时、因地、因人搞过多的例外规定,法治要求相对稳定性和安定性,而改革则要求不断变革现有秩序,使现有秩序不断适应以人为本、为民服务的需求。改革具有不间断性,而且要根据具体时间、地点和对象设定具体的,可能有一定差别的改革方案和改革措施,特定的改革方案和改革措施不可能与法的具体规定完全一致

---

[24] 罗豪才等著:《现代行政法的平衡理论》,北京大学出版社2003年版,第18—19页。

(当然,改革不能突破法的基本原则和基本制度),这是二者矛盾和冲突的一面。改革与法治的这种矛盾和冲突应该通过立法机关适时地总结改革经验,不断纠正改革中的违法和不当的作为,以及通过对法律的适时(不是随时)废、改、立,确立改革的有效成果而加以解决。

我们今天所进行的改革和服务型政府建设是一项无前人进行过的、无先例可循的事业。服务型政府应如何架构,与服务型政府相适应的政治体制和行政管理体制应如何构建,我们面前没有任何现成的答案。而且,没有任何人可以身处改革之外和离开改革的过程事前设计和绘制出通往改革目标(改革目标本身就不是完全清晰和确定的)之路的具体明确的路线图和实施方案。因此,进行此种改革只能是探索,只能是"摸着石头过河"。但是,探索和"摸着石头过河"是不是就不需要事前设计和规划呢?我们认为,一定的事前设计和规划还是应该有的,而且是不可缺少的。特别是在今天,我们不仅有必要,而且有可能对改革和发展进行顶层设计。我们只有在科学的顶层设计的指导下,才能少走弯路,较为顺利地实现改革、发展的目标。

原载《北京大学学报(哲学社会科学版)》2010年第6期

第三编

公法、公法学与政治文明

引　　言

法治与政治文明紧密联系。法治是政治文明的条件、基础和保障。没有法治,不可能有政治文明。当然,政治文明不等于法治。政治文明除了需要法治作为条件、基础和保障外,还需要民主制度建设,需要从政道德培植,需要公民社会环境创建。

一个国家的发展、稳定和一个国家人民的安宁、幸福,很大程度上有赖于为政者的政治文明。一国的为政者如果丧失最低限度的政治文明,脱离基本的文明规则为政:独裁、专制、恣意、玩弄权谋、排斥异己、滥权、腐败,这个国家即不可能发展和稳定,这个国家的人民即不可能安宁、幸福。这个道理不需要多少论证、阐释,即可很容易地为千百万人知晓、明白。因为古今中外的历史已经一而再、再而三地向人们展示了产生、成就这个道理的事实。

现在的问题是如何构建一国的政治文明,如何使一国的为政者遵循最低限度的政治文明,依循最基本的文明规则为政。公法对政治文明有何作用,正当法律程序对政治文明有何作用:没有健全的公法机制,没有完善的正当法律程序,就不可能有政治文明,就不可能指望一国的为政者遵循最低限度的政治文明,依循最基本的文明规则为政。这个道理不经过充分、周密论证、阐释,恐怕就不那么容易能为千百万人知晓、明白。因此,笔者在本编中集中多篇文章对这个道理进行专门探讨。

本编共收文五篇,主要阐述笔者对公法、公法学、权力制约、程序正义、公共治理和政治文明的观点、主张。

在《论公法与政治文明》一文中,笔者提出,公法是调整公权力主体与人类共同体成员的关系以及公权力主体相互之间关系的法律规范系统。政治文明的主要标志是公权力代表共同体成员的意志和利益发生作用,公权力在公法的规范和控制下正当、合法、有序地产生、取得、转移、分配和行使。公法对政治文明建设的主要作用是:界定公权力的范围、确定公权力主体产生及公权力转移、交接和取得的程序;在各公权力主体之间分配公权力和协调它们相互之间的关系;规范公权力行使的条件、基准、方式和程序;确立对公权力的监督制约机制;为公权力相对人提供权利保障、救济机制。

在《构建权利、权力的法治化博弈机制是构建和谐社会的前提》一文中,笔者提出,和谐社会不是没有矛盾和利益冲突的社会。和谐社会是通过法治化的民主、博弈机制不断解决矛盾、化解利益冲突,使社会各阶层人们的利益处于动态的平衡状态,人与人的关系相对公平、交往相对有序的社会。为此,需要法律确立和保障博弈各方的知情权、结社权、表达权和救济权,为构建权利、权力的法治化博弈机制提供基本的前提条件。

在《公法学研究的基本问题探析》一文中,笔者提出,公法学,是关于公法的科学,凡是涉及公法和与公法有关的问题,都是公法学的研究对象。这些问题包括:什么是公法?公法是怎么产生的?什么是公权力?公权力为什么需要法律控制和规范?法律怎样控制和规范公权力?公权力有哪些种类?其相互关系如何?什么是公法关系?公法关系是怎样形成的?公法关系有哪些主体?国家、公民、社团、国际组织在公法关系中各处于什么地位?各种公法关系主体分别有哪些权力、权利?这些权力、权利源于何处?公法有哪些基本制度?这些制度的功能、作用是什么?等等。在所有这些问题中,公法学研究的最基本问题是公法关系——公权力与公权力相对人的关系。而要研究公法关系,必须首先研究公权力,并同时研究规范公权力、调整公法关系的公法制度。因此,公权力、公法关系、公法制度是公法学的三个基本范畴,是公法学研究的三个最基本的问题。

在《正当法律程序:扼制腐败的屏障》一文中,笔者提出,正当法律程序

(due process of law)有两个基本功能:一是防止公权力滥用,遏制腐败;二是保障人权,保护公民、法人和其他组织的合法权益不受公权力主体滥权、恣意行为侵犯。正当法律程序最初源于"自己不做自己的法官"和"对他人作出不利行为要事先告知、说明理由和听取申辩"的"自然正义"(natural justice)原则,之后其内涵扩展到包括公开、公正、公平和参与等现代民主程序原则;最初正当法律程序主要适用于司法领域,之后其适用领域扩展到行政领域和其他所有国家公权力领域,甚至扩展适用到社会公权力领域。在中国,由于民主、法治发展滞后,公权力运作领域一直没有建立起完善的正当法律程序机制,有些领域甚至正当法律程序完全缺位,以至为腐败滋生、蔓延提供了便利条件。中国是共产党执政的社会主义国家,是从前社会主义计划经济向后社会主义市场经济过渡的转型国家。因此,中国的反腐之路不会同于,至少不会完全同于西方国家的反腐之路。中国的反腐主要不是靠权力制约权力(虽然权力的相互制约同样不可缺少),而主要是靠权利制约权力,靠正当法律程序制约权力。中国必须走出一条有自己特色的反腐之路。

在《程序正义与社会治理创新》一文中,笔者提出,程序正义既是社会治理创新的目标和内容,同时也是社会治理创新的保障,是培育和形成社会治理持续创新机制的社会环境因素。因此,一个法治国家,要在推进社会治理创新的过程中保障人权和增进人的福祉,就必须不断建立和完善相应的正当程序法律制度,如信息公开与政府透明制度、公众参与制度、权力制约制度、说明理由制度、申诉与救济制度等。

论公法与政治文明

一、关于公法

什么是公法？怎样区分公法和私法？对法律作公私法的划分有没有必要？社会主义国家法律应不应作公私法的划分？有没有可能作公私法的划分？我国目前要不要发展公法？公法对于推进我国市场经济和民主政治建设有何作用？对于这些问题，我国法学界一直都有争论。

关于公私法的划分及其标准，英国学者戴维·M.沃克主持编撰的《牛津法律大辞典》中指出：

> 公法与私法的区分至少自罗马法以来一直得到承认……一般地，公法规定的是有关国家有组织的政治团体、政府及其部门和它们的代理机构的结构、行为、权力和豁免权、义务及责任的规则和原则，至于国家或政府代理机构在不享有特殊权力的情况下与个人发生的联系则由私法来调整。公法作为法律制度整体的一个部分，主要调整国家与普通个人之间的关系，而私法则主要调整国家公民个人事务及公民个人之间的关系。①

---

① 〔英〕戴维·M.沃克编：《牛津法律大辞典》，邓正来等译，光明日报出版社1988年版，第733页。

我国学者郭宇昭在《中国大百科全书·法学卷》中指出,法学家们划分公私法的标准很不统一,主要学说有"利益说"、"主体说"、"权力说"和"调整关系说"。"利益说"认为,凡以保护国家公益为目的的法律为公法,凡以保护私人利益为目的的法律为私法;"主体说"认为,凡法律关系主体双方或一方为国家或国家所属的公共团体者为公法,凡法律关系主体双方都是私人者为私法;"权力说"认为,凡规定国家与公民之间权力服从关系的是公法,凡规定公民之间权利对等关系的是私法;"调整关系说"则认为,凡调整国家机关之间、国家与公民之间政治生活关系(或称公权关系)的法为公法,凡调整公民之间以及国家与公民之间民事生活关系(或称私权关系)的法为私法。②

学者们关于公法的上述定义和标准揭示了公法的基本内容和主要特征。从实质上讲,公法是规范和控制公权力的法,是调整公权力主体与人类共同体成员的关系以及公权力主体相互之间关系的法律规范系统。人类共同体是人类在不同历史时期共同生活或为实现一定共同目标、共同进行一定活动而形成的组织体,如古代社会的部落、城邦,现代社会的国家、国际组织以及非政府自治组织等。公权力是人类共同体成员赋予共同体组织对内对外作出代表其成员意志和利益的行为的能力或力量。在现代社会,公权力主要指国家权力。除国家权力外,公权力也包括社会公权力,如社会自治组织对其成员行使的权力以及社会自治组织依法律授权或国家机关委托而对外部相对人行使的权力。在我国,共产党是执政党,执政党自然也行使重要的公权力。因此,现代公法不仅调整国家机关与公民的关系以及国家机关相互之间的关系,而且调整国家权力与社会公权力的关系以及社会公权力主体与相应社会自治组织内部成员和外部相对人之间的关系。

公法以公权力的存在为前提,而公权力则以人类共同体的存在为前提。有人类共同体就必然有公权力,因为人类共同体为了生存和发展,必须应付各种自然环境和社会环境的挑战,必须协调人与自然及人与人之间的相互关系,为此,必须有公权力介入,有公权力对共同体成员进行组织、领导和管理。人类共同体创设公权力的目的是为人类谋公共利益,但是公权力是由具有个人欲望、个人偏好、个人认识局限性的人(只要是人,就会具有这些缺

---

② 参见张友渔等编:《中国大百科全书·法学卷》,中国大百科全书出版社1984年版,第80页。

点③)去行使的。这样,公权力在行使过程中就不可避免地会发生偏离预定目标,发生异化,产生腐败、滥权、侵权等情形。为此,必须有法律对公权力进行规范、控制,使公权力的行使高效且合乎预定目的。这种对公权力进行规范、控制的法律就是公法。公法主要包括宪法和行政法。除宪法和行政法以外,立法法、司法法、各种国家机关的组织法、选举法、社会自治法以及其他各种涉及公权力运作规则的法也都是公法的组成部分。④

私法则是以私权利(主要是个人财产权、人身权)的存在为前提和以调整平等主体之间的关系为基本使命的。"私法可以被定义为包含在一个法律体系内原则和规则总体的一部分,它包括处理普通的个人之间关系的原则和规则,也包括处理国家或国家的代理机构和个人的关系,在这种情况下,国家或其代理机构作为国家的一个部门没有任何特殊的身份或特权。"⑤由此可见,公法与私法有着完全不同的性质、功能和使命。对二者进行区分不仅是必要的,而且是可能的。尽管在有些情况下,要确定某一具体法律(如经济法、社会法等)是属于公法还是私法会发生困难,有些法律可能同时兼具公私法的性质和同时兼有公私法的内容,但这一事实并不能否定公私法划分的必要性和可能性,这就如同现代财产所有制虽存在公私混合所有制而不能因此否定公有制和私有制划分的必要性和可能性一样。

过去有一种错误的(至少是片面的)观点,认为"公法、私法的划分是以私有制为基础的,在社会主义国家一般不作公法与私法的划分"⑥,甚至认为在社会主义国家只有公法,没有私法。诚然,在计划经济体制下的社会主义国家,人们的一切都由单位或国家管着,私人除了日常生活用品外,几乎没有什么财产,企业和其他经济组织的人、财、物、产、供、销都由国家计划安排,社会对私法的需求自然很小。但是,在这种体制下,社会不仅对私法,而且对公法,对整个法律的需求都很小,因而不是只有公法而无私法,而是整

---

③ 所谓"人非圣贤"、"人非天使",就是这个意思。
④ 根据《牛津法律大辞典》对公法范围的界定,"公法通常包括宪法、行政法、行政诉讼法、地方政府法、社会保障法、税收法、教会法和军事法。刑法和刑事诉讼法有时也被包括在公法之中,至少它们与公法的联系较私法更紧密一些,但有时也独立于公法、私法之外"。〔英〕戴维·M.沃克编:《牛津法律大辞典》,邓正来等译,光明日报出版社1988年版,第733页。
⑤ 同上书,第720页。
⑥ 参见张友渔等编:《中国大百科全书·法学卷》,中国大百科全书出版社1984年版,第80页。

个法律都不健全、不完善,此其一。其二,即使在这种体制下,私法也还有存在的余地。个人与个人之间,个人与单位、组织之间,单位、组织相互之间也还会存在各种人身和财产关系。人们如果重视法制,对这些关系自然可以通过立法来加以调整。调整这种平等主体之间的关系(个人与单位、组织之间的关系在涉及公权力行使的情况下可能是不平等的,但在不涉及公权力行使的情况下均应该是平等的)的立法只能是私法。其三,公法并非是"兴无灭资"、"兴公灭私"的法,私法也不是只维护私人利益而不保护甚至损害公共利益、损害国家和集体利益的法。如果是这样的话,在那个时代提出"社会主义国家只能有公法而不允许有私法"的观点是可以理解的,但是,如果我们恢复公私法的本来含义——公法是规范和控制公权力的法,私法是调整平等主体之间财产和人身关系的法,当时那些主张"存公法,灭私法"的人可能首先要反对公法了。实际上,在计划经济体制下,真正意义的公法可能比私法更不发达,即使有某些形式意义的公法也全然无公法的实质内容,或者虽然在书面上也有某些实质内容,但在实践中完全不能发挥作用。其四,社会主义并不等于计划经济。如果说在计划经济体制下公私法划分意义不大,计划经济要求"存公法,灭私法"的话(以对公私法的错误界定为前提),那么上述结论也不适用于市场经济体制下的社会主义国家。在市场经济体制下,社会主义国家无疑需要加强私法调整各种复杂的财产关系(如物权、债权、知识产权、合同、侵权责任等),当然也同样需要加强公法(真正意义的公法)控制和规范公权力的行使,以防止"市场失灵"和"政府失灵"。

但是,在计划经济体制开始向市场经济体制转轨以后,人们对于公私法的划分及二者的地位和作用又产生了另一种认识,认为搞市场经济主要靠私法,公法可有可无,从而导致一个时期人们重私法、轻公法的现象。上述看法显然是不正确的。首先,市场经济必须有两个基本条件:一是自由,二是秩序。要保障自由和秩序,必须有公权力发挥作用,同时又必须限制公权力过分发挥作用、防止公权力滥用。而要做到这些,必须加强公法。其次,市场经济只是手段而非目的。我们的目的是建设高度民主、高度文明的社会,使人民过上更幸福、更美好的生活。而要健全民主,推进社会文明,特别是政治文明,则必须加强公法。最后,私法功能和作用的充分发挥有赖于公法的健全、完善。私法功能和作用的有效发挥至少取决于三个条件:一是立法,即要求立法机关能根据需要及时制定出高质量的法律;二是行政,即要求行政机关依法行政,依法维护而不违法干预私法秩序;三是司法,即要求法院依法公正裁决私法争议,保障私法秩序。立法、行政、司法均是公权力,要保证公权力的正当行使,不缺位、不错位、不越位,就必须加强公法,通过公法对公权力进行规范和控制。

二、关于政治文明

人类共同体在长时期历史发展中逐步脱离野蛮、暴力、专制和玩弄阴谋、权术的政治生活形态而走向民主化、制度化、规范化和程序化的政治生活形态——政治文明。政治文明的最重要标志是公权力代表共同体成员的意志和利益发生作用,在法律(公法)的规范和控制下正当、合法、有序地产生、取得、转移、分配和行使。⑦

政治文明主要是制度文明的组成部分。有人认为,政治文明除了政治制度文明以外,还包括政治主体文明、政治关系文明、政治意识文明、政治行为文明⑧;还有人认为,政治文明包括政治理念文明、政治行为文明、政治手段文明、政治体制文明。⑨ 笔者认为,政治意识文明、政治理念文明可以归入精神文明的范畴,而政治主体文明、政治体制文明、政治关系文明、政治行为文明、政治手段文明均可以归入制度文明的范畴。虽然主体、体制、关系、行为、手段不等于制度,但这些文明都有待制度的设计和规范,从而在很大程度上取决于制度文明。因此,政治文明主要指政治制度文明。政治主体文明、政治体制文明、政治关系文明、政治行为文明、政治手段文明是政治制度

---

⑦ 关于政治文明,自江泽民同志2002年"5·31讲话"后,学者们对之有许多不同的定义或描述。有人称之为"人们改造社会所获得的政治成果的总和"(王惠岩:《建设社会主义政治文明的政治意义》,载《政治学研究》2002年第3期);有人称之为"人们在获取、运用、影响公共权力以分配利益的政治过程中的文明状态"(黄卫平:《社会主义政治文明与中国政治现代化》,载《马克思主义与现实》2002年第4期);还有人称之为"在政治生活方面人们行为的合理性"(李景鹏:《政治发展与政治文明》,载《学习时报》2002年10月18日)。

⑧ 参见郑慧:《政治文明:涵义、特征与战略目标》,载《政治学研究》2002年第3期。

⑨ 参见黄卫平:《社会主义政治文明与中国政治现代化》,载《马克思主义与现实》2002年第4期。

文明的结果或体现,当然,这些文明也是精神文明的结果或体现。

政治文明是制度文明的组成部分,后者不仅包括政治制度文明,还包括其他如经济制度文明,文化制度文明,科学、教育制度文明等。⑩ 但是,政治文明是制度文明的最重要的组成部分。这是因为:其一,政治制度涉及一个国家的国体、政体,因而一个国家政治制度的性质影响其经济制度、文化制度和其他制度的性质;其二,政治制度涉及国家公权力的构成、配置和运作方式,而经济制度、文化制度和其他制度必然要受到国家公权力构成、配置和运作方式的影响;其三,法制文明是政治文明的组成部分,而经济制度、文化制度和其他制度均需要国家法制加以确立和保障。因此,在某种意义上可以说,制度文明就是法制文明,制度文明就是政治文明。从而,政治文明可以与物质文明、精神文明并列,构成人类文明的基本组成部分。

政治文明与物质文明、精神文明一样,是一个历史范畴。不同历史时期的政治文明有不同的内容,人们对之有不同的衡量标准(或称衡量指标)。有人提出,现代政治文明应具备下述八项标准:(1) 政治权威产生和运行的合理性;(2) 政治权威的政治行为的合理性;(3) 政治权威与人民之间关系的合理性;(4) 人民的政治权利受保障的程度;(5) 人民的政治参与程度;(6) 人民政治存在的合理性;(7) 人民自我约束和自我管理(自治)的程度;(8) 人民思想的自由度。⑪这八项标准主要是从政治学的角度考察,如果从公法学角度分析,可以进一步确定有关现代政治文明的更具体、更明晰和更具可操作性的标准。这些标准大致可以确定为下述八项(与上述八项既有相同点,又有不同点):⑫

(一) 公权力主体(特别是国家机关及其领导人)由人民或人民代表机关选举产生,向人民负责,受人民监督

选举制度的普遍性、真实性是民主政治的普遍性、真实性的重要保障。

---

⑩ 关于"制度文明"的概念,参见黄卫平:《社会主义政治文明与中国政治现代化》,载《马克思主义与现实》2002 年第 4 期。

⑪ 参见李景鹏:《政治发展与政治文明》,载《学习时报》2002 年 10 月 18 日。

⑫ 当然,这些标准只是初步的。要科学地设计现代政治文明的标准,需要对现代各国政治文明做深入地研究,对反映现代各国政治文明的公法制度进行全面、系统地比较分析。这种研究和分析我们现在显然还做得不够。

通过选举产生国家机关及其领导人或其他公权力主体也许会不尽如人意，也许会有这样那样的弊端，选举也许不能保证最能干、最优秀的人才脱颖而出，但是，人类共同体发展到今天，尚未找出比选举更合理，从而更文明的产生公权力主体的方式。为了保障公权力主体更真实、更有效地代表人民利益，我们应该进一步发展、改进和完善选举制度，使选举尽可能更广泛、更真实地体现民意，尽可能保证最能干、最优秀的人才脱颖而出。

（二）公权力在公权力主体之间得到合理配置，形成既相互合作、相互协调，又相互监督、相互制约的关系

两百多年以前，就有政治家提出，公权力不能集中于一个人或一个机关之手，而必须分别授予不同的权力主体，使之相互制约，否则，腐败和权力滥用便不可避免，人权和自由便无法保障。⑬ 当然，为了保证公权力正当和有效地行使，仅强调分权制约是不适当的，必须同时强调各种公权力之间的相互合作和相互协调。但是，就我国的实际情况而言，分权制约一直没有得到应有的重视。无论是横向的分权制约机制，还是纵向的分权制约机制，都有待进一步完善。

（三）以法律严格限制公权力的范围，确立有限政府和责任政府

人类历史经验表明，公权力不能没有，不能过小，但也绝对不能过大，绝对不能没有限制。公权力只能以保障人类共同体成员的自由、安全和增进人类的福祉为限。过去，我们曾一度相信公权力万能，相信政府万能，让政府管了许多不应管也管不好的事。结果窒息了个人、企业和社会的活力和创造力，并且为滥用权力和腐败的滋生提供了土壤和条件。因此，为了保障个人的自由和企业、组织的自主权，促进社会的活力，推动政府廉洁、高效，必须认真研究和确定公权力的界限和范围，并通过法律加以严格限制。

（四）公民人权具有有效的法律保障和救济途径

政治的基本内容之一是公权力与相对人的关系，其中最重要的是国家公权力与公民的关系。作为文明政治（即政治文明），一方面要求对公权力

---

⑬ 参见〔法〕孟德斯鸠著：《论法的精神》，张雁深译，商务印书馆1997年版，第153—166页。

加以限制,另一方面则要求对公民的人权加以保障。公权力在运作过程中,由于主观和客观的各种原因,不可避免地会对公民权利和自由造成这样那样的侵害。因此,政治文明在这方面的设计应有两个基点:一是保障,二是救济。保障当然是最重要的,应通过各种制度尽可能防止公权力对个人权利的侵犯,但不能设想有什么神奇的制度能够完全避免公权力对个人权利的侵犯。因此,健全和完善法律救济机制是政治文明建设不可缺少的重要环节。

(五)各种公权力均在宪法和法律范围内活动,对于国家机关、政党、武装力量违宪、违法,法律上确立了审查机制和责任追究机制

现代政治文明的重要标志之一是公权力主体守法,自觉在宪法和法律范围内活动。为了保证各种公权力主体不超越宪法和法律范围,建立公权力违宪、违法审查机制和责任追究机制是必要的。否则,公权力的运作就可能恣意,政治行为就可能脱离游戏规则,从而偏离宪政、法治、文明的轨道。

(六)司法权由法院独立行使,不受任何国家机关、组织和个人的干预

现代政治文明要求公权力的行使确立一定的分权制约机制。这种分权制约机制意味着每一种公权力都应有相对的独立性,不能混淆、相互侵越、相互取代。但是这种分权制约机制更强调司法权的独立,更强调司法权对其他公权力的监督、制约。这是由各种不同公权力的性质、使命和任务决定的。立法权是一种确定人们相互关系及其行为准则的权力,立法需要反映和协调各种不同阶层、不同群体的各种不同利益,从而需要尽可能广泛地听取各个方面的不同建议、意见;行政权是一种执行法律、管理国家内政外交事务的权力,行政权最广泛、最直接、最经常地与公民、法人和其他组织打交道,最容易产生权钱交易等腐败现象,从而需要对之有更多的监督和制约;司法权是一种裁决争议、监督和保障法律实施的权力,司法需要对争议双方的是非曲直作出公正裁判,对被监督的其他公权力主体的行为的合宪性、合法性作出公正裁判,从而特别需要保障和维护它的独立性,确保其行使职权不受外来干预。保障司法独立是人类几千年政治文明经验的总结。当然司法权也是一种公权力,其本身也需要监督和制约,但防止司法腐败更多的是靠改革司法制度和法官制度,靠司法自律。

（七）公权力运作遵守公开、公平、公正的正当法律程序

公权力运作程序化是现代政治文明的另一个重要标志。所谓"程序化"是指公开、公平、公正的正当法律程序贯穿于公权力运作的整个过程。首先是公权力行使人的选择，如党和国家领导人的产生，怎么形成候选人人选，如何提名，如何协商，怎么让选举人了解被选举人的德能勤绩和政治、政策主张，如何选举，如何确定选举结果，等等，都必须以法律确定严格的程序；其次是公权力的交接，特别是党和国家最高领导人权力的交接，在正常情况下如何交接（包括任期、任职届数、选举后的交接时间、交接手续等），在非常情况下（如生病、死亡、渎职、战争等）如何交接，亦必须以法律确定严格的程序；此外，也是最重要的，公权力的日常运作应健全、完善公开、公平、公正的正当法律程序，如立法程序、行政程序、司法程序（刑事、民事、行政诉讼的程序等）。

（八）在国际关系中遵守和平共处五项原则，既坚决维护国家主权，又认真履行国际义务

现代政治文明不仅要求公权力主体在国内政治关系中按游戏规则办事，而且要求公权力主体在国际关系中同样按游戏规则办事。在与外国政府、国际组织、外国人和外国组织打交道时，既要坚决维护自己国家的主权，又要尊重别的国家的主权；既要特别注意维护本国利益，又要认真履行国际义务，依照本国法律和国际条约保护外国人（包括无国籍人）和外国组织的权益。在全球化时代，一国的公权力主体不能将本国国家主权绝对化。否则，人类将难以解决全球共同面临的危机（如全球环境污染、国际恐怖主义等），整个人类的生存和发展都将受到威胁。

三、关于公法对政治文明的作用

党的十六大报告对法治（这里"法治"的"法"，当然主要指公法）与政治文明的关系进行了较为深入的论述，主要可归纳为四点：其一，法治是政治文明的基本要素。"发展社会主义民主，建设社会主义政治文明……必

须……健全社会主义法制,建设社会主义法治国家。"⑭其二,政治文明是法治的基础和保障。"党的领导是人民当家作主和依法治国的根本保证,人民当家作主是社会主义民主政治的本质要求,依法治国是党领导人民治理国家的基本方略。"⑮其三,政治文明与法治是相互联系、相互依存的。我们过去这些年的基本经验之一,即是同时推进政治文明与法治建设。"坚持中国共产党的领导,巩固和完善人民民主专政的国体和人民代表大会制度的政体,坚持和完善共产党领导的多党合作和政治协商制度以及民族区域自治制度。推进政治体制改革,发展民主,健全法制,依法治国,建设社会主义法治国家,保证人民行使当家作主的权利。"⑯其四,法制建设是政治文明的基础工程。建设政治文明,"要着重加强制度建设,实现社会主义民主政治的制度化、规范化和程序化"。⑰

从上述党的十六大报告关于政治文明与法治关系的阐述可知,在改革、改进我国政治体制,建设、发展我国政治文明方面,加强和健全公法有着极为重要的和不可替代的作用。但是,过去一个时期,我们中有些人存在重私法、轻公法的观念,有一手(私法)硬,一手(公法)软的倾向。这种认识和倾向是与党的十六大报告的精神不相符合的。党的十六大报告提出党要依法执政,各级决策机关要完善重大决策的规则和程序,各级政府要依法行政,司法机关要公正司法,国家要健全民主制度,丰富民主形式,扩大公民有序的政治参与,保证人民依法实行民主选举、民主决策、民主管理和民主监督,使之享有广泛的权利和自由,要尊重和保障人权。这些都是公法(而非私法)的使命,都是需要加强和健全公法才能实现的目标。而且,加强和健全公法虽然其直接目标是政治文明,但政治文明同时是市场经济的重要条件,没有政治文明的环境,市场经济不可能正常运作和最终取得成功。实践证明,不注重政治文明建设不仅不利于促进政治体制改革,而且不利于物质文明和精神文明建设。因此,我们现在要在继续进行经济体制改革和发展社

---

⑭ 江泽民:《全面建设小康社会,开创中国特色社会主义事业新局面——在中国共产党第十六次全国代表大会的报告》,载《人民日报》2002年11月18日。

⑮ 同上。

⑯ 同上。

⑰ 同上。

会主义市场经济的同时，加快进行政治体制改革，建设政治文明。而要加快进行政治体制改革，建设政治文明，就必须加强和健全公法。

在政治体制改革和政治文明建设方面，公法的主要功能和作用在于对公权力的规范和控制，包括界定公权力的范围、确定公权力主体产生及公权力转移、交接和取得的程序、在各公权力主体之间分配公权力和协调它们相互之间的关系，规范公权力行使的条件、基准、方式和程序，确立对公权力的监督、制约机制，为公权力相对人提供权利保障、救济机制。

（一）界定公权力的疆域，确定公权力的范围

政治文明的首要标准是公权力的合法性和正当性。任何国家机关和其他公权力主体的权力必须为人民所合法授予。没有人民通过其代表机关的授权，没有宪法和法律的根据，公权力主体不得作出任何影响私人或私人组织权利和自由的行为。否则，就是对人民主权的侵夺。公权力主体如果可以不经宪法和法律授权而任意行为，其滥权和侵权就不可避免，自然人的人权、法人的自主权、社会组织的自治权就无法得到保障。为此，必须健全和完善国家的各项组织法，如国务院组织法、中央军委组织法、人民法院组织法、人民检察院组织法以及国务院各部委和地方各级人民政府的组织法等（现在这些组织法大多阙如或很不完善）。只有制定完善、严密的组织法，才能明确界定公权力的疆域，确定公权力的范围。只有通过法律明确公权力只能做哪些事、不能做哪些事、哪些领域可以干预、哪些领域不得干预，才能使公权力主体的行为有所约束，不致凭热情、激情、个人爱好任意所为，才能避免全能国家、全能政府的产生。政治文明要求公权力必须以必要为限，公权力膨胀必然导致对私权利的侵犯，导致对社会公共利益的损害。但我们过去由于长期以来受计划经济体制及政府万能观念的影响，政府管了许多不该管、不必管，管而无效、管而有害的事。政府管事太多，导致政府规模越来越大，人民负担越来越重，市场交易障碍越来越多，行政相对人自由越来越少。显然，这种公权力机制必须改变。为此，应通过立法大幅度减少政府规制（包括审批、许可、审查、检查、处罚、强制等），政府的部分职能（如定价等）可由市场调节取代，部分职能（如确认资格、资质等）可由非政府社会自治组织取代，部分职能（如公用事业、公共道路管理等）可承包给私人或私人

组织。只有这样,长时期旧体制形成的全能政府才能真正转变成有限政府。

(二)确定公权力主体产生及权力转移、交接和取得的程序

政治文明不仅取决于公权力来源和范围的合法性与正当性,而且取决于公权力主体产生及权力转移、交接和取得程序的合法性、正当性。为此,必须健全和完善各种选举法及相关程序法,如人民代表机关选举法、国家领导人选举法、国家最高权力转移和交接的程序法等。而且,这些选举法和程序法必须体现现代民主和法治的要求。例如,要保证民主选举真正反映选举人的意志,就应在选举过程中对被选举人的政治和政策主张进行适当的宣传,使选举人对被选举人的政治和政策主张有充分的了解。如果选举人对被选举人的政治和政策主张不了解,选举就会成为形式,选举人事后也无法对当选者实施监督。又如,现代民主要求选举程序中候选人的确定应经过各方充分协商,协调和平衡各方利益。我国目前的实际做法就较好地体现了这种要求,但问题在于至今缺乏法律对这些做法加以规范化、制度化和程序化。我们只有以法律确定公权力主体产生及权力转移、交接和取得的民主程序,才能使国家政治长期处于稳定有序的状态。

(三)确定和协调公权力主体相互之间的关系

政治文明不仅要求公权力主体与政治共同体成员(主要指国家与人民)的关系法律化、制度化,而且要求公权力主体之间的关系法律化、制度化。公权力主体首先是指国家机关。国家机关纵向面包括中央国家机关和地方各级国家机关,横向面包括立法机关、行政机关、司法机关、军事机关等。公权力主体除国家机关外,还包括社会自治组织,在我国,还特别包括执政党。因此,公权力主体之间的关系法律化、制度化,即包括国家机关之间纵向和横向关系的法律化、制度化以及国家机关与社会自治组织、与执政党关系的法律化、制度化。为此,有必要制定和完善一系列相关法律及采取相应具体措施。在当前,可考虑首先采取下述举措:第一,建立违宪审查机制,在处理公权力主体相互关系中确保宪法的最高权威。宪政既是政治文明的重要内容,又是政治文明的基本保障。在处理公权力主体相互关系中,应以宪法为基本准则,确保宪法的最高权威。人非圣贤,公权力的行使者亦非天使,宪

法、宪政设计得再好,总难免有人有意无意违反和破坏。如果没有违宪审查和追究违宪责任的机制,宪法和宪政就会形同虚设,各公权力主体就会各行其是,从而导致政治不稳定或专制。为此,有必要在全国人大之下设立与人大常委会并行的宪法委员会,宪法委员会可由全国人大任命若干名法律专家、若干名大法官、若干名大检察官组成,已卸任的原国家主席、全国人大常委会委员长、国务院总理可作为宪法委员会当然成员以提高违宪审查机构的权威。第二,通过立法规范党与国家机关的关系,实现党的依法执政。在现代社会,执政党是重要的公权力主体。在我国,作为执政党的共产党更是最重要的公权力主体。建设政治文明,以法律规范公权力运作,如果把执政党置于法律之外,不以法律明确执政党与国家权力机关、行政机关、司法机关、武装力量的关系,依法执政只能是一句空话,不可能实现。为此,有必要制定执政党与国家机关关系法,以确定执政党与国家机关关系的基本原则。第三,改革司法体制,消除地方对法院人、财、物的控制,克服司法地方保护主义。现代政治文明的一个重要指标是司法公正。要保证司法公正,就要保证司法独立,保证法院不受任何机关、组织、个人的干预。而在我国现行体制下,法院人、财、物均受制于地方政府,司法公正受到严重影响。为解决这个问题,有必要将法院建制与地方行政区划脱钩,即高级法院跨省建立,中级法院跨县(区)建立,基层法院跨乡(镇)建立,各级法院的人、财、物由中央司法行政部门统一管理。这样,地方各级国家机关就难以直接干预司法。

(四) 规范公权力行使的条件、基准、方式和程序

公权力行使的公正、合法与公权力取得应正当、合法一样,同样是政治文明的重要标准之一。要保证公权力公正、合法行使,就必须以法律严格规范公权力行使的条件、基准、方式和程序。在这方面,加强法律对行政权的规范尤显重要和迫切,因为在各种公权力中,行政权与公民权益有着最直接、最广泛的联系。行政权滥用,最容易给公民、法人和其他组织的权益造成损害,而且由于行政权与各种利益直接相联系,又最容易滥用,最容易产生权钱交易等腐败现象。因此,建设政治文明,必须特别重视解决某些行政机关久治不愈的三项顽症:腐败、滥权、低效。根治这三项顽症需要"中西医"结合,多种药方并用。其中实践证明最有效的药方是正当法律程序、政

务公开、透明,建立法治政府、透明政府,以法律明确规定各种行政行为(行政许可、行政征收、行政给付、行政处罚、行政强制等)的条件、基准、方式和程序。立法机关应加快行政程序法和信息公开法的立法步伐,力争在较短时间内使这两个重要法律和相应单行法律(如行政许可法、行政强制法、行政收费法、行政征收征用法、行政裁决法等)出台。

(五)确定对公权力的监督、制约机制

公权力是人类共同体为应付外部世界的挑战和协调共同体内部关系,以维系自己的生存和发展所必需。但是,公权力一经产生,其又有膨胀、滥用、腐败的趋势,从而构成对人类共同体自身的威胁。因此,人类不仅要设计公权力产生和公权力运作的机制,还必须设计对公权力监督、制约的机制。过去,我们对这个问题认识不深。现在,由于历史的教训,我们对这个问题有了越来越清醒的认识。党的十六大报告明确提出要加强对权力的制约和监督,而且这种制约和监督应及于从决策到执行的各个环节,及于人、财、物管理和使用的各个方面。此前我们虽然也建立了各种监督制度,如行政监察、审计、受理申诉、控告职能的制度等,这些制度也发挥了一定的作用,但由于体制不顺,监督职能分散,行政监察机关和审计机关均附属于政府,受理申诉、控告职能的机构附属于各个不同的政府部门,从而监督效能受到很大的影响。应该说,监控机制失灵是我们过去一个长时期内腐败现象蔓延和不能得到有效遏制的一个重要原因所在。因此,有必要对现行监督机制进行重大改革:建立独立于行政机关,直接对人民代表机关负责的,包括行使现行行政监察、审计、受理申诉、控告职能相统一的国家监督机关。这种统一的国家监督机关能对整个国家公权力行使行为(包括执政党的行为)实施监督,使整个国家公权力行为置于国家宪政和法治之下。为此,应制定统一的监督法,规范整个公权力的监督、制约机制。

(六)为公权力相对人提供权利保障、救济机制

公权力是人类共同体自己创造的为共同体成员服务、保护共同体成员和为共同体成员谋利益的机制。这种机制在运作过程中,由于内在和外在、主观和客观等各方面的原因,不可避免地会产生不同程度的异化,从而导致对相对人(人类共同体是公权力的创造者,共同体成员则是公权力的相对人)权益、自由的侵犯和损害。因此,在一个政治文明的社会里,国家必须建立完善、有效的权利保障、救济机制,随时对因公权力运作而使权益受到损害的相对人提供公正、合理的救济。在现代社会,权利保障和救济机制通常包括行政复议、行政诉讼、国家赔偿、申诉、请愿等制度。目前,这些制度在我国大多已经建立,并正在发挥积极的作用。但问题仍然存在:这些制度有的还很不完善,有的制度因立法设计不合理或制度运作内外环境不良而运转不畅,实施效果不佳。例如,行政复议、行政诉讼范围受限过多;抽象行政行为在法律上排除司法审查,国家赔偿范围过窄、赔偿标准过低,对相对人申诉的受理、审查无严格程序规范,效率极低,请愿制度尚未建立,实践中请愿虽常有发生,政府也积累了处理相对人这类行为的较丰富的经验,但立法尚未对这类行为加以规范,故未能充分发挥其应有的功能。据此,我们应对现行整个权利保障、救济机制进行整体反思,根据现代政治文明的要求,对这一机制进行全面改进和完善,并为此修改相关法律(如《行政复议法》、《行政诉讼法》、《国家赔偿法》等)和进一步制定相关法律(如《申诉法》、《请愿法》等),以使这一机制充分和有效地发挥作用。

综上可见,公法与政治文明二者有着不可分割的联系。要建设政治文明,必须健全和完善公法,而公法的健全、完善,乃是政治文明的必要和重要标志。

原载《法商研究》2003 年第 3 期

构建权利、权力的法治化博弈机制是构建和谐社会的前提

一、任何社会都不能避免矛盾和利益冲突，社会的和谐与不和谐不在于有无矛盾和利益冲突，而在于有无公正、有效的解决矛盾、化解利益冲突的机制

任何社会都不能避免矛盾和利益冲突，和谐社会同样不可能没有矛盾和利益冲突。古今中外不存在完全没有矛盾、没有摩擦、没有利益冲突的"秩序井然"的和谐社会。但有过相对"秩序井然"和相对"稳定"的社会。这种相对"秩序井然"和相对"稳定"可以通过四种途径获得：第一种途径是专制统治者通过高度集权、高压统治迫使人民畏惧而使社会"有序"和"稳定"；第二种途径是"魅力型"统治者通过自身的权威、神化，使人民崇拜、迷信而使社会"有序"和"稳定"；第三种途径是"以阶级斗争为纲"的领导人通过不断发动政治运动和推进阶级斗争，确立一个阶级对另一个阶级的专政，一部分社会群体对另一部分社会群体的优越地位而使社会"有序"和"稳定"；第四种途径则是法治型政府通过民主、博弈机制解决矛盾、化解利益冲突而使社会处于一种矛盾和冲突虽然不断产生，但不断得到化解的有序和稳定状态。第四

种途径与前三种途径使社会获得的"有序"和"稳定"的方式是完全不同的。专制型社会的"秩序"和"稳定"是通过以国家强制力压制和掩盖矛盾和利益冲突而制造出来的;"魅力型"社会的"秩序"和"稳定"是社会公众因崇拜、迷信领袖而内心自我克制、压制,使矛盾、摩擦、利益冲突不致激化,不形于外而生化出来的;阶级斗争型社会的"秩序"和"稳定"是通过一部分人压迫和压制另一部分人而"熄灭"矛盾、摩擦和利益冲突而制造的。通过上述这些途径制造的"有序"和"稳定"显然都是虚假的,从而也只能是短暂的。只有第四种途径形成的"有序"和"稳定"才是真实的、可持续的,才是真正"和谐社会"的秩序。可见,社会的和谐与不和谐不在于有无矛盾和利益冲突,而在于有无公正、有效解决矛盾、化解利益冲突的机制。

二、转型时期社会矛盾和利益冲突有增加和激化的趋势

转型时期社会矛盾和利益冲突之所以有增加和激化的趋势,原因有三:其一,转型时期由于经济和政治体制的改革,必然导致人们之间利益的大调整:部分人可能因改革而获得利益,部分人则可能因改革而丧失部分利益;而获益者也有获益大和获益小之分。这样,失益者阶层、团体、个人与获益者阶层、团体、个人之间,获益小的阶层、团体、个人与获益大的阶层、团体、个人之间就必然会产生这样、那样的矛盾、冲突。其二,转型时期,人们物质生活状况发生着重大变化,而许多人的精神生活却跟不上时代的变化:过去信仰的理想、信念逐渐丧失,新的理想、信念却未能形成,这些人的心理不平衡感会越来越严重。其三,转型时期,旧的制度逐渐瓦解,新的制度尚在探索,许多制度均处于不健全和不完善状态。制度的不健全和不完善使各种不法分子、投机分子、腐败分子大量侵吞国家、社会资财,形成了一部分暴发户,从而加剧了贫富两极的分化和矛盾。所有这些,都使得转型时期的社会矛盾和利益冲突有增加和激化的趋势,导致了社会关系的不和谐,增加了影响社会、经济稳定发展的风险因素。

实践表明,转型时期社会关系较常规社会复杂得多,各种社会矛盾和利益冲突也较常规社会复杂得多。这些社会矛盾和利益冲突是各种各样的,

其中主要包括下述五类：其一，私人利益之间的冲突，如两个相互竞争的企业之间，生产者、销售者和消费者之间的矛盾冲突；其二，私人利益与公共利益的冲突，如生产者、销售者片面追求利润的行为与管理者对之进行质量、环境监控行为之间的矛盾冲突；其三，公共利益之间的冲突，如政府经济主管部门促进经济发展的行为与环境主管部门保护生态环境的行为之间的矛盾冲突；其四，行使公权力的机关、公职人员的利益与私人利益之间的冲突，如行政机关将行政执法指标与行政机关、公职人员的利益挂钩时导致的执法者与被执法者之间的矛盾冲突；其五，行使公权力的机关、公职人员的利益与公共利益之间的冲突，如公务员，特别是领导干部，追求"政绩"与保证经济、社会平衡、协调和可持续发展之间的矛盾冲突。

三、构建权利、权力的法治化博弈机制是构建和谐社会的前提

构建和谐社会之所以必须构建权利、权力的法治化博弈机制，原因主要有四：其一，如前所述，转型时期，各种社会矛盾和利益冲突不仅不可避免，而且有增加和激化的趋势；其二，在现代市场经济的条件下，国家不可能用强权去压制社会矛盾和平息利益冲突，也不可能产生和制造"魅力型"领袖让公众倾倒、崇拜、迷信，从而消释和消弭社会矛盾与利益冲突；其三，阶级斗争的办法虽然可以通过斗争、专政，通过一部分人压迫和压制另一部分人把社会矛盾、冲突强压下去而制造"秩序"，但这样做成本太大，且残酷，不人道，更不利于社会、经济发展；其四，唯有法治化的博弈机制较为公平。博弈虽然也可理解为是一种"斗争"，但它是在通过法制创设的一种公开、公正、公平的环境中所进行的有序的"斗争"（竞争）。法治化博弈的规则是参加博弈的各方（或通过他们的代表）共同参与制定的。因此，博弈各方自愿参与博弈和自愿接受博弈的结果，哪怕是对己方不利的结果。

权利、权力的博弈机制包括各种各样的博弈形式，如权利博弈有市场竞争、调解、仲裁和民事诉讼等；权力博弈有竞选、谈判、协商、宪法诉讼等；权利—权力博弈有集会、游行、示威、听证、请愿和行政诉讼等。

四、确立和保障博弈各方知情权、结社权、表达权和救济权是构建权利、权力的法治化博弈机制的基本条件

所谓"知情权",首先是行政相对人一方了解政府政务运作信息的权利。行政相对方只有知道政府是怎样花纳税人的钱为纳税人提供"公共物品"的,知道政府是怎样作出决策和怎样实施政务的,知道政府制定各种法规、政策的内容和制定的理由、根据,才能和公权力方博弈。否则,一方掌握着各种信息,处在"明处",一方什么情况也不了解,处在"暗处",怎么博弈?此外,"知情权"也包括行政相对方获取通过政府和其他公共机构收集的社会信息的权利。人民建立政府的目的之一,即是通过政府收集和发布各种信息,如食品、药品安全及其他商品质量的信息,生活、生态环境状况的信息,市场流通的信息等,以尽量减少因社会生活中各种"信息不对称"而在权利博弈中吃亏、上当,导致被侵权。有了信息公开,有了知情的渠道和途径,在侵权事件发生后,博弈才可能公正展开,相应问题才有可能获得较公正的解决。

所谓"结社权",主要是指博弈各方,尤其是弱势群体一方,依法组织起来,结成相应的利益共同体,通过共同体的组织表达自己的愿望,维护自己的利益。弱势群体(如农民、个体劳动者、民工、家政服务人员等)的成员如果不组织起来,仅靠个人单打独斗,是很难与强势群体博弈的。同时,社会各阶层和不同利益团体也只有组织起来,才能有效参与国家政务(如立法、决策、执法等)和社会事务,就"公共物品"与政府间以及相对人各方相互间展开公正博弈,以防止社会公共政策和公权力行为的偏差和失误,平衡和协调各社会不同阶层、不同群体人们的利益冲突。

所谓"表达权",主要是指博弈各方通过出版、集会和其他各种途径(如新闻媒体、信访等)公开发表其思想、观点、主张和看法的权利。"表达权"不仅是博弈的条件,其行使也是博弈的一种方式。"表达权"的实现程度是衡量一个国家民主、法治和文明的重要尺度。有人可能认为表达权和言论自由对社会稳定、和谐会有负作用。这种认识是片面的。公民滥用表达权和言论自由(如污蔑、诽谤、恶意煽动等)会损害社会稳定、和谐,但公民依法行使表达权和言论自由则是进行权利、权力公正博弈所必不可少的条件,从而是有利于社会稳定、和谐的。首先,各社会不同阶层、不同群体的人们只

有平等地享有表达自己的思想、观点、主张和看法的话语权,才能保障和实现社会公平(平等博弈),没有社会公平,怎么会有社会稳定、和谐?其次,不同思想、观点,不同主张、看法的人们只有平等地享有表达权、话语权,才能相互了解、相互协调、相互妥协,各种利益冲突得以化解,社会才能稳定、和谐。

所谓"救济权",主要是指博弈各方中任意一方在博弈过程中因博弈环境或条件不公平而感到己方吃了亏,其权益被侵犯而请求法院予以救济的权利。诉讼本身是一种博弈途径和博弈方式,但它因为是维权的最后一道屏障,故又是博弈的保障。为此,必须建立独立、公正、权威的司法。无论是权利争议,还是权力冲突,或者是权利与权力的纠纷,在其他途径不能得到公正解决的情况下,最后都应该能获得司法终局的公正解决。没有独立、公正、权威的司法救济,权利、权力的法治化博弈机制就不可能最终形成,从而也难以构建真正的和谐社会。

原载 *US-China Law Review*(《美中法律评论》)2007 年第 3 期

公法学研究的基本问题探析

公法学在内容上有广义和狭义之分。广义的公法学包括宪法学、行政法学、诉讼法学、刑法学以及国际公法学和社会公法学等数个二级法学学科;狭义的公法学仅指宪法学和行政法学。

公法学在形式上有统一公法学(公法学总论)和部门公法学(公法学分论)之分。统一公法学(公法学总论)是介于作为一级学科的法学和作为二级学科的部门公法学的中间学科,它研究各个部门公法学(宪法学、行政法学、诉讼法学等)涉及的共同性和一般性的问题,是高等学校法律院系为学习公法的学生开设的一门公法学基础课程;部门公法学(公法学分论)是法学的二级学科,它分别研究各相应部门公法学的特殊性问题,是高等学校法律院系为所有学生(学习公法的学生和学习私法的学生)开设的法学专业课程。

本文讨论的问题——公法学研究的基本问题是什么——是指广义的和统一的公法学涉及的问题。

公法学,顾名思义,是关于公法的科学,凡是涉及公法和与公法有关的问题,都是公法学的研究对象。例如:

(1)什么是公法?公法是怎么产生的?

(2)什么是公权力?公权力为什么需要法律控制和规范?

(3)法律怎样控制和规范公权力?

(4) 公权力有哪些种类？其相互关系如何？
(5) 什么是公法关系？公法关系是怎样形成的？
(6) 公法关系有哪些主体？
(7) 国家、公民、社团、国际组织在公法关系中各处于什么地位？
(8) 各种公法关系主体分别有哪些权力、权利？这些权力、权利源于何处？
(9) 公法有哪些基本制度？这些制度的功能、作用是什么？
(10) 公法有哪些具体法律部门？这些法律部门分别调整什么权力（权利）关系？

所有这些问题和其他类似问题无疑都是公法学必须研究的问题。但是，公法学研究的最基本问题是什么呢？

法国权威公法学家狄骥认为，支撑传统公法学的理论和原则的基本支柱有二：一为公权力（他多称之为"主权"）学说；一为个人权利学说。公权力是国家对于个人的优越性："国家是组织而成的。它建立了一个政府代表自己。政府是作为国家意志的代表来行为的。因此，政府以国家的名义来行使主权（公权力）……"但个人权利是一种不可转让、不容侵犯的自然权利。"它归属于个人，仅仅因为人之为人的属性。这种权利先于，甚至高于国家的权力。之所以要建立国家，就是为了有效地保障个人的权利。""对个人权利的这种认可既确定了公共活动的方向，又决定了政府行为的限度。它本身就是规制个人与国家关系的所有规则的源泉。国家有义务保护个人的权利；但是，如果限制个人的权利对于保护国家的普遍权利而言必不可少，国家也拥有这种限制权。""国家有义务给予这种个人权利以最大可能的保护。也正是因为如此，当个人的这种权利与其他所有人的权利发生冲突时，国家有义务对之加以限制——正是为了履行这种义务，才有理由创立军队、警察和司法机构，并使它们保持持续的运作。"[①]

狄骥并不认同上述传统公法学的理论，他认为，在20世纪，公法已经发生变迁："公共服务的概念正在取代主权的概念。国家不再是一种发布命令的主权权力。它是由一群个人组成的机构，这些个人必须使用他们所拥有

---

① 参见〔法〕莱昂·狄骥著：《公法的变迁》，郑戈、冷静译，辽海出版社、春风文艺出版社1999年版，第8—10页。

的力量来服务于公众需要。""对于现代社会的经济组织来说,国家所需要的已经不再是发布命令的权力,而是满足需要的义务。我们承认统治阶级仍然保有着一定的权力;但是,他们如今保有权力的根据不再是它们所享有的权利,而是他们所必须履行的义务。""那些事实上掌握着权力的人并不享有行使公权力的某种主观权利;而恰恰相反,他们负有使用其手中的权力来组织公共服务,并保障和支配公共服务进行的义务。"②

考察传统的公法理论和狄骥的公法理论,他们的观点虽然迥异,但研究的基本问题却是相同的,这就是公权力(国家享有政府行使的权力、主权)与公权力相对人(个人、公众)的关系。尽管狄骥认为现代公法的基本概念是公共服务而非主权(公权力),但公共服务的基本问题仍然是服务提供者(公权力主体)与服务接受者(个人、公众)的关系。

由此可见,公法关系——公权力与公权力相对人的关系——是公法学研究的基本问题。而要研究公法关系,必须首先研究公权力,并同时研究规范公权力、调整公法关系的公法制度。因此,笔者认为,公权力、公法关系、公法制度是公法学的三个基本范畴,是公法学研究的三个基本问题。

一、公权力

人类的社会生活由私人领域和公共领域构成。权力可以相应地划分为存在并作用于私人领域的权力和存在并作用于公共领域的权力,即私权力③和公权力。公权力是人类共同体组织以共同体的名义,代表共同体作出某种行为的能力或力量。④ 人类共同体组织有不同的各种形式,如国家、社团(国家内部的非政府、非营利的社会组织)、国际组织(包括由主权国家组成的国际组织和由非政府组织组成的国际组织),因而公权力也有不同的形式,其中主要有国家公权力、社会公权力和国际公权力三种。国家公权力虽

---

② 参见〔法〕莱昂·狄骥著:《公法的变迁》,郑戈、冷静译,辽海出版社、春风文艺出版社1999年版,第13—68页。
③ 如父母与子女之间、夫妻之间、雇主与雇员之间、大公司与小公司之间是存在事实上的影响力和支配力的,但这种影响力和支配力不属于公权力的范畴,不是本文的研究对象。
④ 参阅姜明安:《论公法与政治文明》,载《法商研究》2003年第3期。

然是最主要、最基本的公权力,但也只是公权力的一种。

国家公权力是为人们所熟知的一种公权力类型,也是漫长的阶级社会中最为活跃的公权力形式,以至于长期以来人们把公权力等同于国家公权力。国家公权力是随着国家的产生而形成的一种公权力,是实现国家职能的途径,各类国家机关是国家公权力的组织载体。比较公认的看法认为国家公权力从横向可以分为立法权、行政权和司法权,从纵向可以分为中央的权力与地方的权力。国家公权力与其他公权力形式区别的主要特征在于,国家公权力的主体是拥有适用合法的国家强制力的垄断性权威的机构。

社会公权力是人类共同体最初形成的公权力,在国家公权力出现以后,社会公权力曾逐步衰落,乃至几乎被国家公权力完全吞并;在现代社会,社会公权力又逐步兴起,部分国家公权力开始向社会转移,呈现出否定之否定的发展趋势。早在国家公权力出现之前的原始社会中,人们就需要维护社会秩序、解决纠纷的公共力量的存在,此时的公权力可以称为社会公权力。它是氏族公社和部落中的公权力,代表着公社和部落中全体成员的利益和意志,因而是与普通社会成员相结合的权力。它以共同生产和血缘关系为基础,基本上是事实强制性的权力。而在现代社会的政治国家中,社会公权力的组织载体主要是政府以外的各种社会组织。社会公权力是社会自治的表现。

我国有着特殊的国家与社会关系的发展历程。随着经济体制和政治体制改革的不断深入,国家公权力垄断一切、社会自治能力不足的弊病越来越显现,政府难以即时地、全面地回应人民日益增长的经济与文化多样化的需求,同时,人民参与政治、监控国家权力的权利要求日趋强烈。公权力社会化,赋予社会组织一定的公权力职能是政府走出困境的有效举措之一。为了解决政府部门管得太多、太宽、太死的问题,政府开始把一些原本就不应由政府承载的职能还给相关的社会组织行使,以帮助社会公权力的成长。社会公权力的成长壮大可以避免权力过分集中,充分发挥各种社会资源的优势,把政府做不好的和无力做的公共事务交由社会公权力组织去做,还可以增加公民表达利益诉求的渠道,提高公民参与公共事务的积极性。

在国家公权力与社会公权力的关系问题上,国家公权力与社会公权力各自相对独立地根据法律的规定在法定范围内发挥自己的作用。社会公权力组织的内部活动只要与法律不相违背，就具有自治性，国家公权力不得介入。当然，国家公权力与社会公权力需要互相制约：为了防止国家公权力的腐败，加强和完善社会对国家机关和国家工作人员行使职权的监督机制是必要的；而为了防止社会公权力的滥用，加强和完善国家对社会公权力组织行使职权的监督机制同样也是必要的。国家公权力与社会公权力之间除应相互制约以外，也有合作的关系：国家公权力应当尊重社会公权力，为社会公权力发挥作用创造条件；社会公权力应自觉接受到国家公权力的监督，协助国家机关实现国家的目标和任务。

国际公权力是国家公权力和社会公权力的延续。人不仅是国家的一员，也是国际社会的一员。随着国际社会的日益组织化和全球化，国际公权力成为国际社会的重要现象。尤其是第二次世界大战以来，新兴独立国家的激增，科学技术的突破性发展与传播，国家间相互依存关系的加强，不但极大地拓展了国际社会的规模，而且将整个人类的命运空前地联系在了一起。一国的国家权力已无力去独自包揽所有的公共事务。国家之间经过协商建立国际组织，赋予这些组织一定的权力，协调国际纠纷，加强国际合作，解决一国的力量所解决不了的全球或者地域性问题。在现代社会，国际公权力的作用领域极其广泛，几乎遍布人类生活的所有领域，从解决贸易争端到维护区域和平，从赈灾救难到艾滋病的防治，从全球的大气污染控制到人权的国际保护，上至外层空间，下到海床洋底，在政治、经济、社会、文化、教育、科学、卫生等各个方面，只要人类活动所及，就有国际公权力的存在。国际公权力是现代国家既相互独立又相互依存这种矛盾现象的连接点。国家主动对自己的权力进行必要的限制，自愿承认国际公权力的存在，是为了使所有的主权国家在彼此依赖程度日渐加深的整个地球村里和谐相处，维持和平稳定的国际秩序。

目前，国际公权力组织有各种形式，如联合国及联合国的各种组织、世界贸易组织、欧盟、东盟、上海合作组织、各种国际性非政府组织等。

公法学中与公权力这一核心范畴相对应的一个概念是公权利。公权力与公权利的关系是贯穿公法始终的逻辑主线。现代意义上的公权利概念的建立，一般认为应自 Carl Friedrich von Gerber 于 1852 年所著《公权论》一书而肇其端。⑤ 从历史发展的轨迹看，人民长久以来仅是行政客体或被统治的对象，不能对君主或国家主张其公法上的权利，只有服从与义务。公权利概念的形成有助于弘扬"人民脱离被统治者的地位，而成为公法上的主体，可以对国家请求一定的作为或不作为，并在法律上与国家同为人格主体，享受权利，负担义务"⑥的公法精神。这就是说，公权利是私人在公法上的法律地位的体现，是人民基于公法关系请求公权力主体为一定行为或不为一定行为的权利。就目前对公权利的使用来看，公权利的含义有两个层面：作为原权利的公权利和作为救济权的公权利。

作为原权利的公权利侧重于描述私人在公法上的地位，或者说私人与公权力主体之间的公法关系。私人与公权力主体之间的关系可以概括为四种，即被动关系、消极关系、积极关系和主动关系。私人需要服从公权力主体的命令，服从公权力主体的意志的关系是被动关系；私人在法律所允许的范围内有自主选择的权利，不受公权力的干涉的关系是消极关系；私人要求国家为一定行为以增加公共福利，提高社会成员的生活质量的关系是积极关系；私人以公法主体的身份参与公权力的运作过程，表达自己的意志、监督公权力的运作的关系是主动关系。根据宪法和法律的规定，个人的公权利主要表现为平等权、自由权、经济权、受益权、参政权等。⑦

作为救济权的公权利侧重于解决私人是否享有要求公权力主体为一定行为或不为一定行为的请求权。"现代国家由于国民之生活对行政机关依赖与日俱增，给付行政已成为国家作用之重要机能，但在具体事件上，人民如欲请求国家为一定之作为或不作为，则非有公法上的权利不可……"⑧公权利理论发展至今已不仅限于抽象概念的理论探讨。公权利能否落实，到最后必须依赖于司法救济制度，所以司法救济制度的创设是公权利存在的前提条件。就公法内涵的发展流变来看，公权利已从"权利"发展到"法益"，甚至更及于"事实上的利益"，认为公权利并不以"实体上的权利"为限，"法律上的利益"也属之，甚至连值得法律保护的"事实上的利益"也包

---

⑤　参见王和雄著：《论行政不作为之权利保护》，台湾三民书局1994年版，第19页。
⑥　同上书，第19—24页。
⑦　参见管欧著：《中国行政法总论》，蓝星打字排版有限公司1981年版，第88—93页。
⑧　参见王和雄著：《论行政不作为之权利保护》，台湾三民书局1994年版，第19页。

含在内,并且由"两面关系"发展到第三人也包括在内的"三面关系"。[9]

二、公法关系

公法关系是公法学的另一个重要范畴,是公法学研究的另一个基本问题。

公法关系是指公权力主体与公权力相对人之间以及公权力主体相互之间发生的受公法调整的各种关系。公法关系有各种类别、各种形式,要对之进行深入研究,以从整体上、宏观上把握整个公法关系的内容,必须首先按一定的标准,对公法关系进行分类和循相应研究方法对之进行分类探讨。

公法关系依双方主体的不同,可分为公权力主体与相对人的关系和公权力主体之间的关系。公权力主体与公权力相对人之间的关系包括国家公权力主体与公民之间的关系、社会公权力主体与社团成员之间的关系、国际公权力主体与国际组织成员的关系。国家公权力主体与公民之间的关系受国家制定法调整;社会公权力主体与社团成员之间的关系既受国家制定法调整,又受相应社会团体自治章程(广义的公法)调整;国际公权力主体与国际组织成员的关系受国际公法(包括国际公约、国际组织章程等)调整。公权力主体之间的关系包括横向关系和纵向关系。前者如国家立法机关、行政机关和司法机关的关系,社团组织之间的相互关系,国际组织之间的相互关系,国家机关、社团组织、国际组织之间的相互关系;后者如中央国家机关与地方国家机关之间的关系、地方国家机关上下级之间的关系,等等。

公法关系依法律关系内容的不同,可分为公权力组织法关系、公权力运作程序法关系和公权力监督法关系。公权力的组织法关系指有关公权力机关的组成、权力分配、组织和活动原则的确定等而形成的法律关系。公权力运作程序法关系指公权力主体因行使公权力而与相对人或其他公权力主体形成的法律关系。公权力监督法关系指公权力的主体因接受法制监督,以避免权力滥用而与监督主体发生的各种关系。

---

[9] 参见王和雄著:《论行政不作为之权利保护》,台湾三民书局1994年版,第24页。

公法关系依公权力行使主体的不同，可分为因国家公权力主体行使公权力产生的公法关系、因社会公权力主体行使公权力产生的公法关系和因国际公权力主体行使公权力产生的公法关系。国家公权力主体包括立法、行政、司法等机关，有时也包括法律、法规授权的组织。这些公权力主体因行使相应职权，会与公民、法人和其他组织形成各种不同的公法关系。社会公权力主体包括各种行业组织（如律师协会、医师协会、注册会计师协会等），各种基层群众自治性组织（如村民委员会、居民委员会等），各种利益团体（如工会、妇联、残联、消协等）。这些公权力主体因行使相应职权，会与其组织内部成员和外部利益团体，乃至国家机关形成各种不同的公法关系。国际公权力主体在行使相应职能时，通常会与作为国际组织成员的主权国家或非政府组织发生关系，有时也会与主权国家内的一般国民或企事业组织发生关系。

公法关系依公权力相对方归属的不同，可分为内部公法关系和外部公法关系。内部公法关系是指公权力主体内部发生的受公法调整的各种关系，如公权力主体上下级之间的关系、公权力主体内设机构之间的关系、公权力主体与内部公职人员的关系等；外部公法关系是指公权力主体与外部相对人或与其他行政主体之间发生的关系，如国家行政机关因实施行政管理而与公民、法人或其他组织而发生的关系，律师协会因处理当事人投诉而与律师事务所、律师以及当事人之间发生的关系，世界贸易组织因解决反倾销、反补贴争议而与有关成员国之间发生的关系，等等。

公法关系依关系双方地位的不同，可分为权利义务对等关系和权利义务不对等关系。权利义务对等关系通常发生在不同类公权力主体或同类同级公权力主体之间，前者如教育部与消协、律协的关系，后者如同级政府不同工作部门之间的关系。权利义务不对等关系通常发生在公权力主体与相对人之间，如行政机关与被管理的个人、组织之间的关系，社团组织与其成员的关系，等等。公法关系大多属于权利义务不对等关系。

公法关系还可依所调整的公法部门的不同，分为宪法关系、行政法关系、刑法关系、诉讼法关系、国际公法关系等。宪法关系主要指人民与国家公权力主体的关系，也包括国家公权力主体之间的关系。此外，外国人、难民、无国籍人等在特定情况下也可成为宪法关系的主体。行政法关系主要指国家行政机关因行使国家行政职权而与作为行政相对人的公民、法人或其他组织发生的关系,也包括社会公权力主体因受法律、法规授权行使行政职权而与行政相对人或相应社会组织成员发生的关系。刑法关系主要指由国家刑法调整的因国家惩罚犯罪而发生的关系,也包括由国际法调整的因国际法院审判国际刑事案件而发生的关系。诉讼法律关系指作为原告的个人、组织或作为公诉人的检察机关依法向法院提起诉讼而与法院以及被告、其他诉讼参加人发生的关系。诉讼法律关系主要包括民事诉讼法律关系、刑事诉讼法律关系和行政诉讼法律关系。国际公法关系主要指国际公权力组织因行使职权而与作为国际组织成员的主权国家、非政府组织发生的关系以及主权国家相互之间、国际组织相互之间发生的关系等。

公法学研究公法关系,主要研究各种公法关系的主体、各方主体的法律地位、权利、义务(含职权、职责),行使权利、履行义务应遵守的规则和程序,纠纷处理途径和救济机制等。

三、公法制度

公法对公权力的规范、控制和对公法关系的调整主要是通过公法制度实现的。没有公法制度的设计和实施,公法的功能和作用就只能停留在理论层面而不能变成现实。因此,公法学研究公权力和公法关系,必须同时研究公法制度。公法制度同样是公法学研究的基本问题。

人类几千年的政治文明建设,创设了不同性质、不同目标、不同内容、不同形式的公法制度。这些制度从公法部门分,包括宪法制度、行政法制度、诉讼法制度、社会公法制度、国际公法制度等;从法的功能分,包括制约性制度、激励性制度、协调性制度、救济性制度等;从法的形式分,包括成文法制度、非成文法制度、正式制度、非正式制度等;从法的调整对象分,包括规范国家公权力的制度、规范社会公权力的制度、规范国际公权力的制度等。

下面我们介绍现代公法的几项主要制度。

(1)分权制度。在公法制度设计方面,许多思想家和理论家都主张建立分权制度,特别是国家公权力领域的分权制度。认为分权是防止权力滥用,防止腐败的最基本的制度架构。亚里士多德指出:"一切政体都有三个要素,作为构成的基础,……三者之一为有关城邦一般公务的议事机能;其二为行政机能;其三为审判机能。"⑩继亚里士多德之后讨论分权思想的有波里比阿(Polibius)。波里比阿特别欣赏罗马政制中执政官、元老院、保民官三者的权力分立,认为三者互相配合、互相制衡的政体是罗马兴盛的重要原因。他就三者之间的关系作了详尽的阐述,认为这三个方面互相配合和互相牵制,可以把整个国家团结起来应付一切非常事变;可以抵制一切揽权的倾向以及防止产生一个部门专权的现象。"任何越权的行为都必然会被制止,而且每个部门自始就得担心受到其他部门的干涉……"⑪古希腊、古罗马的这些早期的分权思想经由洛克、孟德斯鸠等启蒙思想家的智慧和经过资产阶级革命的洗礼在政治实践中获得了持续不断的生命力,权力分工和制约是现代社会任何一个国家在权力配置模式中都要考虑的因素。但是,稍加分析不难发现,这些思想家、政治家的论述主要是针对国家整体权力的分工。而随着合理处理中央和地方关系的呼声日高、国家与社会二元化格局的不断形成,国与国之间的交流与合作日益频繁,这种仅限于国家整体权力的分权思想显然需要被突破。权力分工制约的原理不仅用来处理中央层次的国家公权力之间的关系,也可以用来处理中央和地方的关系,国家公权力、社会公权力与国际公权力的关系,还可以在法律制度的细小之处加以有效地运用。例如近年来在行政管理领域实行的罚缴分离制度,国家机关与会计结算分离、收支两条线、政府采购制度等都是分权思想在微观权力领域的应用。

(2)议会制度。王世杰和钱端升先生在其二人合著的《比较宪法》一书中指出:"所谓议会制度或代议制度,即是议会得行使国家最重要的职权的政体。这种政体与专制政体及纯粹民治政体,俱不相同,因为在专制政体之下,议会常不存在(或虽存在,亦无重要职权),而在纯粹民治政体(如古希腊的城市国家)之下,则国家一切重要职权,俱由公民大会直接行使,议会亦

---

⑩ 参见〔古希腊〕亚里士多德著:《政治学》,吴寿彭译,商务印书馆1965年版,第214—215页。

⑪ 参见〔古希腊〕波里比阿著:《罗马史》(第6卷),任炳湘译,载《世界史资料丛刊·罗马共和国时期(上)》,生活·读书·新知三联书店1957年版,第53页。

不存在。"⑫对于议会制度，公法学者虽有不少批评⑬，然而议会制度仍然是现代公法的基本制度，人们可以以其他制度弥补这一制度的不足或缺陷，但不可能以其他制度完全取代这一制度。因为除了以通过民选产生的代议机关为基本途径外，不可能有其他更好的途径作为民主实现的基本途径。直接民主，即王世杰和钱端升先生所称的"纯粹民治政体"，在现代社会的任何国家都几乎是不可能实行的。当然，议会制度，包括我们的人民代表大会制度，需要改革，需要完善，而这正是我们现代公法学应研究的重要课题。

（3）公众参与制度。对于公众参与制度，笔者曾经写过一篇专门论文，讨论过它的意义和公法对它的规范和调整路径。⑭ 该文认为，公众参与，包括公民通过投票、听证、集会、结社、发表对公共事务的意见，提出批评、建议等各种形式和途径参与国家立法、国家重大问题的决策、行政管理和其他公共事务，参与公权力的行使，是现代民主的重要形式，公众参与不仅是议会制民主的补充，而且有与议会制民主并驾齐驱的趋势（当然不可能取代议会制民主）。参与制民主的重要意义主要表现在：其一，有助于克服代议制民主在运行过程中不可避免产生的种种弊端，如议会中的政党控制，少数服从多数导致少数人，特别是弱势群体的利益被侵犯等；其二，有助于公权力相对人在公权力主体实施直接涉及其切身权益的公权力行为中，维护相对人自己的合法权益，防止公权力主体单方面行为对其作出不公正的处理，侵犯其合法权益；其三，有利于公权力相对人对公权力主体作出的决策、决定的理解，从而有助于消除公权力主体决策、决定在执行中的障碍，使之能得以较顺利的执行；其四，有助于防止公权力运行过程中可能出现的歧视、偏袒，以保障社会公正；其五，有助于加强对公权力行使的监督，防止腐败和公权力滥用；其六，有助于加强公权力相对人的社会主体和国家主体意识，并有利于国家公权力向社会转移，为推动公民社会的发展创造条件。

（4）政党制度。政党制度似应是一项纯政治制度，而非一项法律制度。但是，在现代法治社会，特别是在共产党长期执政的社会主义法治国家，政

---

⑫ 王世杰、钱端升著：《比较宪法》，中国政法大学出版社1997年版，第194页。

⑬ 例如，龚祥瑞先生指出："议会本来是最高权力机关，但是，……其立法、财政、监督三项大权都转移到执政党手里。……曾经盛极一时的议会制度，到现在除了内阁，就只剩下一个占少数议席的官方反对党了"。参见龚祥瑞著：《比较宪法与行政法》，法律出版社2003年版，第213页。

⑭ 参见本书第一编《公众参与与行政法治》一文。

党制度应该成为一项公法制度:国家应通过法律规范执政党的行为,使执政党在宪法和法律的范围内活动,依法执政,依法行使公权力。当然,党有党章,党要依党章行为。但是,党与国家有着密切的联系,党是为执掌国家政权而存在的,执政党则直接执掌政权。因此,党应该同时依国法而行为,凡是党行使国家公权力或与行使国家公权力有关的行为,均应受国法调整。就我国的情况而言,执政党的下述行为应逐步通过法律予以规范:其一,执政党推荐干部担任国家机关公职人员的行为;其二,执政党就国家重大事项作出决策的行为;其三,执政党与国家权力机关、行政机关、司法机关的一般关系;其四,执政党的机关与国家、政府相应部门的具体关系,如党的纪律检查机关与政府行政监察机关的关系,党的组织部门与政府人事管理机关的关系,党的政法机关与国家司法机关的关系,党的宣传部门与政府文化、出版、广电管理等机关的关系,等等。总之,只有把执政党与国家的关系和执政党行使国家公权力的行为纳入公法的调整范围,才能把依法执政的口号变成现实,才能真正实现建设法治国家、法治社会的目标。

(5)程序制度。程序制度同样是现代公法的重要制度。公法程序包括国家公权力运作程序,如立法程序、行政程序、司法程序等,也包括社会公权力和国际公权力运作程序。除了各种公权力运作程序以外,公法程序还包括对公权力的监督、控制、制约程序。对公权力的监督、控制、制约可以分为事前、事中和事后的监督、控制、制约,公法程序重在对公权力行使的事前和事中监督、控制、制约。事后对公权力的违法行使依法追究法律责任固然可以起到遏制公权力滥用的效果,但毕竟公权力违法行使所导致的危害已经发生,而且有些危害是事后无法弥补的。因此,建立和完善公开、公正、公平的事前、事中程序制度,对于确保公权力的合法、正当行使,防止公权力主体违法、滥权、腐败,是极为重要的。目前,我国公权力运作程序制度(如政务信息公开制度、行政程序制度等)和对公权力的监督、控制、制约的程序制度(如司法审查程序、宪法监督程序等)都还很不健全,从而迫切需要公法学加强这方面的研究,为健全、完善我国公法程序制度提供科学的设计方案。

(6)责任制度。公法责任制度包括宪法责任、行政法责任、刑事责任、社会公法责任和国际公法责任等。宪法责任主要有两种形式:一是通过违宪审查撤销违反宪法的公权力行为及其结果,如违宪的法律、法规、决议、决定、命令、条约、协定等,追究违宪行使公权力的公职人员的责任;二是通过不信任投票、罢免、弹劾等方式撤换决策失误,失去公众和议会信任的政府及失职、渎职的政府首长和政府部门负责人。行政法责任也主要有两种形式:一是通过行政复议、行政诉讼撤销违法的行政行为,赔偿其因违法行政行为造成的损失;二是通过行政处分、行政处理追究违法失职的公职人员的政纪责任。公法上的刑事责任是对违反宪法、法律,构成犯罪的行使公权力的公职人员科处刑罚处罚。社会公法责任是公法设定的对行使社会公权力的组织、个人的法律责任,如行业组织及其负责人、群众性自治组织及其负责人、利益团体组织及其负责人违法行使社会公权力应承担的法律责任。国际公法责任是国际公权力组织违法行使国际公权力以及作为国际组织成员的主权国家或非政府组织违反国际公法应承担的法律责任。公法责任制度既是公法的重要组成部分,也是整个公法实现的保障。对于国家公权力、社会公权力和国际公权力的运作,要设计哪些公法责任制度才能最好地保障公权力主体依法行使公权力,在他们违法行使公权力时能有效地给予他们以法律制裁、追究其公法责任,例如怎样追究国际公权力主体和作为国际组织成员的主权国家的公法责任,这些是公法学要研究的重点问题,也是公法学要研究的难点问题。

原载《法商研究》2005 年第 3 期

正当法律程序:扼制腐败的屏障

一、正当法律程序的演进与适用范围

英国著名法学家,原英国上诉法院院长丹宁勋爵(Alfred Thompson Denning,1899—1999)在其名著《法律的正当程序》的前言中指出:

> 我所说的"正当程序"不是指枯燥的诉讼条例,它在这里和国会第一次使用这个词时所指的意思倒极其相似。它出现在1354年爱德华三世第28号法令第三章中:"未经正当法律程序答辩,不得剥夺任何财产和身分拥有者的土地或住所,不得逮捕或监禁任何人,不得剥夺任何人的继承权和生命。"
>
> 我所说的"正当程序"也和麦迪逊提出美国宪法修正案时所说的非常相似,它已被1791年第五修正案所确认,即"未经正当法律程序,不得剥夺任何人的生命、自由或财产"。
>
> 我所说的经"正当法律程序",系指法律为了保持日常司法工作的纯洁性而认可的各种方法:促使审判和调查公正地进行,逮捕和搜查适当地采用,法

律救济顺利地取得,以及消除不必要的延误等等。①

在英、法、德、美等西方国家的宪法和宪法性法律文本中,对"正当法律程序"有各种不同的表述和规定。

英国 1215 年《自由大宪章》第 12 条规定,"除下列三项税金外,设无全国公意许可,将不征收任何免役税与贡金……"。第 14 条规定,"凡在上述征收范围之外,余等欲征收贡金与免役税,应用加盖印信之诏书致送各大主教、主教、住持、伯爵与男爵指明开会时间与地点召集会议,以期获得全国公意……此外,余等仍应通过执行吏与管家吏普遍召集凡直接领有余等之土地者(开会征求公意)"。第 39 条规定,"任何自由人,如未经其同级贵族之依法裁判,或经国法裁判,皆不得被逮捕、监禁、没收财产、剥夺法律保护权、流放或加以任何其他损害"。②

英国 1628 年《权利请愿书》确定,"非经国会同意,(陛下臣民)得有不被强迫缴纳任何租税、特种地产税、捐献及其他各种非法捐税之自由。……任何人除经依正当法律程序之审判,不论其身份与环境状况如何,均不得将其驱逐出国,或强使离开所居住之采邑,亦不得予以逮捕、拘禁,或取消其继承权,或剥夺其生存之权利"。③

法国 1789 年《人权宣言》第 7 条规定,"除非在法律规定的情况下并按照法律所规定的程序,不得控告、逮捕或拘留任何人"。第 8 条规定,"……非依犯法前已经制定和公布的且系依法施行的法律,不得处罚任何人"。第 9 条规定,"任何人在其未被宣告为犯罪以前应被推定为无罪……"。第 14 条规定,"所有公民都有权亲身或由其代表来确定赋税的必要性,自由地加以认定,注意其用途,决定税额、税率、对象、征收方式和时期"。第 15 条规定,"社会有权要求政府机关公务人员报告其工作"。第 16 条规定,"财产是神圣不可侵犯的权利,非经合法认定为公共需要所显然必需时,且在公平和预先补偿的条件下,任何人的财产不得被剥夺"。④

德意志联邦共和国 1949 年《基本法》第 13 条规定,"住宅不受侵犯。在

---

① 〔英〕丹宁著:《法律的正当程序》,李克强等译,群众出版社 1984 年版,第 1 页。
② 肖蔚云等编:《宪法学参考资料》(下册),北京大学出版社 2003 年版,第 932 页。
③ 同上书,第 937 页。
④ 同上书,第 964—965 页。

紧急情况下,得由法官或法定机关发布命令后,才允许按规定进行搜查"。第 14 条规定,"……为公众利益起见,财产可予征收。征收应依法实行,并依法确定征收方式和补偿金额。偿付时应恰当考虑公众和各有关方面的利益。在补偿金额上有争执时,可上诉于普通法庭,通过诉讼解决之"。第 15 条规定,"土地、自然资源和生产工具,如为社会化的目的可转变为集体所有,或以其他形式出现的集体经济,并依法规定补偿方式和金额"。第 19 条规定,"……任何人的权利如遭受有关当局损害,可通过司法途径上诉,如所属辖区不予受理,可向联邦普通法院上诉"。[5]

《美国宪法》1791 年第五修正案规定,"非经大陪审团提出公诉,人民不受死罪或不名誉罪的宣告……,受同一犯罪处罚的,不得令其受两次生命或身体上的危险。在任何刑事案件中不得强迫任何人自证其罪,未经正当法律程序,不得剥夺任何人的生命、自由或财产;凡私有财产,非有公正补偿,不得征为公用"。1866 年第十四修正案规定,"……各州不得制定或施行剥夺合众国公民特权与特免的法律,也不得未经正当法律程序,剥夺任何人的生命、自由或财产。并在其辖境内,不得否认任何人享有法律上的同等保护"。[6]

考察西方各国宪法或宪法性法律文本中关于"正当法律程序"的各种不同表述、规定以及学者对"正当法律程序"的界定、论述,我们对"正当法律程序"的含义和适用范围可做以下解析:

(1) 正当法律程序(due process of law)起始于"自然正义"(natural justice)。"自然正义"的概念已存在多个世纪,其主要含义可归结为两个规则:其一,任何人不得做自己的法官;其二,任何人在受到公权力不利行为的影响(特别是刑事处罚及与之相关的其他制裁)时,有获得告知、说明理由和提出申辩的权利。根据第一个规则,法庭的判决或其他公共机构的决定如果有与相应判决、决定有利害关系的人或其他有偏见的人参与,该判决或决定即无效;根据第二个规则,法庭的判决或政府的行政行为在作出时如果没有预先为受到相应判决或行为不利影响的人提供辩护和提出异议的机会,

---

[5] 同上书,第 1035—1036 页。
[6] 同上书,第 1009—1011 页。

该判决或决定亦无效。⑦ 之后,正当法律程序在实践中越来越完善,远远超越了这两项规则,如罪刑法定、无罪推定、法不溯及既往、无事前公正补偿不得征收私人财产、实施行政行为必须先取证后裁决等。在现代,正当法律程序不仅是程序性的,而且是实质性的。实质性的正当法律程序强调立法本身的公平正义,非正义的法为非法。同时,实质性的正当法律程序特别强调执法公正。丹宁勋爵在《法律的训诫》中曾引述英国上诉法院首席法官帕克勋爵在《关于一个香港移民问题》的下述判词:

> 我觉得,好的行政机关和一项诚实的或真诚的决定,不仅需要不偏不倚,不仅需要全神贯注于该问题,而且需要公正行事……自然公正的法则是一种公正行事的义务。⑧

丹宁勋爵本人在"关于珀加蒙出版有限公司案"的判词中认为政府大臣任命的稽查员对公司进行调查和提交调查报告同样要遵守实质性和程序性正当法律程序规则:

> 报告可能产生广泛的影响,假如他们认为适当,他们可以对事实作出裁定,这可能对那些被他们点名的人非常不利。他们可以指挥一些人;他们可以谴责另一些人;他们能够毁坏别人的声誉和前程。他们的报告可能导致司法诉讼;可能使某些人面临刑事起诉或民事起诉;可能使某个公司关门,而使它本身成为关门的材料。……鉴于他们的工作和报告可以导致这样的结果,我确实认为稽查员必须公正行事,这是他们肩负的义务,正如这是其他机构肩负的义务一样。尽管他们既不是司法机关,也不是半司法机关,而是行政机关,稽查员也可以使用他们认为最合适的方式获取情报。但是在谴责或批评某人之前,他们必须给人一个公平的机会以纠正或反驳对其不利的材料。⑨

(2)正当法律程序早期主要适用于刑事处罚领域或与刑事处罚有关的事项,如拘留、搜查、逮捕、起诉、审讯、监禁等。但后来适用范围日益扩大,

---

⑦ 参见〔英〕威廉·韦德著:《行政法》,徐炳等译,中国大百科全书出版社1997年版,第10—11页。
⑧ 〔英〕丹宁著:《法律的训诫》,杨百揆等译,法律出版社1999年版,第104页。
⑨ 同上书,第109页。

不仅适用于司法或准司法行为,而且适用于行政行为和其他各种公权力行为,如罚款、没收、吊销证照等行政处罚,查封、扣押、冻结等行政强制,土地、自然资源和其他财产的征收、征用,税费征缴,行政许可、审批,以及行政确认,行政裁决,行政给付,乃至人事管理中的拒绝录用、辞退、开除和其他行政处分。⑩

丹宁勋爵认为,在适用正当法律程序方面,以往的法律界都在"司法的"和"行政的"之间划一条界限,主张正当法律程序只适用于司法或准司法行为,而不适用于行政行为,特别是行政自由裁量行为。但自20世纪60年代以后,"司法的"和"行政的"界限逐渐消失。丹宁勋爵在一位政府大臣拒绝受理英格兰东南部一些农民要求调查牛奶价格问题的申诉的"帕德菲尔德案"中指出:

> 大臣在什么程度上可以立即驳回申诉?大臣是否可以自由地行使不受限制的自由裁量权,拒绝将农民的申诉提交由其任命的委员会调查,从而拒绝给予农民法律救济?……在我看来,每件值得委员会调查的真诚的申诉必须提交委员会,大臣不能随便以武断或异想天开的理由驳回申诉,他不得因为对申诉人的个人恶感或因为不喜欢申诉人的政治观点而驳回申诉。有人说,大臣的决定是行政的不是司法的。但是,这不意味着他可以随心所欲,无视是非,也不意味着法院无权纠正他。好的行政机关要求对申诉应当予以调查,对冤情应当给予法律援助。国会正是为此目的而设立行政机关,而不是让大臣可将之撇在一边。没有充分的理由,大臣不得拒绝对申诉的调查。……假如大臣拒绝,他必须有充分的理由,而且如果有人要求他说明理由,他就应该说明。倘若他没有这样做,法院就可以推定他没有充分的理由。如果法院认为,大臣受到了或可能受到不相干的影响——或者相反,他没有考虑,或者可能没有考虑那些他应当考虑的因素——那么,法院就有权干预。法院可以发出训令迫使其正确考虑申请人的申诉。⑪

---

⑩ 参见〔英〕威廉·韦德著:《行政法》,徐炳等译,中国大百科全书出版社1997年版,第10—11页。

⑪ 〔英〕丹宁著:《法律的训诫》,杨百揆等译,法律出版社1999年版,第102—104页。

（3）正当法律程序最初的主要形式和途径是告知、说明理由、听取申辩和公职人员在与所处理事务有利害关系时回避。但20世纪中期以后，公开、透明、公众参与在正当法律程序中越来越占有重要地位。美国于1967年制定《信息自由法》，1976年制定《阳光下的政府法》，此两法之后均归入1946年制定的《行政程序法》，作为正当法律程序的组成部分。欧盟和欧盟的许多成员国（如德国、意大利、英国、法国、荷兰、丹麦、芬兰），以及日本、韩国、印度、澳大利亚和我国台湾、香港地区等近50个国家和地区都在20世纪60年代以后或21世纪初陆续制定了信息公开法和与美国"阳光法"类似的透明政府法。[12] 在没有制定专门信息公开法和透明政府法的许多国家，则在其行政程序法典中专门规定了政务信息公开和公众参与制度。可见，公开、透明、公众参与已构成现代正当法律程序的基本的、不可或缺的内容。

美国法哲学学者贝勒斯教授（Michael. D. Bayles）认为，现代程序正义的问题至少发生在三种不同的语境下。正当法律程序对三种不同语境下的程序正义问题自然有不同的要求，适用不同的程序形式。第一种语境下的程序正义是集体决定：

> 这个语境下的一个分支涉及对问题作出决定的活动。罗伯特议事规则（Robert's Rules of Order）及其他会议规则要么是公正的，要么是不公正的程序。另一个分支涉及官员或代表的选择。选择立法者的程序，与立法辩论和立法行动的规则不同，但是两者都涉及集体决定的活动（Collective or group decision making）。[13]

第二种语境下的程序正义是"解决两者或多者之间的冲突。冲突通常是诉诸强力［战争或强制（coercion）］、谈判、调解、咨询、仲裁或审判来解决的"。[14]

第三种语境下的程序正义是作出"对个人施加负担或赋予利益的决定，也即'负担/利益决定'（burden/benefit decisions）这个语境下的程序正义问题。这里的个人可以是自然人，也可以是诸如公司这样的组织。赋予利益

---

[12] 参见赵正群主编：《信息法概论》，南开大学出版社2007年版，第4—10页。

[13] 〔美〕贝勒斯著：《程序正义——向个人的分配》，邓海平译，高等教育出版社2005年版，第2页。

[14] 同上书，第3页。

的决定包括诸如获得社会保障或福利的权利,获得津贴或业绩奖励,被大学录取或被加护病房接纳,以及被聘用等问题"。⑮

很显然,公开、透明、公众参与等程序形式更多地适用于作为第一种语境下程序正义的集体决定(行政决策)。当然,这些程序形式同样也适用于作为第二种语境下程序正义的解决争议(司法和行政裁决)和作为第三种语境下程序正义的行政征收、行政许可、行政给付等行政处理行为。总之,现代正当法律程序的内容和形式是非常丰富的,它不仅包括"自己不做自己的法官",包括告知、说明理由和听取申辩,而且也包括公开、透明、公众参与等。现代正当法律程序不仅适用于司法和准司法行为,而且也适用于行政执法行为、行政决策行为和立法行为,甚至一定程度地适用于政治行为和社会公共组织的行为。

二、正当法律程序缺位是腐败滋生和蔓延的重要原因

任何公权力,无论中外,均有膨胀和腐败的趋势。但是公权力的膨胀和腐败的趋势又是可以限制或遏制的。由于不同国家、不同地区或同一国家、同一地区的不同时期、不同领域对公权力限制、控制和规范的"度"不同,故其公权力腐败的"度"也是各不相同的。一个国家、一个地区、一定时期、一定领域,如果人们能建立有效的制度,采取有效的措施限制、控制和规范公权力的运作,其腐败即可控制在相对较轻的"度"内,反之,其腐败趋势就可能发展、蔓延,甚至失控,以至构成对人民权利、自由的严重威胁,给国家和社会带来严重灾难。

公权力腐败滋生、发展、蔓延的原因是多种多样的。其中,正当法律程序缺位乃是最重要原因。目前一些地区、一些部门、一些领域腐败现象猖獗,几乎都与这些地区、部门、领域公权力运作缺乏正当法律程序制约密切相关。

下面我们试剖析若干案例,看看这些案例中的腐败是怎样产生的,正当

---

⑮ 同上。

法律程序缺位是怎样为腐败分子的腐败行为开绿灯和为之提供便利的。

1. 郑筱萸案——正当法律程序缺位与行政审批、许可中的腐败

简要案情

据新华网2007年5月29日报道，北京市第一中级人民法院29日上午对中国国家食品药品监督管理局原局长郑筱萸案作出一审判决，以受贿罪判处郑筱萸死刑，剥夺政治权利终身，没收个人全部财产；以玩忽职守罪判处其有期徒刑7年，两罪并罚，决定执行死刑，剥夺政治权利终身，没收个人全部财产。法院根据本月16日公开审理时出示、质证的证据认定：1997年6月至2006年12月，被告人郑筱萸利用担任国家医药管理局局长、国家药品监督管理局局长、国家食品药品监督管理局局长的职务便利，接受请托，为8家制药企业在药品、医疗器械的审批等方面谋取利益，先后多次直接或通过其妻、子非法收受上述单位负责人给予的款物共计折合人民币649万余元。2001年至2003年，郑筱萸在全国范围统一换发药品生产文号的专项工作中，违背重大事项请示报告制度和民主决策程序，草率启动专项工作；严重不负责任，对这一事关国计民生的药品生产监管工作未做认真部署，并且擅自批准降低换发文号的审批标准。郑筱萸玩忽职守造成严重的后果，经后来抽查发现，包括部分药品生产企业使用虚假申报资料获得了药品生产文号的换发，其中6种药品竟然是假药。⑯

在我国现行腐败案中，政府官员利用行政审批、许可行为受贿、索贿的案件比例是相当高的。究其原因，正当法律程序缺位与之密切相关。

首先，根据正当法律程序，审批、许可项目的设立必须通过相应途径、形式（如座谈会、听证会、论证会）听取相对人意见。郑筱萸在全国药监部门推动的GMP、GSP和"地标升国标"等一系列审批、许可项目，哪一个经过座谈会、听证会、论证会听取了作为行政相对人的广大药品企业和医疗机构的意见了呢？没有。试想，国家药监局在行政审批、许可中如果早建立、健全了严格的正当法律程序制约机制，郑筱萸还能那么顺利，那么轻而易举地通过

---

⑯ 另参见《南方周末》2007年3月1日第A5版记者马昌博的文章《一个行业和其监管者的八年恩怨》。

搞那么多仿制药"国标"的审批、许可而大肆敛财吗？显然是不可能的。即使他仍坚持那么做，那也将是极为困难，极为冒险的。

其次，根据正当法律程序，行政审批、许可的条件、标准、程序必须向社会公开，并通过一定途径、方式告知审批、许可的申请人。郑筱萸和他的下属在实施数以百万计的审批、许可中，是否遵循了公开和告知的程序了呢？没有。试想，如果其实行公开和告知，他们怎么对同样条件的申请人，有的予以审批、许可，有的予以拒绝，甚至对符合条件的申请人不予审批、许可，反而对不符合条件的申请人，对假药却予以审批、许可呢？

再次，根据正当法律程序，行政审批、许可的实施必须实行回避原则，公职人员与审批、许可事项有利害关系的人不得参与相应审批、许可，也不得通过打招呼、下指示等方式干预、影响审批、许可。试想，如果国家药监局早建立起了严格的回避制度和确立起了保证这一制度严格执行的规则，郑筱萸还可能那么顺利，那么轻而易举地接受请托，为与其妻、子有这样那样关系的8家制药企业在药品、医疗器械的审批方面谋取利益，并通过其妻、子收受上述单位负责人给予的款物吗？显然是不可能的。即使他仍坚持那么做，那也将是极为困难，极为冒险的。

此外，根据正当法律程序，行政机关在行政审批、许可中拒绝申请人的申请，应说明理由，听取申辩，并为申请人提供行政救济的途径和告知申请人司法救济的权利。郑筱萸和他的下属在实施数以百万计的审批、许可中，是否对被拒绝的申请人都说明了理由，听取了他们的申辩，为他们提供了行政救济的途径和告知了他们司法救济的权利了呢？没有，如果国家药监局早建立、健全了告知、说明理由和听取申辩的严格制度和确立起了保证这一制度严格执行的规则，郑筱萸和他的下属还能那样顺利地为所欲为、滥用权力和那样毫无顾忌地腐败吗？显然是不可能的。

2. 徐国健案——正当法律程序缺位与官员选拔、任用中的腐败

简要案情

据《人民法院报》2007年12月23日报道，作为全国第一个因腐败案落马的在任省级组织部部长，中共江苏省委原常委、原组织部部长徐国健的受贿案在江苏乃至全国引起了不小的震动。2005年12月30日，根据最高人

民法院的指定管辖,该案由福建省厦门市中级人民法院审理。经厦门市中级人民法院审理查明,1992年至2004年,徐国健利用先后担任江苏省盐城市委书记、江苏省委常委兼组织部长的职务便利,为江苏省交通厅厅长章俊元、江苏华良集团总经理张忠良、江苏悦达集团有限公司董事局主席胡友林、江苏省溧阳市粮食购销有限公司总经理姚洪军等人谋取利益,从中非法收受贿赂人民币631万元和美元1.1万元,折合人民币共计640多万元。2006年1月19日,厦门市中级人民法院对徐国健受贿一案作出一审判决,以受贿罪判处被告人徐国健死刑,缓期两年执行,剥夺政治权利终身,并处没收个人全部财产。

徐国健的腐败主要是在官员选拔、任用中受贿索贿。如江苏省原交通厅长章俊元在省人大任命程序中,差一票没通过。章于是找徐帮忙,徐即利用其省委组织部长的地位,做各方面的工作,使章最终当选。章当选后,带着一个白底蓝格、上方有拉链和提手,宽约50厘米、高70厘米、厚约25厘米的编织袋,内装200万元现金和两幅名画,来到徐国健家交给了徐,徐欣然收下。⑰

党政领导和组织、人事部门在官员选拔、任用中受贿索贿是我国现阶段腐败中比重较大、影响极为恶劣的一种腐败现象。这种腐败为什么发生,而且久治不愈?其中一个重要的原因同样是正当法律程序的缺位。

首先,根据正当法律程序,在官员的选拔、任用中,政务官员的任用主要应通过人民的选举或人民代表机关的选举产生,事务官员的晋升主要应通过考试、考核和民意测试进行。但是,我们很多地方、很多部门在很长的时期内,政务官员的任用主要是由党委常委确定,在党委常委中,通常又是由"一把手"说了算。虽然大多数政务官员任职的最终确定最后要走人大任免程序,但是在没有充分的信息供给和充分讨论的情况下,人大审议有时也只是流于形式。而事务官员的晋升、任用,组织、人事部门在其中起着极为重要的作用,其考察、考核在不少地方、不少部门是"暗箱操作"。在这种体制下,腐败自然是难以避免的。因为党政领导人和组织部长、人事局长都不是天使,没有正当法律程序的制约,作为一般人的他们,不腐败何其难。

其次,根据正当法律程序,官员(特别是政务官员)的选拔、任用应事先

---

⑰ 参见《新京报》2004年7月12日记者罗昌平、金庄的文章《揭开江苏省委原组织部部长徐国健的腐败关系网》。

让社会公众了解候选人的基本素质、能力及政策主张,以便组织、人事部门为考察拟任人员向公众征求意见时,公众能向组织、人事部门表示自己对拟任人员的真实意向。对于素质低下的候选人,如果公众知其底细,可建议组织、人事部门不予任用。即使领导坚持任用,社会舆论也会作出反应。但是,现在很多地方、部门选拔、任用官员,虽然也征求民意,但社会公众(甚至人大代表)根本不了解候选人的基本情况,因此,只能听组织、人事部门的。在这种情况下,领导人和组织、人事部门的负责人如果想腐败会很顺利,甚至遇不到任何阻力。

再次,根据正当法律程序,官员的选拔、任用,要听取异议者的意见。对异议者的异议,组织、人事部门应进行调查、核实,并将调查、核实结果告知异议提出人和记录在案。这样,党政领导人和组织、人事部门对选拔、任用人选就会较为慎重,否则,被任用官员以后出事,其要为之承担一定责任。但现在很多地方、部门选拔、任用官员缺少这道程序,因而一些卖官的人胆子就特别大,反正他卖出的官以后出了事,他无须为之承担任何责任。他可以说,"这个人出事以前是很优秀的,出事是因为他(她)后来变坏了"。如果我们在档案中记录了当时异议者的声音,记录了当时就有人反对任命此人和反对的理由、根据,那些收了卖官钱而坚持任命的腐败党政领导人或组织、人事部门负责人就不再那么容易推卸责任了。

3. 李大伦案——正当法律程序缺位与"一把手"行使公权力中的腐败

简要案情

据《半月谈》2007年8月10日报道,2007年4月12日至13日,长沙市中级人民法院公开审理了郴州市原市委书记李大伦涉嫌受贿、巨额财产来源不明案。法庭上,李大伦被控自1999年2月至2006年5月担任郴州市委书记期间,利用职务上的便利,以向下属"打招呼"等方式大肆进行权钱交易。一个老板在李大伦的"关照"下,承包了桂阳县委、县政府办公大楼建设工程。因桂阳县财政困难,没有能力支付工程款,李大伦便"打招呼"要市财政局借1000万元给桂阳县财政局,专门用于支付老板工程款。郴州市原市委常委、宣传部长樊甲生的任命也是因李大伦多次向各方面"打招呼"促成,为感谢李在职务升迁上的帮助,樊甲生先后9次送给李大伦63万元。李大伦"打招呼"打出了"经济效益",短短几年,其为他人在建筑工地、开采矿山、职务升迁等方面"打招呼"年取利益,单独或与其妻共同收受他人所送财物1434万元,还有1700余万元财产不能说明其合法来源。在法庭上,公诉人每每问及"打招呼"是否属实,李大伦都"供认不讳"。看得出,作为一个地级市的市委书记,他对此已经"习惯了"。另据报道,李大伦的一名情妇和几名开发商违法融资从事房地产开发被警方所抓,李即给郴州市公安局局长孙湘隆打招呼:"把人放了。"但李没想到,他的这次招呼没有奏效,作为他的下属的孙湘隆不听。这还了得,公安局局长对市委"一把手"的招呼竟敢不听。于是,李即将孙原任的公安局党组书记降为副书记,另安排他人任书记。为掩人耳目,李又将孙提拔为市委政法委常务副书记。对此,孙质问李:"大伦同志,你这个做法是要不得的。老子就是老子,儿子就是儿子。政法委的副书记到了公安局里反而变成党组副书记,做老子的怎么反而成了儿子?"可见,李为了驾空孙的权力和保证其意志的实现,完全不择手段。他原本还想撤掉孙公安局局长的职务,但撤公安局局长的职务要经过省公安厅,故只得作罢。⑱

"一把手"腐败是中国目前腐败现象中一个比较普遍的现象。多年以来,"一把手"腐败的比例一直高居不下。这是为什么?一个重要的原因是中国各个地方、各个部门的"一把手"权力极大而其行使权力的行为受正当法律程序的制约过小。

根据宪政和法治的要求,权力应当与责任一致:"有权必有责,用权受监督,违法受追究,侵权须赔偿。"⑲但是依据我国目前的体制,很多地方和部门的"一把手"往往权力和责任脱钩,特别是县、市、乡、镇"一把手",他们通常执掌所辖区域人、财、物大权,但是他们一般不受人大监督,从而不能向人大承担政治责任:书记不向人大报告工作,不接受人大质询,人大不能罢免书记;他们一般也不进入政府,从而不能被公民、法人或其他组织起诉至法院承担法律责任。他们权力最大,责任最小,腐败的机会最多,而扼制其腐败的屏障和相应制约机制最少。这样,他们腐败率高于其他人群就是自然的了。

---

⑱ 参见《南方周末》2007年3月22日记者傅剑锋、鞠靖文《郴州官场的良心》。
⑲ 参见国务院国发(2004)10号文件《全面推进依法行政实施纲要》第三部分"依法行政的基本原则和基本要求"。

此外,我国很多地方和部门的"一把手"不仅缺少其权力行使的外部正当法律程序制约,也缺少公权力内部的正当法律程序制约。"一把手"在领导班子内部往往是"一言堂",个人说了算。例如,曾受贿 1400 多万元,贪污近 200 万元,挪用公款 25 万余元的原四川省成都市龙泉驿区同安镇"一把手"的党委书记朱福忠就是一个专制典型。[20] 他之所以能毫无顾忌地腐败,就是因为其在领导班子中过分集权和几乎不受任何制约。他在被判刑后的"忏悔录"中承认:"我把同安镇的人事、财政、国土、规划和城建等权力都集中在自己手里。对重大事项,往往是我事先拿定主意,集体议事过程仅仅是花架子,常常演变成下属领会和执行我事前已作出的决定的会议。同安镇的纪检和其他干部对我起不到监督作用,他们都是我提拔的;当时的区委主要领导对我的监督也是遇事说事,轻描淡写。在这样一个不受监督和约束的状况下,我工作起来放得很开。……就像松开了手脚,可以随意发挥。"[21] 正是这种因正当法律程序缺位而促其放开手脚的"随意发挥",使许许多多像朱福忠一样的"一把手"无拘无束地腐败,并最终使他们走上了不归路。

4. 冯刘成案——正当法律程序缺位与行政决策中的腐败

简要案情

据新华网 2007 年 1 月 30 日报道,因决策建造外观状似"白宫"的豪华办公楼而出名的原郑州市惠济区委书记冯刘成,因犯受贿罪、贪污罪、挪用公款罪数罪并罚,日前被南阳市中级人民法院一审判处无期徒刑,剥夺政治权利终身。冯刘成 1998 年 4 月任郑州市水利局党委书记、局长,1999 年 7 月任郑州市惠济区委书记,2004 年 2 月任平顶山市人民政府副市长。在任郑州市惠济区委书记期间,冯刘成作为主要负责人,决策建造了拥有 6 幢豪华办公楼、1 个巨大的半球形会议中心的惠济区委新办公楼楼群。该楼群因其山水景观式的建筑格局和 530 亩的占地规模,且外观状似"白宫"而引起全国轰动。[22] 2006 年 4 月 26 日,冯刘成因涉嫌受贿犯罪被南阳市公安局

---

[20] 朱福忠于 2005 年底被法院以受贿罪、贪污罪、挪用公款罪终审判处死刑,剥夺政治权利终身。
[21] 参见《检察日报》2007 年 5 月 29 日。
[22] 对此,新华社"新华视点"栏目 2006 年 6 月 20 日曾以《区政府"白宫"缘何成"迷宫"?——郑州惠济区违规建政府新址调查》为题进行过报道。

刑事拘留。2006年5月10日被南阳市人民检察院批准逮捕。法院审理查明，2003年4月，在未进行公开招标的情况下，冯刘成指定郑州清华园房地产开发有限公司承建郑州市惠济区政府办公楼工程。该公司董事长李发臣为感谢冯刘成以及希望冯刘成在以后工程施工中给予关照，于2003年8月送给冯现金30万元。此后，冯又以种种借口，向李发臣索要现金144万元，用于购买字画和奇石。

行政决策中的腐败往往导致国家利益，甚至人民生命财产的重大损失。腐败分子拿人家的好处可能是几百、几十万元，甚至只是几万、几千元，但其因偏私作出的决策导致国家和人民的损失可能是几个亿、几十个亿，甚至是无法用金钱衡量的，如因腐败作出的错误决策导致的各种事故灾难造成的人员伤亡、环境污染、生态破坏等均是无法用金钱衡量的。

那么，怎么防止因腐败导致的错误行政决策呢？怎么防止像冯刘成这样的腐败官员任意作出建造"白宫"、"小天安门"㉓、"粮神殿"㉔等一类为官僚"显摆"，为无良开发商提供"发财"机会而劳民伤财的决策呢？国内外的经验证明，要阻止这类因腐败导致的错误决策的酝酿、生成、出台，最重要的屏障即是推进和保证政务公开透明、公众参与的现代正当法律程序。

根据正当法律程序，行政决策首先应该公开、透明。决策的内容凡是涉及社会公众利益，或需要花费纳税人的钱的，即需由国家财政支出的，除依法需要保密的以外，均应向社会公开，广泛听取社会公众的意见，必要时还应召开座谈会、论证会或听证会，就相应决策涉及的专门性问题展开讨论、

㉓ 据光明网2005年1月4日报道，2004年重庆忠县黄金镇所建办公楼群被当地群众称为"小天安门"。这栋耗资400余万元的仿古建筑气势不凡，门前的台阶有6层111阶。当地群众称，门前直通忠梁公路的台阶两旁有对称的6幢房子，形成"王"字排列，颇具威严之势，而"天安门"主楼成了"主"字的一"点"。有村民反映，征了建办公楼的土地后，村民的补偿款至今还没拿到。黄金镇依山而建的政府大楼远远就跃入眼帘：整个办公区共有7幢楼，"天安门"雄踞正中的山腰之上，两边下方各有3幢白墙红柱的二层办公楼，气势之宏伟，超出一般人的想象。老远看见，整个楼房区全部红砖绿瓦，随山势蜿蜒而上，错落有致，煞是气派。黑色的电动伸缩门上，一头金色的大狮子雕踞其上，大狮子身后，跟着许多小狮子。整个建筑挑檐斗拱，匠心独具。

㉔ 2006年6月1日，中央纪委等7部委通报了全国4起违规修建楼堂馆所典型案件。其中一起案件是：山西省粮食局在国家级风景名胜区——山西省永济市五老峰以修建粮食系统"培训中心"为名，挪用国家粮食储备库资金修建用于旅游接待的"云峰阁"宾馆。并在宾馆附近修建"粮神殿"，在殿中为个人歌功颂德、树碑立传，并将各省（区、市）粮食部门负责人的题词刻在石碑或牌位上，与神像一并供奉。

辩论(包括通过互联网进行讨论、辩论)。如果我们的行政决策都遵循这样的正当法律程序,像冯刘成那样的建造"白宫"式政府大楼的决策显然就不可能顺利地、轻而易举地通过、出台。

此外,根据正当法律程序,行政决策在实施过程中凡涉及到特定行政相对人的事项,对相对人利益有不利影响的,均要事前告知相对人,向相对人说明理由,听取相对人的申辩。像冯刘成建造"白宫"式政府大楼一类行政决策,必然要涉及大量的土地征收、房屋拆迁。如果我们健全、完善了正当法律程序,对这些土地征收、房屋拆迁的行政相对人在实施征收、拆迁行为前都告知、说明理由、听取申辩等,冯刘成搞的那些腐败工程的进展恐怕就不会那么一帆风顺了。然而,正是由于我们目前许多行政领域正当法律程序的严重缺位,使冯刘成一类贪官的腐败决策的酝酿、生成、出台能"一路绿灯",不仅能顺利通过、出台,而且能得到顺利执行、实施。

5. 海口市城管监察案——正当法律程序缺位与行政执法中的腐败

简要案情

据《检察日报》2007年9月25日报道,近年来,一些行政执法单位利用职权,凭借特有的行业垄断地位和行政执法权,以单位的名义大肆收受被查处的违章、违规单位的贿赂。此类案件,不仅严重破坏了正常的行政管理秩序,而且对行政执法相对人的违章违规行为起到助纣为虐的作用。发生在海南省海口市城管监察支队第四大队的单位受贿案,就是这样一起典型的亵渎公权力、凭借特权大肆受贿的集体腐败案。日前,海口市龙华区法院对此案作出一审判决:以单位受贿罪判处海口市城管监察支队第四大队罚金10万元;判处该队原大队长韩忠有期徒刑一年零六个月。早在1998年初,海口市政府为强化城市规划建设,加强国土使用、交通安全、道路建设、市容市貌及环境卫生等方面的监管,专门组建了海口市城市管理监察支队。其中的监察支队第四大队,主要是对海口市建筑市场、城市道路建设工程项目进行监管,对违章行为予以处罚。该大队大队长韩忠清楚这是两大热门领域,也是能为大队广聚财源的行业。因此,韩忠就任之初,就专门召集下属机动、东区、西区三个执法中队队长等人开会,讨论如何为大队广谋"财路"。韩忠的想法一提出,立即得到大家的积极响应,经讨论最后一致决定,对部分违章、违规单位或个人可以收取赞助款后免予行政处罚,并按10%的比例将赞助款返还各执法中队用于个人奖励,各执法中队所收取的赞助款交由大队办公室主任陈李存入银行。在这一连串非法收取赞助款的背后,大量的城建、道路建设中的违法、违章事件被放纵。在行政处罚变成收取赞助费之后,对城市建设和管理造成的危害是难以用赞助费弥补的。㉕

行政执法行为是行政行为中数量最多,且最广泛、最直接、最经常涉及行政相对人权益的行为,因而行政执法领域也是最容易发生腐败的领域。从各地、各部门历年发生的腐败案件情况看,行政执法领域内的腐败案实际上也是最多的,虽然这些案件不如人事领域的买官卖官案、行政审批领域的倒卖许可批文案,以及党政"一把手"腐败案、行政决策腐败案那么"抢眼",其腐败所涉金钱的数额可能比上述那些类型腐败案所涉金钱数额也要小得多(如本案被告海口市城管监察支队第四大队集体收钱184.34万,到每个执法人员个人口袋的也就是几万元,大队长韩忠拿的也只是3.9万元),但是这些案件影响的恶劣程度却并不逊于上述案件。因为行政执法人员代表政府最直接与老百姓打交道,这些人有的为了贪一点小利,会逼得老百姓走投无路,生不如死。其乱罚款、乱集资、乱收费等"三乱"有时会导致一个好端端的企业破产倒闭,造成一个家道殷实的市民或农户家破人亡,所以这种腐败是老百姓最痛恨的腐败,因为这最直接损害他们的利益。

怎么治理"三乱"?怎么防止行政执法中的腐败?人们开出了各种各样的药方。其中较为有效、较为灵验的药方恐怕还是正当法律程序。试想,我们如果早有了公开透明和告知、说明理由、听取申辩的执法程序,像海口市城管监察支队第四大队这样的执法机构还敢明目张胆地向各违章、违规单位和个人收"赞助费"和将这些违法收取的"赞助费"向执法人员发"奖金"和"补助"吗?可能就不敢。我们如果早有了公开、透明和告知、说明理由、听取申辩的执法程序,韩忠等一类想通过行政执法"捞钱"、"捞好处"的执法人员还可能任意向违法、违章者收钱和任意放纵违法、违章者吗?还可能在他们实施了这些行为后轻易能让社会公众和他们行为的相对人对他们的行为"噤声",不予申诉、控告和检举吗?恐怕不能。

㉕ 全案案情可参见《检察日报》2007年9月25日记者华洋文《在利益面前,行政执法集体"失语"》。

各国各地区反腐败的实践经验证明,正当法律程序虽然不能解决行政执法人员想腐败的问题,却能在一定程度,甚至很大程度上解决行政执法人员敢腐败、能腐败的问题。即在他们腐败可能发生之前,事先筑起一道防腐克腐的屏障,阻止腐败的实际发生。而不仅仅是在腐败发生之后严厉查处,追究腐败分子的责任。正是基于此,目前我国各地、各部门的许多行政执法机构,特别是治安、工商、卫生、交通、城管等及其综合执法机构,都在开始逐步建立和完善执法程序制度,确保执法内容、依据、方式、标准、流程及手续及时向社会公开;执法时向相对人告知执法根据、理由,听取相对人的陈述、申辩,并为相对人提供申请救济的途径。事实表明,这些执法程序制度在防止执法腐败,保护公民、法人和其他组织的合法权益方面已初见成效。㉖

三、完善正当法律程序,走出一条中国特色的反腐之路

中国是共产党执政的社会主义国家,是从前社会主义计划经济向后社会主义市场经济过渡的转型国家。中国在相当长的一个时期内,至少在现阶段,不会搞两党制,不会搞三权分立。因此,中国的反腐之路不会完全同于西方国家的反腐之路。中国的反腐主要不是靠权力制约权力(虽然权力的相互制约同样不可缺少),而主要是靠权利制约权力,靠正当法律程序制约权力。

那么,我们怎么完善权利制约权力的机制,怎么完善正当法律程序制度,走出一条中国特色的防腐反腐之路呢?

在中国创建权利制约权力机制,走程序制权、程序反腐之路,首先应该在中国共产党的执政过程中推行正当法律程序,以正当法律程序规范中国共产党的执政行为。中国共产党不同于西方国家的政党:第一,中国共产党直接执掌和行使公权力;第二,中国共产党在人民代表机关内处于领导地位,人民代表机关内虽有多个民主党派党员的存在,但他们是参政党,而不是反对党;第三,中国公民对政府的行为不服,可以向法院提起行政诉讼,但

㉖ 参见《人民日报》2007年12月29日记者吴兢、黄庆畅文《谱写法治政府建设新篇章——国务院2007年法制工作综述》。

中国公民不能因对中国共产党的决议或行为不服而向法院起诉。因此,中国共产党的执政行为难于受到有效的外部监督和制约。而权力,不论何种权力和由谁行使权力,不受监督和制约必然导致滥用和腐败,这是孟德斯鸠在研究了人类几千年政治制度史以后得出的一条"万古不易"的普遍规律。[27] 因此,中国共产党在总结了自己五十多年的执政经验和教训后,决定在发展和完善国家民主的过程中,首先发展和完善党内民主;在发展和完善国家监督、制约机制的过程中,首先发展和完善党内监督制约机制,坚持依法执政,依正当法律程序执政,以防止执掌和行使公权力的党的各级领导人和相关负责干部腐败。[28]

中国共产党的这种对执政经验的反思和认识是极其难得,极其宝贵的。但机制的创建和完善不能停留在反思和认识的阶段,我们还必须在此基础上向前迈进,健全和完善相应的制度,包括将一些多年来已经在做,并行之有效的做法法律化、制度化。如重大决策经党员代表大会或党委全体会议(而不只是常委会,更不是书记一人)讨论决定,并听取和征询各民主党派的意见;党的机关(如党委组织部、纪委、政法委等)行使国家公权力(非纯党内事务)的行为,应通过一定形式向人大报告,接受人大的监督;党的组织对党员作出不利处分、处理(如降职、撤职、开除等),应告知、说明理由,听取申辩,必要时应公开举行听证会,允许媒体监督。只有在党执政的各个领域建立起严格的、制度化的正当程序,才能最大限度地避免各级党委"一把手"和党委"一班人"腐败和滥用权力,提高中国共产党在人民群众中的公信力,确保中国共产党执政的正当性。

其次,在中国创建权利制约权力机制,走程序制权、程序反腐之路,应制定统一的行政程序法典和制定、完善各行政领域(如行政处罚、行政许可、行政强制、行政收费、行政裁决、行政给付、行政征收征用、行政调查、行政信息公开、个人隐私保护、行政规范性文件制定和行政决策等)的单行行政程序法,将整个政府运作中应遵循的正当法律程序法律化、制度化,以正当法律

---

[27] 〔法〕孟德斯鸠著:《论法的精神》,张雁深译,商务印书馆 2005 年版,第 184 页。
[28] 参阅胡锦涛:《高举中国特色社会主义伟大旗帜,为夺取全面建设小康社会新胜利而奋斗——在中国共产党第十七次全国代表大会上的报告》中关于"积极推进党内民主建设"和"切实改进学的作风,着力加强反腐倡廉建设"部分。

程序规范所有政府部门行使公权力的行为。

行政行为,即政府部门行使公权力的行为,在整个公权力行为中占有最大的比重,而且,行政行为是整个公权力行为中最广泛、最经常、最直接涉及公民、法人和其他组织权益和最容易产生腐败的行为。因此,行政行为也是最需要正当法律程序规范和制约的行为。公权力行为程序法制化最主要的任务应是行政程序法制化。关于制定行政程序法典和完善我国行政程序法律体系的必要性、迫切性,以及立法调整范围、立法模式和立法途径的选择,笔者自20世纪90年代以来曾经写过数篇文章予以探讨、论证、阐释。故本文不再赘述。㉙

再次,在中国创建权利制约权力机制,走程序制权、程序反腐之路,还必须完善司法程序立法,通过正当法律程序防止和消除司法腐败。正当法律程序原本就起始于司法领域,无论是自己不做自己的法官,还是告知、说明理由和听取申辩,或者是罪刑法定、无罪推定、法不溯及既往等,首先都是对司法的要求。只是后来司法程序越来越完善,司法腐败、滥权在很大程度上被消除,司法越来越公正,人们在某种程度上感觉到司法领域的正当法律程序已不成问题,甚至认为司法程序就等于正当法律程序。这种感觉和认识大体是对的。但是,中国目前正处在从前社会主义计划经济向后社会主义市场经济过渡的转型时期。在转型时期,旧的秩序正在逐步瓦解,而新的秩序尚未建立。历史和国外的经验证明,这种时期往往是腐败的高发期,特别是行政领域,其腐败有时会呈猖獗之势,而行政领域的腐败又不能不影响到司法领域。就我国司法领域的情形而言,历史上从来就没有建立起过完全体现正当法律程序的严格司法程序。国民政府时期,由于国民党的专制和腐败,司法难以真正独立和公正,严格的司法程序不可能建立;新中国成立

㉙ 参阅姜明安:《行政程序法应作为市场经济体制下行政法学研究的重要课题》(载《法学家》1993年第3期);《行政程序法:依法行政的保障(访谈录)》(载《法制日报》1994年4月4日);《我国行政程序立法模式选择》、《健全行政程序立法(笔谈)》(载《中国法学》1995年第6期);《内地与澳门地区行政程序立法比较研究》(载《东吴法学》1996年创刊号);《行政的现代化与行政程序制度》(载《中外法学》1998年第1期);《我国行政程序立法模式和高速范围之抉择》(载《法制日报》2002年8月17日);《中华人民共和国行政程序法(试拟稿)》(载《行政法论丛》2003年第6卷);《制定行政程序法应正确处理的几对关系》(载《政法论坛》2004年第5期);《行政程序:对传统控权机制的超越》(载本书);《程序正义与社会治理创新》(载本书);《行政程序立法及其基本原则》(载《中国司法》2006年第5期)等。

后至"文革"时期,由于"左"的路线和法律虚无主义的影响,法院一直配合政治运动,严格司法程序亦无从谈起;改革开放以后,随着《刑事诉讼法》、《民事诉讼法》、《行政诉讼法》等司法程序法的制定,体现正当法律程序的司法程序开始逐步健全、完善,司法的权威、公正逐步确立。但是,由于体制、观念等诸多因素的影响,正当法律程序在司法运作中还没有被完全接受,法官、检察官等司法人员的行为很多时候还游离于正当法律程序之外,不受正当法律程序的拘束。近年来不时发生的司法腐败案大多与司法正当法律程序不完善或缺位有关。

要解决我国转型时期的司法腐败问题,当然不能仅靠建立、健全体现正当法律程序的司法程序,还必须同时解决司法体制、司法道德、司法人员的职位保障和待遇以及司法环境等种种问题。但是,毫无疑问,司法领域的正当法律程序问题是治理司法腐败的最具相关性的问题。要解决此问题,除了立法机关应抓紧修改三个诉讼法,使现行司法程序更好地体现正当法律程序外,司法机关本身亦应建立和完善相关制度,以保证司法人员能真正独立、公正办案,不因外界干预,金钱和其他利益等而影响司法公正。只有如此,使体现正当法律程序的正式诉讼法律制度与司法自律制度有机结合,正当法律程序机制才能真正发挥抵御和遏制司法腐败的屏障作用。

此外,在中国创建权利制约权力机制,走程序制权、程序反腐之路,还有必要在社会公权力运作中推广最低限度的正当法律程序。像律师协会、注册会计师协会、足球协会等行业组织,居民委员会、村民委员会等基层群众自治组织,高等学校、国家研究院所等事业组织,其在管理相应组织、团体成员的准公权力(社会公权力)运作过程中,如果缺乏最低限度的正当法律程序制约,同样会产生腐败。当然,如何以最低限度的正当法律程序制约和规范社会公权力行为是一个需要专门研究的大课题,本文由于篇幅限制,不可能展开,只能待他日另以专论探讨。

原载《中国法学》2008 年第 3 期

程序正义与社会治理创新

一、程序正义对于社会治理创新有什么重要意义

罗尔斯(John Rawls)指出:"正义是社会制度的首要价值,正像真理是思想体系的首要价值一样。一种理论,无论它多么精致和简洁,只要它不真实,就必须加以拒绝或修正;同样,一项法律和社会制度,不管它如何有效率和有条理,只要它们不正义,就必须加以改造或废除。"[①]

正义包括程序正义和实质正义。程序正义既有独立于实质正义的本体价值,又有保障实质正义实现的工具价值。

程序正义与社会治理创新的关系,或者说程序正义对于社会治理创新的意义主要表现在下述三个方面:

(1)程序正义是社会治理创新的目标和内容之一。

社会治理创新的目标是多方面的,如提高管理效率,促进社会、经济可持续发展,维护社会公正,保障社会稳定与和谐,增进人的福祉等。其中,社会公正当然包括程序正义。程序正义是"看得见的正义"。没有"看得见的正义",不但实质正义难以保障,而且即使有,人们也难

---

① 〔美〕约翰·罗尔斯著:《正义论》,何怀宏等译,中国社会科学出版社1998年版,第1页。

以感受到。

社会治理创新的内容是极为丰富的,包括社会治理体制创新、社会治理制度创新、社会治理方式和手段创新、社会治理观念创新等。其中,制度、方式、手段当然包括程序。健全公正、公开、公平等体现正义的社会治理程序是社会治理制度、方式、手段创新的题中应有之义。社会治理制度、方式、手段如果缺乏程序正义,就很难有什么"创新"可言。如果有"创新",其"创新"也难有创新的真正价值。

(2) 程序正义是社会治理创新的保障。

程序正义既是社会治理创新的目标和内容,同时也是社会治理创新的保障。首先,社会治理创新需要广大社会公众的理解、支持和参与。而公正、公开的社会治理创新的决策程序正是广大社会公众理解、支持相应创新措施、制度的前提;公正、公开、公平的实施程序则是广大社会公众参与社会治理创新的基本条件。其次,社会治理创新需要克服和消除旧的官僚机构、旧的制度、旧的观念在长时期形成的各种习惯势力的障碍,而克服和消除这些障碍的最好办法或最好办法之一就是"阳光法",就是公正、公开、公平的正当法律程序,就是程序正义。

(3) 程序正义是培育和形成社会治理持续创新机制的社会环境因素。

社会治理创新不应是一次性的,不应是"毕其功于一役"的短期行为,而应该是长时期持续进行的行为。要培育和形成社会治理的持续创新机制,就必须营造一种不断激励人们追求、探索和实施社会治理创新的社会环境和文化氛围。很显然,程序正义是这种社会环境和文化氛围的重要因素。因为人们对正义的认识和追求是无止境的,社会如果为人们提供了认识、探索和追求正义的机制(包括制度和制度的运作程序),人们就必然会运用这个机制去不断探索社会治理的新体制、新方法和新模式。当然,程序正义与社会治理创新的关系是相互促进的:程序正义的确立可以营造社会治理持续创新的社会环境和文化氛围,社会治理持续创新反过来又会进一步促进和完善社会的程序正义,提高社会程序正义的水平。

二、社会治理创新需要建立和完善哪些基本程序制度

自20世纪中叶以来,世界各国,特别是西方法治发达国家,在社会治理的各个领域,如社会决策和立法领域,社会管理领域,社会秩序和安全保障领域,社会争议、纠纷的裁决、处理领域等,都建立了各种体现公正、公开、公平等程序正义的正当程序制度。在这些制度中,最能体现现代程序正义的制度主要有下述五项:

(1) 信息公开与政府透明制度。

信息公开与政府透明是满足社会公众和公民知情权的需要。在现代社会,没有信息公开与政府透明,社会公众不了解公共事务,不了解与自己生活、生产和消费等有关的各种信息,不要说知政、议政、参政,就是要使自己的生存权、健康权、正常社会交往权得以实现和保障都是困难的。信息公开首先是政务信息公开,除了政务信息外,其他信息,如市场信息、环境信息、食品卫生安全信息、传染病流行信息、自然灾害和其他突发事件信息等,都应该通过一定途径和形式公开,让全体社会公众或相应领域的社会公众知晓。

(2) 公众参与制度。

社会治理涉及的领域和涉及的相对人比政府管理要广泛得多。从程序正义的角度讲,政府管理没有公民参与是不公正的,社会治理离开了公众参与就更谈不上正义。在现代社会,公众参与社会治理的途径和形式是多种多样的,如组织NGO、NPO、建立基层或社区自治、通过听证会、论证会和网上讨论议政和参与社会、政治、经济事务的决策和立法,通过报纸、电视、广播和其他媒体参与对公权力行为的监督和对环境、生态的保护,等等。

(3) 权力制约制度。

社会治理除了必须有国家公权力介入外,还必须有各种社会公权力主体的介入,如行业协会、社会团体、基层自治组织等。然而,任何公权力,无论是国家公权力,还是社会公权力,在其运作过程中,如没有相应的监督和制约,都可能被滥用,都可能发生腐败。因此,在社会治理创新机制中,设立

相应的权力制约程序是非常必要的。权力制约程序既包括国家公权力的相互制约,也包括社会公权力的相互制约;既包括国家公权力对社会公权力的制约,也包括社会公权力对国家公权力的制约;既包括不同公权力行为(如决策、立法行为、执行行为、纠纷裁决行为等)的相互制约,也包括同一公权力行为不同过程、步骤(如制裁、处罚行为的调查、审理、决定、执行等过程、步骤)间的相互制约。

(4) 说明理由制度。

实施公权力行为,特别是实施影响相对人权益的行为,应向社会公众,特别是向利害关系人说明理由,这是现代程序正义的重要要求。说明理由的途径、方式可以是各种各样的,如立法和制定政策的说明理由可以通过向人民代表大会报告或通过政府刊物、新闻媒体发布进行;推行社会和经济规制的说明理由可以通过听证会或政府网站的途径进行,实施具体行政执法行为或裁决社会争议、纠纷的行为的说明理由可以通过行政决定书、裁决书向相对人作出,也可以直接向相对人进行口头说明。

(5) 陈述、申辩、申诉与救济制度。

根据古老的自然正义原则,任何人对他人作出不利行为,均应听取他人的意见,任何人对涉及自己利益的争议,均不能由自己进行裁决。故此,任何人对公权力主体作出的认为侵害自己权益的行为,均应享有向其陈述、申辩的权利,对其行为不服,均应享有申诉与寻求救济的权利,法律应为之提供相应的救济程序制度,使之有可能向与公权力主体有相对独立性的第三者请求救济,如行政复议制度、行政诉讼制度等。

社会治理创新只有通过建立和完善这些程序制度以及通过这些程序制度的运作,才能使其目标符合人类正义的要求,才能真正维护人的自由和增进人的福祉。

三、怎样在社会治理创新中实现程序正义

要在社会治理创新过程中保障程序正义目标的实现,至少要做下述三件事:

(1) 加强程序立法,健全规范社会治理行为程序的法律、法规。

程序立法包括三个层次:一是统一的程序法典,即行政程序法。行政程序法虽然主要是调整国家行政机关行政行为的程序,但也调整社会公权力主体实施社会公权力行为的程序,实际上它是社会治理行为的基本程序法典。二是单行的程序法律,如行政许可法、行政处罚法、行政强制法、征收征用法、争议、纠纷调处法等。三是确立程序法典、法律具体实施规则的程序法规、规章。目前,我国统一的程序法典尚未制定,其他两个层次的程序法都不完善。程序立法的任务还相当艰巨。

(2) 推进社会治理体制(特别是政治体制)改革,促进公权力程序化运作。

程序正义是与民主、宪政和法治密切联系的。我国传统的管理体制,包括经济体制和政治体制,是高度集权性的,是人治型的,这种体制不重视民主,不重视人权,从而很少,甚至缺少程序正义的因素。因此,我们今天要在社会治理创新中确立程序正义的地位,要建立和完善各种正当程序制度,就必须推进整个社会治理体制(特别是政治体制)的改革。只有通过改革,真正以新的体制取代旧的体制,才能促进公权力依正当程序运作,实现程序正义的目标。

(3) 提高国民(特别是公职人员)的程序正义意识,形成人人重视程序正义的文化氛围。

要在社会治理创新过程中实现程序正义目标,除了必须完善程序立法和改革旧的管理体制以外,提高国民(特别是公职人员)的程序正义意识也是非常重要的,甚至是根本性的。因为制度需要人去设计,去建立,去运作。如果我们的国民(特别是公职人员)的程序正义意识薄弱,很难设想能建立起完善的正当程序制度,即使建立起了完善的制度,也难保证其正常运行。因此,我们在推进社会治理创新的过程中,一定要非常重视向国民(特别是公职人员)宣传程序正义的理念,提高整个国民的程序正义意识,逐步营造出一个人人重视程序正义的文化氛围。

载 *US-China Law Review*(《美中法律评论》)2005 年第 11 期

第四编

转型时期的行政法制度建设

引　言

　　法治的核心是控制和规范公权力。在国家产生以后和消亡以前,公权力的核心是国家公权力,而国家公权力的核心是国家行政权力。至于"控制和规范",则包括消极的控制和规范与积极的控制和规范。前者是指通过制约机制,防止公权力滥用,侵犯公民、法人和其他组织的合法权益,即所谓制约公权力"做坏事";后者是指通过激励机制,促使公权力积极作为,为人民谋福利,谋幸福,维护和增进公民、法人和其他组织的权利、自由,即所谓推动公权力"做好事"。

　　无论是对行政权的制约机制,还是对行政权的激励机制,都必须通过各种健全、完善的行政法制度实现。例如行政组织法制度、公务员制度、行政立法制度、行政许可制度、行政规划制度、行政征收征用制度、行政给付制度、行政合同制度、行政指导制度、行政裁决和行政确认制度、行政处罚制度、行政强制制度、行政奖励制度、行政监察制度、行政申诉、控告、检举制度、行政复议和行政诉讼制度、国家赔偿制度,等等。

　　任何行政法治目标的实现,均必须依靠行政法的制度建设。1999 年,我国通过的宪法修正案第 13 条,明确确定了"依法治国,建设社会主义法治国家"的治国方略,2004 年,国务院发布《全面推进依法行政实施纲要》,明确提出经过十年左右坚持不懈的努力,要基本实现将我国政府建设成法治政府的目标。很显然,要建设法治国家和法治政府,必须始于一项一项行政法具体制度的设计、构建和完善。行政法制度建设是实现行政法治的基础性工作。因此,我们研究、探讨法治和行政法治的目标和实现途径,必须认真研究、探讨行政法的各种相关制度。

本编共收文七篇,主要阐述笔者对行政执法、公务员制度、行政规划、信访制度、行政补偿和突发事件应对的观点、主张。

在《扩大受案范围是行诉法修改的重头戏》一文中,笔者提出,在刑诉法和民诉法两大诉讼法修改任务完成后,行诉法修改已经历史地提上了立法机关的议事日程。行诉法应该如何修改?其修改的内容涉及基本原则、受案范围、管辖、诉讼参加人、证据规则、审判程序、裁判方式、类型及裁判的执行等。在所有这些应该修改的内容中,行政诉讼受案范围的修改具有特殊的重要性和迫切性,是整个行诉法修改的重头戏。关于行政诉讼受案范围的修改,目前学界和实务界大多均主张较大幅度地扩大受案范围。但是对于应扩大哪些行政行为和事项,将哪些行政行为和事项纳入行政诉讼受案范围,以及对于拟扩大纳入到行政诉讼受案范围的行政行为和事项应扩大纳入到什么程度,则尚未完全达成共识。学界和实务界目前较有共识但在幅度上尚有争议的主要有三类行政行为:抽象行政行为、内部行政行为和行政合同行为。

在《行政执法的功能与作用》一文中,笔者提出,行政执法是行政法治系统工程的重要组成部分。加强、改进和完善行政执法是贯彻依法行政原则,落实执政为民思想,建设社会主义法治国家的需要。而要加强、改进和完善行政执法,首先必须明了行政执法的功能和作用。只有对行政执法的功能和作用有全面、正确的认识,才能形成加强、改进和完善行政执法的自觉,并找到和确立加强、改进和完善行政执法的正确途径。文章主要从三个方面探讨和论述了行政执法的功能和作用:其一,行政执法将法从文本规定化为人们实际行为规范的作用,即实现法的作用;其二,行政执法将公民权利从"应然"变成"实然"的作用,即保障和实现人权的作用;其三,行政执法将国家的社会、经济秩序从静态设计转化为动态建构的作用,即确立、维护和保障秩序的作用。

在《重视制度设计,保障〈公务员法〉立法目的的实现》一文中,笔者提出,我国《公务员法》确立的立法目的可分为三个相对独立,但又相互联系的层次:第一个层次是"规范公务员的管理";第二个层次是"保障公务员的合法权益";第三个层次是"促进公务员队伍勤政廉政,提高工作效能"。《公务员法》确立的这三个层次的立法目的应该说是比较全面、比较适当的。问题在于我们如何去实现这些立法目的,我们应设计什么样的具体法律制度和法律规范去实现这些立法目的。考察现行《公务员法》的整个内容,应该说,上述立法目的大多是有一定具体法律制度和法律规范加以保障,从而是能在一定程度上得以实现的。但是毋庸讳言,现行《公务员法》设计的具体法律制度和法律规范也有某些欠缺和某些不科学处,并不能充分保障上述立法目的的实现,甚至有些具体法律制度和规范与相应立法目的还存在不一致之处,即这些具体法律制度和规范不仅不能保障,反而可能妨碍相应立法目的的实现。

在《行政规划的法制化路径》一文中,笔者提出,行政规划必须走法制化道路是我们今天国人已基本达成的共识。这种共识形成的一个重要因素是近年来愈演愈烈的房屋拆迁、土地征用纠纷和在这些纠纷中凸显出来的侵权、滥权、腐败现象,以及由这些侵权、滥权、腐败现象造成的成千上万人的痛苦悲剧。然而,行政规划法制化的道路怎么走,循什么路径,我们目前却远未达成共识,需要我们认真研究、探讨。文章对此提出了笔者的下述五项主张:其一,行政规划的制定必须保障公众参与;其二,行政规划的设计必须以人为本,以人的现在和未来的可持续发展为依归;其三,行政规划的实施必须遵循公开、公平、公正的正当法律程序;其四,行政规划的内容必须相对稳定,规划制定机关和规划实施机关都必须遵守信赖保护原则;其五,行政规划的立法必须遵循统筹兼顾和利益平衡原则。

在《改革信访制度 创新我国解纷和救济机制》一文中,笔者提出,在中国特色的法治社会,信访仍有较大的作用空间,它作为具有一定人治性成分的解纷、救济环节,是我国现时解纷和救济机制的不可缺少的组成部分,其对法治性解纷、救济环节具有重要的补充、辅助作用。但是,同样毫无疑问,现行信访制度必须改革,我国现时整个解纷、救济机制必须创新。文章认为要解决我国目前信访制度存在的问题,使信访制度发挥其应发挥的功能,不仅要重构和创新信访制度,而且要重构和创新整个解纷、救济机制:第一,要对目前过于分散的信访机构进行整合,建立起统一的计算机联网系统;第二,要建立类似国外议会督察专员或行政督察专员制度,统一协调各地各部门的信访工作;第三,要修改《行政复议法》和《行政诉讼法》,扩大行政复议和行政诉讼的范围,使大部分行政争议能通过正式法律程序解决;第四,建立若干专门行政裁判所,处理诸如土地征用、房屋拆迁、工伤补偿、交通和医疗事故纠纷等专门性争议案件;第五,充分发挥人民代表的作用,人民代表(特别是全国人大代表)每月应设固定时间和地点接待选民,听取选民的意见、建议和帮助选民解决有关他们自己难于解决的问题或为他们解决问题提供咨询。

在《行政补偿制度研究》一文中,笔者提出,我国于1994年制定了《国家赔偿法》,正式确立了国家赔偿制度,但对于行政补偿,除个别单行法对某些行政管理领域(如土地征用)的补偿做了一些零散的规定外,整体的、规范化的行政补偿制度尚未建立,大量的行政补偿问题在我国目前尚无法可依,致使公民、法人和其他组织因公共利益受到的损失得不到适当补偿,甚至完全得不到任何补偿。因此,我国目前迫切需要建立整体的、规范化的行政补偿制度。笔者通过对建立行政补偿制度的具体意义、理论依据、范围、程序的分析研究,提出了行政补偿的标准及建立这一制度的立法思路。

在《突发事态下行政权力的规范》一文中,笔者提出,根据现代法治的理论和实践,政府在紧急状态下虽然可行使较平时更多、更广泛和更具强制性的权力,但这种权力必须受法律的规范和控制,使之既能保障政府有效地应对危机,又能防止和尽量避免相应权力被滥用和对公民基本权利、自由的侵犯。考察一些法治发达国家的经验和我国目前正在积累和形成的经验,现代法律对紧急状态下的行政权应主要从以下五个方面加以规范:其一,通过紧急状态法和其他有关法律确定政府紧急权力的范围和边界;其二,通过紧急状态法和其他有关法律明确规定政府的职责;其三,通过紧急状态法和其他有关法律确定政府行使紧急权力的条件;其四,通过紧急状态法和其他有关法律确定政府行使紧急权力的程序;其五,通过各种相应法律规定政府行使紧急权力的目的。

扩大受案范围是行诉法[①]修改的重头戏

2012年3月14日,第十一届全国人大第五次会议通过了《关于修改〈中华人民共和国刑事诉讼法〉的决定》,2012年8月31日,第十一届全国人大常务委员会第二十八次会议通过了《关于修改〈中华人民共和国民事诉讼法〉的决定》。这两大诉讼法均是自通过和施行以来的第二次修改。这样,中国三大诉讼法——刑诉法、民诉法和行诉法——现在就只有行诉法自通过和施行以来还没有修改过。之所以如此,并非行诉法直到现在一直没有修改的必要性和迫切性,而是因为行诉法修改所涉及问题所具有的复杂性,我国立法机关立法任务的繁重性与立法机关立法能力因现行体制、机制制约导致的有限性所致。

事实上,我国行诉法早就应该修改了,而且不只是一般的小修小改,而是应该大修大改,在刑诉法和民诉法两大诉讼法修改任务完成后,行诉法修改已经历史地提上了立法机关议事日程的时候,我们有必要对行诉法应修改的各项内容进行全面深入的研究,尤其是对作为整个行诉法修改重头戏的受案范围的修改,更应予以特别细致的多角度、多层面、多方位的探讨。

[①] 这里的"行诉法"是《中华人民共和国行政诉讼法》的简称。在本文中,如无特别说明,所使用的"行诉法"一词,均特指《中华人民共和国行政诉讼法》。

一、行诉法为什么要规定受案范围

我国现行行诉法设专章规定受案范围,而刑诉法、民诉法均没有受案范围的专章或专节规定。这是为什么?

现行行诉法设专章规定受案范围首先是由行诉法立法时(20世纪80年代末)我国的历史条件决定的。在七届全国人大二次会议审议行诉法草案时,时任全国人大常委会副委员长、法制工作委员会主任的王汉斌曾就此解释说,"考虑我国目前的实际情况,行政法还不完备,人民法院行政审判庭还不健全,行政诉讼法规定的'民可以告官',有观念更新问题,有不习惯、不适应的问题,也有承受力的问题,因此对受案范围现在还不宜规定太宽,而应逐步扩大,以利于行政诉讼制度的推行"。② 王汉斌在这里虽然不是直接讲行诉法专门规定受案范围的原因,但实际上已说明了行诉法专门规定受案范围的必要性。因为范围"不宜规定太宽"是以法律规定范围并细化范围为前提的,不然,法院在执行法律时怎么操作,怎么把握范围使之不"太宽"呢?

当然,行诉法专门规定(不一定是设专章规定)受案范围并非完全取决于我国当时的历史条件,而更重要的,或者说在根本上是取决于行政诉讼本身的性质。不然,在现在历史条件已经变化,王汉斌在当时提到的那些情况已经不存在,或大部分已经不存在的情形下,我们现在修改行诉法就无须再专门规定"受案范围"了,就可以如同我们某些学者所主张的那样将现行行诉法中"受案范围"一章完全废除而不是修改了。③ 显然,我们今天修改行诉法只能是修改(扩大)行政诉讼受案范围的规定而不可能将之废除。之所以如此,在于行政诉讼不同于民事诉讼,其除了具有解决行政争议、纠纷的性质和功能外,还同时具有行政法制监督和行政救济的性质和功能。笔者

---

② 参见王汉斌1989年3月28日在第七届全国人民代表大会第二次会议上所作的《关于〈中华人民共和国行政诉讼法(草案)〉的说明》。

③ 参见胡肖华:《行政诉讼受案范围的宪政分析》,http://article.chinalawinfo.com/Article_Detail.asp? ArticleId=29178,2012年10月8日访问。

在行诉法实施的初期即曾指出行诉法专门规定受案范围的理由:其一,行政诉讼涉及国家行政权与司法权的关系,行政行为的性质决定了它不可能无限制地接受司法审查。有些行政行为(如国防、外交行为)特别需要保密,通过司法程序有可能泄密,给国家利益造成重大,甚至是无可挽回的损失;有些行政行为(如紧急状态处置行为、突发事件应对行为)特别紧急,需要迅速处理,进入司法程序可能贻误时机,导致严重后果;有些行政行为(如处理动乱、骚乱、暴乱的政治决策行为)特别需要进行政治、政策裁量,司法无从找到明确和适当的标准评判、衡量。其二,行政诉讼是行政法制监督制度之一,必须和其他行政法制监督制度有明确的分工。其他行政法制监督制度主要有人大和人大常委会的监督、检察监督、监察监督、审计监督。行政诉讼监督不可能和不应该取代其他形式和途径的行政法制监督。其三,行政诉讼是行政法上的救济制度之一,其救济范围必须和行政法上的其他救济制度有明确的分工。其他行政法律救济制度主要有行政复议、行政申诉、控告、检举、行政裁决、仲裁以及信访等,这些救济形式、途径的救济客体、范围虽然有一定交叉、重合,但行政诉讼提供的救济不可能完全取代其他救济形式、途径提供的救济。为此,法律上必须对之有适当的分工,故行诉法对行政诉讼受案设定一个适当的范围是必要的。[④]

最近学界和实务界在讨论修改行诉法时几乎都提出了扩大行政诉讼受案范围的建议和主张。[⑤]"扩大范围"自然就意味着通过法律界定范围的问题,因为"扩大范围"不等于范围无限,不等于当事人可以将任何行政行为、任何行政争议都诉至法院。例如,现在学界和实务界讨论较多的几类行政行为,如抽象行政行为、内部行政行为、程序性行政行为[⑥]、不作为性质的行政行为、行政合同行为等,今后修改行诉法即使将之纳入行政诉讼的受案范围,也只能是将这些类别行为的部分纳入,而不可能全部纳入。例如,抽象行政行为包括行政法规、规章、其他规范性文件等,内部行政行为包括内部

---

④ 参见姜明安著:《行政诉讼法学》,北京大学出版社1993年版,第106—109页。
⑤ 例如应松年:《行政救济制度之完善》,载《行政法学研究》2012年第2期;马怀德:《〈行政诉讼法〉存在的问题及修改建议》,载《法学论坛》2010年第5期;方世荣:《论我国行政诉讼受案范围的局限性及其改进》,载《行政法学研究》2012年第2期。
⑥ "程序性行政行为"又称"中间性行政行为"或"准备性行政行为",指行政主体为作出最终行政决定而实施的程序性、阶段性和准备性的行为,是一个非完整意义的行政行为。

行政规则(如裁量基准、指导性纲要、行政给付规则等)、行政处分(如警告、记过、记大过、降职、撤职、开除等)、人事管理监察行为(如录用、聘用、考核、调动、交流、培训、"双指"⑦、限制财产权等)以及公立高校对学生、教师的纪律处分等。扩大行政诉讼受案范围不可能将所有这些抽象行政行为、内部行政行为都"扩大"进去。既然不能都"扩大"进去，就有一个范围界定问题。

因此，行诉法无论是当初立法，还是现在修改，都有一个受案范围的界定问题，都必须对受案范围作出专门规定。

二、现行行诉法规定的受案范围为什么要扩大

2012年3月11日最高人民法院院长王胜俊在十一届全国人大五次会议上所作的政府工作报告中指出，2012年全国各级法院共审结一审行政案件13.6万件，同比上升5.1%，是行诉法实施22年来受案数最多的一年。但是，即使是受案最多一年的行政案件受案数，与民事案件的受案数相比，也是极不成比例的。2012年全国各级法院共审结的一审民商事案件(含知产案件)达662.5万件，是行政案件受案数的48.7倍。⑧ 行政案件受案数如果与行政机关每年作出的数以亿计的具体行政行为相比，则更不成比例：行政机关作出一千乃至几千件的具体行政行为，法院受案才有一件，也就是才有一项具体行政行为被行政相对人诉至法院。这是为什么呢？是因为行政机关工作人员依法行政的水平太高，其作出的行政行为质量太高，行政相对人对之几乎完全满意，几乎完全没有异议吗？如果是这样，那全国为什么每年有数百万的信访人、上千万的信访案呢？这究竟是什么原因？当然，这个中原因很复杂，除了当下中国多种因素导致许多行政相对人"信访不

---

⑦ "双指"是指我国《行政监察法》第20条第3项规定的"责令有违反行政纪律的人员在指定的时间、地点就调查事项涉及的问题作出解释和说明"。此条同时以"但书"规定："不得对其实行拘禁或者变相拘禁"。然而，监察机关如果违反此"但书"规定，对相对人实行拘禁或者变相拘禁怎么办，相对人能否向法院提起行政诉讼？根据现行行诉法的规定，行政机关的此类行为属于内部行政行为的范畴，即被排除在行政诉讼的受案范围之外。

⑧ 参见《最高人民法院公报》2012年第4期。

信法",受到行政侵权宁愿选择找官,不愿选择找法院;一些行政机关违法侵权后想方设法阻止相对人向法院起诉;一些法院受各种影响以各种理由不受理某些行政案件等原因外,还有一个重要的原因乃是现行行诉法规定的受案范围过窄,许多行政案件进不了法院,行政相对人受到行政侵权后即使想提起行政诉讼,行政机关即使愿意当被告,人民法院即使愿意受理,因行诉法设置的"门槛"太窄,行政相对人也进不了法院,法院依法也受理不了。

因此,修改行诉法,扩大行政诉讼的受案范围,就成为解决当前行政争议多发,人民法院受理行政案件数量却特少,行政相对人得不到有效法律救济困境的必要途径。

修改行诉法,扩大行政诉讼的受案范围的意义是多方面的:

首先,它有利于保障人权,维护公民人格尊严,在公民的人权和人格尊严受到侵犯时提供及时和有效的救济。根据现行行诉法规定的行政诉讼受案范围,行政机关侵犯公民人权和人格尊严的案件有的能进入法院,有的则进不了法院,如涉及非人身权、财产权的案件,涉及内部行政行为的案件,涉及抽象行政行为的案件,这些行政案件即使具有侵犯公民人权和人格尊严情形,法院也不能受理。例如,行政机关违法撤销村委会主任职务因属非人身权、财产权性质,行政机关违法对公务员"双指",实行变相拘禁因属内部行政行为性质,行政机关通过规范性文件对某类弱势群体人员实行歧视,损害其人格尊严因属抽象行政行为性质,行为相对人均不能对之提起行政诉讼,获得司法救济。对此,非修改行诉法,相对人获得司法救济的障碍就不能消除。

其次,修改行诉法,扩大行政诉讼的受案范围有利于切实减少社会矛盾,促进社会和谐。目前我国社会由于正处在社会全面转型的时期,各种社会矛盾多发、频发,给社会和谐和稳定增添了诸多隐患。要消除这些隐患,必须建立和完善有效防范和处理社会矛盾的机制。这个机制无疑应包括行政诉讼,当然也应包括信访。但是诉讼与信访比较,它毕竟更规范化、制度化,是解决行政争议的法制化程度最高的途径。如果我们放着这个法制化程度最高的途径不用,或对之加以种种限制,使得行政争议的当事人不得不走上法制化程度很低,解决行政争议效率极低的上访之路,那我们的社会矛盾就可能越积越多,社会和谐和社会稳定就会受到严重影响。因此,修改行诉法,适当扩大行政诉讼的受案范围,对于有效解决社会矛盾,促进社会和谐是必须的。

再次,修改行诉法,扩大行政诉讼的受案范围有利于加强对行政机关及其工作人员依法行政的监督,防止行政滥权和行政不作为。行政诉讼的功能和作用虽然主要是救济,向受到行政侵权的公民、法人和其他组织提供法律救济途径,但行政诉讼同时也具有监督的功能和作用。受到行政侵权的公民、法人和其他组织向人民法院提起行政诉讼,人民法院决定是否向起诉人提供所要求的救济是以审查行政行为的合法性为前提的。而且人民法院在审查行政行为合法性的过程中,还可以发现实施相应行政行为的工作人员是否存在违法、滥权、腐败等情形,从而实现对行政公职人员守法和勤政、廉政的监督。目前,一些地区、一些部门行政腐败现象久治不愈,甚至有蔓延趋势,老百姓对之极为不满。为此,有必要采取综合治理措施,包括扩大行政诉讼受案范围,降低"民告官"的门槛和减少不必要的限制。须知行政诉讼是国家监督制约违法行政和治理腐败机制的重要环节之一。

最后,修改行诉法,扩大行政诉讼的受案范围有利于增强广大国民的法治观念,为建设法治政府、法治国家奠定公民法律意识和社会法治文化的基础。依法行政、依法治国,建设法治政府和法治国家必须以国民的法律意识,特别是政府机关工作人员和领导干部的法治理念为基础。而国民的法律意识,政府机关工作人员和领导干部的法治理念则必须在法治运作过程中培养。如果我们平时不重视法治运作,不注重在社会治理过程中通过行政诉讼等法治途径解决行政争议,而习惯于通过领导接访、批示、行政会议纪要等非法治的方式处理行政争议,久而久之,就会使我们的老百姓越来越信访不信法,使我们的政府机关工作人员越来越迷信权力而轻视法律。因此,要提高国民,特别是政府机关工作人员和领导干部的法治意识,就必须扩大行政诉讼的受案范围,让更多的行政争议通过法治途径解决;让越来越多的鲜活的民告官案例告诉我们的老百姓:法大于权力,权利应靠法维护;使我们的国民越来越信仰法律,信仰法治。只有这样,才有可能把我们的政府和我们的国家建设和建成真正的法治政府和法治国家。

三、现行行诉法规定的受案范围应如何扩大

关于现行行诉法修改应如何扩大行政诉讼受案范围,学界已有很多讨论。[9] 有人主张无限扩大,在行诉法中完全取消受案范围的规定。例如,胡肖华教授即认为,人民主权原则要求行政诉讼受案范围具有无限制性,权力制衡原则要求行政诉讼受案范围具有全面性,基本权利原则要求行政救济具有无漏洞性。因此,"所有行政行为均应接受司法审查",应容许"公民对侵犯其合法权益的所有行政行为提起诉讼"。不过,他也认为,行政诉讼的受案范围的限制性规定完全被取消后,可能导致公民滥用诉权,妨碍行政效率,浪费司法资源。为此,他提出以"起诉要件"取代"受案范围"的建议:通过"对行政诉讼起诉要件作出严密的规定"达到防止滥诉的目的。[10]

当然,对于行政诉讼的受案范围,大多数学者并不像胡教授那样主张无限扩大和废除现行行诉法中受案范围的专门规定,而是主张在重构现行行诉法规定受案范围的方式和内容的基础上扩大行政诉讼的受案范围。例如,杨建顺教授提出:

> 扩大行政诉讼受案范围,应当采取概括肯定加列举否定的立法模式,除列举否定事项外,对个人或者组织的权利义务产生实际影响的所有行政行为和部分事实行为,均应纳入行政诉讼的受案范围。同时,应将保护的范围扩充至各类合法权益,而不应仅限于对人身权和财产权的保护。此外,对内部行为的司法救济问题,有待于进一步深入研究,在强调穷尽行政救济原则的基础上,确立相应的司法救济途径。[11]

方世荣教授也与杨教授持基本相同的观点。他提出:

> 为了扩大行政诉讼的可受案范围,限制并缩小行政诉讼不受理事

---

[9] 例如,范家强:《论行政诉讼的受案范围》,http://www.chinacourt.org,2012年10月28日访问;马怀德:《〈行政诉讼法〉存在的问题及修改建议》,载《法学论坛》2010年第5期。

[10] 胡肖华:《行政诉讼受案范围的宪政分析》,http://article.chinalawinfo.com/Article_Detail.asp?ArticleId=29178,2012年10月8日访问。

[11] 杨建顺:《行政诉讼法如何修改》,http://www.chinalawedu.com,2012年10月28日访问。

项的空间,在方法改进上可充分运用列举的特点,将否定式列举的方法与肯定式概括的方法结合起来重新确立行政诉讼的受案范围。即《行政诉讼法》的修改,应先用概括的方式对应受案范围作原则性的一般规定,然后将不予受案的各类事项以否定式列举的方式明确作出列举,使不受理的事项被封闭于几种有限的情形中,不得任意扩大,而未予列举的其他各种行政案件则均属于应当受理的范围。

当然,方教授在这里提出的"其他各种行政案件均属于应当受理的范围"是指涉及具体行政行为的"其他各种行政案件",而非涉及抽象行政行为和内部行政行为的所有行政争议案件。对于涉及抽象行政行为和内部行政行为的行政案件,方教授并不认为应全部纳入行政诉讼的受案范围:对于抽象行政行为,"国务院制定发布的行政法规和具有普遍约束力的决定、命令应排除在行政诉讼范围之外";至于规章,目前纳入行政诉讼受案范围条件尚不"成熟",因此,可纳入行政诉讼受案范围的只应限于规章以下的规范性文件。对于内部行政行为,方教授认为,由于我国实行党管干部的原则和公务员范围不限于行政机关的原因,能纳入行政诉讼受案范围的内部行政行为应仅限于"有关初任公务员报考录用、聘用、丧失公务员身份的解聘、辞退、开除等人事管理决定"。否则,即不符合我国国情。[12] 这也就是说,在我国现阶段,现行行诉法规定的受案范围既应扩大,又不能无限扩大。

考查目前我国学界绝大多数学者的意见,主张扩大现行行政诉讼的受案范围可以说已达成共识。但是对于应扩大哪些行政行为和事项,将哪些行政行为和事项纳入行政诉讼受案范围,以及对于拟扩大纳入行政诉讼受案范围的行政行为和事项应扩大纳入到什么程度,则远没有达成共识。具体而言,争议最主要涉及三类行政行为和事项:一是抽象行政行为;二是内部行政行为;三是行政合同行为。

(一) 抽象行政行为

抽象行政行为包括行政法规、规章(国务院部门规章和地方政府规章)

---

[12] 方世荣:《论我国行政诉讼受案范围的局限性及其改进》,载《行政法学研究》2012 年第 2 期。

和规定(即规章以下的其他规范性文件,又称"有普遍约束力的决定、命令",俗称"红头文件")。关于抽象行政行为应否扩大和纳入行政诉讼的受案范围,笔者的观点是应有限纳入。当然,"有限纳入"有多种多样的选择方案:有人主张只纳入"规定",有人主张"规定"和"规章"都纳入而只排除行政法规。笔者持后一种主张:将"规定"和"规章"都纳入。笔者之所以主张将"规章"也纳入,是因为规章的违法侵权与规定的违法侵权没有特别重大的区别,而且规章不同于行政法规,行政法规有《立法法》第90条和第91条规定的审查监督途径,规章违法侵权的可能性要比行政法规大得多,审查监督途径反而相对缺乏。有人可能担心将规章纳入,受案范围"口子"会开得太大,法院难于承受。其实,这只要在抽象行政行为"准入"方式上适当设卡,即主要采取"附带诉"(但不限于"附带诉")的方式,案件量就会大大减少,不会增加法院太大的负担。

如果将规定、规章一类抽象行政行为扩大和纳入至行政诉讼的受案范围,自然即有一个相对人对抽象行政行为怎么起诉的问题。是只能采用现在《行政复议法》确立的"附带诉"模式,即只有相对人在起诉具体行政行为时,才能一并对抽象行政行为提起诉讼,还是主要采取"附带诉",但不完全排除"直接诉",在特定情形下也允许"直接诉",即"有限直接诉"?笔者主张"有限直接诉":在一般情形下,相对人对抽象行政行为只能"附带诉",但如果相应规定、规章一类抽象行政行为不经具体行政行为即可造成对相对人合法权的损害,相对人则可直接对该抽象行政行为提起诉讼。例如,有这样一个案例:某商品包装箱有中英两种文字,其英文字体稍大于中文字体。某日,一行政机关发布规范性文件,规定商品包装箱上的英文字体必须小于中文字体,否则,每件商品罚款若干。对于这种抽象行政行为,如果采"附带诉"的方式,只有当商店购买或出售商品被行政机关发现其商品包装箱上的英文字体大于中文字体并对之科处罚款时,商店方可对该规范性文件起诉。但是,如果该规范性文件一经发布,所有商店即不进使用这种包装箱的商品了,致使生产该商品的企业大量商品积压在仓库,卖不出去,不得不把这些商品的包装箱全部拆除、重作和更换,其损失巨大。尽管该规范性文件明显违法:其没有让相对人卖掉原有商品就生效,违反了规范性文件不得溯及既往的法律原则,从而导致相对人的巨大损失,但是该企业却因没有受到行政处罚(没有具体行政行为)而不能提起行政诉讼。笔者的"有限直接诉"主张即对这种情形为相对人提供了一个救济途径:如果相应抽象行政行为不经具体行政行为就可能造成对相对人合法权益的损害,相对人可直接对该抽象行政行为提起诉讼,请求人民法院撤销该抽象行政行为或确认该抽象行政行为违法,以避免实际损害的发生。

(二) 内部行政行为

内部行政行为是一个广泛的概念,包括内部行政规则(如裁量基准、指导性纲要、行政给付规则等)、行政处分(含警告、记过、记大过、降职、撤职、开除等)、人事管理监察行为(含录用、聘用、考核、调动、交流、培训、"双指"、限制财产权等)以及公立高校对学生、教师的纪律处分等。

(1) 内部行政规则。对于内部行政规则纳入行政诉讼受案范围,曾有两大障碍:一是认为其属于抽象行政行为,既然外部抽象行政行为都排除司法审查,内部抽象行政行为就更应排除司法审查;二是认为其属于特别权力关系,既然作为特别权力关系范畴的具体行政处分都排除司法审查,作为特别权力关系范畴的抽象行政规则就更应排除司法审查。现在这两大障碍虽未完全消除,但都已动摇。就抽象行为的层面讲,既然规章、规定可受司法审查,行政规则受司法审查亦不成问题了。就内部行为层面讲,特别权力关系理论在现代社会已受到广泛批评和限制,作为特别权力关系范畴的内部规则也已逐步和有限进入司法审查的范围,具有一定的可诉性。德国学者毛雷尔指出,"随着时代的发展,特别权力关系逐渐瓦解,并且被部分废除。……除非具有需要限制的特殊目的,基本权利也适用于特别权力关系;法律保护至少适用于特别权力关系中的基本措施"。"这种规则(即内部行政规则)——如同其他规则那样——必须全面遵循法治国家原则,特别是应当通过或者根据法律制定,必须完全符合公民的基本权利。"[13]

当然,内部行政规则的可诉性,即纳入行政诉讼受案范围,应以相应规则的一定外部化为前提,完全对公民、法人或者其他组织权利义务不产生影响的纯内部规则不应纳入行政诉讼受案范围。日本学者盐野宏将内部行政

---

[13] 〔德〕哈特穆特·毛雷尔著:《行政法学总论》,高家伟译,法律出版社 2000 年版,第 169—170 页。

规则分为解释基准、裁量基准、给付规则和指导纲要四类,他分别根据这四类规则的外部化程度探讨了它们的可诉性。关于解释基准,他指出,"依据某通知所提示的解释作出行政处分[14],其合法性在法院成为问题时,法院应该以独立的立场来解释,适用法令,判断处分的合法与违法,……当然,发出通知后,根据其规定作出行政处分的可能性实际上很大,所以,可以考虑在处分作出之前,作为事先预防将来的危险这层意义上的抗告诉讼而提起中止诉讼"。关于裁量基准,他指出,"设定了裁量基准,并且,行政厅根据该基准作出了决定时,法院的审查,首先应该就该基准是否具有不合理的情况而展开。在这一点上,裁量基准不是与法院的审查权限完全无关"。关于给付规则,他指出,"这也可以称为广义上的裁量基准,……从补助金行政中所适用的平等对待原则来看,没有合理的理由而给一方给付,不给另一方给付,不也可能产生违法的问题吗?在这种限度内,也可以承认给付规则具有一定的外部效果"。关于指导纲要,他指出,"现实中的行政指导实际上是按照纲要实施的,所以,相对人可以将纲要作为一种裁量基准,来攻击违反该基准的行政指导。因为行政指导本身不是法行为,所以,不能提起行政指导的撤销诉讼。但是,在实际场合,行政指导具有要求最低规制之基准的功能,事实上具有这种意义上的外部效果"。从外部效果的意义上讲,其又应属于司法审查的范围。[15]

(2)行政处分。对于行政处分,即对公务员违法违纪行为的惩处,现行行诉法是完全排除作为行政诉讼受案范围的。《行政诉讼法》第12条明确规定,人民法院不受理相对人就行政机关对行政机关工作人员的奖惩、任免等决定提起的诉讼。很显然,这一规定同样源于特别权力关系的传统理论。目前,这一理论既然已如前述毛雷尔所言,随着时代的发展,已经"逐渐瓦解,并且被部分废除",我们现在修改行诉法,就不应该完全受这一理论的约束。当然,内部行政关系毕竟也不完全同于外部行政关系。从保障公务员基本权利和保证行政管理效率的平衡原则出发,行政处分应该部分而不是完全纳入行政诉讼的受案范围。就《公务员法》设定的行政处分或相当于行政处分的行政处理措施种类言,目前宜纳入行政诉讼受案范围的仅限于开

---

[14] 日本行政法上的"行政处分"相当于我国行政法上的"具体行政行为"。
[15] 〔日〕盐野宏著:《行政法总论》,杨建顺译,北京大学出版社2008年版,第64—69页。

除、辞退和解聘三种类型,因为,这三种类型的处分或处理涉及相对人的重要基本权利,而其他行政处分,如警告、记过、降职等,虽然也影响公务员的权利但非重要的基本权利,故可不纳入,至少目前不纳入。

(3) 人事管理监察行为。对于此类内部行政行为是否应纳入行政诉讼的受案范围,同样应适用保障公务员基本权利和保证行政管理效率相平衡的原则。根据这一原则,考核、调动、交流、培训等行为不宜纳入,而录用、聘用、"双指"、限制财产权等应该纳入。关于录用、聘用应纳入行政诉讼受案范围,笔者同意方世荣教授提出的理由:"涉及初任公务员报考录用、聘用的决定针对的是还未取得公务员身份的公民,初任公务员报考录用、聘用纠纷是他们以公民的身份主张劳动权、平等权、公平竞争权等……"[16]至于,"双指"、限制财产权[17]应纳入行政诉讼受案范围,其理由是因为《行政监察法》规定的这两项监察措施涉及作为公务员的公民的人身自由和财产权等重要基本权利,如排除司法审查,即有违平衡原则。

(4) 公立高校对学生、教师的纪律处分。由于公立高校的公益性,公立高校对学生、教师的纪律处分相当于行政机关对公务员的行政处分。因此,如同行政处分一样,相应处分若涉及相对人的重要基本权利,如开除、勒令退学、辞退、解聘等,即应纳入行政诉讼的受案范围,否则,即不应纳入。

(三) 行政合同行为

随着行政管理体制改革的深入和行政管理方式的创新,行政合同在我国行政管理中运用越来越广泛。由于行政合同具有与民事合同诸多不同的特征,行政相对人与行政主体因行政合同发生的许多争议很难完全通过民

---

[16] 方世荣:《论我国行政诉讼受案范围的局限性及其改进》,载《行政法学研究》2012 年第 2 期。

[17] "双指"是《行政监察法》第 20 条第 3 项规定的措施,限制财产权是《行政监察法》第 21 条规定的措施。该条规定:"监察机关在调查贪污、贿赂、挪用公款等违反行政纪律的行为时,经县级以上监察机关领导人员批准,,可以查询案件涉嫌单位和涉嫌人员在银行或者其他金融机构的存款;必要时,可以提请人民法院采取保全措施,依法冻结涉嫌人员在银行或者其他金融机构的存款"。

事诉讼解决。例如,行政机关与行政相对人签订的基础设施特许合同(BOT)⑱,行政机关往往在合同中设定某些特殊权利,如对相对方施工作业进行检查监督的权利、要求相对方作出某种行为应事先经其审批同意的权利、在给予相对方相应补偿的前提下单方面变更合同某些条款,甚至单方面解除合同的权利,等等。对于这种合同,如果在履行过程中双方发生争议,由于民事行为与行政管理行为交织在一起,其中既有民事争议,又有行政争议。如果相对方被侵权时和被侵权后只能打民事官司而不能打行政官司,其被侵犯的合法权益有时会很难得到有效救济。根据多年来许多地方法院的行政审判实践,这类案件采用行政诉讼或行政附带民事诉讼解决对保护行政相对方权益较为有利。但是,由于我国目前没有制定行政合同法,现行行诉法又没有将行政合同争议案件纳入受案范围,故使人民法院对这类案件作为行政案件受理和进行审判缺乏法律根据。因此,这次全国人大启动修改行诉法,很有必要将行政合同争议纳入行政诉讼的受案范围,使行政合同在行政诉讼中具有可诉性,以保障行政合同相对方在行政机关滥用其行政特权(所谓"行政优益权")侵犯其合法权益时能通过行政诉讼途径有效维护自己的权益。

拟载《广东社会科学》2013 年第 1 期

---

⑱ BOT 是英文 Build-Operate-Transfer 的缩写,通常直译为"建设—经营—转让"。这种译法直截了当,但不能反映 BOT 的实质。BOT 实质上是基础设施投资、建设和经营的一种方式,以政府和私人机构之间达成协议为前提,由政府向私人机构颁布特许,允许其在一定时期内筹集资金建设某一基础设施并管理和经营该设施及其相应的产品与服务。政府对该机构提供的公共产品或服务的数量和价格可以有所限制,但保证私人资本具有获取利润的机会。整个过程中的风险由政府和私人机构分担。当特许期限结束时,私人机构按约定将该设施移交给政府部门,转由政府指定部门经营和管理。

行政执法的功能与作用

行政执法的功能与作用是多方面的。我们可以主要从以下三个方面来分析：第一，从执法与立法的关系来分析。立法是执法的前提，是执法的基础，没有立法，无法可执，无从谈执法。执法则是立法实现的途径和保障，没有执法，立法在很大程度上等于废纸一堆，立法调控社会关系的目的无从实现。第二，从执法与公民权利、自由的关系来分析。实现、保障和维护公民权利、自由是执法的目的，离开了公民权利、自由，执法就失去了意义，而执法是公民权利、自由实现的手段，没有执法，公民权利、自由在很多情况下就可能成为"画饼"，而且随时可能被侵犯，被蚕食，被践踏。第三，从执法与社会秩序和市场经济秩序的关系来分析，保障和维护社会秩序、市场经济秩序是执法的重要任务，离开了保障和维护社会秩序、市场经济秩序的任务，执法在很大程度上就失去了社会需要和存在的理由，而执法则是保障和维护社会秩序、市场经济秩序的重要条件，没有执法，社会秩序和市场经济秩序将不可避免地会出现混乱，人们将可能不得不恐惧地生活于某种"无序状态"中。

此外，我们还可以从执法与物质文明、政治文明、精神文明的关系来分析行政执法的作用。物质文明、政治文明、精神文明是执法追求的理想目标，不讲物质文明、政治文明、精神文明，执法将失去灵魂，失去方向，而执法是建设物质文明、政治文明、精神文明的保障,没有执法,文明不仅不可能推进,而且还可能向野蛮倒退,回归野蛮。当然,执法本身亦应是文明执法。

一、执法:使法从文本规定化为人们的实际行为规范

立法和执法均是法治的基本要素:立法解决有法可依的问题,为执法提供前提,提供准则,提供依据,为执法主体和执法相对人的行为提供规范,为社会关系的调整提供基准、规则;执法解决法的实施问题,即将立法确立的准则、规范、基准、规则适用于人们的实际社会生活,适用于实际的社会关系调整,使法律文本的规定在人们的实际行为中得到遵守、执行,在各种相应社会关系的发生、进行、变更和消灭的过程中得到贯彻、实现。

执法将法律文本规定转化为人们的实际行为规范是通过多种途径实现的。这些途径主要包括:制定行政规范性文件;进行法律解释;实施行政处理(处理形式主要有行政许可、行政征收、行政给付、行政确认和行政裁决);进行行政监督检查、行政强制和行政处罚。

(一) 制定行政规范性文件

制定行政规范性文件,将文本规定的原则性条款具体化,然后通过直接实施行政规范性文件而使法律文本的规定得到实际贯彻、执行,这是执法的第一途径。

广义的行政规范性文件包括行政法规、规章和其他具有普遍约束力的规范性文件,其形式有决议、决定、规定、规程、公告、通告、布告、命令、办法等。行政法规和规章相对于法律来说是执行性的,是为执行法律而将法律的原则性条款具体化。因此,制定行政法规和规章的行为属于广义执法的范畴。但是,行政法规和规章相对于其他规范性文件和具体行政行为,乃是立法性的,是为其他规范性文件和具体行政行为确立准则、规范、基准、规则。因此,制定行政法规和规章的行为又属于广义立法的范畴,谓之"行政立法"。其他规范性文件则是为执行法规(包括行政法规和地方性法规)、规章和最终执行法律而将法规、规章,或直接将法律的原则性条款具体化,

具体行政行为则是直接执行法律、法规、规章和其他规范性文件所确立的准则、规范、基准、规则,使这些准则、规范、基准、规则在实际社会生活中得到实现。因此,制定其他规范性文件的行为和具体行政行为均属于一般行政执法的范畴,具体行政行为则属于较狭义的行政执法范畴。

立法是有位阶的,执法是有层级的。要将具有高度普遍性、抽象性、原则性的法律规范适用于特定时间、特定场合的特定人、特定事,必须有一个将法律规范具体化、特定化的过程。这个过程可能是在实施具体行政行为的过程中直接进行的,没有任何中间环节,即执法人员根据自己对法律规范的理解,凭借自己对法律规范的解释,直接执行法律。这种情况是极少的,即使是这种情况,执法的上述过程,即将法律规范具体化、特定化的过程仍然是存在的,只是该过程的行为是由直接执法人员通过自己内心理解、口头表述和书面说明理由等解释法律的非严格程序完成的。在大多数情况下,将法律规范具体化、特定化的过程是通过制定多层级的规范性文件实现的:一个法律出台后,国务院可能制定实施条例;国务院的部委、直属机构可能根据国务院的实施条例和法律本身,以及本部门的实际情况制定实施细则;省级人民政府及其工作部门可能根据国务院的实施条例和省级人大根据本地实际情况制定的实施条例制定实施细则;市级、县级人民政府及其工作部门,甚至乡镇人民政府都可能根据上级政府和本级人大的规范性文件以及本地、本部门的实际情况制定各种实施性、解释性的规范性文件。当然,为执行某一个法律,各级政府和各相应部门都制定规范性文件是不可能的。对于下级行政机关来说,如果上级的规范性文件已经很具体,本地、本部门又没有什么特殊的问题要加以特别的规定,就没有必要另制定新的规范性文件。否则,规范性文件过多、过滥,不仅不能使法律规范具体化、明确化,反而可能使某些本来有比较清晰含义,比较明确界限的问题复杂化、模糊化了,使直接执法人员适用法律时感到困惑,无所适从,甚至使法律规范在层层批转过程中被曲解,被改变立法原意,导致执法违法和执违法之法。

(二)进行法律解释

进行法律解释作为执法途径之一,与制定行政规范性文件既有联系,又有区别。法律解释虽可以通过制定行政规范性文件进行,但实际执法过程中的法律解释大多是通过个案,以执法行为说明理由(书面或口头)的形式进行的;至于行政规范性文件,其虽有法律解释的功能,但亦有保障法律实现的许多其他功能,如发布行政命令,制定行政规范,规定行政措施等。因此,进行法律解释是执法的一项独立的手段和途径,不能与制定行政规范性文件混为一谈。

作为行政执法手段与途径的法律解释不同于我国《立法法》规定的"法律解释"。我国《立法法》规定的"法律解释"具有立法性质,它只适用于下述两种情形:其一,法律的规定需要进一步明确具体含义的;其二,法律制定后出现新的情况,需要明确适用法律依据的。我国《立法法》规定的"法律解释"权仅属于全国人大常委会。在其他国家机关中,只有国务院、中央军委、最高人民法院、最高人民检察院、全国人大各专门委员会以及省级人大常委会有权提出法律解释的要求。[①] 一般行政执法机关,别说能直接进行法律解释,就是提出法律解释要求的权力也是不存在的。行政执法机关在行政执法中进行的所谓"法律解释",只是适用法律的个案解释,即在将法律条文适用于个案的具体事实时对相应法律条文的含义和适用范围(适用于何人、何事、何时、何地、何种情形及可能的例外)的阐释。这是一种广义的法律解释,这种法律解释几乎存在于所有行政执法行为之中。任何行政机关,只要实施行政执法行为,就必须进行一定的法律解释。任何行政机关和行政机关工作人员,只要实施行政执法行为,就必然享有一定的法律解释权。

行政执法机关和行政执法人员在执法过程中进行的法律解释不只是对狭义法律的解释,而是包括对所有其所执行的规范性文件——法律、行政法规、地方性法规、自治条例和单行条例、部门规章、地方政府规章,以及规章以下的规范性文件——的解释。执法者在执法时适用什么法律文件,就必须解释什么法律文件。这种解释可能是书面的,以行政决定法律文书作为其载体,但更多情况下是口头的:在告知相对人执法行为法律根据的同时,向其说明和解释相应法律规定的含意和适用相应行为的理由。执法者进行的这种法律解释实际上是在做一种"说服"工作:一方面说服行政相对人,使相对人相信相应法律规定是适应于其实施的行政执法行为所处理的事实

---

① 参见我国《立法法》第42—47条。

的,相应事实是应受该法律规定调整的;另一方面也是在说服执法者自己,使自己确信自己在依法行政,自己在按立法者的意志处理相应事务,立法意图在自己的执法行为中得到了实现。

执法者进行这种解释或说服工作是非常必要的,因为法律无论如何周密,如何具体,它总会与事实有差距。产生这种差距主要有两方面的原因:其一,立法具有普遍性,法是针对某一领域、某一类别的普遍现象,而不是针对特定事实而制定的。普遍性是对各种特定事实的抽象,但却不能包括各种特定事实的各种特定情形。其二,立法具有连续性、稳定性,是能长时间多次和反复适用的,而不是一时一事一法,不是一法一对象一场合一次性适用。法的连续性、稳定性是建立在对事物未来发展充分的研究和预测的基础上,但事物未来的发展不可能完全根据立法者在立法时的设想和设计展开。正是由于这两个方面的原因,使执法者适用法律必须以解释法律为前提。他们不能简单地照单下菜或对号入席。他们在适用法律前必须研究法律的普遍性是什么,该普遍性有多大的空间,他们目前所处理的特定事项是否能为该普遍性所包容,他们必须发现立法者作出某项规定的原意是什么,其原意有多长远的考虑,他们现在要采取的措施是否属立法原意的范围。适用法律实际是一个复杂的发现法律的过程:首先要寻找文字形式的法律条文,然后要发掘解决执法者所面临的实际问题的法律条文所蕴涵的原则、精神,这种发掘即是通过法律解释实现的。

执法者对法律的解释,即发现和发掘法律,是必要的,同时又是有限制的。之所以必要,是因为法律在文字规定的后面有一个空间和时间的范围,且这个范围不是特别确定的,它往往会有一定的张力。之所以有限制,是因为其张力是有限度的,超过了其限度,就是对法律的修改(如果不是篡改的话)。至于法律规定空间和时间范围的张力,则取决于多种因素,主要包括立法目的、法律语言在文字解释上可能的包容度、立法者立法时考虑到的空间和时间范围、立法者立法时未能考虑到但能为立法目的所包容的空间和时间范围等。例如,法律制定后,由于某种新事物的出现,对原法律条文必须作某种限制性或扩张性解释,而这种限制性或扩张性解释乃是实现原法律确定的目标和任务所必需的,则属立法者未能考虑到但能为立法目的所包容的时间范围。如果是由于新事物的出现,原法律确定的目标和任务已显出不适当,需要重新确定立法的目标和任务,就不是执法者进行法律解释所能解决的问题,而是必须由立法者修改法律方能解决的问题了。

(三)实施行政处理

行政执法的主要方式和基本途径之一是实施行政处理。没有行政处理,仅仅制定行政规范性文件或进行法律解释,法律规定不可能在人们的现实社会生活中得到实现。没有行政处理,行政监督检查、行政强制和行政处罚在很多情况(不是所有情况)下会失去前提,失去目的和意义,因为行政监督检查、行政强制和行政处罚在很多情况(不是所有情况)下是行政处理实现的直接保障,而行政处理乃是立法实现的直接保障。

行政处理的主要形式有行政许可、行政征收、行政给付、行政确认和行政裁决。

行政许可是立法者为了保障人民生命安全和健康,保障社会经济的正常秩序和人民生活的正常秩序,保障国家安全和利益,为自然人、法人和其他组织进入一定行业,从事一定职业,生产、经营一定产品或提供一定服务等确定一定条件(包括实体条件和程序条件),规定只有符合条件者才能进入相应行业,从事相应职业,生产、经营相应产品或提供相应服务,不符合条件者则不被准入的制度。如何保证立法确立的准入条件的实现呢?显然必须通过行政执法者的审批行为,即行政许可行为。对于立法确立的实体条件,必须通过行政执法者的审查、审核、考试、考核等方式核实、认定;对于立法确立的程序条件,必须通过行政执法者的审批过程、步骤和顺序实现。由此可见,行政许可执法行为是实现立法的安全、秩序、权利、自由的目的、价值的保障。不过,行政许可行为对于实现立法的这些目的、价值也存在着风险:如果行政许可权被执法者滥用,不仅不能保障立法的上述目的、价值的实现,而且可能危及人民生命安全、健康和国家利益,破坏社会经济的正常秩序和人民生活的正常秩序,阻碍经济的发展。因此,加强法律对行政许可行为的规范是非常必要的。

行政征收是立法者为了维系国家的存在和发展,向国民提供"公共物品",或为了保障应对社会公共利益的某种特别需要,而规定自然人、法人和其他组织无偿向国家缴纳一定数额金钱(税或费)或者一定数量财产(动产或不动产)的制度。行政征收立法与行政许可立法一样,不可能自动实现,而必须通过行政执法机关(如税收征收机关等)的行政征收执法行为实现。行政征收主要是指征收税款,除了税收以外,还包括各种规费和各种相当于税的费的征收(如道路保养费、教育附加费等),以及土地、房屋等各种不动产或动产的征收。实际上,后一种征收——土地、房屋等财产的征收,在大多数情况下是有偿的,在法律上称为"征用"。由于征用是强制性的,且补偿往往低于市场价格补偿,所以这种征用并非购买,而是具有征收的性质。在我国,所有土地都属国家所有或集体所有,任何私人都没有土地所有权。因此,土地征用仅指国家征用集体土地,在城市,国家"征用"市民或单位使用的国有土地只是"收回"土地使用权而非真正法律意义上的征用。当然,收回土地使用权也可理解为是一种征用,目前将之作为"收回"处理,实际上是很不利于保护相对人基本权利的。

行政给付是立法者为了保障社会公正,增进国民福利所设立的对社会上的困难群体、弱势群体提供救济、帮助和给予一般公民以生育、年老、疾病、死亡等补贴、补助的制度。如对因战、因公死亡和伤残人员抚恤的制度,城市最低生活保障制度,流浪乞讨人员救助制度,失业人员救济制度,农村灾害救济和困难救济制度,国家对老、少、边、穷地区的补助制度,等等。行政给付不同于行政征收:行政征收对于行政机关是职权,对于相对人是义务;而行政给付对于行政机关是职责,对于相对人是权利。行政给付也不同于行政许可:行政许可是行政机关对相对人的行为进行规制,以维护秩序;行政给付是行政机关对相对人的困难予以救济和为相对人提供福利,以保障公平。行政给付立法目的的实现一方面取决于立法本身的公允和平衡:给付对象和给付范围是否相同情况相同对待,不同情况不同对待,给付标准是否与国家社会经济发展水平相适应等;另一方面取决于执法的合法与合理:执法者是否严格按立法确定的给付对象、给付范围和给付标准实施给付,在行使法定自由裁量权的情况下,是否考虑相关因素和不考虑不相关因素,是否坚持公开、公正、公平的原则等。

行政确认和行政裁决同样属于行政处理的范畴,同样是保证立法实现的重要执法手段。在法律机制中,立法者通过授予和确定各种社会主体、市场主体的权利、义务,调整和规范各种社会关系与市场经济关系。从理论上讲,只要立法授予和确定各种不同利益团体和个人的权利、义务是合理的、平衡的、明确的,人们又都能自觉依法行使法定权利和履行法定义务,相应社会关系和市场经济关系就会处于顺畅、有序的进行状态。然而,在实践中,理论上的假设条件是很难全部存在的,且不要说人人并非都是君子,都会自觉地依法行使法定权利和履行法定义务,就是立法者,也并非都是圣贤,能将各种不同利益团体和个人的权利、义务都规定得那么合理、平衡和明确。正因为如此,人们在现实生活中经常会相互就其权利、义务归属或界限发生争议和纠纷,从而使相应法律关系处于不稳定或失序状态。为了明确争议、纠纷各方的权利义务,使相应法律关系恢复到立法者所欲设定的状态,国家除了建立司法机关,为争议、纠纷各方提供司法裁判机制以外,另一重要措施就是建立行政确认和行政裁决制度,为相对人提供较司法廉价的、程序简便的解纷机制。作为准司法性质的行政确认和行政裁决,相对于司法的另一个重要优势是其专业知识和专门经验,以及由此形成的高效率。由于行政确认和行政裁决的这些优势,故其在现代法律机制中是不可替代的。

(四)进行行政监督检查、行政强制和行政处罚

行政监督检查、行政强制和行政处罚是立法者为了保证法律的实现而设定的保障机制。在很多情况下,这种保障机制是通过直接保障行政机关依法实施的执法行为而保证立法目标的实现的。例如,行政许可领域的监督检查、行政强制和行政处罚首先是保障行政机关在给予相对人行政许可时为被许可人确立的条件、要求及相应权利、义务的实现。其通过保障被许可人在实施被许可行为过程中对行政许可机关确立的条件、要求及相应义务的执行,从而保障行政许可法的相应立法目标得以实现。在这种情形下,没有对依法执法行为的保障,也就谈不上法律实现的保障,因为执法行为是法律实现的中介。当然,行政监督检查、行政强制和行政处罚也是执法,但是这种作为法律保障机制的执法与行政许可、行政征收等作为行政处理机制的执法是不同的,作为行政处理机制的执法处于立法与作为法律保障机制的执法的中间环节。

不过,在某些情况下,行政处理这个中间环节是不存在的:法律直接设

定相对人的行为规范,相对人进行相应活动直接依法而为,而不是先经过行政机关审批或其他某种行政程序后再为。例如,市容卫生法规规定人们在公共场所不得随地吐痰,交通法规规定人们出行不得在非人行道处横穿马路。显然,人们去公共场所或在马路边行走无须先经过行政许可或先履行其他某种行政程序,其实施相应行为应直接遵守相关法律规定,而不是遵守通过行政执法行为将相关法律规定具体化、特定化的行政行为要求。在这种情况下,行政监督检查、行政强制和行政处罚就是直接保障法律规范的实现,而不通过任何中间环节实施行政监督检查、行政强制和行政处罚的行政机关即直接适用法律规定,对相对人作出相应的行政行为。

行政监督检查、行政强制和行政处罚作为法律实现的保障机制,其功能、作用既相互联系,又相互区别。行政监督检查是行政主体对行政相对人履行法律规定的义务和遵守行政行为确定的要求的情况的了解、掌握;行政强制是行政主体对不履行法律规定的义务和遵守行政行为确定的要求的行政相对人采取某种措施,迫使其履行法律规定的义务和遵守行政行为确定的要求或达到与其履行法律规定的义务和遵守行政行为确定的要求相同或基本相同的状态;行政处罚则是行政主体对违反法律规定的义务和行政行为确定的要求的行政相对人予以法律制裁,使之今后不再违反,也使其他有相应违法意向的相对人以此为诫,不致再实施相应违法行为。行政监督检查、行政强制和行政处罚虽然具体功能、作用不同,但其基本功能和作用是相同的,三者均是保障法律实现,使法从文本规定化为人们实际行为规范的手段和途径。

二、执法:使权利从"应然"变成"实然"

法的根本目的(至少是根本目的之一)是保障和实现人的权利。立法是确认人的权利,界定、明确处在不同利益集团、不同社会阶层的不同人们的权利的性质、类别、范围和实现途径;执法则是使立法所确立的人的权利,或虽未为立法所确立,但属于人作为人,或作为社会成员所自然应具有的权利得以实现,包括提供权利实现的途径、条件,排除权利实现的障碍,防止权利滥用和制止侵权,追究侵权者的责任和给予被侵权者以救济等。可见,权利是执法的核心。一切执法行为,如果离开了对相对人权利的辨认、尊重和保障,就会异化成权力滥用,其所执之"法"在形式上可能是"法",但此种"法"的灵魂已被其扭曲或偷换。

在行政执法过程中,执法所涉及的相对人的权利是各种各样的,有法定实体权利,有法定程序权利,也有非法定的实体与程序权利(人的自然权利)。如生命、自由、财产权和正当程序权,既可以是法定的,也可以是非法定的。在特定情况下,即使没有法律的明文规定,执法机关对人作为人,或作为社会成员所自然应具有的这些权利,也不能予以否认和拒绝予以保护。

(一)执法与相对人的法定实体权利

行政执法涉及行政相对人法定实体权利是多种多样的,如人身权、财产权、受教育权、劳动权、自主经营权、自主管理权、接受救济权、领取抚恤金权、获得资助权、申请许可证权、商标权、专利权、著作权,等等。这些权利的性质、内容和范围都是很不相同的:有些权利具有政治性,有些权利具有经济性;有些权利具有物质内涵,有些权利具有精神内涵;有些权利是概括性的,包括很多具体权利,如人身权可包括人身自由权、生命权、健康权、名誉权、荣誉权、肖像权,财产权包括物权、债权、知识产权;而物权又包括所有权(可细分为占有、使用、收益、处分等项权利)、用益物权(可细分为地上权、地役权、典权等)、担保物权(可细分为抵押权、留置权、质权),等等,有些权利则是很具体的,如领取抚恤金权、申请许可证权、因权利被侵犯而获得赔偿权,等等。在行政执法过程中,执法者首先应根据实际案情,分清相对人享有的是什么性质、何种内容和何种范围的权利,然后再决定采取什么行政执法行为以因应之。

西方学者往往根据相对人权利的来源,将权利分为自然权利("天赋人权")和政府特授权利,前者如生命、自由、财产等权利,谓之 right,后者如获得抚恤金、养老金、失业补助、最低生活补助等权利,谓之 privilege[②]。对于自然权利,政府的职责主要是加以保护,防止其被侵犯,排除其行使障碍,以

---

② 关于 right 和 privilege 的区分,可参阅 Ernest Gellhorn, Barry B. Boyer, *Administrative Law and Process*, West Publishing Co., 1981, pp.139—179。

保证其有效实现;对于政府特授权利,政府的职责主要是根据国民的需要和国家的社会、政治、经济发展水平,积极和适当地创设(政府特授权利除了可以以法律创设外,也可以以行政法规,甚至规章和其他规范性文件创设)、授予(授予的形式可以是行政许可、行政给付、行政确认等)和保护(与保护自然权利一样,要防止其被侵犯,排除其行使障碍和保证其有效实现)。将权利分为 right 和 privilege,在理论上可能比较明确,但在实践中有时是很难区分的。例如,对于一个人通过生产、经营、受赠、继承等获得的财产与通过行政给付从政府获得的抚恤金、救济金、失业补助等财产的权利性质有时就很难区分,也难于对二者截然区别对待:对于前者往往不只是一个消极保护问题,很多时候也需要审查、许可、登记、确认等行政执法行为介入;对于后者,相应权利虽然是政府授予,但却不是政府的恩赐。在现代社会,privilege 与人的生命、自由、财产等自然权利紧密联系,如依靠抚恤金、救济金、失业补助等生活的人,失去此种生活来源,其生命、自由即难以维系。因此,政府不能任意决定赋予或取消相对人的 privilege。在美国,自 20 世纪中期以后,取消或剥夺相对人的 privilege 如同剥夺公民的生命、自由、财产等 right 一样,要适用正当法律程序,从而在行政执法中,行政主体对待 privilege 与对待 right 就没有太多的区分了。

行政机关在行政执法中虽然不能对相对人的权利做绝对化的区分,但是进行相对的区分则是必要的。因为法律要求对不同的权利提供不同的保护度,在两种或两种以上权利相互发生冲突时,行政执法机关应根据不同权利的性质,协调各个方面的不同利益,使不同权利均得到公正的、平衡的、与其权利性质相适应的保护。实践中对相对人权利的大致可作以下四种主要分类:

(1) 特定相对人的权利与一般相对人(即社会公众)的权利。例如,在环保执法中,作为特定相对人的企业有生产的权利,作为一般相对人的社会公众有享受优质环境的权利。这两种权利虽然不是对立的,但却可能存在一定的潜在冲突。因为生产往往不可避免地会产生一定的废物、废气、噪音等污染。虽然我们可以要求企业治理污染,将污染降到最低限度,但是在很多情况下我们不可能要求企业完全消除污染。要求企业完全消除污染可能等于要求其停止生产。在这种情况下,就必须根据这两种权利的性质进行协调,正确地选择和确定二者的适当的保护度:环境权通常应优于生产权,但优于的度可能要根据个案的具体情况确定。

(2) 直接相对人的权利与间接相对人的权利。行政执法机关实施执法行为,往往不仅涉及直接相对人的权利,同时也涉及间接相对人的权利。间接相对人包括相邻人、竞争人、合作人、监护人、被监护人,等等。例如,在治安管理执法中,公安机关拘留一位违法行为人,该被拘留人有一依赖其生活的未成年小孩,该小孩即享有间接相对人的权利:公安机关在拘留相应违法行为人后,应通知小孩其他亲属(如小孩有其他亲属的话)或有关组织(如小孩没有其他亲属的话)照顾他(她),以保护其生命和健康权,以避免其因无人照顾而饿死、冻死或发生其他事故。又如,在城建、规划管理执法中,城建、规划行政机关批准申请人建筑高层楼房,可能影响与其相邻的居民的采光权。对于这种间接相对人的权利,行政执法机关在执法中显然应加以考虑、协调。

(3) 相对人的消极权利与积极权利。行政相对人的这两种权利实际上是依法律对行政执法机关的不同要求而加以区分的:对于相对人的某种权利,法律仅要求行政执法机关予以保护、自己不得侵犯和防止他人对之加以侵犯,此种权利谓之"消极权利";对于相对人另外一些权利,法律不仅要求行政执法机关加以保护和不得侵犯,而且要求行政执法机关积极实施相应行为,促成其实现,此种权利即谓之"积极权利"。例如,相对人在行政执法机关对其实施行政监督检查、行政强制、行政处罚时,其享有的人身、财产不受非法侵犯的权利即是消极权利;而相对人申请行政执法机关实施行政许可、行政给付的权利即属积极权利。当然,这里的"消极"和"积极"只是相对而不是绝对的:对于"消极"权利,行政执法机关有时也需要采取积极措施排除障碍,保障其权利得以实现,如相对人取得土地使用权后,行政执法机关积极采取措施,保障其交通和水电供应;对于"积极"权利,行政执法机关更是不仅具有积极行为,促其实现的义务,而且具有消极不予侵犯和加以保护的义务。

(4) 相对人的人身、财产权利与非人身、财产权利。在行政执法中,对相对人权利作这种区分也是具有重要意义的。因为许多法律规定对人的权利的保护首先是对人身权、财产权的保护。例如我国《行政诉讼法》、《行政复议法》、《国家赔偿法》都把对相对人人身权、财产权的保护放在首要的位置。虽然相对人的其他权利也非常重要,例如受教育权、劳动权、选举和被选举权、出版、结社、集会、游行、示威等政治权利对于国民均是必不可少的,某些法律对之未予以足够重视并不适当,但是,这不能否定对人身、财产权利与非人身、财产权利区分的意义,因为这两类权利虽然都同样重要,但其性质和内容毕竟存在区别,因此,在行政执法中对其保护的方式和途径无疑也应有所区别。

(二) 执法与相对人的法定程序权利

行政主体在行政执法中尊重和保障行政相对人的程序权利,使法律规定的相对人的程序权利得以实现既有着与保障相对人实体权利实现的同样重要的意义,同时还有着与保障相对人实体权利实现不同的特别意义。这是因为相对人的程序权利具有双重价值:一是保障实体权利实现的价值;一是程序权利自身独立的价值。相对人程序权利的第一种价值是比较明显和易于为人们所了解的,如相对人的知情权、参与权、陈述权、申辩权等程序权利对于保障相对人实体权利实现的意义是显而易见的。但相对人程序权利的第二种价值却不那么明显,不那么为人们所了解。人们只有逐渐消除了在封建专制时代,在计划经济时代长时期形成的对政府、官吏及其权力的畏惧、崇拜和绝对服从的心理,逐渐摆脱了旧的臣民意识,逐渐培育起了现代公民人格和较强的人权意识和法治观念,才会对程序权利的独立价值有较深入的理解和把握:行政相对人作为与行政主体平等的权利主体,作为国民,作为国家的主人,在行政管理中自然应享有知情权、参与权、陈述权、申辩权等程序权利。行政主体及其行政执法人员执法,向相对人说明根据、理由,听取相对人的陈述、申辩,其意义首先是对相对人人格的尊重。行政主体及其行政执法人员实施行政执法行为,如果可以不向相对人说明根据、理由,可以不听取相对人的意见,可以径行决定,径行执行,在实体上即使是赋予相对人利益,给予好处,但在法律上却是对相对人平等地位的剥夺和对相对人人格的蔑视,是以一种居高临下的、恩赐式的态度对待相对人。如果其行为在实体上是给相对人处罚、强制或对其作出其他不利处理,行政主体及其行政执法人员不向相对人说明根据、理由,不听取相对人的陈述、申辩而径行决定,径行执行,则更是对相对人平等法律地位的否定,而把相对人作为了单纯的行政管理客体:我管你服从,我决定你执行。在相对人程序权利被否定,被剥夺的情况下,行政主体及其行政执法人员作出的行政决定在实体上显然较易于和很可能出现错误,但却不一定绝对和肯定出现错误,然而,这种行政决定的方式对相对人人格权和法律主体资格的侵犯却是绝对和肯定的。由此可见,只要我们从人权和人格的角度分析和看待相对人的程序权利,程序权利的独立价值就是显而易见的了。

在行政执法实践中,由于我国国民长期以来有重实体、轻程序的传统和习惯,行政主体及其执法人员往往忽视和不尊重相对人的程序权利,认为行政行为只要实体没错,走什么程序没关系。相对人对程序权利往往也不看重,认为只要实体利益上不吃亏,行政主体及其行政执法人员是否听取自己的意见和向自己说明理由无所谓。至于行政法制监督主体(如行政复议机关和人民法院)在对行政行为进行审查监督时,虽然一般都既审查行为实体的合法性,也审查行为程序的合法性,但是在最后处理时,对于程序违法的行政行为,往往只有在导致实体错误时才予以撤销或确认违法,而对于程序违法实体正确的行政行为,则大多予以维持。当然,程序权利的价值也不是绝对的,行政主体及其执法人员在实施一项执法行为时,当然既要考虑相对人的程序权利,也要考虑程序的成本和相应执法事项的重要程度和紧急程度,需要在权衡各种相关因素后于法定自由裁量权范围内选择行为应采取的适当程序。对于行政法制监督主体来说,对于程序违法或程序有瑕疵的行政行为,也不能一概予以撤销或确认违法,而应视相应法律规定的程序是强制性的程序还是指导性的程序,是涉及相对人基本权利(如人格权)的程序还是仅涉及行政行为方式、步骤而对相对人权利没有影响或基本没有影响的程序,如属后者,行政法制监督主体没有必要一定要撤销相应行政行为或确认该行为违法,而只需提请行政主体及其执法人员补正即可。

(三) 执法与相对人的非法定权利

依法行政,如果我们仅理解为依法的明文规定行政,那么,依法行政对于行政执法主体及其执法人员来说,乃是最基本的,或者说最低的要求。就执法与相对人权利的关系而言,尊重相对人为法律所明定的权利,亦是执者最基本的、最起码的义务。然而,依法行政,从广义上理解,还包括依法的原则行政,依法的规定所蕴涵的道德精神和理性行政。如果我们从这个基点理解执法与相对人权利的关系,那么,执法者在行政执法中仅尊重和维护相对人的法定权利(法所明文规定的权利)是不够的,执法者还必须尊重和维护虽非为法律所明定,但依据法的原则和精神,相对人所应享有的权利。

相对人的非法定权利是多方面的,其中最主要的包括以下三类:

其一,相对人某些最基本的人权,如生存权、健康权等,例如,行政执法机关在执法时对相对人罚款,没收违法所得,没收非法财物,即使法律没有明文规定,也应该给相对人留下维持其基本生活的财物;在对相对人行政拘留时,如相对人突发疾病,即使法律没有明文规定,也应该送其去医院就诊。这是相对人生存权、健康权对执法机关必然生发的义务。相对人违法行为无论多么严重,执法机关都必须尊重和保障相对人的生存权、健康权。否则,将产生相应法律责任。又如,国家制定了野生动物保护法,规定人们不得捕杀野生动物,但在特定情况下,某一野生动物威胁到某人的生命,不杀死该野生动物就不能保住此人的生命,在这种情况下,相对人杀死野生动物,执法机关就不能追究其法律责任。因为相对人的生存权高于野生动物保护的价值。

其二,相对人在遇到困难时获得国家帮助、国家救助的权利。人们在社会中生活,结成一定的群体(包括国家),均享有相应的权利和义务。人在有劳动能力、有经济收入时,即有通过纳税等途径为社会作出贡献,帮助他人、救助他人的义务,而在尚无劳动能力或失去劳动能力时,如年幼、年老、失业或遇天灾人祸,生活无着时,即应享有接受国家、政府帮助、救助的权利。由于国家、政府是通过公民税收得以维系的,所以相对人获得的国家、政府的帮助、救助,实际上是相对人生活于其中的社会群体中的人们对他的帮助、救助,就像他在生活顺利时通过纳税等途径帮助他人、救助他人一样。相对人的这种权利,有时是由国家法律加以明确规定的,有时法律虽尚未加以规定,政府亦应根据其财政状况,为相对人提供适当的帮助和救助,使其困难得以一定的缓解或克服。政府对社会上的困难和弱势群体提供帮助、救助的职责正是源于相对人的相应权利,无论这种权利有无法律的明确规定。当然,政府在履行帮助、救助职责时,如有法律的明确规定,必须依法律规定履行,如无法律明确规定,则应依其自由裁量权履行。

其三,相对人在行政执法过程中享有正当程序保障的权利。正当程序权利过去一直是人们的一项非法定权利,最早源于英国的"自然正义"原则。该原则有两项基本规则:一是任何人自己不得做自己的法官;一是任何人作出对他人不利的行为时,应当事先告知他人,听取他人的意见。这项原则后经各国沿用、发展,生发出很多具体规则,确立了公民对于政府,相对人对于行政主体的各种正当程序权利,如申请回避权、要求说明理由权、陈述权、申辩权、听证权、要求信息公开权、申诉权、复议权,等等。对于这些权利,许多国家在 20 世纪中期以后通过制定行政程序法尽可能将之法定化。当然,法律规范的范围总是有限的,法制发达国家虽然通过制定行政程序法规定了相对人的大量的程序权利,但相对人的正当程序权却不可能为法律所包容。在行政执法过程中,相对人根据正当程序原则仍享有许多非法定的程序权利,如聘请代理人参与行政程序,代表自己向行政执法主体陈述、申辩和提出建议的权利,申请行政执法主体调查、鉴定、勘验和及时查阅调查、鉴定结论和勘验笔录的权利,等等。至于像我国和其他尚未制定行政程序法的国家,相对人的正当程序权在大多数情况下则都还处在非法定的状况,仅有少数领域,国家通过制定单行法,将相对人的正当程序权法定化了。如我国的《行政处罚法》,即规定被处罚人在行政处罚程序中享有要求行政主体说明处罚根据、理由权和陈述权、申辩权,对于特定处罚案件还享有听证权等。在其他领域(如行政征收、行政给付、行政确认、行政裁决、行政强制等),我国尚未制定专门的单行程序法。在这些领域,相对人是否存在正当程序权呢?当然是存在的。行政执法主体在执法过程中,当然同样应尊重和保障相对人必要的正当程序权利,如申请回避权、要求说明理由权、陈述权、申辩权等。否则,其执法行为的效力可能受到质疑。在我国行政复议和行政诉讼实践中,曾有行政主体行为因未遵守正当程序,侵犯相对人非法定正当程序权而被撤销的例子。③ 不过,我国目前正在抓紧制定《行政强制法》、《行政收费法》等各行政领域的单行程序法和统一的行政程序法典,行政相对人的正当程序权利将日益法定化。但是,即使如此,即使今后程序法完善了,

---

③ 如 1999 年北京市海淀区人民法院判决的"田永案"(见《最高人民法院公报》1999 年第 4 期)和 2000 年北京市海淀区人民法院判决的"刘燕文案"(见《中外法学》2000 年第 4 期)。

行政相对人仍然会存在某些非法定的正当程序权利,行政执法机关及其执法人员在行政执法中仍应尊重和保障相对人的这些非法定的正当程序权利。

三、执法:使秩序从静态设计转化成动态建构

行政执法的目的既在于保护人权,保护行政相对人的权利和自由,同时也在于维护秩序,维护人们生产、生活和从事与生产、生活有关的各种活动所必需的秩序。人权和秩序是相互联系、相互统一的。一方面,人权的实现要求秩序保障:在社会生活中,没有秩序,人的权利和自由随时有被侵犯的危险,人们将失去预期,失去安全感,一切都可能发生,个人无法控制,人们将不得不在担心和恐惧中生活。另一方面,秩序也依赖于人权而存在,离开了人的权利和自由,秩序将失去意义,无论是立法设计的秩序,还是执法维持、建构的秩序,其宗旨都在于保护和发展人权,保护和发展国民的权利和自由。

当然,人权和秩序尽管在基本关系和整体上是相互联系、相互统一的,但在一定时间、一定场合也会发生局部相互冲突的情形。例如,人们如果过分强调个人权利与自由,不顾及他人的权利与自由,社会公共秩序就可能受到负面影响或被破坏;人们如果过分强调秩序,个人权利与自由就可能被忽视,特别是某些行政主体及其行政执法人员,有时会为秩序而秩序,因各种理由(如应付检查、保证领导安全、争创先进等)搞形式主义,而不惜牺牲行政相对人的权利和自由。由此可见,人权和秩序的统一不是绝对的,无条件的,不通过人们的主动协调就可以自然而然实现的。因此,立法和执法,特别是执法,作为行政关系主导者的行政执法机关和执法人员,应主动地把握和协调好二者的关系,使二者保持平衡和统一。关于执法与相对人权利的关系,我们在前面已进行了专门讨论,这里我们主要探讨执法与秩序的关系,执法在维护秩序,使秩序从静态设计转化成动态建构方面的功能和作用。当然,我们在讨论秩序时,不能不同时涉及到权利,因为秩序的最终目的是权利。

(一) 执法行为与秩序

执法对秩序的建构和维护首先是通过执法行为直接实现的。执法行为是多种多样的,如人们最常见的审批、许可行为,规划行为,监督检查行为,行政处罚行为,行政强制行为(包括即时强制和强制执行)等。[④] 不论是社会生活秩序,还是经济与市场秩序,没有行政执法行为的保障,都可能陷入混乱无序的状态。在这种社会秩序状态下,人们将难以正常地生产、工作、生活和进行社会交往。

行政执法行为对秩序的作用,其一是建构,其二是维护。秩序建构主要是通过审批、许可行为,规划行为,征收行为,给付行为等实现的。审批、许可通过对市场准入、相对人从事一定职业、行业的资格、资质以及与人们生产、生活紧密相关的设备、设施、产品、物品的质量的审查,发放许可证,确立一定的市场秩序和社会交往秩序;规划通过对自然资源开发利用、公共资源配置、城市和乡镇建设、环境和生态保护等予以科学设计和统一规划,确立不同利益群体在这些领域相互关系以及人与自然关系的秩序;征收、给付行为通过对社会财富的分配和再分配,确立社会"公共物品"提供的秩序和社会保障、社会救济领域的秩序。

秩序维护主要是通过监督检查行为、行政处罚行为、行政强制行为(包括即时强制和强制执行)等实现的。监督检查对秩序的维护作用体现在三个方面:一是督促和鞭策,使相应领域的所有相对人感觉到秩序的约束,促其自觉将其行为纳入秩序的范畴;二是发现违反秩序的行为,及时加以纠正和处理,防止其恶化和漫延;三是发现秩序本身的缺陷和漏洞,及时加以完善、修补或对某种秩序加以重构,防止形成"恶序",即侵害人民利益和不利于社会经济发展的秩序。行政处罚对秩序的维护作用则主要表现在两个方面:一是对特定相对人特定违反秩序行为予以制裁、处理,使被损害的特定秩序得到恢复,并使被处罚人获得教训,不致重犯;二是对一般相对人的警示、教育作用,特别是对有同样或类似违反秩序行为倾向的相对人,行政处

[④] 这里使用的"执法"(行政执法)较广义为窄,不包括行政立法行为和行政机关制定行政规范性文件的行为;较狭义为宽,包括行政审批、行政规划和行政强制执行,而不是只限于监督检查和行政处罚行为。

罚能对之产生一定的震慑作用,使之抑制自己的行为,避免重蹈他人被处罚的覆辙,从而实现维护和保障秩序的目的。行政强制对秩序的维护作用主要表现在三个方面:一是直接采取措施,及时纠正违反秩序的行为(之后再实施行政处罚或不再实施行政处罚);二是在可能出现违反秩序的情形或状态之前采取措施,防止违反秩序的情形或状态实际发生;三是在行政处罚或行政机关实施其他行政处理行为之后,行政相对人不履行行政处罚或行政处理行为为之确定的义务,行政机关对之采取行政强制执行措施,保障行政行为构建的行政秩序得以实现。

(二)执法体制、执法方式、执法程序与秩序

如前所述,行政执法行为具有构建、维护和保障秩序的重要作用。但是,执法行为对秩序作用的实际发挥乃取决于执法体制、执法方式和执法程序的优劣:好的(民主的、科学的、文明的)执法体制、执法方式和执法程序可以促进执法行为积极作用的发挥,从而有利于构建、维护和保障秩序;不好的(计划经济时代形成的高度集权的、漠视相对人权益的,乃至野蛮的)执法方式、执法体制和执法程序可能妨碍执法行为积极作用的发挥,对秩序产生消极的影响。当然,有时在高度集权的执法体制下,运用野蛮的执法方式,漠视相对人权益的简单快捷的执法程序实施的执法行为也可能构建、维护和保障某种有条不紊的"秩序"。但是,这种"秩序"是以牺牲相对人人权,牺牲相对人积极性、创造性,牺牲社会、经济发展的活力和效率为代价的,从而这种"秩序"只能是暂时性的,最终将因相对人的不满和怨气爆发而终结,使社会经济秩序重新陷入混乱。

执法体制对秩序的影响虽然不是直接的,但却是重大的和根本性的。就目前在许多领域实行的多头执法体制而言,对经济管理秩序、市场秩序和社会秩序的消极影响即是显而易见的。一个企业,一天之内可能要接待七八个行政执法部门(如工商、技监、税务、环境、卫生、城建、劳动、市容等)的监督检查,接待往往还要求企业负责人出面。负责人要应付这么多执法检查,要牵扯他(她)多少时间、精力?相对人一个违法行为,有时可能面临好几个执法部门的查处、处罚(所谓"几个戴大盖帽的追一个戴草帽的"),行政机关和行政相对人均要耗费多少成本?至于相对人要申请行政机关许可

办一个企业或做一件需经审批的什么事,更是要跑几个,甚至几十个衙门,求爷爷,告奶奶,有时一年半载还办不下来。这种体制能保证什么秩序,社会经济生活岂能不乱?正是基于这种乱象,这几年国务院一直将治理和整顿经济秩序作为一项重大任务在抓。在治理和整顿经济秩序中,改革执法体制即是其中非常重要的一环。为此,全国各地陆续推出了许多改革措施,如联合执法、综合执法、"一个窗口对外"、"一站式服务"、"政府超市"等。联合执法指几个执法部门联合组织执法机构,统一对相对人进行监督检查,但分别以各自的名义对相对人实施处理或处罚行为;综合执法指经有权机关批准,根据统一、精简、效能的原则,由一个执法部门以该部门的名义统一行使几个执法部门的执法职权(主要是行政处罚权);"一个窗口对外"指行政机关办理审批、许可事项,一项审批、许可无论需要几个内设机构审查,均只由一个机构统一与相对人打交道,均由其受理审批、许可申请,由其送达审批、许可决定;"一站式服务"是指一项审批、许可事项需要几个行政机关办理的,只由其中一个机关受理,由该机关转告有关机关分别提出意见后统一办理;"政府超市"指政府将具有相应审批、许可权的有关行政机关集中在一个政府大厅内,统一、集中办理相应审批、许可事项。

行政执法体制的这些改革措施虽然大多尚在实验之中,但其对于市场经济秩序的正面作用已经开始显露,其中部分措施已得到法律的确认。例如我国《行政许可法》即规定,行政许可需行政机关内设多个机构办理的,该机关应确定一个机构统一对外:统一受理相对人申请和统一向相对人送达许可决定("一个窗口对外");行政许可由地方人民政府两个以上部门办理的,相应政府可确定由其中一个部门受理申请,之后转其他有关部门分别提出意见后由其统一办理("一站式服务");或由政府组织有关部门在一个办公大厅内联合、集中办理有关行政许可("政府超市")。⑤

执法方式、执法程序与执法行为有着极为密切的联系:任何执法行为,无论是审批、许可,还是监督检查,或者是行政处罚、行政强制,都必须通过一定的方式,遵循一定的程序进行。因此,执法行为对秩序的建构、保障作用在很大程度上取决于行为的方式和程序。过去,我们在市场经济秩序、社

---

⑤ 参见我国《行政许可法》第26条。

会秩序混乱,违法行为猖獗时,往往想到的只是加强行政执法行为的力度,严查重罚,而很少想到如何改革我们的行政执法行为的方式和程序,使之保证公开、公正、公平,结果自然是收效甚微。试想,执法行为不公开,暗箱操作,执法者以权谋私,权钱交易;执法行为不公正,不公平,偏私、歧视,厚此薄彼,不讲信用,反复无常,怎么能令行政相对人信服?怎么去纠正相对人的违法行为?怎么能建构起市场和社会所需要的秩序?自20世纪90年代以来,我们开始认识到执法方式、执法程序对于保证正确实施执法程序的作用,各级政府开始重视对执法方式、执法程序进行改革,注重建立民主、科学、文明的执法方式和执法程序。我国《行政处罚法》和《行政许可法》确立了实践中有关改革的成果,进一步推动了改革的进程。我国《行政处罚法》和《行政许可法》确立的执法方式和执法程序改革措施是多方面的,其中主要有:

其一,为解决程序过繁、效率低下的问题,简化某些行政行为的执法程序,在保证公正的前提下尽量减少不必要的环节,方便当事人和提高行政效率,建立当场执法制度。例如,我国《行政处罚法》规定,行政机关在实施行政处罚时,如相对人违法事实确凿,对之处罚有明确的法定依据,且应给予的处罚较轻(警告或数额较小的罚款:对自然人50元以下,对单位1000元以下),可以当场作出处罚决定。对于当场作出20元以下罚款或不当场收缴罚款事后难以执行的,行政执法人员可以当场收缴罚款。此外,行政机关及其执法人员在边远、水上、交通不便地区执法时作出罚款决定,如当事人向指定银行缴纳罚款确有困难,经当事人提出,也可当场收缴罚款。⑥ 我国《行政许可法》规定,行政机关在实施行政许可时,如申请人提交的材料齐全,符合法定形式,行政机关能够当场作出决定的,应当当场作出书面行政许可决定。如申请人申请事项依法不需要行政许可的,应当即告知当事人不受理;如申请人申请事项依法不属于本行政机关职权范围的,应当即作出不予受理的决定,并告知当事人向有关行政机关申请;如申请人申请材料存在可以当场更正的错误的,应当允许申请人当场更正;如申请人申请材料不齐全或者不符合法定形式的,应当当场或者在5日内一次告知申请人需要补正的全部内容。⑦

---

⑥ 参见我国《行政处罚法》第33、47、48条。
⑦ 参见我国《行政许可法》第32、34条。

其二,为解决多头执法扰民的问题,建立由一个行政机关行使几个相关行政机关的执法权的制度。例如,我国《行政处罚法》规定,经国务院或国务院授权的省级政府决定,一个行政机关可行使几个有关行政机关的行政处罚权(但限制人身自由的行政处罚只能由公安机关行使)[8];我国《行政许可法》规定,经国务院批准,省级政府可决定一个行政机关行使几个有关行政机关的行政许可权。[9] 一个行政机关行使几个有关行政机关的执法权,这既是行政执法方式的改革,也是行政执法体制的改革。

其三,为解决执法中互相推诿、互相扯皮、官僚主义和拖延耽搁的问题,确立严格的执法时效制度。例如,我国《行政许可法》规定,行政机关实施行政许可,除可以当场作出决定的以外,应当自受理许可申请之日起20日内作出许可决定;20日内不能作出许可决定,经本行政机关负责人批准,可以延长10日,并应当将延长期限的理由告知申请人(除非特别法有另外的规定)。行政许可采取统一办理或者联合办理、集中办理的,办理的时间不得超过45日;45日内不能办结的,经本级人民政府负责人批准,可以延长15日,并应当将延长期限的理由告知申请人。我国《行政处罚法》规定,行政机关实施行政处罚的时效为两年,相对人违法行为两年内未被发现的,行政机关不得再给予行政处罚(除非特别法有另外的规定)。

(三) 执法人员的素质与秩序

如前所述,建构和维护秩序是行政执法的重要功能和作用之一。行政执法对秩序的建构和维护首先依靠行政执法行为,行政执法行为对秩序的作用是最直接的;其次,行政执法对秩序的建构和维护还取决于行政执法体制、方式与程序,行政执法体制、方式与程序对秩序的作用较间接些,它通常要通过行政执法行为影响秩序;再次,行政执法对秩序的建构和维护还取决于行政执法人员的素质。当然,行政执法人员的素质对秩序的作用较行政执法行为、行政执法体制、行政执法方式与程序对秩序的作用更间接些,它同样要通过行政执法行为,或既通过行政执法行为,也通过行政执法体制、行政执法方式与程序影响秩序。这里需要特别说明的是,行政执法各种因

---

[8] 参见我国《行政处罚法》第16条。
[9] 参见我国《行政许可法》第25条。

素对于建构和维护秩序作用的直接性、间接性并不等于其重要性程度,不是说某种因素作用越直接,该因素就越重要;某种因素作用越间接,该因素就越不重要。实际上,这里讲的作用的直接、间接是就相应因素对秩序作用关系的层次而言,间接作用因素较直接作用因素居于更深层次,从而其对直接作用因素具有一定程度的决定性作用:行政执法行为在一定程度上受行政执法体制、行政执法方式与程序制约,更受行政执法人员素质制约;行政执法人员的素质不仅一定程度地决定行政执法行为,也一定程度地决定行政执法体制、行政执法方式与程序。

决定行政执法质量,影响行政执法作用发挥的行政执法人员素质主要包括三类素质:一是政治思想品质素质;二是文化知识和业务能力素质;三是法律知识、法律意识和法治观念方面的素质。

行政执法人员政治思想品质素质对行政管理秩序的影响是显著的。首先,执法人员的品行对社会有表率作用,"民以吏为师",执法者品行不正、行为不端,会给行政相对人作出坏的榜样,形成不好的民风。其次,执法人员的品行影响执法的权威,"身不正而令不行",执法者自己违法乱纪,要求行政相对人严格遵纪守法是很难,甚至是不可能的,执法者执法语言粗野、行为恶劣,要求行政相对人严格服从管理、令行禁止是很难,甚至是不可能的。再次,执法人员品行不佳,会给违法犯罪分子提供施放"糖衣炮弹",将其击倒和拉下水的机会。违法犯罪分子、社会黑恶势力如认定、看准某执法人员是见钱眼开、见利忘义,见色忘乎所以的货色,即会通过"钱权交易"、"色权交易"将其收买,让这些腐败分子充当他们违法犯罪活动的"保护伞"。至于某些执法人员不待他人拉下水,自己主动往"水"里跳——以权入股,参与违法犯罪活动,这种情况对于社会、经济秩序的危害更自不待言。

行政执法人员的文化知识和业务能力素质影响执法质量,从而影响行政管理秩序同样是显著的。在现代社会,科学技术越来越发展,人们从事的各种社会、经济活动中,科技的含量越来越高。行政执法人员是社会、经济活动的管理者和社会、经济活动秩序的维护者,如果其文化知识和业务能力素质不高,他就无法对相对人依法实施管理和提供服务,也无法对相对人从事的社会、经济活动实施监督检查,发现违法、违规行为,发现对社会、经济秩序和国家安全和人民生命、财产安全的可能的隐患,从而迅速、及时采取措施,制止、制裁违法、违规行为,消除隐患。同时,在现代社会,法律是很复杂的,执法者如果没有很好的文化素质,不可能正确理解所执法律的内容,从而在执法中将不可避免地导致适用法律错误,甚至完全背离法律的目的和宗旨的情况发生。

最后,行政执法人员的法律知识、法律意识和法治观念方面的素质对于保证行政执法质量,实现行政执法建构、维护秩序的功能和作用也是至关重要的。法律知识自不用说,一个行政执法人员,其法律知识的深浅高低直接决定着他执法的质量,这应该是没有疑义的。至于行政执法人员的法律意识和法治观念怎样影响其执法,怎样通过其执法行为影响行政管理秩序,则不是那么明显、直接,那么不证自明的。但是,其影响却是客观存在的,而且是很重大,有时甚至是关键性和决定性的。这是因为:其一,法律不是僵死的教条,法律是有灵魂的,法律的灵魂即是法律的目的、原则、精神,而执法者要真正正确理解法律的目的、原则、精神,必须依赖于其法律意识和法治观念。例如,我国《行政处罚法》的目的是规范行政机关的行政处罚行为,保障和监督行政机关有效实施行政管理,维护公共利益和社会秩序,保护公民、法人或者其他组织的合法权益。行政机关在实施行政处罚时,如果不把握这一立法目的,就可能为惩罚而处罚(不是处罚与教育相结合),为财政目的而处罚(不是为维护公共利益而实施处罚),为构建、维护"一潭死水"的管理秩序而处罚(不是为构建和维护有利于促进社会经济发展的生机勃勃的秩序而实施处罚)。其二,法律不是法律条文的堆积,法律是一个由各种相互联系、相互依赖的法律规范构成的有机整体。执法者在适用某一法律的某一具体条文时,不仅要正确理解该条文的内涵和外延,而且必须同时考虑相应法律的相关条文,甚至要考虑其他法律的相关条文。例如,行政执法人员在适用我国治安管理处罚的有关规定时,必须同时考虑或适用其总则的规定及有关处罚的种类和运用的具体规定;还必须同时考虑或适用《行政处罚法》的规定,在今后《行政程序法》出台后,还必须同时考虑或适用《行政程序法》的规定。而要做到这一点,行政执法人员没有很强的法律意识和法治观念是不可能的。其三,法律适用不是简单地,机械地,对号入座地将法条适用于立法者事先设计好的某种确定的情境的活动,法律适用完全是一种创造性的复杂劳动。首先,法律条文既是确定的,又是不确定的,特别是许多弹性法律概念,如"公共利益"、"社会安全"、"人身健康"以及"情节严重"、"情节轻微"、"重大损失"、"危害不大"等不确定用语,执法者在适用这些概念、用语于具体情境时,有着相当大的斟酌、裁量空间。至于法律适用的具体情境,更不是立法者完全能事先设计和确定的,即使立法者能对之事先预测,此种预测也只能是大致的和粗略的,客观世界的变化是无穷尽的,尤其是现代社会,科技和经济发展的速度简直超乎人们的想象。在这种情况下,执法者如果没有很强的现代法律意识和法治观念,而只知机械地,死板地适用法律条文,其在执法实践中可能会处处陷于迷茫,其要么会埋怨立法不完善,以至于对相应问题、相应事务以法无明确规定为由推托不管,实施行政不作为;要么随意地胡乱解释法律,曲解或者完全背离法律的目的、原则、精神,滥用职权,侵害相对人的合法权益。其这样做,最终显然不是维护,而是进一步扰乱社会、经济秩序。由此可见,行政执法人员的法律素质对于保证执法目标、任务的实现有着极为重要的作用。我们要推进行政法治,充分发挥行政执法的功能和作用,无疑必须下大力气提高行政执法人员的法律素质。

原载《宪政与行政法治评论》2005年创刊号

重视制度设计,保障《公务员法》立法目的的实现

我国《公务员法》第1条确立了《公务员法》的立法目的,"规范公务员的管理,保障公务员的合法权益,加强对公务员的监督,建设高素质的公务员队伍,促进勤政廉政,提高工作效能"。这一立法目的可分为三个相对独立,但又相互联系的层次:第一个层次是"规范公务员的管理";第二个层次是"保障公务员的合法权益";第三个层次是"促进(公务员队伍)勤政廉政,提高工作效能"。至于"加强对公务员的监督"和"建设高素质的公务员队伍",此二者与"促进勤政廉政,提高工作效能"是同一层次的目的,而并非是另外的独立层次的目的。因为"加强对公务员的监督"和"建设高素质的公务员队伍",都是为了"促进勤政廉政,提高工作效能"。

我国《公务员法》确立的这三个层次的立法目的应该说是比较全面、比较适当的。问题在于我们如何去实现这些立法目的,我们应设计什么样的具体法律制度和法律规范去实现这些立法目的。考察我国现行《公务员法》的整个内容,应该说,上述立法目的大多是有一定具体法律制度和法律规范加以保障,从而是能在一定程度上得以实现的。但是毋庸讳言,我国现行《公务员法》设计的具体法律制度和法律规范也有某些欠缺和某些不科学处,并不能充分保障上述立法目的的实现,甚至有些具

体法律制度和规范与相应立法目的还存在不一致之处,即这些具体法律制度和规范不仅不能保障,反而可能妨碍相应立法目的的实现。下面我们分别对之加以分析。

第一,关于"规范公务员的管理"。

根据世界各国公务员管理的经验,特别是法治发达国家的经验,规范公务员管理的最重要途径就是对公务员实行分类管理。没有分类就不可能有规范管理,不可能有科学管理。因为不同类别公务员行使着不同性质的国家职能,而不同性质的国家职能的运作方式是很不相同的,从而要求不同的公务员管理制度与之相适应。

在国外,公务员通常分为特别职公务员和一般职公务员,政务类公务员和事务类公务员。特别职公务员包括议员、法官、政府内阁组成人员等,一般职公务员包括所有国家机关和国有企事业单位中的常任文职人员。政务类公务员指通过选举或任命产生,与执政党共进退,行使决策职能的公职人员,如内阁总理、部长、政务次长等,事务类公务员指通过考试或聘任产生,不与执政党共进退,主要从事执行性事务职能的公职人员,包括在国家机关中工作的副部长(除政务副部长外)以下的公职人员和在国有企事业单位中的公职人员。

根据分类管理的原则,各国公务员法通常只调整一般职公务员,即事务类公务员。有的国家的公务员法虽然将特别职公务员和政务类公务员也列为公务员的范围,但明确规定法律的具体规范只适用于一般职公务员,即事务类公务员(如日本)。有的国家的公务员法则一开始即将特别职公务员和政务类公务员排除出公务员法的调整范围(如法国)。

但是我们现在的《公务员法》却将所有的"依照法律规定管理国家事务和履行社会公共事务管理职能、使用国家行政编制、由国家财政负担工资福利的机关中除工勤人员以外的工作人员"均纳入公务员的范围,由一个法律统一调整。即对完全不同性质的公职人员,无论是考任、委任、聘任职人员,还是通过人大选举产生或任命的政府组成人员、法官、检察官;无论是国家机关工作人员,还是政党、社会团体的工作人员,均适用同样的法律、同样的制度。显然,这不符合规范管理、科学管理的原则,而是将计划经济时代的"大一统"干部管理模式法制化。

首先,政党和社会团体不是由人大产生,向人大负责,接受人大监督的机关,也不是法律法规授权的组织,其工作人员不能直接行使国家公职,所以不能成为公务员。否则,就与我国宪法确立的政治制度相矛盾。党的机关的工作人员与国家机关工作人员的要求是很不相同的,例如,党的机关的工作人员的录用能向所有公民平等开放吗?对党的机关的工作人员的考核能适用与国家机关工作人员考核同样的条件吗?显然不能。因此,将政党和社会团体的工作人员纳入《公务员法》调整是不科学的。

其次,法官与政府工作人员的工作性质完全不同,法官审理案件,只服从法律,而政府工作人员执行公务,必须遵循"下级服从上级"的原则。为了保证法官的公正,其任用、考核、奖惩、职务任免乃至工资、福利等,都不应该实行与政府工作人员相同的制度。将法官与政府工作人员同样对待,同样管理,这种计划经济时代的"大一统"干部管理模式是与建设法治国家的要求不相适应的,而且在实践中已经暴露出种种弊端。正因为如此,我们在20世纪末即已开始改革,单独制定《法官法》,对法官进行分类管理。现在我们自然没有理由倒退回去,走回头路。

再次,通过人大选举产生或任命的政府组成人员与通过考试、聘任产生的一般政府工作人员在职位和工作性质上也有重大区别,对之采用统一的法律调整也是不适当的。通过人大选举产生或任命的政府组成人员有严格的任期限制,任期结束,其就不再是公职人员。在任职期间,他们主要应是向人大负责,接受人大监督,因而对一般公职人员的考核、奖惩、晋升、任免、辞退等制度不应适用于他们。因此,将此类人员纳入《公务员法》调整也是有违"规范管理、科学管理"原则的。

第二,关于"保障公务员的合法权益"。

"保障公务员的合法权益"是我国《公务员法》立法的第二个层次的目的。这一立法目的所针对的法律关系主体是作为管理对象的公务员,与前一层次立法目的"规范公务员的管理"所针对的法律关系主体不同,前一立法目的所针对的法律关系主体是管理者,使管理者科学管理,如要求对公务员分类管理等。"保障公务员的合法权益"与后一层次立法目的"促进勤政廉政,提高工作效能"所针对的法律关系主体也不同,后一立法目的所针对的法律关系主体是社会公众,是公务员服务的对象。"促进勤政廉政,提高工作效能"是为了使公务员为社会公众提供优质和高效的服务。

我国《公务员法》为了实现"保障公务员的合法权益"的立法目的,设计了一系列的制度和规范,如职位保障制度,培训制度,辞职制度,工资、福利、保险制度,申诉、控告制度以及其他权利规范。但是,这些制度和规范对于公务员合法权益的保障仍是不够的。要实现"保障公务员的合法权益"的立法目的,还必须增加另外一些保障制度或保障措施。

首先,就公务员职位保障而言,仅有"非因法定事由,非经法定程序,不被免职、降职、辞退、处分"的规定是远远不够的,更重要的在于程序保障。我国现行的《公务员法》对于免职、辞退,乃至开除这些涉及公务员"饭碗"的重要权益的行政行为,设定了哪些救济程序呢?除了对于处分(开除是最严重的处分)设定的告知、陈述、申辩程序和对于免职、辞退、处分设定的申诉、控告程序外,几乎再没有提供其他程序保障,既没有为当事人提供事前听证程序,也没有为其提供事后复议、诉讼程序。对于被免职、辞退的公务员,甚至没有提供陈述、申辩这种最低限度的正当程序。为公务员提供陈述、申辩、听证程序本不应该存在任何理论或实践的障碍,即便是复议、诉讼程序,其理论上的障碍——所谓"特别权利关系"理论(行政机关对内部人员实施的行政行为不受司法审查)——实际上也早已过时,连最先创立这一理论的德国人都已在 20 世纪放弃了这一理论,我们为什么还要坚持呢?从实践上讲,免职、辞退、开除的案件并不会太多,因而也不会存在复议机关和法院承受不了的问题。因此,不为受到免职、辞退、开除处分的公务员提供复议、诉讼程序是很不合理的:一个公民罚款几元钱都可以复议、诉讼,一个公务员被砸掉"饭碗"却不能复议、诉讼,这很不公平。

其次,就公务员与上司的关系而言,下级服从上级,公务员必须服从和执行上级的决定和命令,这是行政法律关系的基本要求。没有这一条,政令就不可能畅通,行政管理的秩序就不可能保障。但是,根据现代法治原则,"下级服从上级,公务员必须服从和执行上级的决定和命令"这一要求已经不再是绝对的,在上级的决定和命令有明显或重大违法的情形下,公务员可以不服从上级的决定和命令。行政法治原则之所以有这一发展,是人们通过无数血的教训而认识到绝对的"下级服从上级"的极大危害性。例如,在某种突发事件(如洪水、火灾、地震等)出现时,上级由于不了解情况而发布了错误的决定、命令,下级如果无条件执行,可能造成千千万万人民生命和财产的损失;又如,在某种地方、部门利益的驱使下,上级因追求"政绩"而作出可能造成自然、生态环境严重破坏的某种决定、命令(如修建或拆毁某一工程),下级如果无条件执行,很可能给人们的生存环境造成灾难性的后果。因此,《公务员法》应赋予公务员抵制上级明显、重大违法的决定、命令的权利。这一权利不仅对于社会公益的维护是必要的,对于公务员个人权益的保障同样具有重要意义。例如,上级命令下级刑讯逼供,下级如果不抵制,将会与上级一道构成违法或犯罪;上级命令下级捕杀国家保护的野生动物,下级如果不抵制,也将会与上级一道构成违法或犯罪,受到法律追究。

再次,《公务员法》要实现"保障公务员的合法权益"的立法目的,应增加公务员"劳动争议"的解决途径。公务员具有双重身份:其在代表国家行使公共职能时,方具有"公务员"身份;其通过执行公务取得工资福利以养家糊口时,则具有"劳动者"身份。作为"劳动者",其在劳动条件、工作岗位和地区调动、工资福利、休假、退休、退职等方面,与企业、事业单位的劳动者一样,不可避免地会与所在单位发生这样那样的争议、纠纷。这种"劳动争议、纠纷"虽然具有特殊性,但同样需要法律为之提供适当的解决途径和制度。企业的劳动者与企业发生劳动争议时可通过劳动争议仲裁或民事诉讼解决;但公务员与所在单位发生"劳动争议"目前法律则未提供解决的途径和制度。现在的《公务员法》虽然规定了人事争议仲裁制度,但只适用于聘任制公务员。然而,聘任制公务员只占公务员队伍的很小部分,对于公务员队伍中占绝大多数的考任制人员来说,法律草案没有为其提供解纷渠道:既无诉讼途径,又不适用仲裁,其合法权益显然难以得到充分有效的保障。

第三,关于"促进勤政廉政,提高工作效能"。

应该说,我国《公务员法》设计的大部分制度和规范都是为这一立法目的服务的,其中最重要的制度有考试录用制度、考核制度、职务升降制度、纪律处分制度、培训制度、交流制度、回避制度、辞退制度等。这些制度对于加强对公务员的监督,建设高素质的公务员队伍,最终实现促进勤政廉政,提高工作效能的立法目的无疑是必要的。而且,立法起草者对这些制度的设计也是比较周密、比较科学的,从而是能够比较有效地保障相应立法目的的实现的。但是,毋庸讳言,其中某些制度的设计也有不够完善之处。

例如,我国《公务员法》第四章规定的考试录用制度,起草者设计了报考人应具备的三种条件:第一种条件为"基本条件",由《公务员法》本身规定;第二种条件为"拟任职位的条件",由用人单位规定;第三种为"其他条件",由省级以上公务员综合管理部门规定。第一种条件由法律规定,自然不存在问题。但第二种条件和第三种条件分别由用人单位和省级以上公务员综合管理部门规定,法律又未对之设定任何限制,这就可能发生问题。用人单位和省级以上公务员综合管理部门完全可能规定某些歧视性条件,如性别歧视(招男性不招女性)、出身歧视(招城里人不招乡下人)、民族歧视(招汉族不招少数民族),等等。因此,法律在授予用人单位和省级以上公务员综合管理部门规定招考条件时,一定要限制其不得规定歧视性条件。否则,其就完全可能规定歧视性条件(已有多起这样的案例发生),如果这样,一方面违反宪法平等原则,导致社会不公,另一方面,也不利于选拔和录用优秀人才,建设高素质的公务员队伍,最终实现促进勤政廉政,提高工作效能的立法目的。

另外,为了促进廉政,《公务员法》似乎还应规定公务员财产申报制度。在我国,公务员财产申报制度一直没有建立起来。几年前中央曾发文要求实行收入申报制度,申报的主要内容是工资、奖金、礼金等。但这种收入申报没有多大意义:工资、奖金就是不申报,人们也知道;正常人情送礼则没有几个钱,至于非正常送礼的受贿,其收礼人一般不会申报。而财产申报则不一样,任职前,官员要向相应机关申报其个人和家庭的所有财产,任职中,官员要随时申报个人和家庭增加的财产,离职时,其要接受审计,说明其所有现有财产的来源。在这样的财产申报制度下,公务员的腐败问题显然比较容易发现;同时,这种制度的存在对意欲腐败的公务员会有一种威慑作用,使之不敢任意腐败。因此,我国《公务员法》似应确立这一制度,以更有利于实现该法促进廉政的立法目的。

原载《华东政法学院学报》2005年第2期

行政规划的法制化路径

行政规划必须走法制化道路,今天的国人对此不仅越来越有共识,而且越来越有迫切感了。这种共识和迫切感是怎么形成和催生出来的呢?20世纪末我国《宪法》确立依法治国、建设法治国家的方略,21世纪初中央提出依法行政、十年建设法治政府的目标自然是重要因素,但更重要的因素恐怕是近年来愈演愈烈的房屋拆迁、土地征用纠纷和在这些纠纷中凸显出来的侵权、滥权、腐败现象,以及由这些侵权、滥权、腐败现象造成的成千上万人的痛苦悲剧。然而,行政规划的法制化道路应该怎样走,我们应该通过建立什么样的法律制度来尽量避免或减少纠纷,尽量避免或减少侵权、滥权和腐败,尽量避免或减少成千上万人的痛苦悲剧,今天的国人对此却尚未形成共识,学界对之研究也尚未有迫切感。

行政规划与土地征用、房屋拆迁是紧密联系的:实践中往往是先有行政规划,后有土地征用和房屋拆迁,行政规划往往是土地征用和房屋拆迁的前提和根据。因此,要解决土地征用和房屋拆迁的问题,必须首先解决行政规划的问题。尽管解决了行政规划问题,土地征用和房屋拆迁的问题并不可能全部随之解决,土地征用和房屋拆迁仍有其自身独立的问题需要解决。然而,即使在解决土地征用和房屋拆迁自身独立的问题方面,行政规划法制化路径的选择也可以为土地征用和房屋拆迁的法制化提供借鉴。

那么,行政规划法制化究竟应该选择什么样的路径呢?

第一,行政规划的制定必须保障公众参与。公众参与的途径和形式应该是多种多样的:就参与途径来说,既应有通过人民代表机关的参与,例如,城市建设总体规划,土地和各种资源利用的总体规划,交通、能源、电信发展的总体规划必须通过人民代表机关讨论和审议通过;也应有社会公众和利害关系人的直接参与,例如,涉及土地征用和房屋拆迁等行政相对人切身利益的各种建设规划、治理规划、文物保护规划等,必须广泛征求和听取社会公众的意见,特别是征求和听取相应规划所直接或间接涉及的利害关系人的意见。就参与形式来说,除了传统的座谈会、论证会、信访、走访等形式外,还应该更多地利用现代民主和现代科技的手段,开创各种新型的公众参与形式,如网上信息发布、讨论、电视辩论,以及召开有各种不同利益群体参加的听证会,等等。总之,公众参与是现代行政法治的第一要求,行政规划制定过程中的公众参与是避免或减少行政规划实施(包括土地征用和房屋拆迁)过程中的纠纷和因行政规划而产生的侵权、滥权、腐败以及各种悲剧的第一屏障。

第二,行政规划的设计必须以人为本,以人的现在和未来的可持续发展为依归。行政规划设计自然要考虑经济建设、商业部署,考虑对外交流、旅游观光,考虑所在地区、所在城市、所在乡镇的脸面与形象。但是,这一切考虑都必须以人的福祉为最终依归,如果离开了人的福祉去考虑其他目标,那就必然导致异化:人们通过精心规划,高楼大厦林立,道路交通四通八达,GDP扶摇直上,但人们的生活质量却越来越低,人们身体的疾病和心灵的痛苦、烦恼却越来越多。因此,行政规划的设计必须首先考虑人,考虑人的生存、健康和精神生活的需要。而且,不仅考虑当代人的需要,还要考虑下一代人,考虑子子孙孙的需要。规划设计必须以人的现在和未来的可持续发展为依归。无论是搞城市和乡村建设规划,还是搞能源开发、资源利用规划,或者是搞航天、海洋探测规划,都必须坚持生态平衡的原则,因为生态平衡是人的生存和可持续发展的基本条件。

第三,行政规划的实施必须遵循公开、公平、公正的正当法律程序。行政规划的设计和制订固然重要,公众参与和专家论证对于保障规划的民主性和科学性是必不可少的。然而,行政规划的实施同样重要,设计一套公开、公平、公正的正当法律程序,以规范规划行政执法机关的行为同样是必不可少的。否则,行政规划制订得再好、再科学,也会在执行中走样,偏离既定的目标、方向,导致侵害规划相对人的权益,损害社会公众的利益,破坏自然环境和生态平衡的后果,此种弊害可能并不亚于一项制订得很糟糕的规划的后果。行政规划实施的正当法律程序的基本要求是公开、公平、公正。所谓"公开",包括规划(含总体规划、区域规划、详细规划、长远规划、中期规划、短期规划等)本身公开,规划审批、许可的条件公开,规划审批、许可和监督的程序、手续公开,不服规划执法行为的救济途径公开;所谓"公平",是指各相应行政机关在对各种规划许可申请进行审批,对被许可人进行监督、检查,以及实施其他各种规划行政执法行为过程中,要对所有行政相对人同样情况、同样对待,不同情况、不同对待,不能对任何特定行政相对人予以歧视;所谓"公正",是指各相应行政机关及其工作人员在行政规划执法过程中,应避免偏私,执法人员在工作中遇到与本人或本人亲属有利害关系的事项,在处理时应主动或依相对人申请回避;对相对人送礼、宴请和其他各种可能影响公正执法的行为要予以拒绝。为了保证行政规划执法的公开、公平、公正,必须通过行政规划立法确立一系列的相应正当法律程序制度,如告知、听取申辩、说明理由、不单方接触、职能分离以及执法信息公开和社会公众评论制度等。

第四,行政规划的内容必须相对稳定,规划制订机关和规划实施机关都必须遵守信赖保护原则。行政规划一经制订,行政相对人就必然对之产生信赖,并会根据此种信赖安排其生产、生活。如果规划制订机关或规划实施机关随意调整、变更规划,就可能给行政相对人造成重大经济损失,如导致已建或在建项目的拆除、搬迁,造成已签订且正在履行或尚未履行的合同的废止、解除,等等。因此,对已经制订的规划的调整、变更一定要十分慎重,如确因公共利益的需要而必须调整、变更,则一方面要经过与相应行政规划制定时相当的公众参与程序予以讨论、听证、审议;另一方面要对特定相对人因相应行政规划调整、变更而受到的损失予以公正补偿;同时,对调整、变更后的规划要通过适当形式及时公布,让所有社会公众知晓。行政规划调整、变更(不论是整体调整、变更,还是局部调整、变更)后的及时公布是非常重要的。否则,将造成更多行政相对人的不必要的损失。

　　第五,行政规划的立法必须遵循统筹兼顾和利益平衡原则。行政规划立法是对规划制订行为、规划实施行为和规划执行的监督保障行为的统一调整,此种调整涉及各种关系和各种利益。立法能否正确调整相应关系和协调相应利益是全面实现行政规划法制化目标的前提和保障。而要正确调整规划所涉关系和协调规划所涉的各种利益,则必须遵循统筹兼顾和平衡的原则。根据这一原则,行政规划立法既要注重维护社会公共利益,也要十分重视保护规划所涉行政相对人的利益;既要注重突出以经济建设为第一要务的立法指导思想,也要十分重视把握以人为本,规划为民的立法理念;既要注重保护生产者、开发商、建设单位的合法权益,也要十分重视保护因规划实施而需要征用其土地、拆迁其房屋的农村经济组织、农民、城市居民的合法权益;既要注重地区(特别是老少边穷地区)开发、资源开发、能源开发,也要十分重视对自然环境的保护和生态平衡;既要注重通过立法调整各种人与人的关系,为构建和谐社会提供法律支撑,也要十分重视通过立法调整人与自然的关系,为建立可持续发展的机制提供法律保障。

　　前已述及,行政规划必须走法制化道路是我们今天国人已达成共识,至少是已基本达成共识的课题,但是,走什么样的法制化道路,循什么路径走向法制化道路却是我们目前远未达成共识,需要我们认真研究、探讨,以逐步达成共识的课题。笔者的上述意见只是本人研究的一点心得,只是一家之说。

原载《郑州大学学报》2006 年第 1 期

改革信访制度　创新我国解纷和救济机制

信访制度是我国整个解纷和救济机制的一个环节。因此,信访制度的改革应当并且必须与我国整个解纷和救济机制的创新联系起来。

我国现行解纷和救济机制主要包括五大环节:诉讼、复议、仲裁、调解和信访。这一机制目前运行的情况怎样呢? 它对于建立和谐社会究竟发挥了多大的功效和作用呢? 应该说,我国现行解纷和救济机制运行情况总的来说是顺畅的,它对于公正和及时解决各种社会争议、纠纷,特别是解决因国家公权力违法、不当行使而产生的各种争议、纠纷,监督行政机关依法行政和其他国家机关依法办事,防止其滥用权力,保护公民、法人和其他组织的合法权益,消除或缓解社会矛盾,维护社会稳定,建立和谐社会,是发挥了重要作用的。

但是,毋庸讳言,这个机制由于在我国建立和形成的时间较短(建立和形成于20世纪90年代)以及由于我国当下正处于转型时期,受各种主观和客观条件的限制,它还很不完善,还有很多缺陷,其内部结构、内部各种制度及其相互关系的设计还有很多不合理处,其作用和功能远不能适应及时、公正解纷,以及控制公权力滥用和保障公权力相对人权益的需要。

就信访而言,在现有制度下,信访人反映的问题有多少通过信访真正解决了? 信访人提出的申诉、控告有多少切实查处了？信访人通过信访有多少其生活和情绪确实安定下来了？对于这些，我们没有准确的量的统计，但是从目前全国各地、各部门仍不断增长的信访和一些地区群体性事件频发的现实看，信访制度功效的发挥并不理想。

当然，这并不是说信访制度没有发挥作用或仅发挥了很小的作用。事实上信访制度在上述诸方面均是发挥了重要作用的。如果没有信访制度，各种问题、矛盾、争议和纠纷肯定会更多，有些问题、矛盾、争议和纠纷甚至可能会激化而导致重大损失。我们说信访制度功效发挥不尽理想，只是说它本应该发挥更大的作用而没有发挥，它解决了少量的问题、矛盾、争议和纠纷，但却对大量的问题、矛盾、争议和纠纷无所作为或无能为力，甚至引发出新的问题、矛盾、争议和纠纷。

这是为什么？是信访制度本身设计不合理，还是我国整个解纷和救济机制（信访制度只是这个机制的一个环节）设计不合理？抑或是二者均存在问题？

恐怕是二者都存在问题。就信访制度本身来说，第一，信访的机构过于分散，立法机关、司法机关、政府以及政府的各个部门大多都设有信访机构，但整个系统缺乏统一协调的机制，甚至缺乏统一的计算机联网，信访人一个问题可能同时找几个机构，得到的答复和解决方案可能不一样，甚至相互矛盾；第二，由于信访机构分散，每个机构的工作人员又非常有限（有的几个人，有的十几个人），面对大量的信访案件，不要说件件亲自处理，就是件件亲自过问处理结果都是不可能的；第三，信访机构没有独立处理问题的权限，一般实体问题（甚至某些程序问题）的解决均需请示行政首长，而行政首长的工作又是那么忙，一百个案件也许难以批示一二；第四，法律对信访案件的处理没有严格的程序规范，有的信访机构对同一案件反复批转下级机关或其他有关部门处理，下级机关或其他有关部门往往拖着不办（有的甚至藉此惩治信访人），信访人便没完没了地反复信访；第五，法律对信访案件的处理大多没有规定严格的实体标准，而行政首长对个案的批示、处理有时又太过随意，以致吊起了其他信访人或非信访人过高的"胃口"，导致领导人解决了一个旧的案件，却引发出十个、百个新的案件，有时还误导一些人弃复议、诉讼等法律途径而找领导人批示，但这些人往往是折腾一年半载,领导人批示却下不来(领导人自然不可能对所有信访人有求必应),到时他们想再走复议、诉讼途径,但复议、诉讼时效已过,只得又回来再信访,如此往复。

就我国整个解纷、救济机制而言,其问题在于:首先,正规法治化渠道不畅,复议、诉讼门槛过高,限制过多,如受案范围将大部分行政行为(抽象行政行为、内部行为以及涉及政治、文化和其他非人身权、财产权的行为等)排除在复议、诉讼范围,特别是诉讼范围之外;原告资格将许多起诉人(如被拐卖者、下落不明者的近亲属等)排斥在复议、诉讼的门外;时效制度(复议2个月、诉讼3个月)更是使许多案件进不了复议机关和法院的门。这样,大量的,各种各样的争议、纠纷的当事人就都被迫踏上了信访之途。而且,一旦踏上信访之途,往往是不仅问题解决不了,其在信访路上还下不来。因为他(她)认为,再坚持坚持,似乎还有希望(因为有解决问题,甚至有问题解决得比复议、诉讼还好的先例),以致使信访队伍越来越大,上访者越来越多。其次,整个解纷、救济机制缺乏整体设计,各种制度、各个环节之间相互协调和相互衔接不够。例如,信访与复议、信访与诉讼如何协调和衔接,有时是复议、诉讼完了又信访,信访完了又复议、诉讼,有时是复议、诉讼不受理去信访,信访不受理又去复议、诉讼。再次,在整个解纷、救济机制中,有些环节没有建立或运作起来,或者没有发挥应该发挥的作用,例如,全国各级人民代表恐怕有几十万,他们如果能够真正发挥听取民声、反映民意和监督政府的作用,信访案件的大部分问题有可能通过这一渠道得以解决。

由此可见,要解决目前信访制度存在的问题,使信访制度发挥其应发挥的功能,不仅要重构和创新信访制度,而且要重构和创新整个解纷、救济机制:第一,要对目前过于分散的信访机构进行整合,建立起统一的计算机联网系统;第二,要建立类似国外议会督察专员或行政督察专员制度,统一协调各地各部门的信访工作;第三,要修改《行政复议法》和《行政诉讼法》,扩大行政复议和行政诉讼的范围,使大部分行政争议能通过正式法律程序解决;第四,建立若干专门行政裁判所,处理诸如土地征用、房屋拆迁、工伤补偿、交通和医疗事故纠纷等专门性争议案件;第五,充分发挥人民代表的作用,人民代表(特别是全国人大代表)每月应设固定时间和地点接待选民,听取选民的意见、建议和帮助选民解决有关他们自己难于解决的问题或为他们解决问题提供咨询。

当然,要解决目前信访制度存在的问题,使信访制度充分发挥其解纷、救济和促进和谐社会建立的功能,当前最重要的工作是规范信访制度本身。所谓"规范"信访,首先是给信访定位。《信访条例》第2条规定,信访是指公民、法人或其他组织采用书信、电子邮件、传真、电话、走访等形式向政府反映情况,提出建议、意见或者投诉请求,依法由行政机关处理的活动。这里确定的"反映情况,提出建议、意见和投诉请求"三种功能,其中"投诉请求"占有最大的比重。

信访人通过信访向国家机关投诉,如前所说,是国家解纷、救济机制中的一个环节。国家解纷机制中的基本法治渠道是复议、诉讼和仲裁。无论是公权力相对人之间的争议,还是公权力相对人与国家机关之间的争议,都应该尽可能地通过复议、诉讼和仲裁这些较正式的法治化渠道解决,信访应该是起补充、辅助的作用。因此,《信访条例》第14条和第21条规定,信访人对依法应当通过诉讼、仲裁、行政复议等法定途径解决的争议,应当向有关机关提起诉讼、仲裁、行政复议等,而不能诉诸信访;如果向信访机关提出信访,信访机关将不予受理,并告知其向有关机关提出。所以,"规范"信访,首先就要将信访置于国家整个解纷、救济机制的适当位置,从完善国家整个解纷、救济机制的高度来改革、改进信访。

"规范"信访,也指完善受理、办理信访的程序。《信访条例》规定了几项制度。如信访信息系统互联互通制度,信访受理管辖制度(以避免越级信访)以及信访受理、办理、复查、复核的时限制度(以避免拖延、耽搁和以冷漠、官僚主义态度对待信访),信访处理听证制度(以保障信访案件处理的公正),等等。过去,信访没有效率、不解决问题,很大程度上是与信访没有较严格的程序制约分不开的。当然信访不能设定像诉讼、复议那样的严格程序,如果那样,信访的优势就不存在了,就会不仅没有效率,而且也不能以适当的灵活性(尽管具有一定的人治性成份)缓和法治在一定情形下的僵硬和过分刚性了。

毫无疑问,在中国特色的法治社会,信访仍有较大的作用空间,它作为具有一定人治性成份的解纷、救济环节,是我国现时解纷和救济机制的不可缺少的组成部分,其对法治性解纷、救济环节具有重要的补充、辅助作用。但是,同样毫无疑问,现行信访制度必须改革,我国现时整个解纷、救济机制必须创新,目前的《信访条例》只是我们改革和创新的第一步,下一步怎么走,我们应该和必须继续进行探索。

原载《中国党政干部论坛》2005 年第 5 期

行政补偿制度研究

有两个案例促使我关注和研究这个问题:第一个案例发生在湖北省某县。1998年长江发大水时,政府采取分洪措施,该县部分村镇被淹。灾后政府对村民房屋被淹的损失给予了一定的补偿,但一些企业的厂房设备因分洪被淹造成的损失却未能获得适当补偿或未能获得任何补偿。企业到处申诉,以至到法院起诉,问题最终未能获得解决。① 因为我国目前尚没有专门的补偿法,没有关于行政补偿范围和补偿标准的明确的法律规定。② 第二个案例发生在广东省某市。该市因城市建设需要,于20世纪90年代陆续批准了若干企业(包括一家外资企业)在城市郊区建石场开采石料,批准期分别为5到10年。但到1998年,该市为了加强环境保护,提高城市环境质量,市人大常委会通过了一项决议,要求郊区所有石场关闭和外迁,并平整开采区的土地和在该土地上进行绿化。一家外企对市政府和市矿资办责令其关闭的通知不服,认为自己开办石场是经过市政府批准的,自己为此投入了大量的资金和设备,现在不仅成本没能收回,还要承担石场关闭善后的大量费用。他为此进行申诉、申请

---

① 当事人曾经给我写信,希望我向有关部门反映,建议完善有关这方面的立法,建立健全对相对人的补偿救济制度。

② 1997年我国全国人大常委会通过的《防洪法》有原则性的规定:国务院和有关的省、自治区、直辖市人民政府应当建立对蓄滞洪区的扶持和补偿、救助制度(第32条)。

复议和提起诉讼,要求政府赔偿,但最终亦未能获得赔偿。因为根据我国《国家赔偿法》,行政赔偿必须以政府行为违法为前提,而该市政府责令其关闭石场的行为是合法行为而非违法行为。从法律上讲,本案应属于一个行政补偿问题,然而我国目前对行政补偿却缺乏专门性的法律规定。③

这两个案例和其他类似的案例表明,我国迫切需要制定行政补偿法,建立行政补偿制度。然而要立法首先就要进行理论研究,先要从理论上明确行政补偿制度的意义和根据,从理论上弄清行政主体为什么要对其合法行为给相对人造成的损失予以补偿;其次要探讨行政补偿的范围,明确行政主体究竟应对行政相对人因什么原因受到的什么损失予以补偿;此外还要探讨行政补偿立法的模式和具体制度,包括行政补偿的标准、补偿的方式、补偿的程序,以及行政补偿与行政赔偿的关系等。本文拟对这些问题做一粗浅的探析。

一、建立行政补偿制度的意义

国家赔偿是国家对公民、法人和其他组织因国家机关和国家机关工作人员违法行使职权行为致其合法权益受到损害而给予赔偿的法律救济制度,行政补偿则是国家对公民、法人和其他组织因行政机关和行政机关工作人员合法行使职权行为或因公共利益需要致其合法权益受到损害而给予补偿的法律救济制度。我国于1994年制定了《国家赔偿法》,正式确立了国家赔偿制度,但对于行政补偿,除个别单行法对某些行政管理领域(如土地征用)的补偿做了一些零散的规定外,整体的、规范化的行政补偿制度尚未建立,大量的行政补偿问题在我国目前尚无法可依,致使公民、法人和其他组织因公共利益受到的损失得不到适当补偿,甚至完全得不到任何补偿。

因此,我国目前迫切需要建立整体的、规范化的行政补偿制度。建立这一制度的具体意义表现在:

(1) 保护人权,建设社会主义法治国家的需要。法治是与人权紧密联

---

③ 这个问题现在已经解决。2003年我国全国人大常委会通过的《行政许可法》第8条规定,行政机关为了公共利益的需要,依法变更或者撤回已经生效的行政许可,由此给公民、法人或者其他组织造成财产损失的,应当依法给予补偿。

系在一起的,法治国家的最重要特征之一是人权得到法律的切实保护。而人权最基本的内容是人的生存权,生存权最重要的体现和保障则是公民的人身权和财产权。在现实生活中,公民人身权、财产权不仅可能受到政府违法行为的侵犯,还可能受到政府合法行为的损害(如前述两个案例的情形)。一个国家,对于公民人身权、财产权因政府行为受到的损害,如果政府只对其违法行为造成的损害予以赔偿,而不对其合法行为导致的损失予以补偿,那么其对人权的保障显然是不完善的。

(2)保护市场主体利益,促进市场经济发展的需要。市场经济的发展,需要两个重要条件:一是自由,二是平等。政府合法行为对市场主体利益的损害,其受害人往往是特定的,而不可能是普遍的。这些受害人因政府行为受到的损害实际是政府加予他们的不平等负担。政府如果不对这些市场主体所承担特别负担予以补偿,就会使他们相对于其他市场主体处于不平等的地位,他们就很难与其他市场主体竞争,从而妨碍市场经济的发展。

(3)保护行政管理相对人积极性,维护社会公共利益的需要。行政主体在行政管理过程中,为了维护国家、社会公共利益,有时不得不损害特定行政相对人的利益,如消防灭火中为建立隔火带而拆除特定相对人的房屋或征用特定相对人的防火器材,公安机关在执行公务中征用特定相对人的交通工具等。对此,行政主体事后如不给予相对人以适当的补偿,就可能挫伤他们协助公务的积极性,最终不利于维护社会公共利益。

(4)保护为社会奉献的奉献者的权益,维护社会公正的需要。在社会生活中,我们常常会遇到许多乐于为社会奉献、见义勇为、助人为乐的人,他们在为社会、为他人做好事的过程中,经常会使他们自己的人身和财产受到损害,甚至为此牺牲他们的生命。对这些英雄模范人物和他们的家属,政府如果不给予适当的补偿,社会公正就难以体现和伸张。

(5)保护因公益受害的受害人的权益,化解社会矛盾和保障社会稳定的需要。行政相对人权益因社会公益而受到损害有两种情况:一是相对人自己主动协助公务或见义勇为而导致的损害,二是因行政主体的行政行为而被动受害。对于第一种情况,相对人很少自己主动去向政府申请补偿(当然也有这样的相对人或其家属主动申请补偿的);对于第二种情况(且这种情况是多数),相对人通常会主动去向政府要求补偿,政府如果不予补偿或补偿不公平、不适当,他们会不断地上访,甚至闹事,影响社会稳定。由于我国目前没有行政补偿方面较为统一、明确的法律规定,故为此而引发的社会矛盾和纠纷是时有发生的。

(6) 保护外国投资者利益,促进进一步对外开放和适应经济全球化的需要。对外开放,吸引外资是发展我国经济,推进我国现代化进程的必需。而要保证对外开放,吸引外资政策的有效实施,就必须建立和培植公平竞争的市场环境和稳定的、可预期的法治环境。行政补偿法律制度正是这种市场环境和法治环境的必要要素。试想,如果没有这种稳定的制度,外资在没有合理补偿的条件下随时可以被征收、被国有化,或其投资国政策的变化或其公共利益的需要导致其财产损害而不予其任何补偿,那谁还敢到这样的国家来投资呢?目前,我国加入WTO在即④,我国经济将全面参与经济全球化的进程。在这种形势下,建立我国统一和稳定的行政补偿制度尤显必要和迫切。

二、行政补偿的理论依据

各国学者对行政补偿制度理论根据的阐释是各种各样的⑤,其主要学说有三:

(1) 公平负担理论。在民主、法治社会里,人人享有平等的法律权利,同时人人亦应平等分担社会负担。如果个别或部分公民为社会承担了特别的义务或受到了特别的损害,国家即应给予他(们)特别的补偿,以将个别或部分人因公共利益受到的损失转由全体公民分担。因为国家补偿金来源于税收,而税收取之于全体纳税人,从而实现公共负担平等分担。

(2) 结果责任理论,即无过错责任理论。根据该理论,行政机关及其工作人员只要其行为或其所管理的人或物造成了相对人的损害,不管其是否

---

④ 我国于2001年12月11日加入WTO,写该文时尚未加入。
⑤ 关于行政补偿的理论根据,姜明安主编的《行政法与行政诉讼法》(北京大学出版社1999年第1版)第三十二章第三节有较详细的阐述(见该书第475—477页)。

存在违法情形,不管其是否有无过错,均应对被害人的损失予以赔偿或补偿。引起行政补偿的损害虽然是行政主体的合法行为或因公共利益的需要造成的,但对于受损害人来说,其受到的损害与其因违法行政行为受到的损害(引起国家赔偿)是一样的:在两种情况下,受损害人权益都是合法的权益,所受损害都是损害,且相对人本人都没有过错。因此,在两种情况下,其受损害的权益都应该同样得到救济。法律上的区别应该只针对行政主体和行政工作人员:引起赔偿的是违法行为,行政主体和行政工作人员应该对之承担相应侵权法律责任;引起补偿的是合法行为,行政主体和行政工作人员对之不承担侵权法律责任。

（3）危险责任理论。根据该理论,一个人如果为了自己的利益而置别人的利益于某种危险之中,他即必须为此种危险可能导致对方的损害负赔偿责任。这种理论始于民事赔偿领域,后行政法予以借鉴,作为了行政补偿的根据之一:行政机关及其工作人员为了社会公共利益而使行政相对人权益处于某种危险状态之中,其即应对相对人因此可能受到的损失予以补偿。

三、行政补偿的范围

在既建立了行政赔偿制度,又建立了行政补偿制度的国家,行政补偿通常比行政赔偿的范围要大,后者比前者更多、更广泛地涉及公民、法人和其他组织的合法权益。在行政管理的许多领域,行政机关和行政机关工作人员合法行使职权的行为,或国家为了社会公共利益的需要,都不可避免地会损害个别或部分行政相对人的合法权益。这通常包括下述情形:

（1）行政机关为抢险救灾而损害部分相对人利益。例如,在发生大洪灾时,国家为了保护大城市和大范围内的人民生命财产安全,采取分洪措施,导致一定农村或小城镇地区被淹,这些地区的居民的财产权益必然受到重大损失。同时,国家还可能征用一定地区的个人或组织的财产用于抗洪救灾。同样,在发生火灾时,消防部门为了阻止火势的蔓延,可能拆毁火场附近居民的房屋和其他建筑物,为了迅速扑灭火灾,消防部门还可能征用个人或组织的灭火器材或征用其他物品用于灭火。

（2）行政机关合法执行公务导致相对人权益受损。例如，公安机关在追捕犯罪嫌疑人时使用枪械，可能误伤好人；海关在检查出入境人员行李物品时，可能会不慎损坏相对人的财物。

（3）公民因主动协助公务和见义勇为，使自己的身体或财产受到损害。这类补偿可能包括两种情形：其一，公民主动协助公务，受益人是国家和社会，故公民为此受到的损失应当完全由国家补偿；其二，公民见义勇为，受益人除了国家和社会外，通常还包括特定相对人。对于这种情形，除了国家应对见义勇为者奖励和补偿外，受益的特定相对人亦应对见义勇为者为其受到的人身或财产损害予以适当补偿。⑥

（4）行政机关为了公共利益征收或征用相对人财产，征收和征用有所区别：征收通常是所有权的转移，相应财产由相对人所有转为国家所有；征用则通常不转移财产所有权，行政主体只是对相对人财产"借用"（强制性）一段时间，用完以后仍归还相对人。这两种情况无论是哪种情况，行政主体都应对相对人受到的损失予以适当补偿。⑦

（5）国家组织实施的有高度危险性的工程和相关活动致使公民受到人身伤害或财产损失。如核电站的修建和运作，化学物品的生产、运输和存放，监狱和精神病院的管理等，都可能（不是必然）因各种原因使个别或部分公民受到某种损害。

（6）行政机关根据政策的需要撤销或改变自己原已作出的行政行为，导致相对人利益的损害。例如，行政机关为了改善生态或生活环境，决定提高特定地区的环境标准，为此撤销原发给相对人的某种生产或采矿许可证，相对人因此停产停业可能造成重大财产损失（如前述案件的情形）。

（7）部队军事训练、军事演习导致相应地区部分个人、组织的财产损失，甚至导致个别人身损害。军事行政补偿包括两种情况：一是对战时军事行为致害的补偿；一是对平时军事训练、军事演习行为致害的补偿。一般行

---

⑥ 关于对"见义勇为"行为的奖励、补偿、救济，很多地方省、自治区、直辖市已制定或准备制定专门的地方性法规加以规范，许多学者、专家和人大代表呼吁全国人大或全国人大常委会制定专门法律加以规范。

⑦ 2011年，国务院已制定《国有土地上房屋征收与补偿条例》对国有土地上房屋的征收补偿加以规范。目前，国务院正准备制定有关集体土地和集体土地上房屋和其他附着物征收的《补偿条例》。

政补偿法只调整后一种军事行政补偿,对前一种军事行为致害,并非所有国家都予以补偿,对此予以补偿的国家,通常也只是在战后制定特别补偿法规定专门的补偿范围和补偿标准。

四、行政补偿的程序

行政补偿可适用行政程序和司法程序两种程序,但行政程序应为司法程序的必经前置程序。

(1) 行政程序。行政程序可包括相对人向行政机关申请和行政机关受理、书面审查相对人的申请或当面听取相对人陈述和接受相对人有关证据材料(必要时可举行听证)、作出给予补偿或不予补偿的决定、向相对人送达决定书和告知相对人不服决定的救济途径等步骤。此外,某些行政补偿(如公民协助公务和见义勇为的补偿)也可不经相对人申请而由行政机关主动发给相对人。如行政机关不主动发给,相对人亦可自行申请。

(2) 司法程序。司法程序不是必经程序。相对人如接受行政机关就其补偿申请作出的决定即不再引起司法程序,只有相对人不服行政机关就其补偿申请作出的决定时方引起司法程序。司法程序即相对人向人民法院提起行政补偿诉讼。行政补偿诉讼一般适用行政诉讼程序,但有关行政补偿的法律、法规可补充规定某些特别程序。

五、行政补偿的标准

行政补偿标准可参照行政赔偿的标准,以补偿相对人的实际损失为原则。但具体领域、具体事项的补偿标准,应以单行法律、法规规定,而不宜作统一的相同规定。例如,对被征用土地的人的补偿与对因采取分洪措施而受到损失的人的补偿就不应适用相同标准;对因见义勇为受伤的公民的补偿与对因公共设施出现意外损害而致伤的公民的补偿亦不宜适用同样的标准。[8]

六、建立行政补偿制度的立法思路

行政补偿立法宜采取基本法和单行法并举的模式,即由基本法统一规定行政补偿的基本原则、基本范围、基本程序和基本标准,另由单行法规定特定领域、特定事项的具体范围、具体程序和具体标准。制定行政补偿的单行法是必要的,这也是许多国家的通行做法。但是制定统一的行政补偿基本法也同样是必要的。否则就会发生不公平的现象:同样是因为公共利益受到的损害,有的能够得到补偿,有的却不能得到;有的能够得到很高的补偿,有的补偿标准却非常之低。为了保障公正,许多国家通过宪法规定补偿的基本原则。如美国《宪法》规定,凡私有财产,未有适当补偿,不得征为公用。[9] 法国《人权宣言》规定,财产是神圣不可侵犯之权利,除非有合法认定的公共利益的需要,且预先予以公正的补偿,任何人的财产不得剥夺。[10] 有的国家更是通过专门的国家赔偿或补偿法确立行政补偿的一般原则、范围和标准。例如,德国《国家赔偿法》规定行政相对人因财产被征收或因公共利益遭受损失时享有对公权力机关的补偿请求权:"行政干预导致征收(相对人)财产或(相对人)因公益遭受损失时,公权力机关应承担同违法侵害基本权利一样的(补偿)责任。"[11]

我国目前已经制定了《国家赔偿法》,但没有制定行政补偿基本法,且《国家赔偿法》对行政补偿的问题没有作任何规定,结果使许多行政管理领域的行政补偿问题无法可依。虽然个别单行法对某些行政管理领域的行政

---

[8] 目前行政补偿的标准普遍较低,如土地、房屋征收补偿标准 2011 年前远低于土地、房屋的市场价。这种情况曾导致被征收人自焚等悲惨事件。2011 年国务院《征收补偿条例》发布后,城市的情况有所好转,但城市郊区和农村的问题仍然存在,迫切需要制定和修改相应法律、法规。
[9] 见美国《宪法》第五修正案。
[10] 见法国《人权宣言》第 17 条。
[11] 见德国《国家赔偿法》第 14 条。

补偿问题做了规定,但范围、标准不一。[12] 在这种情况下,许多行政相对人因社会公共利益而受到的损失,有时甚至是生命、健康或重大财产利益的损失,得不到适当补偿或得不到任何补偿。这是很不公正的。怎么解决这个问题呢?解决这个问题可以有三种途径:一是在《国家赔偿法》之外制定统一的行政补偿法,统一规定行政补偿的范围、条件、标准、程序以及补偿机关和补偿申请人等;二是不制定统一的行政补偿法,仅分别制定和完善各不同行政管理领域的单行行政补偿法;三是在修改《国家赔偿法》时将行政补偿的基本问题(包括基本原则、基本范围、基本程序、基本标准等)在该法中附带作出规定,并同时抓紧制定和完善各单行行政补偿法。我倾向于第三种思路,因为按第一种思路立法可能难度很大,需要很长的时间。按第二种思路难于解决立法不公平的问题。而按第三种思路至少有四个好处:其一,难度小,能在较短时间内完成;其二,能为单行立法提供统一标准,保障公平和公正;其三,能尽快解决目前许多行政补偿无法可依的问题,如果我们能在《国家赔偿法》中对行政补偿作出原则规定,即使特定领域、特定事项没有相应补偿问题的单行法,相对人的补偿问题也可以根据这些原则获得不同程度的解决,至少可以促使问题的解决,或促使相应单行法的制定、修改和完善;其四,如果今后需要制定专门的统一的行政补偿法,这些原则规定也可以为之积累经验。据此,本人建议立法机关尽快修改《国家赔偿法》,在该法中增设行政补偿专章(或专节,至少专条),规定行政补偿的基本制度,以尽快解决目前许多公民个人和组织合法权益因公共利益受损而得不到适当救济的不公正的问题。

原载《法学杂志》2001 年第 5 期

---

[12] 如我国《土地管理法》、《防洪法》、《国有土地上房屋征收与补偿条例》等。

突发事态下行政权力的规范

国家处于紧急状态下,政府还要不要遵守法律,还要不要依法行政,行政权的行使还要不要受法律的拘束?如果上述问题的答案是肯定的,那么,政府在紧急状态下守法和依法行政以及法律对行政权的拘束与在平时有无区别?如有,有何区别?对于上述两个层面的问题,专制理论、传统法治理论和现代法治理论及其实践所给予的答案是不同的。对于第一个层面的问题,马基雅维里认为,在国家遭到危机之时,政府根本不必去顾及法律,应径以国家之生存及安危为主要目的,采行一切措施。事实上,在专制制度下,统治者平时即视法律为一种治民工具,认为对其有用时即用,对其无用时则弃之一旁。在发生紧急情况时,自然更不会拿法律当回事,使其行为受法律之拘束。但是,在历史进入法治时代以后,守法、依法则成为政府一切行为的准则。戴雪指出,在英国这样的法治国家,英王的臣仆(政府及政府官员),乃至英王,均受治于国法之下,所有政府部门及其官员的行为,皆受法律拘束。不过,在国家出现外敌入侵、国内动乱或发生其他紧急情况时,政府可以中止法律的执行,其行为可不受法律的拘束。1799年法国《宪法》甚至授权政府在紧急状态下可以宣布暂时停止宪法条文的适用。显然,根据传统的法治理论和实践,政府在紧急状态下可以在法外行使权力,其行为可以不受法律拘束。政府在紧急状态下享有如此权力对于有效、及时组织和运用国家各种资源,采取强有力的措施,尽快消除危险,度过危机的作用无疑是巨大的。但是,这种权力对于国民的基本人权,对于法治,同样无疑是一种极大的威胁。毛雷尔在讲到法律保留原则时说,对突然出现的情况,如自然灾害、特别是经济危机,不需要(事先)授权。在特殊的"紧急情况"下,人们可能接受补充性的行政权限,但不得以实际情况为由废除法律原则。否则,人们的基本权利就将失去防御。韦德也认为,在法治社会里不应存在无限制的权力,不受任何法律约束的自由裁量权必然导致滥用。根据这些理论,自20世纪以来,许多国家开始制定专门的紧急状态法和在各种有关的行政管理法中规定紧急状态下行政权行使的特别条款,将紧急状态下政府行为纳入法治的范围,使政府的紧急权力接受法律的拘束和规范。

那么,我们接着就考察和研究上述第二个层面的问题:在现代法治社会,紧急状态下政府的行政权力与平时政府的行政权力有何区别,现代法律是如何规范紧急状态下行政权的行使的。考察一些法治发达国家的经验和我国目前正在积累和形成的经验,现代法律对紧急状态下的行政权主要从以下五个方面加以规范:

其一,通过紧急状态法和其他有关法律确定政府紧急权力的范围和边界。一方面,法律对于政府在紧急状态下有效、及时处理各种突发事件,应对危机所必须具有的权力,事前都尽可能加以详尽、明确的列举规定,如制定和发布具有限制人身自由的强制措施和处罚的条例、决定、命令的权力,作出对疫区实施封锁、对被污染水源实施封闭的决定的权力,命令停止集市、集会、停工、停业、停课,征用房屋和交通工具,以及强制疏散、强制隔离、强制检疫、强制治疗的权力等。现代法治不允许法律不加限制地交给政府一张空白支票,让政府在紧急状态下任意确定自己行使何种权力。另一方面,法律同时严格确定政府紧急权力的边界,如政府不得限制紧急状态法和其他有关法律没有授权其限制的公民的基本权利和自由,现代法治不允许法律授予政府无边界、无限制的紧急权力。

其二,通过紧急状态法和其他有关法律明确规定政府的职责。现代法治对紧急状态下政府行为的规范有两个方向:其一是确立其紧急权力的范围和边界,防止其无限扩张其紧急权力和滥用紧急权力;其二是确定其处紧急事件的职责范围,防止其应对紧急状态失职、不作为。如法律规定政府在突发紧急事件出现后,应迅速制定应急预案,组织突发事件信息的收集、分析、报告和发布,采取对突发事件现场予以控制、紧急救助遇难、遇险、致病、致伤、致残人员以及防止危害扩大等各种措施,组织应急设施、设备、救治药品、医疗器械及其他物资和技术的储备和调度,等等。对于政府部门及其工作人员疏忽履行法定职责的不作为,法律对之规定了严格的责任追究机制。

其三,通过紧急状态法和其他有关法律确定政府行使紧急权力的条件。在紧急状态下,政府虽然享有比平时更多且更具强制性的权力,但是,法律授予政府这些权力是附条件的。例如,根据法国《宪法》规定,政府只有在下述条件下才能行使紧急权力:在共和国制度、国家独立、领土完整或国际义务的履行遭受严重、急迫的威胁,且宪法机关的活动不能正常进行时,总统经与总理、两院议长商议,向全国宣告实施紧急措施。又如,我国《传染病防治法》在授予公安部门可协助治疗单位对法定相对人采取强制隔离措施的权力时,同时规定了下述具体条件:一是隔离对象应是甲类传染病病人和病源携带者或乙类传染病中的艾滋病病人、炭疽中的肺炭疽病人;二是隔离对象拒绝隔离治疗或隔离期未满擅自脱离隔离治疗。如果政府和政府部门违反法定条件行使权力,即构成滥用权力,将因此被追究法律责任。

其四,通过紧急状态法和其他有关法律确定政府行使紧急权力的程序。法律在授予政府紧急权力时,除了同时明确规定其行使相应权力的条件外,还同时严格规定其行使程序。如意大利《宪法》规定,在法律明确规定的且刻不容缓的情况下,警察机关得采取限制人身自由的临时预防措施,但该措施须于48小时内通知司法机关并申请其批准,如在48小时内未获司法机关批准,则视为该措施已被取消。警察机关应解除对相对人的人身自由限制。此外,在绝对紧急而司法机关又不可能及时干预的情况下,司法警察得对定期出版物实行查封,但须在24小时内报告司法机关并申请其批准,如在24小时内未获司法机关批准,则视为该查封已被取消。我国《传染病防治法》亦规定,传染病暴发和流行地政府在必要时可限制或停止集市集会,封闭被污染的公共饮用水源,但采取这些措施须报经上一级地方政府决定。政府或政府机关行使紧急权力违反法定程序将导致行为无效,并要对此种无效行为承担法律责任。

其五,通过各种相应法律规定政府行使紧急权力的目的。现代行政法规范和控制政府权力的重要方式之一即是在法律授予政府权力时明确规定授权的目的,在授予政府紧急权力时尤其如此,以制约政府机关及其工作人员在法定目的范围内行使所授权力,防止其滥用紧急权。例如日本《警察法》在授予警察处理紧急事态以各种相应权力时,为保障这些权力和警察的其他权力的正当行使和不被滥用,即在该法第1条明确规定,本法的目的是保护个人的权利和自由,维护公共安全与秩序。以及为保障以民主观念为基础的警察管理工作和有效地完成其任务。相对人如认为警察机关行使紧急权力的行为违背此目的,可向法院提出控告。我国国务院2003年5月9日发布的《突发公共卫生事件应急条例》在规定政府应对突发事件各项权力时,亦在第1条明确该条例的制定目的是为了有效预防、及时控制和消除突发公共卫生事件的危害,保障公众身体健康与生命安全,维护正常的社会秩序。政府在行使该《条例》所授紧急权力时,其行为必须符合该立法目的。否则将构成违法,并可能因此而被追究法律责任。

总之,根据现代法治的理论和实践,政府在紧急状态下虽然可行使较平时更多、更广泛和更具强制性的权力,但这种权力必须受法律的规范和控制,使之既能保障政府有效地应对危机,又能防止和尽量避免相应权力被滥用和对公民基本权利、自由的侵犯。

原载《法制建设》2003年第3期

第五编

行政法的发展目标与路径

引　言

21世纪,中国经济、政治、社会均处在重要的转型时期,中国的法治、中国的行政法治自然也处在转型时期。不过,中国的法治、中国的行政法治在20世纪末刚刚起步。刚起步就转型,似乎不可思议。但历史却确实如此:一方面,中国的法治、中国的行政法治在20世纪末起步时必须补传统法治、传统行政法治的课,因为没有传统法治、传统行政法治的基础,现代法治、现代行政法治不可能建立起来;另一方面,中国的法治、中国的行政法治一起步就处在世界行政法已经开始转型和"新行政法"已经产生和发展的时期,因而中国的法治、中国的行政法治不能不同时转型,同时发展"新行政法"。

在这种历史条件下,我们研究和设计中国行政法发展的目标和路径,就必须既考虑世界各国民主和法治发展的现状和发展趋势,也考虑中国转型社会的特征,考虑中国行政法治当下应该和可能推进的突破点和未来发展的方向。从战略角度和顶层设计言,我们必须把握建设法治国家、法治政府的总体目标,研究和探讨中国行政法治与中国社会、经济、政治互动,促进公民权利、自由和福利实现的整体路径;从战术角度和阶段性规划言,我们应该从现实国情出发,研究和探讨中国当下行政立法、行政执法、行政法制监督、行政法律救济可能的变革和创新,逐步推进行政公开、公正、公平、公民参与,与有限政府、责任政府、透明政府以及高效、廉洁政府的建设,争取一年上一个小台阶,十年上一个大台阶,分阶段、有步骤地,但同时又是积极和坚韧不拔地推进既定目标的实现。

本编共收文八篇,主要阐述笔者对行政管理体制改革、行政程序立法、完善行政救济机制和构建和谐社会的观点、主张。

在《行政管理体制改革的目标、任务和路径选择》一文中,笔者提出,行政管理体制改革包括广义的行政管理体制改革和狭义的行政管理体制改革两个层面。行政管理体制改革的目标、任务和路径选择涉及对政府系统内部相互之间关系以及政府外部关系的全面调整和变革。政府内部关系又包括中央政府与地方政府的关系、政府部门相互之间的关系以及政府部门内部的关系三个层面;政府与外部的关系则包括政府与被管理者行政相对人的关系、政府与社会的关系以及政府与权力机关、司法机关乃至执政党的关系三个层面。狭义的行政管理体制改革只涉及政府内部关系的变革,即政府本身机构的设置和职能、权限划分。广义的行政管理体制改革则涉及以上所有六个层面关系的调整和变革。此种广义的行政管理体制改革与政治体制改革和经济体制改革密切相联,是一种全方位的改革。要搞好这样广泛和深入的改革,特别需要我们正确认识和处理好以下四对关系:一是"有限政府"与"服务政府"的关系;二是保障行政高效、快捷与防止过分集权、滥权的关系;三是改革与法治的关系;四是改革"摸着石头过河"与制定改革规划的关系。

在《行政程序:对传统控权机制的超越》一文中,笔者提出,行政程序作为现代法治的控权机制,是对传统法治控权机制的超越:它可避免传统实体控权机制的僵硬、死板,既不过于束缚政府行为的手脚,又可防止政府实施行政行为的恣意、滥权;有利于充分调动行政相对人参与国家管理、参与行政行为的积极性,避免传统法治"以权力制约权力"的局限性;有利于改进政府内部运作机制,提高行政效率;有利于事前、事中纠错,尽量避免给行政相对人和社会公众造成不可挽回的损失。

在《制定行政程序法应正确处理的几对关系》一文中,笔者提出,制定《行政程序法》是建设法治国家、法治政府的一项基础工程。要设计和实施这一工程必然要涉及多方面、多层次的各种各样的问题,要处理多方面、多层次的各种各样的关系,其中最重要的,影响乃至决定该法性质、功能、作用和调整范围的问题主要有下述八对关系:其一,统一法典与单行法的关系;其二,程序法与实体法的关系;其三,规范具体行政行为与规范抽象行政行为的关系;其四,规范外部行政行为与规范内部行政行为的关系;其五,规范行政行为与规范行政救济行为的关系;其六,规范权力性行政行为与规范非权力性行政行为的关系;其七,规范国家公权力行为与规范社会公权力行为的关系;其八,规范行政机关公权力行为与规范其他国家机关公权力行为的关系。本文就如何正确处理此八对关系,阐述了笔者的基本观点、主张及其理由和根据。

在《行政诉讼功能和作用的再审视》一文中,笔者提出,我国目前正处在各种社会问题、社会矛盾易发和多发的时期。如何解决这些不断出现的社会矛盾和社会问题,有两种思路:一是运用打压和安抚相结合的人治思维和人治手段;一是运用依法行政、依法解纷、依法监督和依法救济的法治思维和法治手段。要运用法治思维和法律手段解决经济社会发展中的突出矛盾和问题,我们不可不再度审视行政诉讼的功能和作用。行政诉讼最重要的功能和作用即是解纷、监督和救济。要有效发挥行政诉讼的此种功能和作用,并处理好行政诉讼与改革、发展、稳定的关系,必须树立法治平衡理念,运用法治平衡原则指导行政诉讼中的解纷、监督和救济。

在《〈行政强制法〉的基本原则和行政强制设定权研究》一文中,笔者提出,《行政强制法》的通过和施行是我国人权保障和法治建设的一件大事,是推进我国法治国家和法治政府建设进程的重要举措,《行政强制法》设计和体现的基本原则(平衡原则、比例原则、行政强制法定原则、教育与强制相结合原则、正当法律程序原则和救济原则)既指导该法整体法律制度的设计和具体法律规则的制定,也将在该法正式施行后指导执法者对该法所确立的规范和制度的实施。《行政强制法》遵循平衡原则、比例原则和行政强制法定原则的要求,对法律、行政法规和地方性法规的行政强制设定权进行了科学的配置,此种科学配置有利于最大限度保障行政强制法立法目的的有效实现:既有效保障和监督行政机关依法履行职责,维护公共利益和社会秩序,又切实保护公民、法人和其他组织的合法权益不至于被行政机关滥用行政强制权侵犯。

在《完善行政救济机制与构建和谐社会》一文中,笔者提出,我们现行的行政救济机制存在诸多缺陷,很不完善,这个机制与构建和谐社会的需要不相适应。因此,对这个机制必须适当改造,尽可能地消除这个机制存在的缺陷,完善这个机制。笔者认为,改造和完善我国现行行政救济机制的主要途径有三:一是加大改革力度;二是加快立法步伐;三是提高整个国民素质,改善行政救济机制运行的环境。改革不仅仅是指法律制度的改革,还应该包括政治体制和社会运行机制的改革;立法不仅仅是指制定新法律,而且指修订完善现有法律,甚至后者比前者更为重要;至于提高整个国民素质,改善行政救济机制运行环境,则是完善行政救济机制,提高行政救济效能的长远的和根本性的措施。

在《依法行政的重大进展与进一步推进的任务、措施》一文中,笔者提出,自国务院《全面推进依法行政实施纲要》(以下简称《纲要》)发布以来,我国在推进依法行政方面取得了以下五个方面的进展:其一,初步形成了作为依法行政基础的行政法体系。其二,政府职能转变和行政管理体制改革取得初步成效。其三,行政决策民主化、科学化和规范化的机制和制度正在形成和建立。其四,行政执法行为的传统范式逐步转换,一种合作式、互动式、服务式的新的行政执法范式正在逐步形成。其五,行政法制监督得以加强,行政问责制逐步健全和完善。自《纲要》发布以来,我国在推进依法行政,建设法治政府方面取得的成绩和进步是巨大的和有目共睹的。但是,与《纲要》确定的七项目标和六项基本要求相比,目前各地各部门在推进依法行政,建设法治政府方面还存在的诸多问题和障碍。这些问题和障碍主要有以下四个方面:一是观念方面的;二是体制和机制方面的;三是具体运作制度方面的;四是人员素质方面的。笔者认为,从现实中反映出的种种问题看,我国离《纲要》确定的依法行政,建设法治政府的目标还有相当大的距离。要克服现存的困难和障碍,实现或基本实现《纲要》预定的目标,必须着力采取以下四项措施:其一,进一步加强行政法立法,完善行政法的体系;其二,通过多种途径,努力培养各级领导干部和全体公职人员依法行政的理念;其三,加快体制、机制和制度改革,不断营造在发展、改革、创新中坚持依法行政、推进依法行政的社会环境;其四,坚持形式法治和实质法治的结合,既追求"有法可依,有法必依,执法必严,违法必究",又追求"良法之治"。

在《论行政裁量权及其法律规制》一文中,笔者提出,行政裁量权是行政权的重要组成部分。法律规范和控制行政权,最重要和最核心的任务是规范和控制政府的行政裁量权。为此,我们必须探讨:行政机关和行政执法人员在什么事项上享有行政裁量权？行政裁量权对于行政管理为什么必要？对行政裁量权为什么要进行规范和控制？怎样规范和控制行政裁量权？本文对这些问题逐一进行了研究和探讨。

行政管理体制改革的目标、任务和路径选择

胡锦涛总书记《高举中国特色社会主义伟大旗帜，为夺取全面建设小康社会新胜利而奋斗——在中国共产党第十七次全国代表大会上的报告》(以下简称《十七大报告》)和温家宝总理《在第十一届全国人大一次会议上所作的政府工作报告》(以下简称《政府工作报告》)都对行政管理体制改革的目标、任务和路径选择做了全面、系统而深刻的论述。

《十七大报告》提出的改革目标是：着力转变职能、理顺关系、优化结构、提高效能，形成权责一致、分工合理、决策科学、执行顺畅、监督有力的行政管理体制。《十七大报告》提出的实现上述改革目标的路径和改革任务有七：(1) 健全政府职责体系，完善公共服务体系，推行电子政务，强化社会管理和公共服务；(2) 加快推进政企分开、政资分开、政事分开、政府与市场中介组织分开，规范行政行为，加强行政执法部门建设，减少和规范行政审批，减少政府对微观经济运行的干预；(3) 规范垂直管理部门和地方政府的关系；(4) 加大机构整合力度，探索实行职能有机统一的大部门体制，健全部门间协调配合机制；(5) 精简和规范各类议事协调机构及其办事机构，减少行政层次，降低行政成本，着力解决机构重叠、职责交叉、政出多门的问题；(6) 统筹党委、政府和人大、政协机构设置，减少领导职数，严格控制编制；(7) 加快

推进事业单位分类改革。①

《政府工作报告》以"改革总的原则和要求"的表述对《十七大报告》提出的改革目标予以了细化和完善:坚持以人为本、执政为民,坚持同发展社会主义民主政治、发展社会主义市场经济相适应,坚持科学民主决策、依法行政、加强行政监督,坚持管理创新和制度创新,坚持发挥中央和地方两个积极性。要着力转变职能、理顺关系、优化结构、提高效能,形成权责一致、分工合理、决策科学、执行顺畅、监督有力的行政管理体制。《政府工作报告》将改革的任务和路径具体概括为下述四项:(1)加快转变政府职能;(2)深化政府机构改革;(3)完善行政监督制度;(4)加强廉政建设。②

《十七大报告》和《政府工作报告》确定的行政管理体制改革的目标、任务和路径选择涉及对政府系统内部相互之间关系以及政府外部关系的全面调整和变革。政府内部关系包括中央政府与地方政府的关系、政府部门相互之间的关系以及政府部门内部的关系三个层面;政府与外部的关系包括政府与被管理者行政相对人的关系、政府与社会的关系以及政府与权力机关、司法机关乃至执政党的关系三个层面。狭义的行政管理体制改革只涉及政府内部关系的变革,即政府本身机构的设置和职能、权限划分。广义的行政管理体制改革则涉及以上所有六个层面关系的调整和变革。两个报告,特别是《十七大报告》,所确定的行政管理体制改革任务显然是广义的行政管理体制改革,如《十七大报告》提出的改革任务即包括统筹党委、政府和人大、政协机构设置和加快推进事业单位分类改革,这显然超出了政府内部关系调整和变革的范围。

本文探讨行政管理体制改革将以广义的行政管理体制为视角,即全面研究政府内外六个层面关系的调整和变革。尽管狭义行政管理体制改革也许是行政管理体制改革的重点,广义的行政管理体制改革更多涉及的是政治体制改革的内容。但是,狭义的行政管理体制改革我们已经进行了二十

---

① 《十七大报告》并没有明确指出上述哪些要求是改革目标,哪些要求是实现改革目标的路径和改革任务,上述区分是笔者的分析和概括。参见胡锦涛:《高举中国特色社会主义伟大旗帜,为夺取全面建设小康社会新胜利而奋斗——在中国共产党第十七次全国代表大会上的报告》,载《人民日报》2007年10月25日。

② 具体内容参见温家宝:《在第十一届全国人民代表大会第一次会议上的政府工作报告》,载《人民日报》2008年3月20日。

多年了,今天我们进行的改革已经触及许多深层次的问题,触及不少属于政治体制性质的问题。我们到现在如果还不下决心解决这些深层次的问题,不同时进行政治体制改革,狭义的行政管理体制改革就无法再继续进行下去了。因此,我们今天要进行的改革和本文要研究的改革无疑是具有一定政治体制改革内涵的广义的行政管理体制改革。我们下面的讨论将从政府外部关系开始,先研究政府外部关系三个层面的调整和变革,然后再进入政府内部关系,探讨政府内部关系三个层面的调整和变革。

一、政府与行政相对人关系的调整和变革

政府与行政相对人关系主要涉及两个问题:一是政府管什么;二是政府怎么管。前者是转变政府职能的问题,改革的方向主要是强化被管理者自治、自主,减少政府的干预,特别是减少政府对公民、法人和其他组织内部事务的微观干预,构建有限政府;后者是转变政府管理方式的问题,改革的方向主要是确立以人为本,实行公开、公正、公平和社会公众参与的民主方式。

人民创立政府,究竟需要政府干什么? 人们有各种不同的答案,有人认为政府的功能应限于或主要只是提供安全和秩序,保护公民和平的生活和免受他人的侵犯,行政相对人私人的事应尽量少管或不管③;有人则认为,政府除了提供安全和秩序外,其最重要的功能应是提供公共服务,如交通、邮政、电力、自来水、煤气等,政府对行政相对人提供的服务越多越好。④

对于政府应该干什么、管什么,新中国成立以后的历届人民政府对此曾有过很多探索、走过很多弯路。20 世纪六七十年代,我们曾认为政府的主

---

③ 古典自由主义学者认为,政府相当于一个"守夜人"的角色,其功能仅限于保护公民免遭暴力、偷窃欺骗之害,并强制实行契约等。他们提倡所谓"最弱意义的国家"、"管事最少的国家"、"最低限度的国家",即除了保护性功能之外再无其他功能的国家。参见〔法〕莫里斯·奥里乌著:《行政法与公法精要》,龚觅译,辽海出版社、春风文艺出版社 1999 年版,第 4—6 页;〔美〕罗伯特·诺齐克著:《无政府、国家与乌托邦》,何怀宏等译,中国社会科学出版社 1991 年版,第 35 页。

④ 狄骥认为,19 世纪下半叶以后,政府的功能已由战争、治安与司法向公共服务转化,政府必须使用它们所拥有的力量服务于公众需要和公民的生活需求(如邮政、铁路、交通、照明等),公共服务是现代国家的基础。参见〔法〕莱昂·狄骥著:《公法的变迁,法律与国家》,郑戈、冷静译,辽海出版社、春风文艺出版社 1999 年版,第 12—13 页。

要职能是领导人民搞阶级斗争,"阶级斗争,一抓就灵";20世纪80年代以后,我们曾认为政府的主要职能是领导人民搞经济建设,"发展是硬道理",提高GDP是最重要的任务;20世纪末21世纪初以来,我们的认识又有所发展,开始认为政府主要职能是经济调节、市场监管、社会管理和公共服务[5];近年来则进一步修正为:在加强和改善经济调节、市场监管的同时,更加注重社会管理和公共服务,维护社会公正和社会秩序,促进基本公共服务均等化。[6] 显然,这是一个认识不断深化、不断校正的过程,今天我们进行的行政管理体制改革无疑应根据对"政府应该干什么、管什么"的这种经过大量试错而校正的正确认识,调节和转变政府的职能。

政府与行政相对人关系涉及的另一个重要问题就是政府怎么管,即政府行为方式的问题。传统公法学认为,政府与行政相对人的关系是不平等的法律关系,是一种命令—服从关系,政府下达指示命令,行政相对人服从;行政相对人违反政府的指示命令,政府依国家强制力对之采取强制或处罚措施。[7] 而根据现代公法学理论,政府与行政相对人权利义务虽然不对等,但双方在总的法律地位上是平等的,在政治上,政府和政府公职人员是公仆,行政相对人是政府的服务对象,二者是合作的关系。由于公法学理论的这种变迁,,政府的行政管理方式也开始发生重大变化,传统的高权性管理手段如行政强制、行政处罚、行政许可、行政征收等,越来越受到法律的限制和规制,新的柔性管理手段如行政指导、行政合同、行政调解、招拍挂、BOT等在行政管理中得到越来越多的应用。因此,很显然,更多地引进公开、公正、公平和社会公众参与的民主方式无疑应成为目前正推进的行政管理体制改革的重要内容。

---

[5] 参见国务院:《全面推进依法行政实施纲要》,中国法制出版社2004年版,第5页。
[6] 参见温家宝:《在第十一届全国人民代表大会第一次会议上的政府工作报告》,载《人民日报》2008年3月20日。
[7] 参见〔苏联〕瓦西林科夫主编:《苏维埃行政法总论》,姜明安等译,北京大学出版社1985年版,第3页;王珉灿主编:《行政法概要》,法律出版社1983年版,第5—6页。

二、政府与社会关系的调整和变革

政府与社会的关系在行政管理体制改革方面主要涉及的是管理主体，即谁来管的问题。在传统的行政管理体制下，政府是公共事务的唯一的或几乎唯一的主体，是公共物品唯一的或几乎唯一的提供者。人们几乎把政府与公权力等同，很少有人想象政府之外还有其他公权力——社会公权力——的存在。⑧ 在计划经济时代，虽然也有工、青、妇和数量很少的协会、商会和其他社会组织存在，但它们基本依附于政府，很少能独立行使管理社会公共事务的职能。⑨ 但是，随着市场经济的发展，各种行业协会和商会开始大量出现。人们逐步认识到，社会公共事务并非只有政府能够管理，社会同样可以具有管理公共事务的功能。公权力不一定都必须由国家、政府垄断，广义的公权力除了国家公权力以外，还包括国际公权力和社会公权力。有些社会公共事务，由 NGO、NPO 等社会组织、团体管理可能比政府管理更好，更有效。因为社会公权力组织处在其成员的直接参与和直接监督之下，较少可能滋生官僚主义和腐败。正因为如此，我们确定的政府与社会关系的改革方向应该是政府职能更多地向社会转移。许多行政管理事项和公共物品，虽然必须由公权力组织提供，但不一定非要由政府提供，完全可以由民间的社会组织、团体，如律师协会、注册会计师协会、医师协会、村民委员会、居民委员会、工会、妇联、民间环保组织等社会公权力组织提供。我国《行政许可法》明确规定，凡是行业组织或者中介组织能够自律管理的事项，法律可以不设行政许可，政府应逐步从这些领域退出。十一届全国人大一次会议的《政府工作报告》也明确指出，要重视发挥行业协会、商会和其他社会组织的作用，促进公民社会的成长。然而，在我们现行的行政管理体制下，许多事项、许多领域还是政府管得太多，社会公权力组织自律管理的范

---

⑧ 关于"社会公权力"，可参阅姜明安主编：《行政法与行政诉讼法》（第三版），北京大学出版社、高等教育出版社 2007 年版，第 138—148 页。

⑨ 关于中国公民社会组织的历史发展情况，可参阅王建芹著：《第三种力量——中国后市场经济论》，中国政法大学出版社 2003 年版，第 163—240 页。

围太小、太窄。因此,下一步的改革应是加快发展NGO、NPO等社会公权力组织,推进政府公权力向社会转移。

三、政府与权力机关、司法机关、执政党关系的调整和变革

政府与权力机关、司法机关、执政党的关系也是广义的行政管理体制改革的内容。《十七大报告》肯定了这一点。

政府与权力机关关系的调整变革首先要求保证政府权力来源的合法性。政府不能自己为自己确定职能和权力,因此必须加快行政组织立法,确保行政职权法定。其次,政府与权力机关关系涉及人大对政府重大问题决策权的制约,政府对国家管理重大事项的决策,包括重要政策的制定、重大建设项目的确定、内政外交重大问题的决定,都不能完全自己说了算,而要向人大报告,经过人大审议后定案。再次,政府与权力机关关系还涉及人大对政府的监督。人大对政府的监督应该是整个法律监督机制中最全面、最有力和最有效的监督。但是,过去我们的人大监督却远没有达到这种应然的状态,人大运作几十年以来,很少撤销政府违法、不当的规章或规范性文件,很少通过质询追究政府和政府部门负责人乱作为或不作为的责任,很少不通过政府请求审议的不适当的人事任免案和财政拨款案。毫无疑问,今后政府与权力机关的关系改革的方向应该是加大权力机关对政府制约、监督的力度,以确保我们政权的民主性质。

政府与司法机关关系的调整变革首先要求政府自律,不干预司法,以保障司法独立。其次,应进一步确立"有限政府"的原则。"有限政府"不仅是针对政府与行政相对人的关系而言的。在这种关系中,"有限政府"原则要求政府不要管得太宽、管得太多、不要干预相对人自治范围内的事;同时,"有限政府"也是针对政府与司法机关的关系而言的,在这种关系中,"有限政府"原则要求政府不要将手伸得太长,不要处理和裁决本应由司法机关处理、裁决的民事纠纷或行政争议,特别是公安机关不要应经济纠纷一方当事

人的要求对另一方当事人采取刑事强制措施,越权干预经济纠纷。[10] 再次,此种关系的调整改革要求扩大行政行为接受司法审查和司法监督的范围。行政权是国家权力中最广泛、最经常、最直接涉及公民权益的权力,是最易于发生腐败、滥权和侵权的权力,因此,特别需要最具正当法律程序的司法制约。但是,我国目前司法审查和司法监督的范围受限太多,抽象行政行为、内部行政行为、涉及公民受教育权、劳动权和知情权、参与权、表达权、监督权等政治权利的行政行为大多被排除在司法审查、司法监督之外。而要保障行政权的合法、有效运作,这种情况亟须改变。

政府与执政党关系的调整变革的最重要的要求是处理好党的领导与责任政府关系的平衡。社会主义的政治体制要求政府必须接受党的领导,实现严格依法行政与严格执行党的路线、政策、方针的统一。这就要求各级政府和各级党委明确各自的职责、权限和责任。各自对自己的行为(领导行为和执行行为)负责,包括负法律的、政治的和道义的责任,以避免过去某些"一把手"享有和行使国家公权力性质的权力却不承担法律责任和政治责任(仅在党内承担责任)的体制失衡现象。当然,政府与执政党关系关涉中国特色政治文明如何架构,是比较宏大的问题,需要不断探索。但是,通过一定的法律文件(硬法或软法)明确党委和政府二者各自的职责、权限划分以及它们各自违法、不当行使公权力的责任和对之进行责任追究的方式对于改革、理顺现行行政管理体制来说,恐怕是现在就应该和可以着手做的事情。

在研究了广义行政管理体制改革涉及的政府外部三个层面的关系后,现在我们来探讨狭义行政管理体制改革涉及的政府内部关系的三个层面的问题。

四、中央政府与地方政府关系的调整和变革

在现行管理体制下,中央政府与地方政府关系方面存在的主要的问题

---

[10] 这类案件曾多有发生,如《最高人民法院公报》1996 年第 1 期登载的黄梅县振华建材物资总公司诉黄石市公安局扣押财产及侵犯企业财产权案、中央政法委(1998)98 号文、全国人大内司委(2002)内司委办信函83 号文、最高人民法院(1998)法办 8 号均关注并发文督办的黄友元诉天津市公安局塘沽分局非法越权干预经济纠纷案等是较典型的案例。

是中央集权过多,地方政府自主权、自治权不够。这样,就导致了许多怪现象的出现:有权、有钱的不管事,管事的没有权,没有钱,逼得下面管事的人要么睁一只眼闭一只眼不管事,要么"跑部钱进"。当然,中央与地方的关系很复杂,在有些情况下,授予了地方政府各种权力后,地方政府又可能利用这些权力搞地方保护主义。例如,在环境管理领域,现在一些地方政府在其错误的政绩观和局部利益、短期利益的驱使下,往往牺牲环境、牺牲生态搞建设,当地的环保部门如对污染企业采取制裁措施或予以关闭,相应地方政府会立即加以干预,压环保部门撤销处罚,保护这些污染企业过关。这种情况表明,如在环保管理体制上不破除地方保护主义,中国的科学发展、可持续发展将没有希望,环境、生态的灾难将不可避免。对此,我们应如何改革,是否将环保管理体制从以地方管理为主改为中央垂直管理就能解决问题了呢?恐怕不一定。首先,中央政府在经济发展与环境保护的孰轻孰重方面同样存在着利益冲突,迫于财政和政绩的压力,同样可能作出重发展而轻环保的选择;其次,中央垂直管理可能影响地方环保部门积极作为的主动性,可能产生有权的看不到、管不了,看得到、管得了的没有权的问题。因此,像这一类管理事项,是否能借鉴国外的经验,通过法律直接赋予管理部门更多的独立性,使之能一定程度地减少政府(包括地方政府和中央政府)对其行使职权的干预,确保其行为不受政府短期利益的干扰?同样,像土地、矿产资源等管理事项,特别是涉及民族自治地区的土地、矿产资源管理,如何处理中央与地方的关系,恐怕需要更多的探索。中央政府部门与地方政府相应部门的关系,可能要根据不同情况采取不同的模式:有的应由中央垂直领导,有的则应由地方政府领导(中央政府相应部门指导),有的则应双重领导;在双重领导体制下,有的又应以中央相应部门领导为主,有的则应以地方领导为主;在部门与政府的关系中,有的部门应由政府直接控制(如政府组成部门),有的部门则应保持对于政府的相对独立性(如美国的独立规制机构[11])。总之,这些均应根据管理事项的不同性质和管理的不同目标确

---

[11] 关于美国的独立规制机构,王名扬教授曾在其著作《美国行政法》和《比较行政法》中归纳出若干特点:它们的职能在于规制某一方面的经济活动或社会活动;在法律上有一定的独立地位,不受政治的影响,其政策不受总统和内阁的控制(但事实上要受一定影响);它们享有准立法权和准司法权;它们的任期长于内阁部的任期(前者为5—7年,后者为4年),其负责人虽然由总统提名任命,但总统不能像对待部长一样对他们免职。参看王名扬著:《美国行政法》,中国法制出版社1995年版,第172—187页;《比较行政法》,北京大学出版社2006年版,第197—211页。

定,不能"一刀切"。

五、政府部门之间关系的调整和变革

在现行管理体制下,政府部门之间关系目前存在的主要问题是行政管理职能分散、交叉、重叠的现象严重。仍以环保管理为例:

> 执法的难点在于相关权力过于分散,从前有种说法叫"环保不下水,水利不上岸",环保部门在许多职能部门的管辖领域行使职权时,会面临有责无权的问题。大量与环保有关的职能分散在环保部门之外的十余个部门:外交部负责国际环保条约谈判,发改委负责环保产业、产业结构调整等政策制定、气候变化工作,水资源保护由水利部负责,林业局分管森林养护、生态保护,海洋局分管海洋环境保护,气象局负责气象变化、空气质量监测,农业部负责农村水、土壤环境保护,建设部分管城市饮用水、垃圾,国土资源部管理水土保持、国土整治、土壤保护,卫生部负责城市与农村饮用水卫生安全……龙多不治水,多家部门各自为政,人员和资金分散,环保结果的考核机制分散,导致环境保护这一系统性很强的领域被人为地割裂开来,极大地影响了环保效力。[12]

行政管理职能分散、交叉、重叠除了导致管理效率低下外,还造成部门之间争权夺利和互相推诿、互相扯皮的诸多问题:有利的事情(如收费、罚款等)各部门争着管,无利的事情(如社会救助、救济、弱势群体保护等)大家都不管。如过去劳动力市场和人才市场的部门分割问题导致有关部门为争管理权而对"劳动力"和"人才"作相互矛盾的解释,而民政部门对流浪人员救助管理与医疗救助管理的分割,导致流浪人员生病无人救助,互相推诿,结果使其死在街道上或救助站门口,我们的新闻媒体对这些问题过去多有报道,我们在各种研讨会上也多有所闻。这次大部制改革主要就是要解决这类问题,当然改革不能一步到位,大部的组合和职能的调整都不能毕其功于一役。

---

[12] 参见《新京报》2008年3月28日。

六、部门内部关系的调整和变革

在现行管理体制下,部门内部关系目前存在的主要问题是许多内部机构设置不尽合理,相互之间既缺乏有效的协调机制,影响管理效率,又不能形成有效的制约,最大限度地防止腐败和滥权。要解决这一问题,既要调整部门内部的纵向关系,也要调整部门内部的横向关系。就纵向关系而言,随着现代管理科学和电子信息技术的发展,过去的金字塔式的层级结构越来越多地向扁平式层级结构转化。内部层级减少,有利于政令畅通,行政首长能更快和更全面地掌握下情,从而更有效地掌控全局。就横向关系而言,随着大部制的实行,则有两个问题迫切需要解决:一是如何解决部门内综合性机构(如人、财、物、法制、监督等)与专业性机构的协调问题;二是如何解决部门内部因分工可能产生的特定专门机构的集权、专权和滥用权力的问题。为解决第一个问题,似应尽可能将专业性机构的共性问题集中于综合性机构处理,而综合性机构在处理专业性机构的共性问题时,又必须保证有相应专业性机构的参与,二者必须建立规范化的协调机制。为解决第二个问题,现在的改革正在探索将决策、执行、监督三权分立,三权相互协调和相互制约的机制引入部门内部。当然,在部内如何实行三权分立、协调、制约的机制需要实证研究。部门决策职能一般由行政首长和行政首长主持的部门负责人常务会议和全体会议承担,部内综合性机构(如法制机构)只是承担决策的咨询和辅助性职能,而非直接行使决策职能;部内专业性机构则直接承担执行职能,专业性机构往往又分为主要承担审批、许可职能的广义执法机构和主要承担检查监督和处罚职能的狭义执法机构;而相对于决策机构和执行机构的专门监督机构是专司对所有部内机构和公职人员监督职能的纪检、监察和督察机构,而非对行政相对人进行监督和机构,后者属于狭义的执法机构。

对部门内部承担上述三种职能的机构如何设置,使之形成部门内所有机构之间既相互协调、合作,又相互制约,既能保障行政管理效率,又能保障行政管理公正的机制,是行政管理体制改革的重要任务之一。

温家宝总理在《政府工作报告》中指出,行政管理体制改革是深化改革的重要环节,是政治体制改革的重要内容,也是完善社会主义市场经济体制的必然要求。改革开放以来,甚至在改革开放以前,我们都曾进行过一定范围、一定规模的行政管理体制改革,但那些改革在广度和深度上均不及我们正进行的行政管理体制改革。这次行政管理体制改革是与政治体制改革和经济体制改革密切联系,且同时推进的全方位的改革。要搞好这样广泛和深入的改革,特别需要我们正确认识和处理好以下四对关系:

一是正确认识和处理好"有限政府"与"服务政府"的关系。"有限政府"与"服务政府"本来是统一的:服务政府是为人民服务的政府,政府为民服务就应该精简机构、转变职能,减少人民的负担,不干预或少干预人民的私人事务,不干预或少干预人民的自由。但是我们如果对"服务政府"缺乏正确的认识,以为"服务政府"就是政府要把所有公共服务职能包下来,如社会保障、社会救济、公共交通、邮电、殡葬、保险等"公共物品",都由政府提供,不许民间染指,这实质上不是建设服务政府,而是与民争利。对于很多社会事务和公共服务,国外的经验大多是尽可能让民间去做,如民间做不了或不愿做,再由政府直接提供。服务政府主要解决的问题应是"为人民服务"的理念问题,保障政府的行为一切从人民的利益出发。公共服务能由民间提供的,政府既不要插手,更不能垄断。当然,对民间从事的公共服务,政府应加以规制、监管,包括制定标准和进行监督检查;对于某些公益事业,政府还应予以财政资助,以防止公益事业举办者向相对人收费过高。对于某些必须由政府提供的公共服务,政府则应完全以服务人民为目的,而不能以营利为目的,即使收费,也应以工本费为限。行政管理体制改革的历史经验证明,服务政府如果不以有限政府加以限制,其服务必然异化。

二是正确认识和处理好保障行政高效、快捷与防止过分集权、滥权的关系。"大部制"改革主要是解决行政效率问题。过去,在部门众多的情况下,行政管理职能分散、交叉、重叠,部门之间争权夺利和互相扯皮、互相推诿的现象严重,导致行政效率低下。但是,事情也有另外的一方面,过去部门之间的扯皮、博弈、讨价还价,对防止集权、滥权也可能有一定的作用。因为部门之间有制约,不能由一个机关,一个人或几个人说了算。现在实行大部制,一些部门合并了,部门之间争权夺利、扯皮、推诿的问题在很大程度上可以得到解决,但如何解决对集中后权力的制约,特别是对集中的行政决策权的制约,则是另外一个大问题。解决的办法除了实行决策、执行、监督"三权"分立和相互协调、相互制约外,更有效的措施恐怕是健全和完善正当法律程序。应加强行政相对人对行政行为,特别是政府决策行为的民主参与,强化公开、公正、公平原则及其相关制度。加强程序制约也许会对效率产生一定的负面影响,但这是为防止滥权、腐败必须付出的代价。而且,正当法律程序所牺牲的效率往往也只是一时一事的、局部的、短期的效率,从全局的和长远的目标来说,正当法律程序对于效率的作用应该是正面的和促进性的。[13]

三是正确认识和处理好改革与法治的关系。改革与法治既有统一的一面,也有矛盾和冲突的一面。加强法治是改革的目标和任务之一,改革(只要是遵循正确方向的改革)无疑会推进法治,而法治反过来又可以保障和促进改革,这是二者统一的一面;然而,法律具有相对的稳定性和普遍性,法不能过于频繁地废、改、立,不能因时、因地、因人搞过多的例外规定,而改革则具有不间断性,而且要根据具体时间、地点和对象设定具体的,可能有一定差别的改革方案和改革措施,特定的改革方案和改革措施不可能与法的具体规定完全一致(当然,改革不能突破法的基本原则和基本制度),这是二者矛盾和冲突的一面。改革与法治的这种矛盾和冲突应该通过立法机关适时地总结改革经验,不断纠正改革中的违法和不当的作为,以及通过对法律的适时(不是随时)废、改、立确立改革的有效成果而加以解决。就目前已进行和还在进行的机构改革来说,即应通过逐步进行行政组织立法将改革的成果相对固定下来,包括以法律、法规的形式确定各级政府和政府部门的机构、职能、编制等。过去我们改革不成功或"得而复失"的重要教训就是不重视法治,长期以"三定规定"的政府文件代替法。[14] 从短期来说,搞"三定规定"的政府文件是必要的,因为法具有相对稳定性,当某项改革还处在试验阶段还不成熟时,匆匆忙忙立法是不可取的。但从长远看,改革还是要以法规范和指导,并通过法律对改革成果加以固定和保障。因此,立法机关应逐

---

[13] 这一点完全可以从我国20世纪50年代末期的全面"大跃进"和改革开放以后一些地区大搞"政绩工程"的反面经验中得到证实。

[14] 所谓"三定规定"是指国家编制部门为各国家机关确定机构、编制和职能的文件,即定机构、定编制、定职能。这种三定文件过去叫"三定方案",2008年以后改称"三定规定",它实际代替行政组织法和发挥行政组织法的功能、作用。

步为地方各级政府(省、自治区、直辖市、市、县、乡、镇等)和国务院各部门制定相应的组织法(或条例)。[15]

四是应正确认识和处理好改革"摸着石头过河"与制定改革规划的关系。我们今天所进行的改革是一项无前人进行过的,无先例可循的事业。中国特色社会主义的政治文明应如何架构,中国特色社会主义的政治体制和行政管理体制应如何构建,我们面前没有任何现成的答案。而且,没有任何人可以身处改革之外和离开改革的过程事前设计和绘制出通往改革目标(改革目标本身就不是完全清晰和确定的)之路的具体明确的路线图和实施方案。因此,进行此种改革只能是探索,只能是"摸着石头过河"。但是,探索和"摸着石头过河"是不是就不应有一定的事前设计和规划呢?我们认为,一定的事前设计和规划还是应该有的,而且是不可缺少的。探索必须事前确定探索的目标和探索的大致步骤,"摸着石头过河"必须事前确定过河上岸的方向和摸石头过河的大致路径。因此,改革必须事前制定一定的总体规划和相应的具体实施方案,虽然这种总体规划和具体方案的制定不可能一步到位,但整体目标、任务和路径要相对明确。这种将整体目标、任务和路径"相对明确"化的总体规划和具体方案的制定工作是可以和应该做的,之所以"可以做",是因为几十年来,我们已进行了长时期(从改革开放起算是30年,从新中国成立起算是近60年)的探索,已积累了丰富的经验教训,对改革目标已经比较明确;之所以"应该做",是因为我们如果不做,改革就可能会走更多不必要的弯路,付出更多不必要的代价。我们过去进行的改革之所以走了那么多的弯路,付出那么多的代价,重要的原因之一就是因为没有科学的规划,目标不明,路径不明。当然,我们现在可以和应该制定的规划也只能是指导性的,其在实施过程中还应不断调整,在"过河"过程中应根据"摸着的石头"不断校正过河的路径,甚至校正上岸的方向。

原载《理论前沿》2008 年第 12 期

---

[15] 目前我国现行法律已有《国务院组织法》和《地方各级人民代表大会和地方各级人民政府组织法》。但前者过于简单,仅 11 个条款;后者过于概括、过于原则,将省、自治区、直辖市、市、县、乡、镇等不同级别的人大、政府的组织、职权和基本活动原则规定于一个法律之中,从而使其法律规范作用大打折扣。

行政程序:对传统控权机制的超越

现代法治与传统法治的最重要的区别在于:传统法治主要着眼于控制授予政府权力的范围,而现代法治则更注重于规范政府权力的行使。

如果说,法治的基本功能是控制政府权力的话①,那么,就控权的方式而言,传统法治注重的是组织法控权,现代法治则更注重程序法控权;就控权的手段而言,传统法治强调的是以权力控制权力,现代法治则更强调以权利控制权力;就控权的时机而言,传统法治重视的是事前、事后控权,现代法治则更重视事中控权。

洛克、孟德斯鸠、戴雪、韦德等人的学说是传统法治的理论基础。洛克在17世纪即提出了分权制约的思想,他在《政府论》中指出,将权力集中于一身,这对"具有权力欲弱点的人们来说是一个极大的诱惑",而集权则必然产生专制,产生奴役。"握有制定法律权力的人,也握有执行权力,他们就可以超越他们自己所制定的法律,使法律的制定和执行,只体现他们自己的私利,因而,他们就可以享有与社会其余部分不同的利益,这就背离了社

---

① "法治的基本功能是控制政府权力"这一命题只适用于传统法治,对于现代法治而言,它应该说是不正确的。现代法治的基本功能应该是规范政府权力的行使。这里使用"控权",是赋予"控权"以广泛的含义:既包括消极控制权力的范围,又包括积极规范权力的行使。

会和政府的目的。"②为此,洛克主张,行政权必须与立法权分开,行政机关应向立法机关负责,立法机关可随时变更或撤换行政机关。孟德斯鸠更是提出了以权力制约权力的思想。他在《论法的精神》中指出,"一切有权力的人都容易滥用权力,这是一条万古不易的经验"。而要防止有权力的人滥用权力,则必须实行权力分立,必须"以权力制约权力"。否则,权力集于一个人或一个机关之手,"公民生命、自由必然要成为滥用权力的牺牲品"。③戴雪认为,英国的法治包含三个指意:

> 第一指意解作国法的至尊与武断权力相违反。四境之内,大凡一切独裁、特权,以至宽大的裁夺威权,均被摒除。……第二指意解作人民在法律前之平等。换言之,四境之内,大凡一切阶级均受命于普通法律,而普通法律复在普通法院执行。当法律主治用在此项指意时,凡一切意思之含有官吏可不受治于普通法律及普通法院者皆被摒除。……第三指意表示一个公式,……凡宪章所有规则,……在英格兰中,不但不是个人权利的渊源,而且只是由法院规定与执行个人权利后产生之效果。④

韦德指出:

> 行政法定义的第一个含义就是它是关于控制政府权力的法。……所有其他公共当局的权力是从属于法律的,就像国王与大臣以及地方政府和其他公共团体一样。所有这些下级权力都有两个固有的特点:第一,它们都受到法律的限制,没有绝对的和不受制约的行政权力;第二,也是必然的结果,任何权力都有可能被滥用。有时议会制定的法律说,部长也可以下达某种他认为适合某一特定目的的命令,但如果它违反众多的由法官创造的法律之一,法庭可能会宣布这个命令无效,如果它违反议会确定的界限,法庭也将会使之无效。……部长的命令被法院判为非法而被撤销是很正常的,例如撤销强制购买的命令,规划当局

---

② 〔英〕洛克:《政府论》(下篇)第十二章论国家的立法权、行政权和对外权,转引自〔日〕佐藤功著:《比较政治制度》,刘庆林等译,法律出版社1984年版,第29页。
③ 〔法〕孟德斯鸠著:《论法的精神》,张雁深译,商务印书馆1997年版,第154—156页。
④ 〔英〕戴雪著:《英宪精义》,雷宾南译,中国法制出版社2001年版,第244—245页。

的决定被宣布为非正当和无效。⑤

奠基于这些伟大的政治思想家和法学家学说之上的传统法治有如下三个明显的特点：

其一，通过议会授权严格限制政府权力的范围和限度。根据传统法治理论，政府权力有膨胀和滥用的趋势，从而构成对人民权利和自由的威胁。因此，法治的首要任务是严格限制政府权力的范围和限度。法治限权包括两个方面：一是通过授权法明确界定政府权力的范围：政府权力通常仅限于国家安全、社会秩序等所谓"夜警国家"领域；二是通过授权法明确界定政府权力的限度：政府权力通常只限于法律所明定，几乎不允许政府享有任何自由裁量权。⑥

其二，实行"分权"制度，构建"以权力制约权力"的控权机制。根据传统法治理论，政府权力有腐败和滥用的趋势，而导致权力腐败、滥用的最重要条件是集权。因此，要根治权力腐败和滥用，最好的药方就是"分权"：将立法权、行政权、司法权分授予不同的国家机关，使之相互制约与平衡（check and balance），使任一政府部门的权力都不能随意扩张和任意行使，以此保障人民的权利和自由。⑦

其三，确立"司法独立"，通过法院"司法审查"监督政府权力的合法和正当行使。根据传统法治理论，在各种国家权力中，行政权因拥有"刀剑"（军队、警察和各种直接强制性手段）而可能破坏与其他国家权力的平衡，从而构成对人民权利和自由的威胁。因此，有必要赋予法院以"司法审查"权，以平衡和制约行政权力：对于政府违法、越权和滥用权力的行为，其合法权益受到相应行政行为侵害的相对人可以诉诸法院，要求法院对之予以审查，撤销相应行为或确认相应行为违法，或宣布相应行为无效，并对相对人因相应行为受到的损害予以赔偿。⑧

---

⑤ 〔英〕威廉·韦德著：《行政法》，徐炳等译，中国大百科全书出版社1997年版，第5页。
⑥ 例如，政府实施税收行为，只能按法律规定的税种、税目、税率征收，不能任意增收或减免。
⑦ 美国是典型的三权分立国家，有明显的分权机制。在英国等实行"议会主权"的国家，虽然在形式上不存在不同国家权力的"平衡"，但在其宪政体制中，同样存在着"分权"机制，同样存在着各种不同国家权力的相互制约。
⑧ 在传统法治国家中，各国可能有不同的司法审查模式，如行政法院模式、普通法院模式等，但其司法权通过一定方式和途径对政府行政行为予以监督和制约的实质内容是相同的。

毫无疑问,传统法治所确立的控权机制对于防止政府权力的腐败和滥用,保障人民的权利和自由发挥了和还在发挥着重要的,不可为其他机制所完全替代的作用。但是,毋庸讳言,随着历史的发展和20世纪中叶以来世界各国社会、政治、经济、文化的巨大变化,传统法治所确立的控权机制也越来越显示出其局限性和某些弊端:首先,人们企求通过议会授权严格限制政府权力的范围和限度已变得愈益不可能。因为,在20世纪以前,社会、经济事务相对简单,政府管理的领域相对狭窄,法律可以对政府的权力作出非常明确的界定和不赋予或几乎不赋予政府任何自由裁量权。但是,20世纪以后,由于社会、经济的迅速发展和市场在"自由"运作过程中不断发生的"失灵",政府不得不介入人们的社会、经济生活,从而其权力作用的领域越来越宽,管理的事务越来越复杂。在这种情况下,法律不可能对政府要处理的各种事务和在处理过程中可能发生的各种情况事前都设想到、预计到,因而对其要实施的每一种行为都确定具体的规则和予以明确的规范,法律不能不给政府行使行政权力留下广泛的自由裁量空间⑨,有时甚至不得不为其开出一张几乎没有任何限制的"空白支票"。因此,传统法治所设计的通过授权法(组织法)严格限制政府权力的范围和限度的做法自20世纪中叶以后已经不能完全行得通了,这个机制已经出现了很大的缺陷和漏洞,它必须通过新的制度创新(如果说,传统法治的建立对于人治、专制制度来说是第一次制度创新的话)弥补其缺陷和漏洞。否则,权力的腐败和滥用又将不可避免,人民的权利和自由将重新失去保障。

其次,传统法治所确立"分权"制度和"以权力制约权力"的控权机制在20世纪中叶以后也开始部分"失灵"。本来,在国家权力的相互制约机制中,代议机关(人民代表机关)对政府的监督和制约是最重要,最基本的权力

---

⑨ 关于现代社会法律赋予政府自由裁量权的必要性、必然性和法律对政府自由裁量权控制的必要性及控制方式可参看美国行政法学者施瓦茨的著作《行政法》第10章第13节"自由裁量权与滥用自由裁量权"、第14节"滥用自由裁量权与合理性"、第15节"自由裁量权的滥用"。参见〔美〕伯纳德·施瓦茨著:《行政法》,徐炳译,群众出版社1986年版,第566—571页。

制约。但是,20世纪以后,由于政党政治非民主性一面⑩的发展,导致了由议会控制政府向政府控制议会的"异化"性转变。议会中的多数党政府在取得执政地位以后,其行为往往从其党派利益出发,而不是从其所"代表"的人民利益出发。议会中的多数党议员有人即使想反对政府作出的某些明显损害多数人民利益的决定,由于受到执政党政府对其利益明示或暗示的威胁(通常是威胁开除其出党或在下次选举中不推荐其为候选人,使之失去议员资格)和投票时执政党的直接监督(西方国家的议会中各政党往往设有专门监督议员投票的"党鞭"),也不敢投反对票或发表异议意见。在这种情况下,议会对政府的监督往往会变成形同虚设。因为反对党作为议会的少数党,仅凭自己的力量不足以否决政府的法案、决定,撤销政府滥用权力的行为,或罢免、弹劾滥用权力的政府官员。⑪ 由此可见,在现代社会,传统法治所确立"分权"制度和"以权力制约权力"的控权机制已经不能再有效地制约政府权力的滥用,必须构建新的机制来弥补传统机制的不足和缺陷。

最后,作为传统法治所确立的控权机制的重要环节的司法审查制度虽然在现代法治中仍然发挥着不可为其他控权制度所替代的作用。但是,这一制度也有着明显的不足和缺陷:由于司法审查是法院对政府违法、失职和滥用权力的行为所实施的事后监督,行政相对人通常只能在其权益已经受到行政行为侵害,损失已经造成的情况下才能请求法院救济。而且,法院实施的事后救济有时能弥补相对人受到的损害(如大多数财产受到损害的情况),而有时则不能弥补相对人受到的损害(如人身损害和某些不可恢复原状的财产损害)。即使是能够弥补相对人受到的损害,这也需要以国家财政资金(广大纳税人的钱)来支付受害人的赔偿金。在这个意义上,作为事后监督的司法审查构建的控权、救济机制是需要付出高成本代价的。在20世纪以前,由于政府职能有限,对社会、经济干预较少,发生行政侵权的机会也

---

⑩ 政党政治既有其民主性的一面,也有非民主性的一面。就其民主性一面而言,政党政治是现代民主政治的基础,没有政党制度,现代民主政治不可能存在和运转;就其非民主性一面而言,政党政治排斥公民直接参与,使公民的民主权利逐步演化为几年投一次票以选择执政党的权利。政党政治有时还演化成多数人暴政,多数人压迫少数人,特别是压迫弱势群体,损害弱势群体权益的弊政。

⑪ 关于代议制民主在现代社会显现出的各种缺陷和必须以参与制民主作为其补充的理由可参看本书第一编《公众参与与行政法治》一文。

相对较少,从而人们对此种控权、救济机制的成本并不过分在意。但是,20世纪中叶以后,政府职能大为扩张,对社会、经济的干预越来越多,发生行政侵权的机会相应大为增加,因而人们越来越关注此种控权、救济机制的成本,开始思考有没有可能找到和创建一种成本较此低廉的控权、救济机制:实行事前监督,从源头上防止政府滥权、侵权行为的发生,避免行政相对人和国家的损失。

这种机制最终被人们发现了,找到了,并且现在已经为世界各法治发达国家和地区所广泛运用。这种新的机制就是行政程序。

行政程序作为现代法治的控权机制,相较于传统的控权机制,其优势主要有四:

第一,行政程序可以避免传统实体控权机制的僵硬、死板,用行政程序规范行政权的行使既不过分束缚政府行为的手脚,又可防止政府实施行政行为的恣意、滥权。[12]

传统控权机制所基于的理念是"公权力是必要的恶",只看到公权力可能为"恶"的一面,而没有看到公权力也可以为"善"的一面。因此,法律在对政府授权时,立法者眼睛只盯着权力的范围和限度,将政府权力限制在尽可能狭窄的范围和尽可能没有自由裁量的限度。这样,政府权力有限,公权力为"恶"的机会是少了,但是,严格的、僵硬的限权、控权会把政府为"善"的手脚也束缚住了,使政府无法对现代社会、经济事务进行管理,无法维护现代社会、经济运行所必要的秩序,无法保护消费者和各种弱势群体的权益,无法保护人类可持续发展所需要的生活、生态环境。而以行政程序为主要环节架构的现代法治控权机制不是把着眼点放在政府权力本身上,而是将之放在政府权力的行使上,不是眼睛只盯着公权力的范围和限度,而是更注重公权力行使的方式和程序。法律不仅赋予政府以管理现代社会、经济事务的必要的范围和限度明确的权限,而且赋予政府以应对未来各种具体情况或突发事件的广泛的自由裁量权。但是政府无论是行使法定权限,还是行使自由裁量权,都必须遵守公开、公正、公平的行政程序。这样,政府就既可以放开手脚为"善",发挥政府在现代社会中应该发挥,特别是只能由政

---

[12] 相对于"实体控权",用行政程序规范行政权的行使也可简称为"程序控权"。

府发挥的作用,同时,又可以有效防止政府在行使权力过程中为"恶",抑制其腐败和滥用权力的可能性。

第二,行政程序有利于充分调动行政相对人参与国家管理和行政行为的积极性,避免传统法治"以权力制约权力"的局限性。

行政程序最重要的特征是行政相对人参与:参与立法、参与决策、参与管理、参与执法,特别是参与与其自身利益有利害关系的各种具体行政行为。相对人通过参与实现公民权利对政府权力的制约。"以权利制约权力"相较于"以权力制约权力"虽然也有其不足,例如,相对人在行政程序中不能直接抵抗公权力,不能自行认定公权力行为违法、无效,更不能自行撤销公权力行为,但是,相对人参与形成的"以权利制约权力"的机制对政府公权力产生的实际监督、制约效力和效果要远远大于"以权力制约权力"的机制。这是因为,行政相对人由于与政府实施的行政行为(如提高物价、征用土地、拆迁房屋、罚款吊照等)有切身利害关系,故有着为一般国家机关和公职人员所不具有的极大的参与积极性,这是其一。其二,公众参与由于与公开和舆论监督紧密联系,它会为政府公权力行使营造一种无形的监督氛围,对可能违法和滥用权力者形成一种无形的威慑力。其三,公众参与的行政程序使公民对政府公权力的控制由几年一次的投票选举变成了每日每时的日常监督。几年一次的投票选举实际上是公民把自己的权利一次性地转交给了代议机关和政府,让代议机关和政府在投票之后几年的时间里代表自己去处置自己的权益,而每日每时的日常监督则是公民把自己的权利一直掌握在自己的手中,随时随地地由自己和政府一道去处置自己的权益。其四,公众参与的行政程序可以为政府提供一个廉价的纠错机制,像听证会、论证会一类程序不仅可以揭露行政行为的违法和不当,促使其及时纠正,而且可以因程序的公开性对公权力的腐败和滥用形成震慑力。除此之外,对于行政机关因认识局限、考虑不周等原因造成的行为瑕疵,在广大公众参与下,也能得到及时发现和及时处置,不至于导致重大的损害后果。

第三,行政程序有利于改进政府内部运作机制,提高行政效率。

在传统法治确立的控权机制的条件下,政府所遵奉的原则是,尽量少管事,少干预,"管事最少的政府是最好的政府",而不追求为公众服务的质量和效率。这样,官僚主义和衙门作风就与政府形影相随。这种官僚主义和衙门作风在农业社会也许还能为人们所容忍,因为在一般情况下它不至于导致特别大的损害和社会灾难。但是,人类进入工业社会和信息社会以后,政府的官僚主义和衙门作风就很难再为人们所容忍,因为它往往会导致重大损害乃至社会灾难。例如,行政审批拖延耽搁,就可能使投资者失去市场,造成惨重损失;像非典、恐怖袭击一类突发事件的处置拖延耽搁,就可能使千百万人失去生命,造成重大社会灾难。而根治互相推诿、互相扯皮、拖延耽搁的官僚主义和衙门作风的有效药方就是行政程序。行政程序对官僚主义和衙门作风的良好疗效的原因有二:一是在于其法定性,一是在于其科学性。首先,行政程序是指由法律确立的程序,行政机关必须严格遵守。例如,法律规定行政机关办理某件公务的时限是20天,行政机关就不能拖延到第21天。否则,该行政机关和相应办事人员就要承担法律责任。其次,行政程序是经过科学论证、科学设计的程序。它是经过比较多种方案,选择了最能兼顾公正和效率的方案,然后再加以法律确立的程序。例如,行政处罚根据相对人违法行为情节的轻重和行政机关作出处罚决定和执行处罚决定的实际需要,立法者分别为之设定了简易程序、普通程序和听证程序三种不同的程序,这种设计即很好地体现了科学性,它既有利于保障公正,又有利于保障效率。

第四,行政程序有利于事前、事中纠错,尽量避免给行政相对人和社会公众造成不可挽回的损失。

行政程序相对于司法审查,其最重要的优势就是尽可能将行政违法、行政侵权消除在萌芽状态,使相应行政行为可能给行政相对人和社会公众造成的损失得以避免。无论是传统法治,还是现代法治,司法审查都是制约行政违法、行政侵权,保护行政相对人合法权益的重要的和不可缺少的制度。但是,由于司法审查是事后监督和事后救济制度,行政相对人的权益只有已经受到行政主体的侵犯以后,其才有请求司法审查的原告资格。而行政行为只有在已经导致了行政相对人权益被侵犯以后,其才可达到接受法院司法审查的"成熟"(ripeness)程度。[13] 司法审查的这种制度"门槛"(threshold)对于维护"分权"制约,防止司法权对行政权的过度干预,保障行政权的有效行使是必要的。但是,其弊端也是明显的,它的监督功能在某种意义上可以认为是放"马后炮",即审查程序往往是在相应行政行为的违法已经铸就,对行政相对人和社会公众的损失已经造成的情况下方得以启动。尽管这种事后监督程序对于追究违法行政主体的责任,对受到违法行政侵害的行政相对人予以救济仍然是有重要意义的。但如果人们能够设计一种制度,使其在违法行政尚未实施前即阻止其实施,避免损害的发生,这样的制度就肯定优于事后的审查监督制度。这样的制度就是行政程序制度,它在20世纪,甚至更早,就实际上已经被人们发明和设计出来了(广泛运用则是在20世纪中叶以后)。当然,行政程序制度实行后,不是要取代司法审查制度,而是与司法审查制度一道,相互补充,共同构建现代法治控制和规范政府公权力合法、有序运作的机制。

原载《行政法学研究》2005 年第 4 期

---

[13] 20 世纪中叶以后,美国等西方国家司法审查的原告资格和起诉条件有所放宽:相对人的权益尚未实际受到损害但即将受到损害时也可具有原告资格;行政行为尚未侵害相对人权益但已对相对人权益造成威胁时亦可达到接受法院司法审查的"成熟"程度。但是,就一般原则而言,相对人权益受到侵犯或不利影响仍是司法审查原告资格和法院受诉条件的一般要件。

制定行政程序法应正确处理的几对关系

一、行政程序统一法典与行政程序单行法的关系

我国目前正在草拟的《行政程序法(试拟稿)》①是行政程序的基本法,是行政程序的统一法典。此前,我国已经制定了多部行政程序单行法(法律和行政法规),如《行政处罚法》、《行政复议法》、《行政许可法》、《行政法规制定程序条例》、《规章制定程序条例》等,除了专门的行政程序单行法外,我国还在许多行政管理单行法中或多或少地规定了某些相应的行政程序(尽管很不完善),如《行政监察法》、《价格法》、《城市房屋拆迁条例》、《土地管理法》②等。这样,下述问题就不可避免地摆在了我们面前:

我国还有没有必要制定统一的行政程序法典?

如有必要,统一的行政程序法典制定出来后,行政程

---

① 2001年3月,北京大学公法研究中心开始草拟《行政程序法(试拟稿)》,2002年8月,《行政程序法(试拟稿)》正式拟就,9月15日—16日北京大学公法研究中心召开全国行政法学者和国家立法、行政、司法部门实际工作者60多人参加的研讨会,对该试拟稿进行了广泛和深入的讨论。北京大学公法研究中心草拟的《行政程序法(试拟稿)》和前述研讨会对该试拟稿的讨论综述,载罗豪才主编《行政法论丛》(第6卷),法律出版社2003年版,第465—502页。

② 如我国《行政监察法》规定了调查、检查、听取陈述和申辩的程序;《价格法》规定了价格听证程序;《城市房屋拆迁条例》和《土地管理法》规定了裁决程序,等等。

序单行法和行政管理单行法中规定的行政程序是不是应该废止？

如二者都有必要存在，如何处理二者之间的关系，是统一法典优于单行法还是单行法优于统一法典？单行法与统一法典的关系是适用特别法优于普通法的原则，还是适用新法优于旧法（视单行法制定于统一法典之前还是之后）的原则[3]，抑或是适用基本法优于一般法（视统一法典为基本法，单行法为一般法）的原则？

首先，我们来讨论有没有必要制定统一的行政程序法典。

在法治健全或比较健全的国家或地区，通常都有比较完善的行政程序法。但不同国家、不同地区的行政程序法的模式很不相同：有的制定统一的行政程序法典，有的不制定统一的行政程序法典，而依不同行政领域、不同行政事务制定数量众多的单行程序法律、法规[4]；在制定统一行政程序法典的国家、地区，其行政程序法典有的大而全，内容包括行政立法（抽象行政行为）程序、行政处理（具体行政行为）程序、行政裁决程序、行政救济程序等，甚至包括行政组织法、行政行为法等实体法的有关内容，有的则调整范围相对较窄，内容相对简要，通常只包括具体行政行为程序而不包括抽象行政行为程序，只包括外部行政行为程序而不包括内部行政行为程序，只包括行政主体行使职权程序（即事前、事中程序）而不包括行政救济程序（即事后程序），只规定纯程序问题而不规定任何实体问题。[5]

我国已经通过《宪法》确立了依法治国，建设社会主义法治国家的目标。国务院为此发布了《全面推进依法行政实施纲要》，确立了在十年内基本实现建设法治政府的目标。建设法治国家和建设法治政府都要求健全和完善行政程序法，以法定程序控制公权力的行使。但怎样健全和完善行政程序法？我们面临着立法模式选择：是采用现行模式，一个一个分别制定单行法而不再制定统一的行政程序法典，还是在现有单行法的基础上再制定统一的行政程序法典？笔者主张在现有单行法的基础上再制定统一的行政程序法典。因为统一行政程序法典有纯单行法所不可能具有的下述优势：其一，有利于保障行政程序法制的统一，以避免分别单行立法可能导致的法律间

---

[3] 关于特别法优于普通法、新法优于旧法的原则，参见我国《立法法》第83条。
[4] 前者如美国、德国、日本；后者如法国、英国。
[5] 前者如葡萄牙、荷兰、德国以及我国台湾地区和澳门地区；后者如日本。

的相互不一致、相互矛盾、相互冲突,以及由这种相互不一致、矛盾、冲突而引起的对行政相对人的不公正——相同情况不同对待,或不同情况相同对待。其二,有利于行政程序法制的系统化,以避免分别制定单行法必然导致的法制在一定时期内的残缺、漏洞(在某些领域、某些事项上有法可依,在其他相关领域、相关事项上却无法可循),以及由这种法制残缺、法制漏洞引起的执法主体的滥用权力和腐败。其三,有利于立法成本的节约,以避免单独分别立法(在很多方面,很大程度上是重复立法,因为大量行政行为的程序是相同,或者基本相同的,如告知、听取相对人陈述、申辩、回避、授权、委托等)导致人力、物力、财力的大量浪费。其四,有利于国人,特别是公职人员程序法意识的提高。制定一部统一的行政程序法典不仅可为政府,为所有行政主体实施公法行为提供统一的、规范化的、标准的"操作规则",以防止滥权和腐败,同时也将为全体国人提供一部系统的行政法治教材,全体国人可从中受到较系统、较深入的现代行政法治教育,显然,这种教育功能是个别的单行法难以企及的。

其次,统一的行政程序法典制定出来后,行政程序单行法,如《行政处罚法》、《行政许可法》和行政管理单行法中规定的行政程序,如《土地管理法》、《药品管理法》、《城市房屋拆迁条例》等法律、法规中规定的行政程序,是不是应该废止呢? 笔者认为,这应该视不同的具体情况而定:其一,统一的行政程序法典制定出来后,以前制定的行政程序单行法和行政管理单行法中规定的行政程序如与统一的行政程序法典规定的行政程序相抵触,除非统一的行政程序法典有保留性规定,该行政程序应该废止;其二,统一的行政程序法典制定出来后,以前制定的行政程序单行法和行政管理单行法中规定的行政程序如为统一的行政程序法典所未规定者,如此种程序不违反统一的行政程序法典的基本原则,应予保留,因为统一的行政程序法典只规定各种不同行政行为的共同的和一般的行政程序,对于特定行政行为的特别程序,还需要通过行政程序单行法和行政管理单行法专门规定;其三,统一的行政程序法典制定出来后,新制定的行政程序单行法和行政管理单行法对于统一的行政程序法典已规定的关于各种不同行政行为的共同行政程序一般不得变更(具有特别理由需要变更者,需在立法说明中阐述此种理由),但可补充规定相应特定行政行为的特别程序。

此外，在统一行政程序法典和单行行政程序法同时存在的情况下，二者如发生冲突，效力如何确定？是统一法典优于单行法还是单行法优于统一法典？单行法与统一法典的关系是适用特别法优于普通法的原则，还是适用新法优于旧法的原则，抑或是适用基本法优于一般法的原则？笔者认为，这也应该视不同情况对待：其一，在一般情况下，统一法典应视为行政程序的基本法，其效力应优于作为行政程序一般法的单行法；其二，单行法补充规定统一法典中未规定的相应特定行政行为的特别程序，此种程序当然是必要的和有效的；其三，新制定的单行法如因特别需要，对统一的行政程序法典已规定的一般行政程序作出了某种变更规定，则应在相应的特定行政领域适用新法优于旧法、特别法优于普通法的原则，即相应单行法的规定优于统一法典的规定。

二、行政程序法与行政实体法的关系

目前我国学界和实务界的大多数人对于应制定统一行政程序法典已基本达成共识，并已开始草拟《行政程序法（试拟稿）》。但对于该法调整的范围和应包括的内容却存在着较大甚至是很大的争议，特别是对该法应不应该包括行政实体法的有关内容，如行政法实体的有关基本原则和规范，学界和实务界都还存在不同的主张和看法。有人认为，程序法规定实体内容名实不符，不伦不类。行政程度法只应规定行政程序规范，行政实体规范应在行政实体法，即行政管理法中规定。[6] 笔者认为，在统一的行政程序法典中规定行政法实体法的有关基本原则和规范不仅很有必要，且不如此即难以实现我国行政程序立法的基本目标。之所以如此，理由有三：其一，行政法由于调整范围广泛，各类行政法律关系差别很大，故在实体规范上很难制定或编纂成统一法典。但是行政法的有关基本原则，如依法行政原则、比例原

---

[6] 2002 年 8 月，中国法学会行政法学研究会在海拉尔召开年会，专门研讨我国《行政程序法》的体系结构与内容。会上，全国各地法律院系的专家、教授和法院、政府部门的实际工作者对我国《行政程序法》的调整范围进行了热烈的讨论，提出了各种不同意见。本文引述的关于我国《行政程序法》应如何处理几对关系的意见均源于这次会议与会者的发言。

则、诚信和信赖保护原则等,以及行政法的一般(普遍性的)实体规范,如关于行政行为的效力、成立、生效、合法的条件,撤销、无效、废止的条件和法律后果等规范,均普遍适用于各类行政行为。为使这些原则、规范在所有行政领域和所有行政行为中得到遵循,在统一的行政程序法典中加以规定是非常必要的。其二,行政法的上述实体基本原则与程序基本原则,如公开原则、参与原则、回避原则、听取相对人意见原则、不单方接触原则、职能分离原则等,是紧密联系的,行政行为的一般实体规范,如关于行政行为效力、生效、失效的条件,法律后果等的规范,与行政行为的开始、进行、终止等程序规则是紧密联系的,将此二者规定在一起显然有利于对行政行为的统一规范。如将二者分割,将那些具有实体性的基本原则、规则分散规定于各种不同的单行法中,其对行政行为规范的效果肯定要差很多。其三,现代行政程序立法,在行政程序法典中规定有关行政实体规范已成为一种发展趋势,如德国、荷兰、西班牙、葡萄牙、日本、韩国、我国的台湾、澳门地区,均在行政程序法典中规定了相关的实体问题。许多名称叫"行政程序法"的行政程序法典实质上不仅是行政程序的统一法典,而且是行政实体基本法的法典。

三、规范具体行政行为与规范抽象行政行为的关系

行政程序法是否应同时规范具体行政行为和抽象行政行为,各国或地区有不同的模式:美国行政程序法主要有三部分:一为制定规章(抽象行政行为)程序;二为行政裁决(具体行政行为)程序;三为司法审查(相当于我国的行政诉讼)程序。德国行政程序法主要规定行政行为(相当于我国的具体行政行为)、行政合同和行政救济(主要指行政诉讼)的程序,而没有规定规章制定一类抽象行政行为的程序。日本行政程序法主要规定行政处分(应申请的处分和不利益处分,相当于我国的具体行政行为),以及行政指导的程序,也没有规定规章制定一类抽象行政行为的程序。葡萄牙等一些欧洲国家的行政程序法则既规定行政处分(相当于我国的具体行政行为)程序,又规定规章制定、计划制订等抽象行政行为的程序,还规定了行政合同、行政指导及行政复议等的行政程序。我国台湾、澳门地区的行政程序法亦

采取此种模式。⑦

我国现在制定《行政程序法》应采取什么模式,要不要规定抽象行政行为的程序?在我国,抽象行政行为包括行政立法行为(制定行政法规和规章的行为)与发布其他规范性文件的行为。对于行政立法行为,我国现已有《立法法》和国务院发布的《行政法规制定程序条例》、《规章制定程序条例》对其程序作了较详细的规定⑧;而对于行政机关发布其他规范性文件的行为(这类行为在数量上大大超过行政立法行为),目前尚无统一的法律或法规加以规范。对此,行政程序法典应如何处理,立法者可以有四种选择:其一,在统一程序法典里不规定任何抽象行政行为程序,行政立法仍适用现行法律、法规规定的程序,发布其他规范性文件行为则另制定专门单行程序法规范。其二,在统一程序法典里不规定行政立法程序,行政立法仍适用现行法律、法规规定的程序,但对现在仍无程序法规范的发布其他规范性文件的行为则设专节予以规定。其三,在行政程序法典里对抽象行政行为程序予以统一规范,现行法律、法规规定的程序可继续适用的,在法典里予以重新规定;现行法律、法规规定的程序不宜继续适用的或现行法律、法规没有规定而应该规定的程序,法典对之作出新的规定,今后抽象行政行为的程序一律以法典为准。其四,在行政程序法典里对抽象行政行为程序予以统一规范,但现行法律、法规规定的行政立法程序可继续适用,行政立法既遵守统一程序法典规定的抽象行政行为程序的一般原则,又遵守《立法法》和两个行政法规规定的行政立法具体程序规则,至于对现行法律、法规尚未规范的发布其他规范性文件的行为,法典则应予以较具体的规定。笔者主张最后一种,即第四种方案,因为这样做既有利于保障法制统一,又不致使行政程序法典过于庞大,还有利于保障现行法制的一定的稳定性。

---

⑦ 美国、德国、日本、葡萄牙以及我国台湾、澳门地区的《行政程序法》中文本见应松年主编:《外国行政程序法汇编》,中国法制出版社1999年版。

⑧ 我国《立法法》第三章规定了行政法规制定的若干基本程序;第四章第二节规定了规章制定的若干基本程序。

四、规范外部行政行为与规范内部行政行为的关系

我国大多学者认为,行政法是调整行政主体与行政相对人关系,即外部行政关系的法律规范系统,故行政程序法只调整、规范外部行政行为的程序,而不调整、规范内部行政行为的程序。但是,我们考察其他国家和地区的行政程序法律文件后发现,实际情况并非如此。不要说大多数国家和地区存在着调整和规范内部行政行为程序的单行法律、法规,就是一些国家和地区的行政程序法典,同样也有规定内部行政行为程序内容的,如奥地利、意大利、西班牙、葡萄牙等。[9] 笔者主张我国正制定的《行政程序法》在规范外部行政行为程序的同时,应适当规范(当然不是全面规范)内部行政行为的程序。之所以作此主张,理由如下:其一,有些内部行政行为虽然不直接影响行政相对人的权益,但间接影响其权益,有时甚至影响甚巨,如授权、委托、代理、公务协助等。因此,《行政程序法》对这类内部行政行为应与外部行政行为一道规范。其二,有些内部行政行为虽然不影响行政相对人的权益,但对公务员或其他公职人员的权益影响甚巨,如行政处分,包括对其人身权、财产权进行一定限制,以及开除公职等,对这类内部行政行为,《行政程序法》应规定最低限度的程序制约,如要求遵守正当程序原则等。其三,内外行政程序有时很难区分,如审批许可程序,在同一个行政行为中,可能内外程序交织,行政程序法对之规范,自然应统一规范,而不应(实际也不可能)对二者加以区分,只规定纯外部程序而不规定内部程序。例如,审批时限对于审批机构来说可能只是一个内部程序,但对于与相对人的关系来说,无疑又是一个外部程序。当然,《行政程序法》主要应规范外部行政行为的程序,对于内部行政行为的程序,主要应由专门的内部行政法律文件规范。

---

[9] 如葡萄牙《行政程序法》第二编专门规定了行政机关的会议制度,包括例会和特别会议、会议的主持人、参加人、法定人数、表决方式、禁止弃权、会议记录等。

五、规范行政行为与规范行政救济行为的关系

行政救济程序既是法定行政程序实现的保障,也可认为是行政程序本身,是行政行为的后续程序。但行政救济程序对于行政行为实施程序而言毕竟有相对独立性,因此,行政程序法典不一定必然规定行政救济程序。也就是说,行政救济程序既可以规定在统一的行政程序法典中,也可以以单行法形式独立存在于统一的行政程序法典之外。各国和地区的行政程序法对行政救济程序有不同的处理方式,许多国家在行政程序法中只规定行政行为实施程序而不规定行政救济程序[⑩];有的国家或地区虽规定行政救济程序,但只规定行政救济程序中的行政复议(诉愿)程序,而不规定行政诉讼和行政赔偿程序,如葡萄牙、瑞士、奥地利、西班牙和我国澳门地区等。不过,也有的国家同时规定行政复议和行政诉讼程序,如荷兰;有的则只规定行政诉讼(司法审查)程序而未规定行政复议程序,如美国。[⑪]

我国正草拟的《行政程序法》对行政救济程序的处理应采取哪种模式?笔者认为,我国行政程序立法可采取一种折中的模式,即在统一法典里对行政救济程序只作原则的规定,具体运作规则则由单行法规定。采取这种模式理由有三:其一,我国已经就行政复议、行政诉讼、行政赔偿(国家赔偿)制定了单行法,没有必要把这些法律规范都收入《行政程序法》,使《行政程序法》过于庞大;其二,现行行政救济法有些规定不合理,不利于保护相对人合法权益,如行政复议、行政诉讼受案范围过窄,行政赔偿标准过低等,《行政程序法》对行政救济作一些原则规定,可以促使现行行政救济法的修改;其三,《行政程序法》对行政救济作出统一的原则性规定,有利于行政救济制度(行政复议制度、行政诉讼制度、行政赔偿制度等)制度的统一,以避免单行法的相互矛盾和冲突。

[⑩] 如日本、奥地利、韩国等国的《行政程序法》。
[⑪] 参见应松年主编:《外国行政程序法汇编》,中国法制出版社1999年版。

六、规范权力性行政行为与规范非权力性行政行为的关系

20世纪60年代以前,各国和地区的《行政程序法》通常仅以权力性行政行为[12](如行政命令、行政许可、行政征收、行政强制、行政处罚等)为调整对象,对于非权力性行政行为[13](如行政指导、行政合同、行政给付等)一般不纳入其调整范围。但是,自20世纪60年代以后,许多国家和地区开始将非权力性行政行为也纳入行政程序法的调整范围,如德国、葡萄牙、日本、韩国以及我国台湾和澳门地区。现在,行政程序法调整非权力性行政行为已经成为各国和地区的行政程序立法的发展趋势。之所以如此,一是因为非权力性行政行为在现代行政领域具有了越来越重要的地位,行政机关应现代民主发展的潮流,越来越多地运用非权力性手段管理社会经济事务;二是因为非权力性行政行为虽然不具有权力性行政行为那样明显和直接的强制性,但它同样可能影响行政相对人的权益,如果没有法定程序的规范和制约,同样可能侵犯,甚至严重侵犯行政相对人的合法权益。就行政指导而言,相对人虽然不具有必须服从的义务,但有两个因素使相对人对行政指导在很多时候几乎只得选择照办:一是政府的公信力——人们相信政府,认为政府说的不会错,至少不会骗他们、害他们;二是政府的各种激励和抑制手段——按政府指导的去做,可以得到各种好处,如减免税、优惠贷款、补贴,等等,不按政府指导的去做,可能在很多地方会失去政府的优惠,甚至被"穿小鞋"。就行政合同而言,相对人与政府签订合同虽然是自愿的,双方地位平等,但在履行合同过程中,双方却存在不平等,一方对另一方具有强制的可能,如政府对相对人强制检查,采取行政强制措施和实施行政处罚,以及政府可单方面变更和解除合同(尽管这必须出于"公共利益"的需要和给予相对人补偿)等。至于行政给付,如抚恤金、救济金、低保等,虽不具有强制

---

[12] 在许多著作和译著中,"权力性行政行为"大多表述为"高权行为",还有人将之表述为"主权行为"、"公权行为"等。参见〔德〕哈特穆特·毛雷尔著:《行政法学总论》,高家伟译,法律出版社2000年版,第15页。

[13] 有些学者不认为"非权力性行政行为"是"行政行为",故称"非权力行政作用"。参见〔日〕室井力主编:《日本现代行政法》,吴微译,中国政法大学出版社1995年版,第158页。

性,但这些行为直接涉及相对人的生存权,行政程序法对其程序加以调整、规范,其重要意义更是显而易见的。

由于非权力性行政行为在现代社会,在民主化、市场化的条件下,具有越来越重要的地位和作用,由于以行政程序法统一规范非权力性行政行为是现代行政程序立法的趋势,因此,笔者认为,在我国正草拟的《行政程序法》中有必要设专章规定非权力性行政行为的程序。之所以要设专章规定,是因为非权力性行政行为有不同于权力性行政行为的许多特殊性,很多问题难于对之作统一规范。之所以要在《行政程序法》中统一规范而不单独立法规范这些行为,是因为我国立法机关在短时间内难于对这些非权力性行政行为(行政指导、行政合同、行政给付等)单独立法,而目前我国对这些行为的规范又具有现实的迫切性。

七、规范国家公权力行为与规范社会公权力行为的关系

在现代社会,除行政机关实施公法行为(国家公权力行为)以外,大量的非行政机关组织也实施各种公法行为(社会公权力行为)。如我国村民委员会、居民委员会等基层群众自治性组织对村民、居民实施的有关管理性行为;律师协会、注册会计师协会对其成员实施的纪律制裁行为;公立学校对学生实施的纪律处分行为;法律、法规授权的组织和行政机关委托的组织实施的各种具体行政行为,等等。[14] 这些社会公权力行为要不要受行政程序法拘束,《行政程序法》要不要对这些公权力行为进行调整,学界和实务界对之均有不同意见。对于法律、法规授权的组织和行政机关委托的组织实施的行政行为,现行法律是将之作为行政机关的行为对待的,人们一般认为应适用与行政机关同样的行政程序。至于对其他社会公权力组织或私法组织实施的公法行为(如供应水、电、气的企业决定对部分消费者断水、断电、断气的行为),很多人则认为不应适应行政程序法,这些组织的行为不应受统一的行政程序法拘束,而只应受相应组织的内部章程、规则(如村规民约、协会

---

[14] 关于社会公权力组织实施公权力行为法律现象及发展趋势考察,参见本书第一编《公众参与与行政法治》一文。

章程、学校及公用事业企业内部的规章制度等）规范。这种意见虽然有一定道理,但不完全符合现代法治的理念和人权保障的要求。根据现代法治的理念和人权保障的要求,非行政机关的组织（既可以是社会公权力组织,还可以是私法组织）实施公法行为,虽然不完全受行政程序法的拘束和不必完全遵循行政程序法的规则,但要满足最低限度的正当程序要求,如自己不做自己的法官（实行回避制度）；对组织成员作出不利行为要事先告知相对人,向相对人说明理由,听取相对人的陈述和申辩；作出严重影响相对人权益的行为要为之提供听证的机会,并事后给相对人提供救济途径等。笔者认为,对于这些最低限度的正当程序,我们正草拟的《行政程序法》应作出规定,社会公权力组织在实施公法行为时应予遵循。相对人对社会公权力组织在实施公法行为时违反最低限度的正当程序,可提起行政诉讼。法院对社会公权力组织实施的内部自治行为不加干预,但对其在实施公法行为时是否遵守最低限度的正当程序可进行司法审查,并向相对人提供救济。

八、规范行政机关公权力行为与规范其他国家机关公权力行为的关系

行政程序法主要是规范国家公权力行为实施程序的法。尽管行政程序法也规范社会公权力行为的实施程序,但规范社会公权力行为程序毕竟不是行政程序法的最主要任务。然而,行政程序法是否规范所有国家公权力行为[⑮]呢？如果不是,行政程序法对国家公权力行为的规范是否只限于国家行政机关行使公权力的行为呢？或者说,行政程序法规范国家公权力行为程序是否仅规范国家行政机关实施行政行为的程序呢？

国家公权力行为不仅包括行政行为,而且包括立法行为、司法行为。很

[⑮] 国家公权力行为包括国家立法机关、行政机关、司法机关、军事机关、武装力量以及国家授权的其他组织实施的涉及国家职能的各种行为。

显然,一般立法行为和司法行为[16]不是行政程序法的调整对象。立法程序主要由《立法法》和立法机关议事规则规定,司法程序主要由《民事诉讼法》、《刑事诉讼法》、《行政诉讼法》和《法院组织法》规定。但是,行政程序法也不是完全不涉及立法程序和司法程序。就立法而言,授权立法(或称委任立法)既是立法行为,也是行政行为,作为授权立法的行政立法,其程序当然可以是行政程序法的调整范围;就司法而言,行政诉讼既是司法行为,也是对行政的监督行为和对行政相对人的救济行为,作为行政法制监督和行政法律救济,其程序当然可以是行政程序法的调整范围。既然如此,我国正草拟的《行政程序法》是否要规定授权立法和行政诉讼的程序呢?笔者认为,这倒不必要。因为,如前所述,我国目前已经制定了《立法法》和《行政诉讼法》等相应法律,对授权立法和行政诉讼的程序已作了较详细和较完善的规范,《行政程序法》没有必要对这些具体程序再加以重复的规定。

行政程序法规范国家公权力行使程序无疑主要是规范行政权行使程序,即行政行为程序。行政行为无疑主要是国家行政机关的行为,但行政行为也不仅仅是国家行政机关的行为,国家立法机关、国家司法机关在行使其立法、司法职能时也要对其本身的人、财、物实施管理,即要实施保障使其机关能正常运转,其立法、司法职能正常运作的大量的内部行政行为。对于立法机关、司法机关实施的这些内部行政行为,其程序是否要受行政程序法调整呢?我国正草拟的《行政程序法》是否要规范这种内部行政行为的程序呢?笔者认为,立法机关、司法机关实施内部行政行为如同行政机关实施内部行政行为一样,其程序要受行政程序法基本原则的规范,但不受行政程序法调整行政机关同外部行政相对人关系的具体法律规则和具体法律制度的拘束。也就是说,《行政程序法》关于行政机关内部行政行为程序(如行政处分程序、公务员对行政处分不服的申诉和行政机关对之复核的程序等)的规范也适用于立法机关、司法机关对其内部行政工作人员实施的内部行政

---

[16] "一般立法行为"主要指议会(人大)制定法律的行为,议会(人大)除了制定法律以外,其公权力行为还包括就国家重大事务作出决议、决定和对政府实施监督的行为。"一般司法行为"主要指法院审判案件的行为,法院除了审判案件以外,其公权力行为还包括进行司法解释和执行裁判以及应行政机关申请,执行具体行政行为(行政决定)的行为(有些国家的法院没有执行职能,不实施执行行为)。

行为。

  《行政程序法》的起草可能还要涉及其他关系的处理和协调，但最重要的是上述八对关系。正确处理好上述八对关系对于制定出一部既符合世界潮流，又适合我国国情的《行政程序法》无疑具有极为重要的意义。

原载《政法论坛》2004 年第 5 期

行政诉讼功能和作用的再审视

2010年11月8日,国务院发布了《关于加强法治政府建设的意见》(以下简称《意见》)。《意见》指出,"我国经济社会发展进入新阶段,国内外环境更为复杂,挑战增多。转变经济发展方式和调整经济结构的任务更加紧迫和艰巨,城乡之间,地区之间发展不平衡,收入分配不公平和差距扩大,社会结构和利益格局深刻调整,部分地区和一些领域社会矛盾有所增加,群体性事件时有发生,一些领域腐败现象仍然易发多发,执法不公、行政不作为等问题比较突出"。怎么解决这些不断增加的社会矛盾和突出的社会问题?《意见》要求我们的政府机关和各级领导干部要"切实提高运用法治思维和法律手段解决经济社会发展中突出矛盾和问题的能力"。[①]这一要求正是针对实践中我们的一些政府机关和领导干部缺乏法治思维,不重视运用法律手段,习惯于运用人治思维和人治手段解决社会矛盾和问题的现象而提出的。例如,在公民、法人和其他组织对我们的政府机关作出的具体行政行为(如行政征收、强制拆迁、企业改制、税费征收等)不服,发生行政争议的时候,我们的政府机关和政府机关领导人不是鼓励行政相对人依法通过行政复议、行政诉讼等法律途径解决争议,而是通过各种方式阻止相对人寻

---

① 国务院:《关于加强法治政府建设的意见》,载《人民日报》2010年11月9日。

求法律救济,如通过向复议机关、司法机关负责人打招呼,要求复议机关和法院尽量不受理当事人就所谓"敏感问题"、"敏感事件"申请的复议和提起的诉讼,甚至发布指示、指令,通过正式或非正式规范性文件规定复议机关和法院不得受理相对人就某种行为、某类事项所申请的复议或提起的诉讼,缩减行政复议和行政诉讼的法定受案范围。这样,相对人法治途径走不通,只得走申诉、上访的途径。对于申诉、上访,一些政府机关和领导人又是能压则压,能堵则堵,实在压不下,堵不住,就给"闹事"力度最大的人以超法律标准的各种好处、利益,试图以此化解矛盾,保其领域内的"平安"。事实上,这种人治思维和人治手段不可能从根本上化解社会矛盾,维持社会稳定和平安。即使一时可能把某一部分人、某一群体的一时一事的矛盾和冲突缓和下去,但接下来可能导致其他人、其他群体更多、更大、更激烈的矛盾和冲突。

《意见》提出的"运用法治思维和法律手段解决经济社会发展中突出矛盾和问题"应该说是对多年以来,特别是近年来我们进行社会治理的经验教训的深刻总结。

为此,我们有必要对行政复议和行政诉讼等解决社会矛盾和社会问题的法治手段,特别是行政诉讼这一最具正当程序的法律手段,进行再审视。本文专门对行政诉讼的功能进行研究和探讨,其旨意即在于使人们能充分认识行政诉讼在解决社会矛盾、调整社会关系,构建和谐社会方面的不可为其他法律手段所替代的,更不可能为任何人治手段所替代的特殊作用,从而在今后的社会治理中能充分和有效地运用这一法律手段。

行政诉讼作为传统的三大基本诉讼制度(民事诉讼、刑事诉讼、行政诉讼)之一②,其功能和作用是多方面的。由于行政诉讼首先属于诉讼的范畴,自然首先具有诉讼的解纷功能。但是行政诉讼又不仅仅属于诉讼范畴,它同时是行政法律救济和行政法制监督机制的环节,因此,它还具有法律救济和法律监督的功能。

我国行政法学界对行政诉讼功能和作用的认识有一个发展的过程。我国第一本行政法教科书《行政法概要》(以下简称《概要》)未设专章、专节研

---

② 现代诉讼除了刑事、民事、行政三大诉讼外,还有宪法诉讼和其他特别诉讼,如国家赔偿诉讼、社会诉讼等。

究行政诉讼,仅在第八章"国家行政管理的法律监督"中的第四节"控告与申诉"中对外国行政诉讼做了一个简单介绍。关于行政诉讼的功能和作用,《概要》认为西方国家行政诉讼的功能主要是"救济":"当事人由于国家行政机关的不法行政行为而使其权益受损害,向有关司法机关(如行政法院)提出申诉,请求撤销或变更","要求行政上给予损害赔偿和损失补偿";前苏联和东欧国家行政诉讼的功能主要是"监督","由普通法院通过审判活动来对行政管理进行监督"。③

《概要》之后,我国行政法学界对行政诉讼功能和作用进行了较为深入的研究,有两本20世纪90年代初的"行政法学综述"对这一研究进行了概括。第一本"综述"将行政诉讼的功能和作用概括为七项:保护行政相对人的合法权益;促进安定团结局面;保障国家长治久安;促进行政管理法治化;提高国家行政效能;保障行政主体合法、准确有效行使职权;为全体公民提供一个学习民主、法治,提高民主、法治水准的途径。④ 第二本"综述"将行政诉讼的功能和作用概括为五项:保障宪法原则规定的实施;保护行政相对人的合法权益;监督行政机关及其工作人员依法行政;增强和提高全体社会成员的民主、法治意识;保障全面改革的顺利发展。⑤

目前,我国对行政诉讼功能和作用的认识,无论是行政法学术界,还是实务界,较之20世纪八九十年代,都全面和深刻多了。但毋庸讳言,目前行政法学术界和实务界对之也还存在某些片面或不正确的认识,以至于在实践中出现种种偏差,甚至误入歧途,严重影响了行政诉讼对法治政府、法治国家建设应有作用的发挥。

目前实务界和学术界对行政诉讼功能认识的误区主要表现在下述三个方面:

其一,将行政诉讼与民事诉讼等同,只承认和重视其解纷功能,而否认或轻视其救济和监督功能,特别是否认其监督功能。

其二,将行政诉讼与民事诉讼截然区分,过分强调和重视其监督功能,

---

③ 王珉灿主编:《行政法概要》,法律出版社1983年版,第154—157页。
④ 许崇德、皮纯协主编:《新中国行政法学研究综述》,法律出版社1991年版,第608—610页。
⑤ 张尚鷟主编:《走出低谷的中国行政法学——中国行政法学综述与评价》,中国政法大学出版社1991年版,第390—393页。

轻视或忽视其救济和解纷功能,特别是轻视其解纷功能。

其三,对行政诉讼功能发挥的成本估计过高,效益估计过低。认为行政诉讼耗费过多人力、财力和时间,影响行政效率,影响官民关系。而解纷不如信访成本低、效果好;救济不如申诉、控告快捷、便利、廉价;监督不如纪检、监察能对公职人员直接采取产生法律效果的措施(如记过、降职、撤职、开除等)有效,从而重信访、申诉、纪检、监察而轻行政诉讼。

为此,在现时的情况下,我们特别有必要对行政诉讼的功能和作用进行再审视。从整体考察,行政诉讼具有多方面的功能和作用,但当下,我们最应该重视的是行政诉讼下述三方面的功能和作用:解纷、监督和救济。

一、行政诉讼的解纷功能

行政诉讼制度首先是一种诉讼制度,是解决行政争议的诉讼制度,所以,行政诉讼的首要功能和作用即是解纷:解决行政争议。就解决行政争议而言,除了行政诉讼制度以外,其他解纷制度还有调解制度、和解制度、协调制度、申诉制度、信访制度⑥和行政复议制度等。行政诉讼只是整个解纷机制的一个环节。

行政调解作为解决行政争议和与行政管理有关的民事争议的制度,是争议双方在当事人之外的第三方行政机关或行政机关委托的组织的主导下,相互摆事实、讲道理,对照有关法律、法规和政策,分清是非曲直,在此基础上双方互谅互让,通过签订协议解决争议。行政调解没有严格的法律程序,调解达不成协议或达成协议后一方或双方反悔,均可再诉诸其他途径重新解决争议。⑦

和解制度是争议双方在没有第三方主导的情况下,相互协商,互谅互让,通过签订和解协议解决争议的制度。和解通常是争议发生后,争议双方

---

⑥ 调解制度、和解制度、协调制度、申诉制度、信访制度等在调整范围和解决争议的类别上相互之间有很多交叉重合,其适用没有严格的法律规则,大多属于软法的规制范围。

⑦ 关于行政调解的范围(与民间调解、司法调解的区分界限)、主体、程序等,目前国务院法制机构正在进行立法研究,在今后条件成熟时,有可能制定专门的行政法规进行规范。

为及时解决争议,节约解决争议的成本,维护双方的关系而主动采取的解纷措施。有时,和解也在行政复议、行政诉讼过程中进行。争议双方如在行政复议、行政诉讼过程中达成和解协议,则由行政复议申请人撤回申请,由行政诉讼原告撤诉而终结争议。

协调制度类似于调解制度,是争议双方之外的第三方行政机关或人民法院对争议当事人摆事实、讲道理,宣讲有关法律、法规和政策,说明争议涉及的是非曲直,使双方相互谅解,最终达成解决争议的协议。协调制度是近年来一些行政机关和人民法院在现行法律规定行政复议和行政诉讼不适用调解的制度环境下,为解决某些疑难、复杂,且法律规定不甚明确的行政争议案件而自行创制和逐步发展完善的一项制度。目前,协调制度在行政复议中的适用已通过《行政复议法实施条例》制度化,并归并于和解制度。《行政复议法实施条例》第40条规定,"公民、法人或者其他组织对行政机关行使法律、法规规定的自由裁量权作出的具体行政行为不服申请行政复议,申请人与被申请人在行政复议决定作出前自愿达成和解的,应当向行政复议机构提交书面和解协议;和解内容不损害社会公共利益和他人合法权益的,行政复议机构应当准许"。在复议可通过和解协议实际结案的情况下,解决行政争议的纯协调制度则主要在行政诉讼过程中运作。近年来,人民法院根据建设和谐社会的要求,在行政审判中为了"案结事了",在法律规定行政诉讼不能调解的现实法律环境下,大量通过协调促成当事人双方和解,最终由原告撤诉或被告改变具体行政行为后原告认可后撤诉。

申诉、信访制度作为解决行政争议的制度,是行政相对人通过信访或其他途径,向有关国家机关反映情况,要求解决其与相应行政主体之间的争议。申诉处理一般没有严格的法律程序要求,受理申诉信访的国家机关并非完全自己解决争议,在很多情况下是将案件转送有关主管机关解决,受理和处理申诉的机关解决争议除了依据有关法律、法规外,政策考虑在此种解决争议的程序中占有很重要的地位。⑧

行政复议作为解决行政争议的制度,是行政相对人不服行政主体作出的具体行政行为,在法定时限内向本级人民政府或上一级主管部门或者其

---

⑧ 见我国《信访条例》第2、6、21、31、32条。

他法定行政机关提出申请,请求加以审查和作出裁决的活动。行政复议适用《行政复议法》和有关法律、法规规定的法定程序,其严格性不及行政诉讼程序,但严于一般行政行为的程序,行政复议的裁决通常是非终局的,相对人不服,仍可提起行政诉讼。⑨

行政诉讼与所有其他解决行政争议的制度比较,有以下特征:其一,行政诉讼是整个解决行政争议机制中的最终环节。这里的"最终环节",并非指行政诉讼是每一个行政争议解决的必经环节。因为我国行政诉讼不实行"穷尽行政救济原则"(Exhaustion of administrative remedies),行政争议发生后,行政相对人可选择任一行政争议解决途径解决,其选择了行政复议或其他途径,如争议得以解决,即无须再提起行政诉讼;如争议得不到解决,只要未超过诉讼时效,且争议属于行政诉讼受案范围,其还可提起行政诉讼,通过诉讼途径解决。但是,如果其先选择了行政诉讼,即使其对诉讼结果不服,也不能再寻求行政复议或其他途径处理了。"最终环节"是在这个意义上说的。其二,行政诉讼较其他行政争议解决途径,程序最为严格、地位最为超脱,因而其裁决最为公正、权威。其三,行政诉讼较其他行政争议解决途径,可能耗时较长,花费较大,成本较高。因此,行政相对人在行政争议发生后,是选择行政诉讼还是选择其他行政争议解决途径,应视案件的具体情况而定。我们强调行政诉讼在整个解纷机制中的重要作用,不是主张不加分析地将行政诉讼作为唯一的解纷途径或无条件的最优解纷途径选择。

二、行政诉讼的监督功能

行政诉讼的第一功能和作用是解纷,但行政诉讼解纷是通过对具体行政行为的司法审查进行的。司法审查是人民法院对行政机关依法行政实施监督,从而行政诉讼具有了第二种功能和作用,即行政法制监督。我国行政法制监督的整体机制包括权力机关监督、检察机关监督、人民法院监督、行政监察监督和审计监督,以及社会舆论监督,行政诉讼只是整个行政法制监

---

⑨ 见我国《行政复议法》第2、5、12—15条。

督机制的环节之一。

我们要明了行政诉讼作为行政法制监督机制环节之一的功能和特征,必须同时分析行政法制监督机制其他环节的功能和特征。只有在我们明了行政法制监督机制其他环节的功能和特征以后,才能对行政诉讼作为行政法制监督机制环节之一的功能和特征有较深入的了解。

在整个行政法制监督机制中,权力机关监督(即人大监督)的主要功能和特征是:其一,人大监督主要针对行政立法行为、政策行为和其他抽象行政行为,而行政诉讼监督目前则仅限于具体行政行为;其二,人大监督主要采取主动形式,如审议政府工作报告,审议和批准预算、决算及国民经济和社会发展计划,执法检查,提出质询和询问,审查行政法规、规章和其他规范性文件,代表视察,组织专门问题的调查等[10],而行政诉讼则是应相对人的起诉而进行的,不告不理;其三,人大监督结果可以直接导致对公职人员的撤职、罢免,而行政诉讼只能对具体行政行为是否合法和是否撤销作出判决,而不能直接追究违法公职人员的法律责任。[11]

相较于行政诉讼,检察机关监督的主要功能和特征是:其一,检察监督主要是针对行政机关工作人员的违法犯罪行为,而行政诉讼监督针对的是行政机关而不是行政工作人员,是行政机关的违法行为而不是行政工作人员的犯罪行为;其二,检察监督主要采取主动形式,行政诉讼则采取被动形式;其三,检察监督结果是追究违法犯罪公职人员的刑事责任,而行政诉讼的监督结果是撤销违法的行政行为,对合法权益被侵犯的行政相对人予以救济。

相较于行政诉讼,行政监察监督和审计监督的主要功能和特征是:其一,监察监督和审计监督主要针对行政机关工作人员的违反政纪行为和违反财政法律、法规和规章制度的行为,而行政诉讼监督针对的是行政机关违

---

[10] 在权力机关的监督中,各级人大常委会的监督具有重要地位和作用。2006 年,第十届全国人大常委会第二十三次会议通过的《各级人民代表大会常务委员会监督法》对人大常委会的监督方式和监督程序作了比较详细的规定。该法的制定和实施(2007 年 1 月 1 日起实施)无疑将进一步促进我国法律监督机制的发展和完善。

[11] 人民法院在行政诉讼中不能直接追究违法公职人员的法律责任,但可将有关材料移送该公职人员所在的行政机关或其上一级行政机关或者监察、人事机关(参见我国《行政诉讼法》第56条),并可向这些机关提出给予违法、违纪公职人员行政处分的司法建议。

法的具体行政行为;其二,行政监察监督和审计监督主要采取主动监督方式,而行政诉讼则采取被动方式;其三,监察监督和审计监督是在行政机关内部进行,监察机关和审计机关都是行政机关,而行政诉讼监督属于外部监督,内部监督不及外部监督超脱和独立性强。

相较于行政诉讼,社会舆论监督的主要功能和特征是:其一,社会舆论监督针对整个行政机关和行政机关工作人员的所有违法、违纪行为,而行政诉讼仅针对行政机关的特定具体行政行为;其二,社会舆论监督不直接产生法律效力,不能对监督对象直接采取具有强制执行力的法律措施,其监督结果仅可以成为采取其他监督手段的依据和信息资料来源,而行政诉讼可以作出有直接法律效力的判决、裁定;其三,社会舆论监督可以产生广泛社会舆论效应,对被监督者的行为发生影响,这种效应和影响有时是行政诉讼不及的。

可见,行政诉讼监督是整个行政法制监督机制中的重要环节,但它不是行政法制监督机制的唯一环节,它不能取代其他监督环节。当然,其他监督环节也不能取代行政诉讼监督,行政诉讼监督在整个法律监督机制中具有重要地位,发挥着极为重要的作用。

三、行政诉讼的救济功能

行政诉讼兼具三种基本功能和作用:解纷、监督和救济。在此三种功能和作用中,救济无疑是行政诉讼最基本的功能和作用。[12] 行政相对人提起行政诉讼,其最根本、最直接的动因是对行政主体实施的违法侵犯自己权益的行政行为不服,其最根本、最直接的目的是请求法院撤销或改变行政主体对自己作出的违法侵犯其权益的行政行为,或确认该行为违法,责令行政主体赔偿自己因其违法侵权行为所遭受的损失,即为自己提供法律救济。毫无疑问,行政诉讼首先是为向相对人提供救济设计的。行政诉讼首先是一种行政法律救济制度。当然,我们说行政诉讼是一种行政法律救济制度,并不

---

[12] 前已述及,解纷是行政诉讼首要的功能和作用,监督是行政诉讼的重要功能和作用,而救济则是行政诉讼最基本的功能和作用。

意味着行政法律救济仅限于行政诉讼一种途径,行政诉讼制度只是整个行政法律救济机制中的一个环节,整个行政法律救济机制除行政诉讼外,还包括声明异议、申诉、控告、检举、行政复议、请愿等多种途径。

申诉、复议已如前述,声明异议是指行政相对人不服行政机关作出的行政决定或其他行政行为,认为此种决定或行为侵犯其合法权益,向该行为机关提出异议,要求其自行撤销或改变相应行为,停止对相对人权益的侵犯和恢复相对人已被侵犯的权益。声明异议在许多国家和我国台湾地区的行政法中,是一项法定的救济手段[13],但我国法律对之没有明确统一的规定,只是凭行政惯例实行。

控告、检举与申诉一样,大多是通过信访途径进行。对申诉、控告、检举目前我国尚无统一的法律调整,但许多单行法律、法规规定了相对人寻求这一救济的条件、程序,特别是国务院 2005 年制定的《信访条例》对行政相对人通过信访途径进行申诉、控告、检举以及接受信访的机构依法、及时、公正处理信访中涉及的行政侵权行为和为信访人提供救济规定了具体、详细的程序规则。[14]

请愿是指行政相对人为了维护本身权益或国家、社会公益,个别或集体向行政机关表示某种意愿(如要求制订或修改某项法律、政策、采取或停止某项行政措施、提供损害救济、罢免公职人员等)的行为。[15] 请愿不同于行政申诉和行政复议:请愿可由某一个或几个相对人个别为之,也可由多个相对人集体为之,而申诉、行政复议一般由特定相对人为之;请愿可针对一定具体行政行为,也可针对抽象的政策行为,而申诉、行政复议通常只能针对具体行政行为;请愿可提出与自身权益有关的要求,也可提出与社会公益有关的要求,申诉、行政复议通常只提出与自身权益有关的要求;请愿即可表

---

[13] 参见〔日〕室井力主编:《日本现代行政法》,吴微译,中国政法大学出版社 1995 年版,第 215—224 页;另参见管欧著:《行政法概要》,台湾三民书局 1980 年版,第 210—211 页。

[14] 我国《信访条例》于 2005 年 1 月国务院第 76 次常务会议通过,2005 年 5 月 1 日起施行。

[15] 如日本国《宪法》第 16 条规定,"任何人均有为取得损害救济、罢免公务员、制定、废除或修改法律、命令、规则及为其他事项而进行和平请愿之权利。任何人均不因曾进行此种请愿而受到差别待遇"。我国台湾地区"请愿法"规定,"人民对'国家'政策、公共利害及其权益之维护,得向职权所属之民意机关或主管行政机关请愿";"各机关处理请愿案件时,得通知请愿人或请愿人所推代表前来,以备答询";"各机关处理请愿案件,应将其结果通知请愿人,如请愿事项非其执掌,应将所当投递之机关通知请愿人"。

示对行政机关过去某种事项的不满,同时也可提出对行政机关未来行为的某种要求、某种意愿,而申诉、行政复议通常只表示对行政机关过去作出的某一决定或行为的不满,要求予以纠正和赔偿损失。我国法律对请愿未加规定,尽管在实践中不时也有人民群众自发静坐请愿的情形发生。但此种救济今后是否在我国确定为一种正式法律救济途径,尚待以后立法加以明确。

总之,行政救济途径在民主、法治国家通常都是多种多样的,行政诉讼只是其中的一种途径,但这种途径由于采用严格的司法程序,法律化、制度化程度最高,因此在整个行政法律救济机制中具有最重要的地位。

这里需要特别说明的是,在所有行政救济制度中,行政诉讼是法治化程度最高的一种救济制度,行政复议次之。这两种制度本应最受人们重视,得到最大程度的运用。但是,在实践中,由于种种原因,许多行政相对人,以及一些地方和部门的领导人,特别重视,甚至迷信信访,而轻视行政诉讼和行政复议,所谓"信访不信法"。政府机关及其负责人对待行政争议,不是鼓励相对人通过行政诉讼或行政复议依法治途径解决,而是逼着相对人走人治途径。很多时候,一些地方和部门的领导人为了维持表面的、暂时的"稳定",要么打压对其相应决策、行为持异议的群众,要么在打压不了时给予相应异议群众以超法律标准待遇。在这种情况下,相应矛盾和争议虽可能暂时得以解决或平息,但事后往往会引发更多的矛盾和争议。

对于行政诉讼的三种功能和作用:解纷、救济和监督,在我国《行政诉讼法》已制定二十多年后的今天,大多数人已有了比较深入的认识。但是,目前仍有一些公职人员,包括领导干部,对于行政诉讼的功能和作用仍有怀疑,甚至持否定态度。他们认为,社会上很多矛盾和冲突,例如征地、拆迁、罚款、收费导致的矛盾和冲突,本来完全可以利用他们的行政权力摆平、搞定。但是,有了行政诉讼制度之设,老百姓没完没了地告:起诉、一审、二审、再审,以致引起没完没了的矛盾和冲突。他们认为,官民不和谐,社会不稳定,很大程度上是行政诉讼惹的祸。因此,他们尽量压制"民"告"官",采取各种软硬兼施的手段和措施阻止行政相对人告;实在阻止不了,就向法院施加压力,让法院不受理,受理了就让驳回,驳不回就让"协调"其撤诉,"协调"不了就判其败诉。他们这样做也许是为了保一方稳定、和谐、发展,怕老百姓告状影响、妨碍了他们的建设和发展的进程。

那么,行政诉讼究竟是有利于构建和谐社会,促进改革、发展、稳定,还是相反呢?我们认为显然是前者而不是后者。

首先,和谐社会是行政相对人的人权和其他合法权益得到尊重和保障的社会。"官""民"的矛盾和纠纷大多是由作为"官"的行政机关及其工作人员侵犯作为"民"的行政相对人的合法权益引起的。对于这种矛盾和纠纷,绝大多数只能通过行政诉讼等法定救济途径使相对人被侵犯的权益得到恢复或补救,才能缓和、平息,乃至最终化解。如果试图采用行政权力压制,可能在一个时期能使相应矛盾和纠纷缓和、平息,但最终只能是压而不服,可能引发更大、更严重的矛盾和纠纷,从而影响改革、发展和稳定。

其次,和谐社会是公权力受到有效监督和制约,不致滥用,不致对公民权利、自由构成威胁的社会。人类几千年的发展史反复证明,不受监督和制约的权力必然膨胀、滥用、腐败,而这又必然导致社会矛盾激化,"官逼民反"。"官"虽然可以通过高压手段在一个时期内迫使"民"不敢反,不能反,"自愿"做"顺民""载舟",但水下涌动的暗流终究有一天会"覆舟"。因此真正和谐的官民关系必须通过行政诉讼等各种对公权力的监督、制约制度来培植和构建。而只有培植和构建起真正和谐的官民关系,改革、发展和稳定才有保障。

由此可见,行政诉讼的解纷、监督和救济功能、作用,与改革、发展和稳定是统一的,越重视发挥行政诉讼的解纷、监督和救济的功能、作用,越有利于促进改革、发展和稳定。当然,这是从总体、全局和长远的角度上说的,如果从一时、一事的局部角度而言,行政诉讼有时确实也会与改革、发展和稳定产生一定矛盾,甚至在个别情况下还会发生冲突。那么,我们怎么协调二者的关系,尽量避免二者可能的矛盾和冲突呢?这就需要我们树立一种理念和坚守一种原则,即行政诉讼法确立的中国行政诉讼的基本理念和基本原则——平衡理念和平衡原则。

我国《行政诉讼法》第1条规定,行政诉讼既要"保护公民、法人和其他组织的合法权益",又要"维护和监督行政机关依法行使行政职权"。2009年,最高人民法院针对行政审判因各地为应对国际金融危机而采取各种措施而引发的新情况、新问题,发布了《做好行政审判工作的若干意见》(以下简称《若干意见》)。《若干意见》以现代行政法的公平、公正与效率、效益相协调的原理为指导,进一步丰富和发展了《行政诉讼法》确立的平衡理念和平衡原则。《若干意见》要求各级人民法院在应对国际金融危机的特殊形势下,行政审判要特别注重贯彻平衡原则:"既要保证各项应对措施落实到位,又要保证人民群众的合法权益不因权力违法滥用而受损";"既要注意保护各类企业的信赖利益、公平竞争,促进政府诚实守信,也要考虑因金融危机而导致的情势变更因素,充分考虑特殊时期行政权的运行特点,妥善处理好国家利益、公共利益和个人利益的关系";"既要保障公民、法人和其他组织的知情权、参与权、表达权、监督权,促进政务公开和服务型政府建设,又要注意把握信息披露的时间、对象和范围,保证政府信息公开不危及国家安全、经济安全、公共安全和社会稳定";审查具体行政行为"既要遵循法律的具体规定,又要善于运用法律的原则和精神解决个案的法律适用问题";审查承包经营权案件"既要注意维持承包经营法律关系的稳定,也要依法保护返乡农民合法的承包经营权益"……[16]

现代行政法不同于传统行政法,传统行政法有两种极端的倾向:一种倾向是早期的西方国家行政法过分强调控权,过分注重限制公权力滥用,防止公权力侵犯公民权益,而忽视公权力为社会、经济发展,为公民福祉的服务作用;另一种倾向是原苏联、东欧国家的行政法过分强调公权力对相对人和对社会的管理,过分注重运用公权力构建社会经济秩序,推进公共福利,而忽视对公民个人权益,特别是个人人格尊严的保护。现代行政法则追求平衡。英国行政法权威韦德说,行政法的重要作用之一是"保持国家和公民权利之间的平衡"[17]。美国行政法学者沃伦认为,现代行政法的最棘手的挑战是"行政机关在执行公共政策时,如何寻求社会权利和个体权利的平衡"[18]。北大公法研究中心名誉主任罗豪才教授更是把现代行政法表述为"平衡法"[19]。

---

[16] 参见最高人民法院:《关于当前形势下做好行政审判工作的若干意见》,载《人民法院报》2009年7月6日。

[17] H. W. R. Wade, *Administrative Law*, sixth edition, Oxford University Press, 1989, p. 6.

[18] 〔美〕肯尼思·F.沃伦:《政治体制中的行政法》(第三版),王丛虎等译,中国人民大学出版社2005年版,第543页。

[19] 罗豪才主编:《现代行政法的平衡理论》,北京大学出版社1997年版,第16页。

法院在行政审判中如何贯彻平衡理念和平衡原则,特别是在国家为应对国际金融危机和其他经济危机而实行"保增长、保民生、保稳定"方针政策的大背景下,行政审判如何平衡各种利益,实现《若干意见》中所述五个"既要……,也要……"的目标?为此,我们有必要对平衡理念和平衡原则及其相应理论加以认真和深入的研究,以真正把握其实质和内涵,使之在实践中不偏离该理念、原则的正确方向。

首先,平衡理念、平衡原则的"平衡"是有价值导向的平衡。平衡不是折中主义,不是平均主义,不是和稀泥,更不是迁就违法、滥权,而是有价值导向的平衡。现代行政法的基本价值导向是公平、正义,保护人权,保护公民、法人和其他组织的合法权益。行政审判维护行政机关依法行政,或者强调前述"三保"(保增长、保民生、保稳定),其目的都是保障和增进人民的利益、福祉,保障和增进社会的公平、正义。如果我们的行政审判离开行政法的基本价值导向,为平衡而平衡,就可能会自觉或不自觉地背离法治而走向人治。沃伦指出,"法院通常运用一种平衡准则来判定个体是否滥用其合法权利,从而威胁到公众的利益。当法院运用这种平衡准则时,他们也碰到了在个体权利和社会权利之间选择的困难。法院必须在保护社会权利的同时,维护个人的合法权利"。"行政法的一项任务就是寻求解决社会性问题的方法,这些方法必须避免为抽象的高尚目标而挤压个人自由。历史已经告诉我们:领导者如果坚持个体必须为一个更为伟大的目标定要牺牲他们的自由,极权主义社会就可能会出现。"[20]正是基于行政法的基本价值导向,最高人民法院的《若干意见》明确要求:"不能以牺牲法律为代价迁就明显违反法律强制性规定,侵犯当事人合法权益的行为。对于那些以应对危机为借口擅自突破法律规定,形成新的地方保护和行业垄断,侵犯公民、法人和其他组织合法权益的违法行为,要依法予以纠正。"这种"依法纠正",在外在形式是与"三保"平衡,而其内在实质则是维护法治的基本价值。

其次,平衡理念、平衡原则的"平衡"是整体的平衡。行政法在整体上是平衡法,但在其不同的运作阶段,不同的调整领域,却是有倾斜性、有注重面的。行政法在调整行政管理、行政规制时,更多注重的是行政权的有效行

---

[20] 〔美〕肯尼思·F.沃伦:《政治体制中的行政法》(第三版),王丛虎等译,中国人民大学出版社2005年版,第545—546页。

使,注重授予行政主体管理职权和管理手段,向效率倾斜;行政法在调整行政法制监督、行政救济时,更多注重的应是保护公民、法人和其他组织的合法权益,注重监督和控制行政权的滥用,向公正倾斜。行政审判在性质上主要属于救济和监督,因此,人民法院在审理行政案件时,在注重行政权与行政相对人权利的整体平衡时,应适当向保护行政相对人合法权益方向倾斜。因为,在行政管理过程中,行政主体享有各种行政管理权力和管理手段,相对人处于相对弱势,如果在行政诉讼中不适当向保护相对人权益的方向倾斜,那平衡就不可能真正实现。当然,具体案件的案情各不相同,在某些案件中,也可能有些相对人恃其有钱有势,无视代表公共利益的行政主体,蛮横无理地抵制、抗拒行政主体依法执法。如果是这种情况,行政审判自然应该适当向行政主体倾斜。否则,公共利益就难以得到有效维护。

再次,平衡理念、平衡原则的"平衡"是动态的平衡。毛泽东同志认为,世界上的一切事物,平衡、静止、均势是相对的,而不平衡、变动、差别是绝对的。[21] 行政法追求平衡,当然是在不平衡中追求平衡,是通过平衡各种不平衡的利益实现平衡。并且,一种平衡实现了,新的不平衡又会产生,行政法需要通过新的法律手段、方式、程序去消除不平衡而实现新的平衡。这就是平衡理念所要求的动态的平衡。在人类发展的历史过程的任何阶段,自然界和社会都在不断变化,会不断出现新情况、新问题。自然界的新情况、新问题如地震、海啸、非典、水旱灾害等,社会的新情况、新问题如金融危机、事故灾难、暴乱、骚乱、动乱等。这些新情况、新问题的出现均会导致对过去已形成的平衡的不同程度的破坏或挑战。在这种情况下,党和国家自然会及时推出各种相应的政策来构建新的秩序,以实现新的平衡。行政审判作为社会关系、社会利益的一种重要调节器,当然不能超然于国家整体平衡机制之外,而应与国家平衡的整体任务相协调。当然,法院不同于政府,法院要更注重于保持和维护法律的稳定性。但是,法律的稳定性也是相对的,法官完全可以运用自己的法律理性和法律智慧,以法律的目的、原则和精神去适应解决新矛盾、新问题和实现新平衡的需要。所谓行政审判的"大局"意识,正是基于这种动态平衡的理念,并受这种理念制约。

---

[21] 参见毛泽东关于"矛盾的普遍性"、"矛盾诸方面的同一性和斗争性"的论述。《毛泽东选集》(第一卷),人民出版社1966年版,第279—308页。

最后,平衡理念、平衡原则的"平衡"是符合比例性的平衡。无论是行政管理,还是行政审判,都会涉及公共利益与个体利益、全局利益与局部利益、弱势群体利益与强势群体利益、长远利益与当前利益的矛盾和冲突。虽然上述利益(前一利益与后一利益)并不总是矛盾和冲突的,但这些利益的矛盾和冲突毕竟难以避免。行政管理和行政审判要解决这些矛盾和冲突,就必须进行利益平衡。根据社会主义的法治的一般理念,在一般情况下,后一利益与前一利益发生矛盾冲突时,通常要求后一利益服从前一利益。但是,根据具体情境中要求具体情况具体对待的平衡理念,这种服从不应该是绝对的。行政机关进行行政管理,人民法院进行行政审判,在遇到不同利益冲突时,首先要进行利益衡量。通过利益衡量,如果认定后者的利益大于甚至远大于前者的利益时,并不一味地要求后者服从前者,后者为前者让路,而是应尽量发现、探寻和选择兼顾两者利益,甚至更多地向后者利益倾斜的解决问题的方案。例如,行政审判在处理农村土地征收、城市房屋拆迁案件时,有时会发现,行政机关所规划设计的相应建设项目虽然与公共利益有一定关系,但更多的是"形象工程",或者更多的与开发商的利益有关。其中所涉的少量公共利益与该项目所损害的大量农村村民、城市居民的利益远不成比例。对于这种情况,我们的行政审判难道还应要求相对人无条件地以其个人利益服从行政机关所主张的所谓"公共利益"吗?显然不应该。相反,我们的裁判应向相对人的利益倾斜,以维护法治的平衡。

原载《求是学刊》2011年第1期

《行政强制法》的基本原则和行政强制设定权研究

自《行政强制法》于1988年在国务院法制局层面列入立法计划并组织调研、论证、草拟①之后,行政立法研究组曾起草试拟稿②,至1999年,全国人大法工委正式启动起草程序,后经第十届和第十一届全国人大常委会第五次审议后最终通过,历时23年。③《行政强制法》之所以经历如此长的立法过程,一是因为该法所涉问题的极端重要性和复杂性(该法所构建的制度对公民人身权和财产权影响的深度和广度可能超过所有的现行行政法律,甚至超过《行政处罚法》和《行政许可法》),行政相对人权利保护和公共利益与社会秩序维护二者的平衡很难拿捏;二是因为广大社会公众,包括学界、实务界、舆论界

---

① 国务院法制局基于当时全国人大法工委正起草《行政诉讼法》,为保障《行政诉讼法》通过后的顺利实施,于1988年启动了《行政诉讼法》三个配套条例的研究、论证和草拟,这三个条例分别是《行政复议条例》(于1990年颁布)、《行政处罚条例》(后提交人大立法,1996年全国人大常委会通过《行政处罚法》)和《行政强制执行条例》(即现在的《行政强制法》的雏形)。

② 行政立法研究组是于1986年成立的一个专门进行行政法立法研究和起草行政法前期试拟稿的半官方半民间的组织,成员包括全国人大法工委、国务院法制局、最高人民法院的实务界专家以及北京大学、中国政法大学、中国人民大学和中国社科院法学所的学术界专家,共14人,笔者是这个研究组的成员之一。该立法组成立后,先后草拟了《行政诉讼法》、《国家赔偿法》、《行政处罚法》、《立法法》、《行政许可法》、《行政强制法》等法律的试拟稿。

③ 全国人大常委会对《行政强制法》审议的历程是:一审2005年,第十届全国人大常委会第十九次会议;二审2007年,第十届全国人大常委会第三十次会议;三审2009年,第十一届全国人大常委会第十次会议;四审2011年,第十一届全国人大常委会第二十次会议;五审2011年,第十一届全国人大常委会第二十一次会议。

对该项立法涉及的各种问题一直争议较大,难于在短时间内达成共识;三是立法机关对该项立法特别慎重,反复启动公民参与程序和学者专家论证程序,以保证该立法的民主性、科学性和为社会公众的可接受性。《行政强制法》的通过和施行是我国人权保障和法治建设的一件大事,是推进我国法治国家和法治政府建设进程的重要举措,本文仅对该法设计、确立的行政强制原则和行政强制设定权的配置进行粗浅的论述和解说,我的同行们将对该法涉及的其他更广泛的问题进行更深入的论述、解说。

一、《行政强制法》设计和确立的行政强制基本原则

《行政强制法》明确规定,或者虽非明确规定但在整个法律文本中所体现出的行政强制基本原则共有六项:平衡原则、比例原则、行政强制法定原则、教育与强制相结合原则、正当法律程序原则和救济原则。这些原则既曾指导该法整体法律制度的设计和具体法律规则的制定,更将在该法正式施行后指导执法者对该法所确立的规范和制度的实施。

(一) 平衡原则

《行政强制法》总则第 1 条即开宗明义地规定,该法的制定,是"为了规范行政强制的设定和实施,保障和监督行政机关依法履行职责,维护公共利益和社会秩序,保护公民、法人和其他组织的合法权益"。这里确立了两个最基本关系的平衡。一是保障和监督关系的平衡——《行政强制法》既要保障行政机关依法履行职责,又要监督行政机关依法履行职责。"保障"和"监督"在这里均有两层含义:"保障"一方面指为行政机关履行职责提供足够的手段,另一方面指为行政机关履行职责排除可能的障碍;"监督"一方面指控制行政机关违法、滥用职权,侵害行政相对人权益,另一方面指防止行政机关不作为,规避履行职责,消极损害行政相对人权益。另一个基本关系的平衡是:维护公共利益和社会秩序,保护公民、法人和其他组织的合法权益(即保护社会公众利益)与保障作为被强制对象的行政相对人权益的平衡。行政机关实施行政强制或者行政机关申请人民法院实施行政强制,其

目的主要是预防或制止行政相对人实施违法行为(如预防或制止食品、药品制造者制造假冒伪劣食品、药品的行为),以保障社会公众的生命、财产安全和人身健康。很显然,《行政强制法》如不能保障行政机关依法有效行使行政强制权,就不能有效维护社会秩序,从而就不能有效保障社会公众的生命、财产安全和人身健康。同样,《行政强制法》之所以要设置严密的规则和程序规范和制约行政机关行使行政强制权,其目的即在于防止行政机关违法和滥用行政强制权,保护作为被强制对象的行政相对人的权利、尊严和合法利益不被侵犯。协调和平衡这两对基本的相互关系,正是《行政强制法》制定和实施要把握的一项最重要、最基本的原则。

(二) 比例原则

《行政强制法》第5条规定,"行政强制的设定和实施,应当适当,采用非强制手段可以达到行政管理目的的,不得设定和实施行政强制"。这一条款所体现的精神,在行政法学上通常被称为"比例原则"。广义的比例原则的内容包括必要性、适当性和比例性的要求。"必要"、"适当"、"比例"(狭义的比例原则),都是具有弹性的不确定用语,在适用于具体法律制度和法律规则的设计上时,有人可能较偏向于对行政权力的控制和对公民权利的保障,有人可能较偏向于行政管理的效率和行政秩序的维护。尽管比例应以适中为宜,但绝对的适中是不可能的。因此,在行政强制具体法律制度和法律规则的设计上,学者一般倾向于对行政权力的较严格的控制和对公民权利较完善的保障。

比例原则是行政法的重要原则。以前我国行政法的立法中很少明确规定这一原则。《行政强制法》可以说是第一次明确确立这一原则。这一原则的核心内容是"最小损害",即行政机关为实现行政目的,在有多种手段、多种方法、多种途径可供选择时,应选择其中对相对人"最小损害"的手段、方法和途径。在这个意义上,比例原则又可称"最小损害"原则。《行政强制法》规定的"采用非强制手段可以达到行政管理目的的,不得设定和实施行政强制"应该说是"最小损害"原则的很好体现。但是,这还不太全面。"最小损害"原则在行政强制领域的全面表述应该是"采用非强制手段可以达到行政管理目的的,不得设定和实施行政强制;采用较轻强制手段可以达到行政管理目的的,不得设定和实施较重的行政强制"。当然,《行政强制法》第5条的规定中虽然没有"采用较轻强制手段可以达到行政管理目的的,不得设定和实施较重的行政强制"的明确表述,但该法的内容无疑还是体现了这一原则的精神。例如,该法第三章规定行政机关实施限制公民人身自由的行政强制措施要履行比一般行政强制措施更严格的程序,其中即具有"可以采用非限制公民人身自由强制手段可以达到行政管理目的的,即不得实施限制公民人身自由的行政强制"的意涵。

(三)行政强制法定原则

《行政强制法》第4条规定了行政强制法定原则,其表述是:"行政强制的设定和实施,应当依照法定的权限、范围、条件和程序。"这里,"法定"的"法"是仅指法律,还是包括法规和规章,人们存在不同的观点。笔者认为,权限法定的"法"应主要或基本上限于法律;范围法定、条件法定的"法"则可限于法律、法规;而程序法定的"法"则不仅包括法律、法规,而且应包括规章。

对"法定"的"法",之所以要做如此理解,既有法律原理的根据,也有一定的制定法根据。行政强制的权限,涉及行政主体与行政相对人的基本关系,自应由法律保留,我国《立法法》也是这样规定的。④ 虽然《行政强制法》将行政强制设定权在主要保留给法律的前提下,也有限地赋予了行政法规和地方性法规一定的行政强制设定权⑤,但行政法规和地方性法规依此授权获得的行政强制设定权的权源仍然是作为法律的《行政强制法》。而行政强制的条件则不同,其是在获得授权的前提下根据不同地方、不同管理领域的行政管理需要确立可运用此种行政手段的具体情形,因此除法律以外,同时由法规(行政法规和地方性法规)规定较为适宜。至于行政强制的程序,则更多的是法制对行政机关行使行政强制权行为的规范,既应有他律,更应有自律。因此,程序法定的"法",不仅应包括法律、法规,而且应包括规章。

---

④ 我国《立法法》第8条规定,限制人身自由的强制措施,对非国有财产的征收等,只能制定法律。

⑤ 我国《行政强制法》规定,只有尚未制定法律,且属于国务院行政管理职权事项,或者虽已制定法律,但法律规定特定事项由行政法规规定具体管理措施的,行政法规可以设定除该法第9条第1、4项和应当由法律规定的行政强制措施以外的行政强制措施;尚未制定法律,且属于地方性事务的,地方性法规方可以设定该法第9条第2、3项的行政强制措施。

(四) 教育与强制相结合原则

关于教育与强制相结合原则,《行政强制法》的表述是:实施行政强制,应当坚持教育与强制相结合。⑥ 这里"教育与强制相结合"的"教育",既包括特定教育,也包括一般教育;既包括对被强制对象的教育,也包括对一般社会公众的教育。当然,"教育与强制相结合"的"教育"主要是指对被强制对象的特定教育。因为对一般社会公众的一般教育是通过对被强制对象的特定教育实现的。

此外,"教育与强制相结合",还具有"先教育,后强制"和在行政强制的事前、事中、事后的整个过程中坚持教育的含义。该原则要求,行政机关在实施行政强制之前,即应对相对人进行教育,促使相对人自觉履行义务。如果相对人经教育后自觉履行了义务,就不要再实施强制。须知,"教育与强制相结合"并非仅要求行政机关在行政强制过程中对相对人进行教育,使之接受强制和对强制行为予以配合,不抵制和阻碍行政机关实施强制行为。更非仅要求行政机关在实施行政强制后再对相对人予以教育,使其对强制心悦诚服,在内心中认同和接受行政机关的强制行为。尽管行政强制的事中、事后教育亦非常重要,但事前教育较事中、事后教育更为重要,行政机关除非在紧急情况下采取即时强制,来不及进行事前教育,否则,无事前教育即不得进行强制。行政机关贯彻《行政强制法》"教育与强制相结合"的原则,必须强调"先教育,后强制",将教育贯穿在行政强制的事前、事中、事后的整个过程中。只要通过教育行政相对人自觉履行了义务,行政机关就不应对之再实施行政强制或处罚。

(五) 正当法律程序原则

关于正当法律程序原则,《行政强制法》没有以专门条款统一规定,而是将该原则分别规定于多个不同条款,以及将其精神贯穿和体现在行政强制权设定程序和行政强制实施程序的具体设计上。例如,《行政强制法》第8条规定,公民、法人或者其他组织对行政机关实施行政强制,享有陈述权、申

---

⑥ 参见我国《行政强制法》第6条。

辩权;第7条规定,行政机关及其工作人员不得利用行政强制权力为单位或者个人谋取利益;第14条规定,起草法律、法规草案,拟设定行政强制的,起草单位应当采取听证会、论证会等形式听取意见,并向制定机关说明设定该行政强制的必要性、可能产生的影响以及听取和采纳意见的情况;第15条规定,行政强制设定机关应当定期对其设定的行政强制进行评价,并对不适当的行政强制及时予以修改或者废止。行政强制的实施机关可以对已设定的行政强制的实施情况及存在的必要性适时进行评价,并将意见报告该行政强制的设定机关。公民、法人或者其他组织可以向行政强制的设定机关和实施机关就行政强制的设定和实施提出意见和建议,有关机关应当认真研究论证,并以适当方式予以反馈。

正当法律程序原则对行政强制的要求虽然既及于行政强制的设定,又及于行政强制的实施,但重点主要在于规范行政强制的实施,即主要落实在行政强制实施程序的具体设计上,包括对行政强制措施的程序的设计和对行政强制执行程序的设计。

《行政强制法》规定的行政强制实施程序的一般规则有五:其一,违法行为显著轻微或者没有明显社会危害的,可不采取行政强制措施。其二,行政强制措施权由法定行政机关在法定职权范围内实施,不得委托非行政机关和行政机关中非具备资格的行政执法人员实施行政强制措施。其三,实施行政强制措施须事前报行政机关负责人批准,由两名以上执法人员实施,实施时应出示身份证件,通知当事人到场(当事人不到场的,邀请见证人到场),告知当事人理由、依据和权利、救济途径,听取其陈述、申辩,并制作现场笔录(笔录由当事人和行政执法人员签名或盖章,当事人不到场的,由见证人和行政执法人员签名或盖章)。其四,如紧急情况需要当场强制,行政执法人员应在24小时内向行政机关负责人报告,并补办批准手续。行政机关负责人认为不应当采取行政强制措施的,应当立即解除。其五,实施限制公民人身自由的行政强制措施还应当场告知或实施行政强制措施后立即通知当事人家属实施行政强制措施的行政机关、地点和期限,在紧急情况下需要当场强制的,在返回行政机关后应立即向行政机关负责人报告并补办批准手续。限制公民人身自由不得超过法定期限,在目的已经达到或条件已经消失后应立即解除。以上实施行政强制措施的规则均体现了正当法律程序原则的要求。

正当法律程序对行政强制执行程序的具体要求主要体现为下述一般规则:其一,只有具有法定行政强制执行权的行政机关才能实施行政强制执行。其二,具有法定行政强制执行权的行政机关只有当当事人在行政决定期限内不履行义务的情况下才能实施行政强制执行。其三,具有法定行政强制执行权的行政机关在作出强制执行决定前,应事先书面催告当事人履行义务。其四,当事人收到催告书后有权陈述和申辩,行政机关应当充分听取当事人的意见,对当事人提出的事实、理由和证据,应当进行记录、复核。当事人提出的事实、理由、证据成立的,行政机关应当采纳。其五,只有经催告,当事人仍不履行行政决定,且无正当理由的,行政机关方可作出强制执行决定。催告书、强制执行决定书应直接送达当事人。当事人拒绝接收或者无法直接送达当事人的,应当依其他法定方式(《民事诉讼法》规定的方式)送达。其六,实施行政强制执行过程中,如具有法定中止执行或终结执行情形的,应中止执行或终结执行。其七,行政机关在不损害公共利益和他人合法权益的情况下,可与当事人达成执行协议。执行协议可约定分阶段履行,当事人采取补救措施的,可减免加处的罚款或滞纳金。其八,行政强制执行除紧急情况外,不得在夜间或节假日实施,行政机关不得对居民采取停止供水、供电、供热、供燃气的方式迫使当事人履行。此外,对违法的建筑物、构筑物、设施等需要强制拆除的,行政机关应先予公告,限期当事人自行拆除。只有当事人在法定期限内不申请复议或提起诉讼,又不拆除的,方可实施强拆。

上述行政强制措施和行政强制执行规则都是正当法律程序原则的要求,都体现了正当法律程序原则。这些规则既有助于防止和避免野蛮强制、暴力强制对当事人合法权益的侵犯,也有助于防止和避免行政机关及其工作人员利用行政强制权谋取私利,滥权和腐败。

(六) 救济原则

《行政强制法》主要在第一章总则第 8 条中和第六章法律责任第 68 条中确立了行政强制的救济原则。行政救济途径主要有三:一是行政复议,二是行政诉讼,三是国家赔偿。这三种救济途径均有相应的专门法律(《行政复议法》、《行政诉讼法》和《国家赔偿法》)规定和调整。既然有专门法律规定和调整,为什么在《行政强制法》中还要加以特别规定呢?这是因为行政强制是一种严重涉及公民人身权、财产权的"高权"行政行为⑦,需要特别强调权利救济。此外,行政强制的救济相较于一般行政救济,也具有一定的特殊性,需要加以特别规定。例如,《行政强制法》第8条除一般性地赋予公民、法人或者其他组织不服行政强制的申请行政复议权,提起行政诉讼权和要求国家赔偿权外,还另行专款规定,"公民、法人或者其他组织因人民法院在强制执行中有违法行为或者扩大强制执行范围受到损害的,有权依法要求赔偿";第68条规定,任何行政强制主体,无论是行政机关,还是人民法院,或者是行政执法人员,凡是"违反本法规定,给公民、法人或者其他组织造成损失的,(都要)依法给予赔偿"。

上述《行政强制法》设计和体现的六项原则,均是行政法治的基本原则,是贯穿于整个《行政强制法》具体规范和制度的指导思想和灵魂。我们要贯彻和实施《行政强制法》,就必须认真、切实领会和掌握这些基本原则。

二、《行政强制法》确定的行政强制种类和行政强制设定权配置⑧

《行政强制法》第9条和第12条分别以列举的方式规定了行政强制措施的种类和行政强制执行的方式。为了避免列举不全,导致今后行政管理因手段缺失而发生困难和障碍的问题,这两个条款分别在具体列举之后又都增加了一个具有"弹性"的兜底项:"其他行政强制措施"和"其他强制执行方式"。有人可能对此产生疑问,这种弹性的兜底项是否会使前面的列举

---

⑦ "高权"行政行为是西方国家行政法学者对行政强制、行政处罚等具有高度强制力的一类行政行为的称呼,与行政指导、行政合同等一类不具强制约束力的行政行为相对应。"高权"又被有的学者译为"主权"、"公权"、"强权"等。参见〔德〕哈特穆特·毛雷尔著:《行政法学总论》,高家伟译,法律出版社2000年版,第15页的译者注。

⑧ 关于行政强制权设定权的配置,笔者曾在《行政强制法立法若干争议问题之我见》(载《法学家》2010年第3期)一文中对《行政强制法(草案)》三审稿确立的行政强制设定权配置做过较详细的评价和论述,本文引用了该文中的部分观点,但根据现在正式通过的《行政强制法》做了较大幅度的修改和补充论述。

规定失去意义,从而使《行政强制法》控制行政强制种类,防止行政强制"乱"和"滥"的目的落空呢?⑨ 这种担心虽然有一定道理,但《行政强制法》随之严格限定的行政强制设定权在很大程度上可以避免这种情况。因为除了法律以外,《行政强制法》只赋予了行政法规和地方性法规很有限的行政强制设定权,对规章和其他规范性文件则根本没有赋予任何行政强制设定权。即使是法律,其虽然可设定任何种类的行政强制,但《行政强制法》既然列举规定了相关的行政强制种类,即有指引限制的含义:即法律在设定行政强制时,一般应以《行政强制法》相应列举规定的种类为限,只有在特别需要的情况下,才可设定"其他"别的行政强制种类。

《行政强制法》第 9 条设定的行政强制措施具体种类仅有四种:(1)限制人身自由(如扣留、约束、强制传唤、强制带离现场等);(2)查封场所、设施或者财物(场所如营业场所、工作场所、娱乐场所,设施如供水、供电、供气、供热设施,财物如房屋、汽车、船舶等);(3)扣押财物;(4)冻结存款、汇款。除这四种列举的具体种类外,《行政强制法》第 9 条设定的行政强制措施还包括前面述及的"弹性"的兜底项:"其他行政强制措施"(如强制进入住宅、强制进入经营场所等)。

《行政强制法》第 12 条设定的行政强制执行的具体方式仅有五种:(1)加处罚款或者滞纳金⑩;(2)划拨存款、汇款;(3)拍卖或者依法处理查封、扣押的场所、设施或者财物;(4)排除妨碍、恢复原状;(5)代履行。除这四种列举的具体形式外,《行政强制法》第 12 条设定的行政强制执行方式还包括前面述及的"弹性"的兜底项:"其他强制执行方式"(如强制搬迁、强制销毁等)。

关于行政强制设定权的配置,在《行政强制法》制定的过程中,人们对于法律——无论是全国人大制定的基本法律,还是全国人大常委会制定的非

---

⑨ 全国人大法工委副主任信春鹰在《行政强制法(草案)》一审时所作的说明中指出,制定《行政强制法》的目的主要在于解决行政强制的乱和滥的问题,如行政强制措施的具体形式繁多,同一行政强制措施有多种表述,缺乏规范;没有强制权的行政机关自行实施强制措施,甚至授权、委托其他组织实施行政强制措施,等等。

⑩ 加处罚款和科处滞纳金均是行政强制中的"执行罚"。"执行罚"不同于行政处罚中的罚款。前者的目的在于保障义务的履行,相对人通过告诫履行了义务,即应终止实施"执行罚";后者是对相对人以前实施的违法行为予以惩罚,即使相对人在违法行为被发现后停止了违法行为,其应受到的处罚(罚款)并不终止,仍要继续执行。

基本法律——均具有对所有行政强制的设定权基本是没有疑义和争议的。人们存在较多疑义和争议的主要是：应赋予国务院行政法规多大的行政强制设定权？应否赋予国务院部门的规章行政强制设定权？应否赋予地方性法规和地方政府规章行政强制设定权？如应赋予，应赋予它们各自多大的行政强制设定权？

《行政强制法》最终对行政法规、地方性法规和规章的行政强制设定权是这样配置的：

其一，尚未制定法律，且属于国务院行政管理职权事项的，行政法规可以设定除限制人身自由、冻结存款、汇款和应当由法律规定的行政强制措施以外的其他行政强制措施。

其二，尚未制定法律、行政法规，且属于地方性事务的，地方性法规可以设定查封场所、设施或财物，扣押财物两项行政强制措施。

其三，规章——无论是国务院部门规章，还是地方政府规章，均不得设定任何行政强制措施。规章以外的其他规范性文件则更不具有行政强制措施设定权。

其四，法律对行政强制措施的对象、条件、种类作了规定的，行政法规、地方性法规不得作出扩大规定；法律中未设定行政强制措施的，行政法规、地方性法规不得增设行政强制措施。但是，法律规定特定事项由行政法规规定具体管理措施的，行政法规可以设定除限制人身自由、冻结存款、汇款和应当由法律规定的行政强制措施以外的其他行政强制措施。

其五，行政强制执行均只能由法律设定，行政法规、地方性法规、规章均不得设定行政强制执行。[⑪]

这些规定意味着：（1）国务院行政法规被赋予了较多的行政强制措施设定权。其除了不得设定限制人身自由、冻结存款、汇款和应当由法律规定的行政强制措施以外，在尚未制定法律的情况下，其可以制定所有属于国务院行政管理职权事项的范围内的"其他行政强制措施"。在已经制定法律的情况下，如果法律规定特定事项由行政法规规定具体管理措施的，行政法规也可以设定所有与之相应的其他行政强制措施。（2）地方性法规则只被赋

---

⑪ 这些规定分别载于我国《行政强制法》第10、11、13条。

予了很有限的两项行政强制措施设定权,即查封场所、设施或财物以及扣押财物。(3)规章和其他规范性文件被取消了任何行政强制设定权。

相较于《行政处罚法》对行政处罚设定权的配置和《行政许可法》对行政许可设定权的配置,《行政强制法》对行政法规、地方性法规、规章的授权显然更加严格。《行政处罚法》的授权是:行政法规可以设定除限制人身自由以外的所有法定范围的行政处罚;地方性法规可以设定除限制人身自由、吊销营业执照以外的所有法定范围的行政处罚;部门规章可以设定警告、罚款(限额由国务院规定)两类行政处罚;地方政府规章可以设定警告、罚款(限额由地方人大常委会规定)两类行政处罚。⑫《行政许可法》的授权是:行政法规可以设定所有法定范围的行政许可;地方性法规可设定除资格、资质、企业、组织设立登记及其前置性行政许可以外的行政许可;部门规章不得设定任何行政许可;地方政府规章可以设定临时性行政许可(一年后失效或提请制定地方性法规)。⑬

对于《行政强制法》对行政强制设定权的配置,在法律起草和审议过程中,人们曾有各种不同意见。例如,有人认为,行政强制设定权应法律保留,不应配置给行政法规和地方性法规;有人认为,不应赋予或尽量少赋予行政法规和规章行政强制设定权,而应赋予地方性法规较多一些行政强制设定权;有人认为,应适当赋予规章一定的行政强制设定权,不赋予规章任何行政强制设定权不利于行政管理;还有人认为,应赋予行政法规和地方性法规更多一些行政强制设定权,以便于行政管理。在《行政强制法(草案)》三审时,立法机关还曾一度将一二审稿时确定的对行政法规和地方性法规赋予行政强制设定权"尚未制定法律,且属于国务院行政管理职权事项和地方性事务的,行政法规和地方性法规方可行使有限的行政强制设定权"改为"尚未制定法律,或者属于国务院行政管理职权事项和地方性事务的,行政法规和地方性法规方可行使有限的行政强制设定权",即将原对行政法规和地方性法规设定权确定的两项限制条件(必须同时具备"尚未制定法律"和"属于国务院行政管理职权事项、地方性事务"两项条件)减少至一项限制条件(只要"尚未制定法律"即使不"属于国务院行政管理职权事项、地方性

---

⑫ 参见我国《行政处罚法》第10—14条。
⑬ 参见我国《行政许可法》第14—17条。

事务"或者只要"属于国务院行政管理职权事项、地方性事务"即使"已经制定法律",行政法规和地方性法规均可行使有限的行政强制设定权)。

上述第一种意见显然不适用于现代社会的国家治理或公共治理,不仅在现代中国行不通,在现代西方国家(特别是联邦制国家)也鲜见。如果说,不赋予规章行政强制设定权在理论上能够成立,在实践中尚有可行性的话,那么,不给行政法规和地方性法规以任何行政强制设定权就既在理论上难以成立,又在实践中行不通。不给法规以任何行政强制设定权,法规会没有任何"牙齿",公共治理将无法有效进行。美国著名公法学者施瓦茨认为,"从质上说,规章(相当于我国的行政法规、规章和其他具有法律效力的行政规范性文件的总和——笔者注)[14]具有与法律相同的效力。它们的规定具有法律效力。它们有和法律同样的制裁措施作后盾。特别是它们具有以强制服从法律的刑事强制措施"。[15]他引用格里蒙德的话说明规章规定强制措施,甚至规定刑事制裁措施的必要性:"行政规章用刑事制裁作后盾完全是出于需要。法律没有制裁就是空话。如果违反行政规章可不以刑事犯罪论处,就等于说行政规章没有'牙齿',不遵守它仍可逃之夭夭,这就会使有效地行使制定规章之权成为不可能。"[16]当然,中国的法治环境和美国不一样,法律授予规章以行政强制设定权很可能导致滥用和对公民权利的侵犯,但如果我们连行政法规和地方性法规的行政强制设定权也一律取消,显然会严重影响公共治理的效力。

第二种意见虽然在中国现有语境下很有道理,笔者也基本认同。但目前(甚至在一个相当长的时期内)中国不具备这么做的条件:在现行体制下,全国人大立法能力很有限(全国人大一年只开一次会,全国人大常委会两个月开一次会,每次会期只有一周左右,且人大代表和人大常委会委员绝大多数是非专职的),如果不赋予国务院行政法规较多的立法功能,国家管理将难以运行。而承担实际立法功能的行政法规如果没有行政强制设定权,其

---

[14] 美国和其他一些西方国家的法律和法学著作中使用的 rules 和 rulemaking("规章"和"规章制定")是指所有行政法律规范性文件及其制定,"规章"不仅包括相当于我国行政法上"规章"的规范性文件,而且包括相当于我国"行政法规"的规范性文件,甚至还包括"规章"、"行政法规"之外的其他有法律效力的规范性文件。

[15] 〔美〕伯纳德·施瓦茨著:《行政法》,徐炳译,群众出版社1986年版,第138页。

[16] 同上书,第64—65页。

立法则难以有效发挥治理社会的作用。在行政立法的问题上,一贯持"控权论"观点的英国行政法权威教授韦德甚至也持开放态度。他在其经典著作《行政法》中指出:"传统的观点认为,行政立法是一个不得不予以容忍的祸害,它对于分权是一种不幸而又不可避免的破坏。然而,这是过时的观点,因为,实际上,问题的关键在于行政立法在实践当中是不可缺少的,而不在于理论上难以使其合理化。……只要我们从实务的方面看一看,马上就会明了,行政机关进行大量的一般性立法是必须的。"[17]坚持控权法治的英国尚且如此,在我们这样一个法治发展中国家,完全取消最高国家行政机关国务院设定行政强制的行政立法权显然是不切实际和有害的。

第三种意见则忽视了目前中国公权力过于膨胀和往往导致滥用的现实。不赋予规章行政强制设定权显然会给当下相关行政管理带来某些不便,但赋予规章行政强制设定权则不能有效治理目前行政强制存在的"乱"和"滥"两大问题,而行政强制的"乱"和"滥"已构成对国民人权的威胁。权衡利弊,自然应以不赋予规章行政强制设定权为好。2003年制定《行政许可法》时,也有人提出立法不赋予规章行政许可设定权,行政管理就会无法运行。但《行政许可法》最终没有赋予规章行政许可设定权,行政管理却没有受到太大影响,而乱设许可和滥设许可的现象却得到了很大程度的扼制。诚然,我们在前面已经述及,在法治较发达的西方国家,行政规章通常可设定一定范围的行政强制。但是,我国目前的情况是行政强制过多过滥。在当下缺乏对规章制定权和制定程序严格法制规范和司法审查的情况下,赋予规章行政强制设定权有太大的被滥用风险。

至于第四种意见——对行政法规和地方性法规赋予更多的行政强制设定权,将一二审稿时确定的"尚未制定法律,且属于国务院行政管理职权事项和地方性事务的,行政法规和地方性法规方可行使有限的行政强制设定权",改为"尚未制定法律,或者属于国务院行政管理职权事项和地方性事务的,行政法规和地方性法规方可行使有限的行政强制设定权"则不仅缺乏合理性,更可能涉及违法、违宪的问题。因为,将行政法规和地方性法规设定权的两个限制条件("且")改为一个("或者"),就必然出现下述两种情况:

---

[17] 〔英〕威廉·韦德著:《行政法》,徐炳等译,中国大百科全书出版社1997年版,第558—559页。

其一,如某一事项虽属"国务院行政管理职权事项"、"地方性事务",但已制定了法律,法律没有规定行政强制措施,再允许行政法规、地方性法规规定行政强制措施,就等于允许行政法规与法律不一致,允许地方性法规与法律相抵触,这显然违反《立法法》和《宪法》的规定;其二,如某一事项虽尚未制定法律,但不属"国务院行政管理职权事项"、"地方性事务",若允许行政法规、地方性法规规定行政强制措施,就等于允许国务院和地方人大、地方人大常委会超越管辖权限行事,违反组织法。正因为如此,《行政强制法》在四审稿时,又将对行政法规和地方性法规设定权的规定从三审稿确定的一个限制条件("或者")重新改为两个限制条件("且")。

当然,《行政强制法》最终定稿时又给行政法规的设定权开了一个小口子,即"法律规定特定事项由行政法规规定具体管理措施的,行政法规可以设定除限制人身自由、冻结存款、汇款和应当由法律规定的行政强制措施以外的其他行政强制措施"。之所以说这只是一个小口子,因为这一设定权虽解除了"尚未制度法律"的限制条件,但却增加了"法律规定特定事项由行政法规规定具体管理措施"的特别法律授权条件,且仍保留了必须"属于国务院行政管理职权事项"和设定范围仅限于"除限制人身自由、冻结存款、汇款和应当由法律规定的行政强制措施以外的其他行政强制措施"范围的限制条件。

原载《法学杂志》2011 年第 11 期

完善行政救济机制与构建和谐社会

完善行政救济机制是构建和谐社会的基本条件之一。

我国现行行政救济机制主要由行政复议、行政诉讼、行政赔偿、信访以及集会、游行、示威五大制度组成。其中尤以行政复议、行政诉讼和信访制度应用率最高,此三者为行政救济机制的基本制度。

我国现行行政救济机制运行的情况怎样呢?它对于构建和谐社会究竟发挥了多大的功效和作用呢?

我国现行行政救济机制是在20世纪八九十年代才逐步建立和形成的(其中信访制度则有较长久的历史)。应该说,这个机制自建立和形成以来,其运行情况总的来说是顺畅的,它对于监督行政机关依法行政,防止其滥用权力,保护公民、法人和其他组织的合法权益,解决社会矛盾,维护社会稳定,构建和谐社会是发挥了重要作用的。

但是,毋庸讳言,这个机制由于建立和形成的时间较短,以及中国当下正处于转型时期,受各种主观和客观条件的限制,它还很不完善,还有很多缺陷,其体系、结构、内部各种制度及其相互关系的设计还有很多不合理处,其作用和功能远不能适应控制公权力滥用和保障公权力相对人权益的需要。

我国现行行政救济机制的缺陷和其作用的不尽如人

意处通过以下三个案例可见一斑:

案例一

福建省莆田市城厢区龙桥街道办事处外延寿村农民对政府征用他们的土地给予其补偿的标准过低(政府规定每亩补偿9000元,他们认为根据《土地管理法》等相关法律的规定,每亩补偿费应为3万元以上)不服,向市政府提出异议,市政府不予理会。之后,农民们依据《行政复议法》向市政府正式申请复议,市政府告知农民:依据《土地管理法实施条例》第25条的规定,相对人对征用土地补偿有异议,应向批准征用土地的人民政府申请复议,请求批准征用土地的人民政府裁决。外延寿村农民们土地征用是由福建省人民政府批准的,故应向福建省人民政府申请复议裁决。于是,农民们向福建省人民政府提出了复议申请,但福建省人民政府以其批准行为属"内部行为"而不予受理。具体理由是:"省政府对莆田市政府2003年度第五批次征地的闽政地[2003]159号批复文件不过是针对莆田市政府关于征地请示所作的内部批复,不直接发生法律效力。"复议不被受理,农民们怎么办呢?根据《行政复议法》的规定,农民们有两个选择,一是直接向法院提起行政诉讼;二是请求复议机关的上级行政机关责令其受理或由上级行政机关直接受理。于是,农民们同时"两条腿走路":一方面通过国务院法制办请求国务院撤销福建省政府"不予受理"的决定和责令福建省政府受理;另一方面向福建省中级人民法院提起行政诉讼。但是,"两条腿走路"没有一条走通了:国务院法制办那边一直没有回复;福建省中级人民法院则拒绝受理,既不立案,也不作出裁定。法院不作为,农民们怎么办?根据最高人民法院关于《行政诉讼法》的司法解释,受诉法院既不立案,也不作出裁定,起诉人可以向上一级法院申诉或者起诉,上一级法院认为符合受理条件的,应予受理;受理后可移交或指定下级法院受理,也可自行审理。于是,农民们向福建省高级人民法院起诉。但福建省高级人民法院也拒绝受理;最后,农民们向最高人民法院起诉,最高人民法院立案庭的法官则建议农民们去信访。于是农民们找到全国人大常委会信访办,全国人大常委会信访办接待了他们,介绍他们到福建省人大常委会办公厅"接谈处理"。就这样,农民们折腾了近两年,吃了多少苦不说,但问题仍没有得到解决。这说明了什么?

案例二

河北省三河市民政局于1995年经河北省民政厅批准兴办一经营性公墓:"灵泉福园公墓"。1997年其与北京市天宝福园房地产有限公司合作,成立股份有限公司,1998年天宝福园房地产有限公司将其股份转让给北京市灵泉福园房地产咨询有限公司,新的合作公司更名为"三河灵泉灵塔公墓"(三河市民政局原局长孟宪华自1999年任法人代表和董事长)。公墓自1997年至2001年9月,以炒卖方式销售骨灰格位4.5万个,收款2.1亿元,购买者约1.1万人。公墓出售骨灰格位时,曾向购买者承诺,购买者可随时退回格位,公墓可以以远高出原购进价(且每年递增)的价格回收。但是,此后公墓根本不履行承诺,拒绝高价收回和退款(所收款项一部分被原合作公司天宝福园房地产有限公司负责人携出国外,一部分去向不明)。购买者发觉上当后,自2001年开始群体上访:先是民政部,后是国家信访局,再后是"京冀联合工作组",所有这些部门均未能找到解决上访群众问题的方案。之后,国务院办公厅介入,2003年6月,国务院秘书局召集协调会,要求三河公墓还款。三河公墓终于制定出还款方案,承诺对购买4个格位以上者分三年还清其购买款:第一年还35%;第二年还35%;第三年全部还清。但此方案不为大多数上访群众接受,他们开始抗议、示威,甚至变相游行。在这种情况下,中央领导同志指示有关部门妥善处理此事。2004年5月,有关部门召开协调会,会上,大家方认识到上访群众的问题不能只依靠上访和政府协调解决,还应该通过法治途径为群众提供救济。于是,政府部门开始从第一线退下来,转而鼓励群众依法诉讼。但现在诉讼能解决问题吗?是走民事诉讼、刑事诉讼,还是行政诉讼的途径,或者是三管齐下?如走行政诉讼的途径,是以主管的民政机关或是负有领导监督之责的政府、还是以违法批准销售的物价机关为被告,或者是将所有对之负有责任的行政机关为共同被告?目前有关部门和当事人正在对此进行论证。此案自2001年开始群众上访到现在,将近4个年头,这么长时间问题得不到解决。这说明了什么呢?

案例三

辽宁省普兰店市公安局交警韩振玺因为工作和生活上的有关问题,自1977年以来多次找所在公安局及普兰店市委、市政府上访,但问题始终得不到解决,有关部门甚至将其拒之于上访门外,韩感到愤怒,一次在公安局的墙上挂上草包,以示不满。公安局对韩的行为予以了严厉的批评,并委托大连市公安局精神病司法医学鉴定组对韩作出医学鉴定。该鉴定组作出的鉴定结论是:韩振玺数年来频繁上访,言行偏激,其妨碍公务行为与疾病有直接因果关系,对其行为已丧失辨认及控制能力,故评定为无责任能力,因目前其正处于发病期,建议对其采取监护性措施。普兰店市公安局据此将韩送往大连市安康医院进行精神病监护,9个月后方将其放出。韩出来后,于2000年向法院提起行政诉讼,状告普兰店市公安局。法院经审理认为,司法医学鉴定组未经鉴定委员会授权,对无卷宗、案由、案号的案件当事人作出无鉴定人签章的医学鉴定,是无法律效力的;被告在未向原告宣布的情况下,依据无法律效力的医学鉴定将原告送往精神病医院进行监护治疗是违法的;被告行为所依据的《大连市监护治疗管理肇事肇祸精神病人条例》违反《中华人民共和国行政处罚法》"限制人身自由的行政处罚只能由法律规定"的规定,是无效的,因而被告的行为是违法的;此外,原告即使是精神病人,被告未征得原告监护人的同意,将原告送精神病院监护治疗也是违法的。然而,尽管法院数落了被告行为这么一大堆不是,但是,法院最后认定被告的行为是"内部行为",判决予以维持,诉讼费由原告负担。法院作出这样的判决真有点不可思议:如此判决还能认为是对原告的救济吗?

　　反思以上三个案例,我们也许可以初步感觉到我国现行行政救济机制的问题所在。这些问题主要表现在三个方面:一是机制结构方面的问题,二是作为机制构成要素的各种制度的设计问题,三是机制运作的外部环境问题。

　　机制结构方面的问题主要表现在:各种救济制度比重失调;缺少顶层设计、各个制度及环节之间相互协调和衔接不够,有些制度和环节没有发挥应该发挥的作用。在整个救济机制中,法治化高的救济环节过窄,法治化低的救济环节过宽。根据现行法律规定,越是法治化高的环节,人为设置的障碍越多,越是不畅,复议比信访的门槛高、限制多,诉讼比复议的门槛高、限制多,这样,就使绝大多数行政被侵权人进不了复议机关之门,更进不了法院,只能被迫去信访。例如,就行政诉讼而言,首先在受案范围上将大部分行政行为(抽象行为,内部行为,涉及政治、文化和其他非人身权、财产权的行为等)排除在救济范围之外。其次,原告资格(法律规定只有被侵权人本人才享有原告资格,除非本人死亡,其近亲属才能获得原告资格)又将许多被侵权人,如被拐卖者、下落不明者、被行政机关收容走失的人等,排斥在诉讼门外,因为被拐卖者、下落不明者、被行政机关收容走失的人自己本人怎么亲自起诉,怎么委托他人起诉?再者,严格的时效制度(复议时效为2个月、诉讼时效为3个月)更是使许多案件进不了法院的门。这样各种各样的争议、纠纷的当事人就都被迫踏上了信访之途。而当事人一旦被迫踏上信访之途,往往是不仅问题解决不了,其在信访路上还下不来。因为其往往错误认为,只要坚持信访下去,似乎哪一天总会有解决问题的希望(事实上也确有通过信访解决问题,甚至解决得比复议、诉讼还好的先例),致使信访队伍越来越大,上访者越来越多。

作为行政救济机制构成要素的其他制度,如行政复议制度、行政诉讼制度、行政赔偿制度,虽然没有信访制度的问题多,但设计上同样存在很多不合理处。例如,行政赔偿,其设计的标准那么低,被害人通过申诉、复议、诉讼等重重关隘寻求救济,所获得的赔偿款往往不及其为寻求救济所花费的开支(律师费、交通费、鉴定费等等)的十之一二(如著名的"麻旦旦案")。这样,许多被害人往往只得无奈放弃救济。

至于行政救济机制运作的外部环境,其所存在的问题恐怕也是多方面的。第一,司法独立没有充分的保障。这一点我们从最近全民关注的"佘祥林案"可以看得很清楚:政法委的干预无疑是导致冤案的众多原因之一。刑事诉讼如此,行政诉讼何尝没有这种情况!至于行政复议,复议机构则更连起码的相对独立性都难以保障。第二,行政救济机构工作人员的法律意识和法律素质有待提高。这一点我们从前面第一个和第三个案例中可以强烈地感觉到:那些案件中相对人的问题从法律上讲是完全可以复议、诉讼的(不是制度设计的问题),但那些当事人就是被我们这些复议官和法官硬撵出复议和诉讼的门外。第三,违宪审查制度没有建立。从而相对人对具体行政行为不服寻求救济时,如果相应具体行政行为所依据的法规、规章违法或法律违宪,救济往往就难以再进行下去。第四,党依法执政,党行使公权力行为如何纳入法治轨道的问题目前尚未完全解决。这样,在党的组织、党的机关行使公权力行为违法侵权时,相对人既难通过人民代表机关质询、追究责任人的政治责任,也难通过行政诉讼追究责任机关的法律责任,从而难于使相对人获得相应的法律救济。第五,整个国民现时的法律意识和法律素质有待提高。这一点我们可以从前面介绍的第二个案例中感觉到:公墓企业违法运作,行政机关违法行政,这么多相对人受骗,这么长的时间,没有人想到复议、诉讼,导致当事人几年上访没有解决任何问题。

由此可见,我们的现行行政救济机制确实存在缺陷,有诸多不完善之处。这个机制与构建和谐社会的需要显然是不相适应的。因此,要构建和谐社会,就必须适当改造这个机制,尽可能地消除这个机制存在的缺陷,完善这个机制。

那么,我们应该怎么改造和完善现行行政救济机制呢?为此要做的工作自然是多方面的。但我认为最重要的工作有三:一是加大改革力度;二是加快立法步伐;三是提高整个国民素质,改善行政救济机制运行的环境。

改革不仅仅是指法律制度的改革,还应该包括政治体制和社会运行机制的改革。就政治体制改革而言,必须健全和完善整个国家公权力的监督和制约机制,没有这样的机制,法律救济机制再完善也会受到干预,难于发挥有效的作用。就社会运行机制而言,必须健全和完善国家公权力以外的社会公权力监督和约束机制,例如各种行业协会、社会团体、基层自治组织、高等学校等,它们虽然不是行政机关,但它们行使着社会自治权力,它们和它们的相对人之间也会因社会自治权力的行使发生各种争议、纠纷。如果没有对它们的侵权行为的救济机制,构建和谐社会的任务仍然不可能完成的。

立法不仅仅是指制定新法律,而且指修订完善现有法律,甚至后者比前者更为重要。例如,不修改现行《行政复议法》和《行政诉讼法》,不降低行政法律救济的门槛,仅仅指望畅通信访渠道,大量的法律纠纷不可能得到有效的和公正的解决;不修改《国家赔偿法》,不扩大赔偿范围和提高赔偿标准,因行政侵权(即使侵权后给被害人平反、恢复名誉和赔礼道歉)产生的民怨也不可能完全消除。当然,制定新法也是非常必要和重要的,如《行政程序法》、《政务信息公开法》、《申诉法》、《监督法》、《行政裁决法》、《信访法》等,都是行政救济或与行政救济有关的重要法律,都需要逐步制定和完善。没有这些法律,行政救济机制自然是有缺陷的。

至于提高整个国民素质,改善行政救济机制运行环境,则是完善行政救济机制,提高行政救济效能的长远的和根本性的措施。为此,我们一方面要加强对全体国民的法制教育和对从事法律救济的工作人员的法律培训,提高他们的法治意识和法律素养;另一方面我们应通过完善各种法律制度,在法律制度的长期运作中使国民意识受到法治的不断熏陶。国民的法律素质的提高与法律制度(当然包括法律救济制度)的完善和顺畅运作是相互促进、相辅相成的,二者的良性循环是构建法治社会与和谐社会的基本条件。

原载《法学》2005 年第 5 期

依法行政的重大进展与进一步推进的任务、措施

2004年,国务院发布《全面推进依法行政实施纲要》(以下简称《纲要》),提出了在我国推进依法行政的七项目标和六项基本要求,确定了以十年左右坚持不懈的努力,在我国基本实现建设法治政府的目标。

现在,时间已经过去七年了,我们在依法行政方面已推进到了什么位置呢?取得了哪些成绩?还存在哪些问题?离《纲要》确立的法治政府目标和基本要求还有多大距离?对此,我们有必要进行认真地回顾、分析、评估,以确立未来三年继续推进和最终实现目标的对策。

《纲要》发布七年来,我们在推进依法行政方面主要取得了以下五个方面的进展:

其一,初步形成了作为依法行政基础的行政法体系。这个体系主要包括三大板块:行政组织和公务员法,行政行为和行政程序法,行政法制监督、行政责任和行政救济法。就第一个板块而言,《纲要》发布前我们已制定了《国务院组织法》和《地方各级人民代表大会和地方各级人民政府组织法》,《纲要》发布后我们又相继制定了《公务员法》(2005年)和《行政机关公务员处分条例》(2007年);就第二个板块而言,《纲要》发布前我们已制定了《行政处罚法》、《行政许可法》两部一般行政行为法和《土地管理法》、《城市房地产管理法》、《道路交通安全

法》、《药品管理法》等数个部门行政行为法,《纲要》发布后我们又相继制定了《突发事件应对法》(2007年)、《行政强制法》(2011年)、《政府信息公开条例》(2007年)等一般行政行为法和《城乡规划法》(2007年)、《食品安全法》(2009年)、《国有土地上房屋征收与补偿条例》(2011年)等数十个部门行政行为法;就第三个板块而言,《纲要》发布前我们已制定了《行政诉讼法》、《国家赔偿法》、《行政复议法》、《行政监察法》、《审计法》,《纲要》发布后我们又相继制定了《监督法》(2006年)、《信访条例》(2005年)和修订了《国家赔偿法》(2010年)。现在,我国的行政法体系虽还不完善,很多重要行政法律、法规尚待制定,但由上述三大板块组成的基本框架和基本体系已经初步形成。

其二,政府职能转变和行政管理体制改革取得初步成效。《纲要》发布前,我国存在较严重的政企不分、政事不分,政府过分干预市场、干预社会的"全能政府"现象。《纲要》发布后,"全能政府"逐步向"有限政府"转变,管制型政府逐步向服务型政府转变,政府职能逐步限制为"经济调节、市场监管、社会管理和公共服务"四个领域。而且在这四项职能中,更注重社会管理和公共服务,社会管理和公共服务在整个政府职能中具有越来越大的比重和越来越重要的地位。在行政管理体制改革方面,这七年,我们对中央与地方的关系、政府部门间的相互关系进行了较大的调整,中央与许多地方政府均进行了"大部制"的探索,一些地方(如深圳)还进行了决策、执行和监督三权适当分离和相互制约的实验与探索,有的地方(如广东佛山市顺德区)甚至启动了党政机构统一整合的实验与探索。这些虽然目前仍还处在实验与探索阶段,但无疑为下一阶段的进一步改革探寻了路径和积累了经验。

其三,行政决策民主化、科学化和规范化的机制和制度正在形成和建立。这种机制和制度主要体现在四个方面:一是政府信息公开,使公民享有了比较充分的知情权,为其参与决策的讨论和表达意见提供了条件;二是逐步建立和完善了听证会、论证会等制度,为公众和专家评述决策和影响决策提供了平台;三是健全了决策机构本身决策的程序,如以常委会、全委会的审议,甚至票决作为决策的必经程序,从而有效避免了"一把手"独断专行,"拍脑袋"决策的现象;四是决策实施过程中和实施后组织对决策效果评估,此种评估为纠正可能的决策失误和避免决策失误造成更大损失提供了一定的制度保障。目前,上述机制和制度虽然尚未在全国普遍建立,而且即使在一些部门和地方已经建立,其运作也不顺畅,存在各种问题,但是,这种机制和制度毕竟正在全国形成和建立,并且正在进一步发展和完善。

其四,行政执法行为的传统范式逐步转换,一种合作式、互动式、服务式的新的行政执法范式正在逐步形成。新的行政执法范式的主要特点有五:一是在执法目的上以人为本,注重保障人权和维护人民群众,特别是弱势群体的合法权益,而不是单纯追求秩序和效率;二是在执法方式上注重程序正义,实施行政行为重视说明理由,听取相对人申辩,避免暴力执法、野蛮执法;三是在执法过程中注重与相对人合作、互动,改变传统管理的单方式、命令式模式;四是在执法手段上注重行政指导、行政合同和行政协调,尽量少采用行政处罚、行政强制,刚柔结合,以柔为主;五是在执法标准上注重合法性与合理性结合,通过执法基准和指导性案例等限制执法裁量权,保障执法公正和防止执法腐败。

其五,加强行政法制监督,健全和完善行政问责制。《纲要》颁布七年来,行政法制监督较前大为加强,除了传统的行政监察、审计和行政层级监督进一步加大了监督力度以外,各种新的监督方式,如巡视监督、督察监督、平面媒体监督、网络监督等,发挥着越来越重要的作用。特别是互联网监督,大大扩大了监督主体的范围,推进了监督的广度和深度。与行政法制监督的加强相适应,这七年我们在行政问责制方面也取得了比较大的进展。许多地方和部门都根据各地各部门的实际,制定了相应的问责办法,构建了对造成人民生命财产损失、国家或公共利益损害,或者导致重大恶劣政治影响的事故、事件中的直接责任人和负领导责任的公职人员的问责机制。尽管这个机制目前还有很多缺陷,其作用的发挥还受到了很多限制,但这个机制毕竟在运作过程中正逐步完善。随着我国整个政治体制改革进程的加快,今后这一机制无疑会进一步健全,发挥出更大的作用。

《纲要》发布七年来,我们在推进依法行政,建设法治政府方面取得的成绩和进步是有目共睹的。但是,与《纲要》确定的七项目标和六项基本要求相比,仍还存在着较大的差距,如不采取得力的措施,未来三年要实现相应目标和要求会是相当困难,甚至是不可能的。

目前各地各部门在推进依法行政,建设法治政府方面存在的问题和障碍主要有以下四个方面：一是观念方面的；二是体制和机制方面的；三是具体运作制度方面的；四是人员素质方面的。

影响依法行政的观念方面的问题主要是一些地方和部门领导人单纯或过分追求GDP和相关经济指标的片面发展观和政绩观。近年来一些地方政府和部门违反土地、规划法律、法规，违反《物权法》和《国有土地上房屋征收与补偿条例》，大拆大建，任意侵犯公民财产权和人身权，引发多起自焚、自杀等惨剧或暴力对抗致人伤亡的恶性事件；一些地方政府和部门违反环境保护法律、法规，大肆兴建高污染、高耗能的企业，以至造成严重的生态灾难事件；一些地方政府和部门违反食品安全法律、法规，对生产"毒奶粉"、"瘦肉精"等损害公民身心健康的食品的行为睁一只眼，闭一只眼，不监管，不制止，甚至为之开绿灯，当保护伞。出现这些问题，除了部分官员腐败的原因外，大多恐怕是源于这些地区和部门的领导人单纯或过分追求GDP和相关经济指标的片面发展观和政绩观。

影响依法行政的体制和机制方面的问题既有行政管理自身方面的问题，也有政治体制、财政体制、人事管理体制和司法体制方面的问题。就行政管理自身方面而言，中央政府与地方政府之间，政府各部门之间职能和权限目前尚未完全理清，行政权运作改革尚不到位，以至造成"越权执法"、"钓鱼执法"、"养鱼执法"的现象难以避免；就政治体制方面而言，各级党委和党的工作部门依法执政的体制和机制目前尚未形成，特别是一些地方党委"一把手"由于缺乏监督制约，往往导致其滥用权力，从而对依法行政造成重大的消极影响；就财政体制而言，目前中央与地方的税收分配不尽合理，地方税收非常有限，而地方要办的事（义务教育、医疗改革、社会保险、基础设施建设等）太多，迫使他们不得不依赖"土地财政"；就司法体制而言，目前法院的人、财、物完全从属于地方，使之难于独立行使审判权；即使地方当局违法行政，行政相对人将之告到法院，法院也难于依法判决地方当局败诉，监督地方当局纠正违法行为。

影响依法行政的具体运作制度的问题则更是多方面的，其中最重要的问题恐怕是缺乏保障行政行为公开、公正、公平的行政程序制度。目前，我们虽然已经制定了《行政处罚法》、《行政许可法》、《行政强制法》和《政府信息公开条例》等几个规范行政行为程序的重要法律、法规，但我们尚未制定规范整个行政行为的统一的《行政程序法》。这样,我们行政机关大量的行政行为(如行政收费、行政征收征用、行政裁决、行政确认、行政给付、行政奖励、行政计划规划等)就缺乏严格的程序制约和规范,从而给某些行政执法人员留下了寻租、滥权、腐败的较广泛的空间和余地。就政府信息公开制度而言,目前的立法仅仅只是一个行政法规,对于保障透明政府的建设是远远不够的。例如舆论多年以来呼吁的"三公经费"公开和各级政府的预算公开,因为没有法律的明细规定,没有具体运作制度的保障,就一直难于取得重大的实质性的进展。

影响依法行政的人员素质方面的问题主要有二:一是选人用人方面的问题,二是人员培训方面的问题。选人用人方面的问题主要是民主制约不够:"领导说你行,不行也行;领导说你不行,行也不行。"这种选人用人方式导致具有真才实学、德才兼备的干部在一些地方、一些时候得不到重用,某些德才素质俱差的官员反而得到晋升提拔,这些官员只对上负责,不对下负责,只看领导眼色行事,对老百姓则作威作福,滥用职权。人员培训方面的问题主要是忽视和放松了对领导干部和行政执法人员的法治理念和法律知识的培训。近年来一些官员在公开场合讲出"你阻碍我发展一阵子,我让你难受一辈子!""你是为党说话,还是为群众说话?""领导就得骑马坐轿,老百姓想要公平,臭不要脸!""要吸取教训,不要到北京去,这次是被误抓还找到了,下次找不到咋办?"等雷人话语,可见现在我们一些官员的法治理念和法律知识贫乏到了何种程度。此外,近年来一些地方不时曝出城管等综合执法机构和执法人员暴力执法、野蛮执法的恶性事件,也反映出我们忽视了对基层执法队伍基本法治理念和法律知识的培训,这方面的工作严重乏力。

从现实中反映出的上述种种问题看,我们离《纲要》确定的依法行政,建设法治政府的目标应该说还有相当大的距离。要在未来三年克服现存的困难和问题,实现或基本实现《纲要》预定的目标,看来我们还须采取多方面的措施,下大力推进。

首先,我们应进一步加强行政法立法,完善行政法的体系。目前,我国行政法体系最大的缺陷就是统一的《行政程序法》缺位。没有行政程序法规范整个政府的行为,法治政府的目标就不可能实现。未来三年,我们虽然还不可能正式出台《行政程序法》,但我们应该做好《行政程序法》立法的前期准备工作,力争能起草出一个初步的法律草案。除了做好《行政程序法》的准备工作以外,下一步我们还应启动《政府信息公开法》、《行政收费法》、《行政征收征用法》等行政行为法和各种行政组织法(如省市县乡镇组织法、国务院各部委组织条例等)的立法工作。有法可依是依法行政的前提。要进一步推进依法行政,有必要下大力推进上述立法。

其次,我们应通过多种途径,努力培养各级领导干部和全体公职人员依法行政的理念。所谓"多种途径",主要有四:灌输、培植、引导和促使。"灌输"就是通过组织学习和培训,使其认识什么是依法行政,为什么要坚持依法行政和推进依法行政,法治相对于人治有什么优越性,离开法治讲发展、改革、创新有什么弊害,使之自觉坚持依法行政,推进依法行政。"培植"就是通过各种行政法制度的运作,使其思想上逐步产生行政法治理念,是一种"习惯成自然"、"润物细无声"的陶冶过程。制度与理念可以是良性的互动:好的理念可以促成好的制度的建立,好的制度的运作可以促成好的理念的形成。反之,则可能是恶性循环。"引导"是指通过鼓励、奖励、晋职、晋级等激励机制,引导其坚持依法行政和推进依法行政。"促使"则是指通过批评、处分等惩戒机制促使其改变人治、恣意、滥权、践踏法治的以往的习惯性做法,促其选择坚持依法行政的发展模式,并在向此发展模式转变的过程中逐步形成行政法治理念。

再次,我们应加快体制、机制和制度改革,不断营造在发展、改革、创新中坚持依法行政、推进依法行政的社会环境。体制、机制和制度的改革应该是全方位的,主要涉及下述五个方面:第一,保障各级党委依法执政的体制、机制和制度。在我国,共产党是执政党,没有各级党委的依法执政,依法行政在很大程度上就只能是一句空话。而要保障党依法执政,一方面要求各级党委自觉在宪法和法律范围内活动,另一方面要求通过法律和制度理顺党和人大、党和一府两院的关系,这些关系包括领导与被领导的关系与适度的制约关系,只有领导而没有适度的制约,法治是难以保障的。第二,保障各级人大依法行使立法权、监督权和决策权的体制、机制和制度。就立法而言,目前社会主义法律体系虽然已经建成,但还很不完善,很多发展、改革、创新所特别需要的法律尚需制定,而且,社会在不断向前发展,尤其我国在相当长时期内处于转型发展时期,社会对法律的新需求(包括立、改、废)会越来越大。就人大监督而言,其制度也还很不完善,如对行政法规、地方性法规和规章的监督,既缺少专门的机构,也缺少健全的程序,一些违宪、违法的行政法规、地方性法规实施多年得不到纠正,最后导致社会矛盾激化,甚至引发群体性事件。第三,保障公职选拔、考核、政绩评价和晋升依法有序运作的体制、机制和制度。现在我们一些地方的领导人和公职人员之所以在发展、改革、创新中轻视法治,无视法治,漠视法治,乃至践踏法治,一个很重要的原因是公职选拔、考核、政绩评价和晋升的体制、机制和制度存在弊端,迫切需要改革。我们必须通过改革,从人事组织制度上保证法治在国家政治运行中的地位及对发展、改革的保障、促进和规范、制约作用。第四,保障各级政府依法行政、依法管理的体制、机制和制度。保障依法行政、依法管理的体制、机制和制度并不等于行政管理的体制、机制和制度(较之要广泛得多),但行政管理体制、机制和制度无疑在其中具有重要的地位和作用。而在行政管理体制、机制和制度中,又有两件事最重要:一是政府职能转变,一是行政程序法制化。这两件事即是湖南省委书记周强讲的"做正确的事"和"正确地做事"。为此,湖南省政府还制定了两个专门规章:《行政程序规定》和《政府服务规定》。在依法行政、依法管理方面,如果全国各地都能像湖南省一样,认真从体制、机制和制度上解决问题,局面肯定会大为改观。第五,保障各级司法机关(特别是法院)依法办案,依法审判的体制、机制和制度。司法是法治的最后一道屏障。不解决司法机关依法办案,依法审判的问题,坚持法治,推进法治就没有最后的保障。目前,一些地方无视法治,践踏法治的行为得不到纠正,原因之一是司法体制不顺,地方对司法干预太多,从而不能形成有效的纠正违法,追究违法责任,维护和保障法治的机制。在这方面,我们必须加快加大改革步伐,使之适应建设法治国家的需要。

最后,我们应坚持形式法治和实质法治的结合,既追求"有法可依,有法必依,执法必严,违法必究",又追求"良法之治"。形式法治的要求主要体现于中共十一届三中全会公报提出的十六字诀:有法可依,有法必依,执法必严,违法必究。根据形式法治的要求,"良性违宪"、"良性违法"没有存在的余地。有人认为,根据现在的体制和立法机关的能力,立法很难适应发展、改革、创新的需要,有些法律一时半会出不来,有些法律过时,不好用,怎么办,发展、改革、创新总不能停下来吧?只能突破法律"先行先试"了。笔者不同意这种观点。对于现行法律不适应发展、改革、创新需要的矛盾,笔者认为可以用以下方法化解:第一,法律解释。法律往往会给执法者留下很大的解释空间。很多时候,执法者在感觉无法可依的时候,只要认真多阅读几遍法律,即可从法律的目的、原则,乃至法律具体条文的解释中找到可依据和应依据的法律根据。第二,法律的选择适用。法律是一个体系,有宪法、法律、法规、规章,有上位法、下位法,有基本法、非基本法。有些时候,适用下位法不合适,可选择适用上位法;适用非基本法不合适,可选择适用基本法;甚至最后可以选择适用宪法。第三,建议修法、立法。如果通过法律解释和法律的选择适用还不能解决问题,执法者可以建议立法机关修法、立法,并可通过人大代表提出在一定期限内尽快修法、立法的议案,以保证适应发展、改革、创新的需要。第四,请求授权。有些事项只是一种改革实验,尚不具备启动修法、立法的条件,执法者可以请求相应立法机关授权"先行先试",如果有立法机关的授权,"先行先试"就是立法者的意志,而不是执法者的恣意、滥权,符合依法行政的要求。

实质法治的要求主要体现在法治的目的,即追求社会公平正义和人的自由、幸福,保障和发展人权一类美好价值上。实质法治否定"恶法亦法"的消极法治主义。对于明显违宪、违法的"恶法",如导致"孙志刚事件"等一系列悲剧的《收容遣送条例》、导致"唐富珍事件"等一系列悲剧的《拆迁条例》,必须通过违宪审查或违法审查程序撤销。在没有撤销之前,国家机关应适用合宪、合法的上位法而不适用明显违宪、违法的"恶法";如当时尚无相应的上位法可适用,可直接适用宪法。对于明显违宪、违法的"恶法",根据实质法治的要求,公民在穷尽其他救济途径后尚可以抵制,即拒绝履行"恶法"为之确定的义务,各级政府和政府部门更有依宪、依"良法"抵制"恶法"的义务和责任。

原载《人民论坛》2011年10月号

论行政裁量权及其法律规制[*]

行政裁量在行政管理领域的存在如此广泛,如此普遍,乃至于可以说达到了"没有行政裁量就没有行政管理"的程度。美国行政法学者施瓦茨说,行政裁量是行政权的核心。行政法如果不是控制行政裁量权的法,那它就什么也不是。[①] 行政管理与行政裁量为什么如此密不可分,法律为什么必须赋予行政管理者如此广泛的行政裁量权?既然行政管理这么需要行政裁量权,法律赋予行政管理者广泛的行政裁量权确属必须,那人们为什么又对行政裁量权如此不放心,乃至于要创设一个专门法律部门——行政法——对之加以规范和控制呢?[②] 尽管规范和控制行政裁量权并非行政法的全部功能,施瓦茨将行政法归结为"控制行政裁量权的法"似乎有点夸张,但规范和控制行政裁量权毕竟是行政法的最重要功能。

---

[*] 2009年年初,笔者写过一篇《行政裁量的软法规制》的文章(载《法学论坛》2009年第4期)。该文对有关问题论述欠深入,感觉有补充、完善的必要,本文是在前文的基础上对有关内容深化而成。

[①] 〔美〕伯纳德·施瓦茨著:《行政法》,徐炳译,群众出版社1986年版,第566页。

[②] 本文将"规范和控制"与"规制"通用。当然,在法律词典里,"规范"、"控制"、"规制"并非同义,亦非"规范"加"控制"等于"规制"。

一、行政机关和行政执法人员在什么事项上享有行政裁量权

从某种意义上可以说,在行政管理的所有事项上,无论是决策、执行,还是检查、监督,或对行政相对人实施指导、制裁,行政机关和行政执法人员都享有行政裁量权。仅就行政执法领域而言③,行政机关和行政执法人员在行政行为的下述环节一般都享有一定的裁量权:

其一,决定是否实施行政行为。例如,我国《食品安全法》第77条规定,县级以上质量监督、工商行政管理、食品药品监督管理部门履行各自食品安全监督管理职责,有权采取下列措施:进入生产经营场所实施现场检查;对生产经营的食品进行抽样检查;查阅、复制有关资料;查封、扣押有关物品;查封违法从事食品生产经营的场所等。根据该法律规定,行政机关和行政执法人员在通过监督检查或消费者举报或其他途径发现食品生产经营企业有可能导致食品安全事故的行为时,即享有是否采取上述措施的裁量权。法律之所以赋予行政机关在获取可能导致食品安全事故行为的信息时不是要求其必须立即采取行为,而是赋予其是否采取行为的裁量权,是因为行政机关通过监督检查或通过举报等途径获取的信息不一定是完全准确可靠的,即使准确可靠,企业相应行为导致食品安全事故的"可能"程度也是很不一样的。如果贸然启动上述措施中的某一项或某几项,就有可能使该企业产品滞销,甚至导致该企业破产。因此,行政机关必须慎重裁量是否行为,如果其应该行为而不行为,可能导致严重的安全事故;同样,如果其不应该行为而行为,则可能造成行政相对人权益的严重损害。

其二,决定实施何种行为。我们仍以食品安全行政执法为例,行政机关发现生产经营企业确实有违反我国《食品安全法》的行为的,依照该法第9章的规定,可以对其处以警告、罚款、没收违法生产经营的食品、没收违法所得、责令停产停业、吊销许可证等不同类型的处罚,罚款更是有2000元至

---

③ 相对于行政执法,在行政决策领域,行政机关享有更多、更广泛的裁量权。

10万元、货值金额2倍至10倍的不同幅度。行政机关选择何种处罚种类、处罚幅度,必须行使和运用裁量权。否则,就会导致严重的不公正。

其三,决定何时实施相应行为。行政机关通过裁量,在决定采取行为和决定采取何种行为后,对何时采取相应行为,同样要进行裁量。例如,行政机关决定进行某种信息披露行为,就必须对披露的时机进行慎重裁量,如果披露过早,可能对社会稳定和相对人权益造成不必要的损害,如果披露太晚,则可能导致社会公众因对某种灾难事故缺乏必要的防备和来不及采取必要的预防措施而导致惨重损失。

其四,决定怎样实施相应行为。例如,行政机关决定对某一有违法嫌疑的企业进行检查或调查,它就必须对检查或调查的方式进行裁量:是"微服私访",秘密调查取证,还是公开进行,让媒体记者相随报道?是事先通知被检查、调查企业,还是采取"突然袭击"式?是通过专门鉴定或专家论证认定证据,还是通过听证会,让相对人与检查、调查人员质证、辩论认定证据?等等。对于这些执法行为的方式,有时可能有法律的明确规定和要求,但在绝大多数情况下,法律会给行政机关留有裁量、选择的广泛空间。由此可见,行政裁量与行政管理可以说是形影相随的,行政机关实施行政管理的过程,几乎可以说就是行政裁量的过程。

二、行政裁量对于行政行政管理为什么必要

如前所述,行政管理,特别是现代行政管理,行政权的行使是与行政裁量密切相联系的。韦德指出,"现代政府管理要求尽可能多且尽可能广泛的裁量权,议会法案起草者也竭力寻找能使裁量权变得更为广泛的新的措词形式,议会在通过这些法案时也无意多加思量"。④ 但这是为什么呢?为什么行政权的行使总是与行政裁量密切联系?议会法律为什么要授予行政如此广泛的裁量权呢?行政裁量对于行政权的行使是必需和必要的吗?

对于行政裁量的必要性和合理性,我们大致可归纳为以下四点:

---

④ H. W. R. Wade, *Administrative Law*, Oxford University Press, 1988, p.388.

其一,行政管理事务的无限性与法律的有限性的矛盾使然。行政机关每天要处理大量的有关国家经济、社会、文化等方面的事务,这些事务有的涉及政策选择,有的涉及规划设计,有的涉及突发事件应对,等等。这些均需要执法者不断适应新情况、新变化而决定行为路径和行为方式。显然,法律不可能事前对这些事项完全加以明确、具体的规定,不可能事前对之都给出准确界限和确切的行为规范,法律不得不赋予行政机关以相机行事的广泛的裁量权。

其二,行政管理事务的专业性与立法者的非专业性的矛盾使然。在现代社会,行政管理所涉事项往往具有很强的专业性和技术性。而作为立法者的议会议员、人民代表,大多为政治人物,具党派背景,他们对立法所调整的特定事项,特别是涉技术性较强的事项,往往缺乏专门知识,故他们就相应事项立法时,只能规定一般原则,具体细则不得不留给对相应行政事项通常具有专门知识、专门经验和专门技能的行政机关及其工作人员裁量处置。

其三,政治、政策需要相对灵活性和法律需要相对稳定性的矛盾使然。行政与政治、政策密切联系。正如韦德所说,行政决定的作出必须基于政策,以公共利益为目的。而现代法治则要求必须严格依法行政,不允许违法行政。为协调法治与政治二者的关系,使之不发生冲突,立法者制定法律时自然要给行政留下一定裁量空间,使执法者在执法时能适当融入政策的考量。

其四,形式正义要求公平性与实质正义要求公正性的矛盾使然。行政裁量存在的另一个重要理由是协调形式正义与实质正义的关系。立法只能针对不特定的人而制定,对任何人平等对待、一视同仁是形式正义的要求。但现实生活是千差万别的,处在同样法律关系中的人,实施同样法律行为的人的情况(经济状况、身体条件、智力水平、社会背景以及由此决定的行为目的、行为动机、行为方式、行为结果等)是千差万别的,法律不可能针对千差万别的情况作出千差万别的规定。对此,立法者可以有两种选择:一是完全不考虑千差万别的情况,对同样的行为统一作出同样的规定,不给予执法者任何裁量的余地,以保证形式正义;二是基于现实生活的千差万别,立法者在确定规则时留下弹性空间,赋予执法者以"不同情况,不同对待"的较广泛的裁量权,以保证实质正义。德国行政法学家毛雷尔指出:"裁量主要服务于个案正当性。行政机关处于这种情形之下:既要按照法定目的观考虑(法律目的、合理性),又要考虑案件的具体情况,从而找出适当的、合理的解决办法"。⑤ 笔者认为,保障个案实质正义是行政裁量存在的最重要的根据。即使裁量权有被执法者滥用的风险(法律自然应将这种风险控制到最小限度),为尽可能追求个案可能的实质正义,裁量权仍不能不赋予执法者,执法者亦不能为显示自己的公正形象和避免不公正嫌疑而放弃裁量权的行使,或者用裁量基准将裁量权限制到最小限度。

三、对行政裁量权为什么要进行规范和控制

前已述及,行政裁量是行政权行使的必需,是行政机关行使行政职能,协调法治与政治的关系,保障实质正义实现的一种手段和工具。既然如此,我们为什么还要对行政裁量加以规制呢?根据笔者的理解,对行政裁量权加以规制的理由大致有三:

其一,因为裁量权授权的目的与裁量权行使的目的并非总是一致。行政裁量是一种手段和工具,法律赋予行政执法者这种手段和工具是为了更好地实现公共利益和更好地保护相对人利益。但行政裁量这种手段和工具乃是一把双刃剑,其运用既可以为善,执法者可运用裁量权实现法定的行政目标,追求实质正义;同样,这种手段和工具的运用也可以为恶,执法者可利用法律赋予其裁量空间为自己滥权、偏私服务。在有裁量空间的场合,执法者如欲以此谋私,可以通过裁量对同样情况做不同对待,对不同情况做同样对待。执法者如这样行使裁量权,就会破坏形式正义,更无从保障实质正义。

其二,因为裁量权授权所基于的前提与裁量权行使者的实际情形并非总是一致。法律授予行政执法者裁量权所基于的前提是执法者有专业知识、专门经验和专门技能,能正确行使裁量权,但在实践中,执法者的素质并非全都如此,某些执法者可能存在品质缺陷或存在知识局限,某些执法者还

---

⑤ 〔德〕哈特穆特·毛雷尔著:《行政法学总论》,高家伟译,法律出版社 2000 年版,第 127 页。

可能既存在品质缺陷,又存在知识局限,在他们那里,法律赋予的裁量权完全可能被滥用或不正确行使,他们可能故意考虑不相关因素,不考虑相关因素,或者面对裁量权不知怎样正确行使而放弃行使或胡乱行使。这两种情形——对裁量权的滥行使和乱行使都可称为裁量权滥用,前者为故意滥用,后者为过失滥用。施瓦茨在其《行政法》论著中将行政主体对行政裁量的滥用细分为六种情形:(1)不正当的目的,即行使裁量权违反法律赋予相应裁量权的目的;(2)错误的和不相干的原因,即考虑不相关因素;(3)错误的法律或事实根据,即行使裁量权的法律根据或事实根据不正确,包括无法律根据或没有基于授权法规定的条件;(4)遗忘了其他有关事项,即没有考虑相关因素;(5)不作为或迟延,即故意或过失未行使或者迟延行使法律赋予的裁量权;(6)背离了既定的判例或习惯,即无正当理由不遵循先例,反复无常。⑥ 毛雷尔在其《行政法学总论》中将行政主体对裁量权的不当行使归结为"裁量瑕疵",并将滥用裁量权归结为"裁量瑕疵"的表现形式之一。他认为,裁量瑕疵包括:(1)裁量逾越,指行政机关没有选择裁量规范规定的法律后果。例如,法律规定行政机关收取相对人20—50马克的规费,而行政机关决定收取60马克。(2)裁量怠慢,指行政机关不行使法定裁量权。例如,法律规定警察可根据公民的请求,对妨碍其正常生活的行为采取适当干预措施。但某日当居住在某教堂附近的公民甲请求警察对该教堂"早晨发出的扰人的钟声"进行干预时,警察却拒绝采取任何干预措施,他们错误地认为自己无权对教堂发出命令。(3)裁量滥用,指行政机关裁量时没有遵守裁量规范的目的(法定目的),或裁量时没有权衡有关要点。如驱散未经许可的集会是为了阻止不同的政治意见和政治观点的宣传,不是为了排除危险,而是考虑个人或政党政治的因素。(4)违反基本权利和一般行政法原则。毛雷尔认为基本权利和一般行政法原则,特别是必要性和比例性原则,适用于所有行政活动。行政机关在行使裁量权时,必须受之限制。如行政机关行使裁量权违反基本权利和一般行政法原则,亦构成裁量瑕疵。⑦

---

⑥ 〔美〕伯纳德·施瓦茨著:《行政法》,徐炳译,群众出版社1986年版,第571页。
⑦ 〔德〕哈特穆特·毛雷尔著:《行政法学总论》,高家伟译,法律出版社2000年版,第129—132页。

其三,因为裁量权授权所基于的执法信息条件与裁量权行使时执法者实际可能掌握的信息并非总是一致。法律赋予行政机关和行政执法人员裁量权,是基于他们了解、掌握或能够了解、掌握相应行政管理事项的政治、经济、文化背景,了解、掌握或能够了解、掌握相对人本人及其家庭的各种相关信息,但是,在实际行政管理过程中,行政机关和行政执法人员并不一定了解、掌握各种相关信息,而且在他们信息不明的情况下,也不一定会积极、主动去获取信息。这样,他们进行的裁量就可能既背离形式正义,也背离实质正义。

正是基于行政裁量正义的"善"的价值和可能的"恶"的副作用并存,韦德提出,法治并不要求消除广泛的行政裁量权,但法治要求控制行政裁量权的行使。⑧ 他引用格林法官的著名判词:"一个被授予了裁量权的人必须正确地要求自己依法办事,他必须让自己注意考虑他一定要考虑的事情,不考虑与之不相关的事情。"⑨如果他不遵守这些规则,那么他就是滥用行政裁量。英国科克大法官进一步指出,"裁量权意味着,根据合理和公正的原则做某事,而不是根据个人意见做某事;……根据法律做某事,而不是根据个人好恶做某事。裁量权不应是专断的、含糊不清的、捉摸不定的权力,而是法定的有一定之规的权力"。为了防止执法者将裁量权变成"根据个人好恶做事的专断权力",对裁量权必须加以规制。大法官道格拉斯认为,只有通过法律规制行政裁量,"使人们免受某些统治者……某些官员、某些官僚无限制的裁量权统治之时,法律方达到了最佳状态。……无限裁量权是残酷的统治。它比其他人为的统治手段对自由更具破坏性"。⑩

四、怎样规范和控制行政裁量权

孟德斯鸠等先哲曾经指出,权力有滥用的趋势,权力如不加制约,必然

---

⑧ H. W. R. Wade, *Administrative Law*, Oxford University Press, 1988, p.388.
⑨ Ibid., pp.407—408.
⑩ 转引自〔美〕伯纳德·施瓦茨著:《行政法》,徐炳译,群众出版社1986年版,第567—568页。

滥用,这是历史的经验。[11] 一般权力尚且如此,行政裁量权无疑更是如此。现在的问题在于,对行政裁量权如何制约,如何规制? 在规范和控制行政裁量权方面,制定法的作用应该说是有限的,因为制定法既然赋予了行政机关裁量权,它就不可能再对授权行政机关裁量处置的事务作更进一步的具体明确的规定,或更进一步制定裁量基准式的规则。否则,行政裁量空间就会大为压缩,甚至不复存在,行政裁量就无裁量可言。因此,承担规制行政裁量主要任务的只能是软法。[12] 而软法也正好具有承担规范和控制行政裁量任务的性质和特色。当然,作为制定法的硬法或承载软法规范的硬法,如程序性硬法,规定立法目的、立法精神、法律原则等软规范的硬法也具有规范和控制行政裁量权的重要功能。只是硬法与软法相比,其不能承担规范和规制行政裁量权的主要任务。

法律(软法与硬法)规制行政裁量权的基本途径和方式有六:

其一,通过法律程序规制行政裁量权的行使。法律程序是规制行政裁量的重要手段。程序包括法定程序和正当程序。法定程序是指法律、法规、规章明确规定的程序。行政机关和行政执法人员在实施行政行为过程中,无疑首先应遵循法定程序,在某些问题无法定程序或法定程序不明确、不具体的情况下,执法者则亦应遵循正当程序。正当程序是法理而非具体法律确定的程序,如告知、说明理由、听取申辩、自己不做自己案件的法官,公开、公正、公平等。法定程序和正当程序,特别是公开、透明,对于保障执法者正确行使裁量权,防止其滥用具有特别重要的意义。

其二,通过立法目的、立法精神规制行政裁量权的行使。法律对某一事项没有作出明确具体的规定,行政机关怎么行政? 重要方法之一是探寻立法目的和立法精神。法律的立法目的和立法精神通常见于相应法律的总则。例如,我国《食品安全法》第 1 条即确定了该法的立法目的:保证食品安全,保障公众身体健康和生命安全。有关食品安全行政执法机关在行使该法授予的行政监管裁量权时,即必须遵守以上立法目的。如果行政执法机

---

[11] 参阅〔法〕孟德斯鸠著:《论法的精神》,张雁深译,商务印书馆 1961 年版,第 154 页。

[12] "软法"即美国卡多佐法官所称的"变动的法"、"动态的法"、"生长的法"、"用或然性逻辑验证的法"、"非国家创造和存在于国家之外的法"、"扎根于现实社会关系中的和扎根于公平正义信仰中的法"。其有关论述可参阅〔美〕本杰明·内森·卡多佐著:《法律的生长》,刘培峰等译,贵州人民出版社 2003 年版,第 26—27 页。

关进行执法裁量时追求以上立法目的以外的其他目的,即构成对行政裁量权的滥用。

其三,通过法的基本原则规制行政裁量权的行使。法的基本原则可能是成文的,也可能是不成文的。如信赖保护原则、比例原则、法律优位原则、法律保留原则、诚信原则、正当法律程序原则,等等。例如,我国《行政许可法》第8条即通过硬法规定了作为软法的信赖保护原则:公民、法人或者其他组织依法取得的行政许可受法律保护,行政机关不得擅自改变已经生效的行政许可。行政许可所依据的法律、法规、规章修改或者废止,或者准予行政许可所依据的客观情况发生重大变化的,为了公共利益的需要,行政机关可以依法变更或者撤回已经生效的行政许可。由此给公民、法人或者其他组织造成财产损失的,行政机关应当依法给予补偿。行政机关依《行政许可法》有关规定(如第69条规定)行使撤销、变更或者撤回行政许可的行政裁量权时,必须遵守上述信赖保护原则。否则,即构成对行政许可撤销、变更或者撤回裁量权的滥用。

其四,通过行政惯例规制行政裁量权的行使。行政惯例是行政机关行使职权长时期形成的习惯性规则或做法。例如,我国《行政处罚法》第42条规定,行政机关作出责令停产停业、吊销许可证或者执照、较大数额罚款等行政处罚决定之前,应当告知当事人有要求举行听证的权利;当事人要求听证的,行政机关应当组织听证。这里,法律对"较大数额"没有作出明确具体的规定,留给行政机关自行裁量。某市行政机关在多年的行政处罚实践中,一直以对个人罚款5000元、单位罚款10万元为"较大数额",适用听证程序。如果某一天,行政机关对某公民罚款8000元,却不告知听证权利,该公民申请听证,行政机关以此罚款不属于"较大数额"罚款为由予以拒绝,这显然就违反惯例,构成反复无常的滥用行政裁量。当然,行政惯例并不是永远不可改变的。只是行政机关改变惯例必须说明改变的根据和理由,并且在可能的条件下,应尽可能事先通知相对人,以保护其合理的预期。法治之要求行政机关行使裁量权时受行政惯例规制,因此种规制是防止执法者反复无常,避免对行政相对人相同情况,不同对待,导致行政处置高下悬殊的不公正的重要制度性保障。

其五,通过政策规制行政裁量权的行使。政策是党和国家根据一定时期的形势和任务制定的调整相应社会关系的具有一定约束力,但不具有法律强制力的规范。例如,党中央和国务院根据当前国际金融、经济危机制定、出台的各种政策。对这些政策,行政机关在行政执法中行使裁量权时无疑应予考虑。当然,政策必须在宪法和法律的范围内制定,一些地方和部门违法出台的"土政策"则不应成为行政裁量的根据。

其六,通过裁量基准规制行政裁量权的行使。裁量基准是行政机关专门为规范行政执法裁量制定的具体判断、裁量标准,通常是对法律、法规原则性、抽象性、弹性条款或裁量幅度过大的条款具体化、细化和量化。裁量基准不是法律,在一般情况下,执法者必须遵循裁量基准,但出现特殊情形,执法者可不遵循,而应在法律赋予的裁量权大范围内作出行政行为。对此,执法者应在法律文书中说明理由。[13]

原载《湖南社会科学》2009 年第 5 期

---

[13] 关于法律规制行政裁量权行使的具体举例,可参阅笔者撰写的《行政裁量的软法规制》一文(载《法学论坛》2009 年第 4 期)。